索·恩
R
THORN BIRD

忘 掉 地 平 线

〔美〕罗南·法罗 —— 著　　　李茸 —— 译

The End of Diplomacy and
the Decline of
American Influence

（Ronan Farrow）

上

WAR

ON

向

PEACE

和平宣战

外 交 的 终 结 和
美 国 影 响 力 的

衰 落

社会科学文献出版社
SOCIAL SCIENCES ACADEMIC PRESS (CHINA)

图书策划人　　视觉设计师

联合创立

上　册

下 册

前言　红木走廊大清洗

约旦阿曼，2017 年

> 任命一位精通各学科的大使[1]，一位听得清暗示、读得懂表情和肢体语言者……军队取决于统帅……和平及其对立面——战争取决于大使。只因大使其位既可结盟亦可树敌，大使是国王与国王间合纵或拆伙事务的执行者。
>
> ——《摩奴法典》，加州大学版《印度教经文》，
>
> 公元前 1000 年

职业生涯已然结束了，对此这位外交官还丝毫不知。走进美国大使馆的安全区域前，他把手机放进了外墙上的一个小格子当中——按

照外交规则，手机不得带入安全区域，因此区域入口处的墙上都设置了一排用于存放个人电子通信设备的小格子。这位外交官遵守规则已经 35 年了，经历了不止一座墙的倒塌和一个帝国的衰落，一路走来世界越来越小，电报换成了电话会议，繁复的外交语言缩减成简短且时常不那么正式的电子邮件。他错过了几个电话，开机进来的第一封电子邮件措辞简练。外事处总干事一直试图联系他，他们需要立即通话。

这位外交官名叫托马斯·康特里曼（Thomas Countryman），听起来有点像虚构的，但确实是真的。他正坐在美国驻约旦大使馆政治处一张借用的办公桌旁。坐落在阿曼豪华社区阿卜顿（Abdoun）的美国驻约旦大使馆占地面积很大，美国建筑承包商研究了中东建筑风格后，在兴建过程中融入了当地特色：沙色石头，防碎玻璃窗上有一个红色钻石形图案，仿佛昭告"本土化，但还不太本土"。与世界这一隅中绝大多数美国使领馆一样，阿曼的这座大使馆也没避讳它给人的堡垒的感觉。"可能的话，我们会挖条护城河。"[2] 驻扎在那里的一位外交官曾经这样对我嘀咕道。说这话的当口，我们乘坐的装甲越野车正穿越大使馆外的钢筋混凝土护栏，驶过满载全副武装的士兵的装甲运兵车。

那是 2017 年 1 月 25 日，康特里曼是美国军控事务高级官员，其任务实际上涉及生死攸关的问题。他负责监督美国国务院寻求与伊朗达成核协议的脆弱谈判，以及对朝鲜政权的世界末日威胁做出回应。他 1 月的阿曼之行 [3] 依旧毫无建树：有关中东核裁军的谈判进行了几十年，这不过是最新的一次出差而已。世界各地都建立了无核区，从拉丁美洲到非洲和欧洲的部分地区，然而没人认为以色列会突然放弃核武器。不过通过逐步的推进也许有一天可以实现，譬如禁止核武器本身不成的话，也许可以促成该地区相关国家先批准其已经签署的禁止核试验条约。然而即便这个目标也是"相当不切实际的追求 [4]，因为阿拉伯人和以色列人的看法截然不同"，康特里曼轻描淡写地说道。

他的工作任务是经典的老派外交，也就是

说它令人沮丧，且涉及很多时差。经过多年小心翼翼的连哄带骗和调停，中东各国终于比以往任何时候都更加接近同意坐下来开会，也有了为促成未来对话而展开的对话，即便这种对话更似揶揄而难以实现。那天晚上，康特里曼将与他的英国和俄罗斯同行会见埃及、约旦、沙特阿拉伯和科威特的官员，就防止核扩散的重要性向后者施压。第二天，他将前往罗马，与来自世界各地的同行会谈。"那是一次重要的会议，"他后来告诉我，"如果不是决定性会议的话。"[5] 他干笑了一下，予以停顿。让康特里曼感到滑稽的与其说是他自己，还不如说是防止中东核扩散的使命。

康特里曼是前一天到达阿曼并住进洲际酒店的。然后他直接就去与阿拉伯联盟的同行开会了。开会过程中他以当地的方式喝 mazboot，即少量加糖的阿拉伯黑咖啡；抽烟时，也尽可能地选择特醇万宝路（充满出差和谈判的生活不利于戒烟。"我在努力"[6]，他后来说，然后郁郁地吐了口烟）。

第二天他前去与英国和俄罗斯官员共进

晚餐。并非所有同行都有康特里曼这么多年的经验和人脉。英国的联络人在之前几年里换了三四个，俄罗斯则派了名副手过来。这会让事情变得更艰难。在这走钢丝般的劝说工作中，每分每毫的外交经验都管用。

外交官履行许多基本职能——激励美国人摆脱危机，将发展中经济体团结在一起，促使各国政府之间达成协议等。这项工作有时可以让人觉得就像与最难相处的亲戚一起共进感恩节晚餐一样，只是这顿饭得吃一辈子，并且是在地球上最危险的地方进行。外交官的武器就是说服力，在国际峰会场边的对话战线上，在灯光昏暗的酒吧里，或是在战火纷飞的交战区内，有时还会亲历炸弹落下的过程。

自 1982 年加入美国国务院以来，康特里曼经历了外交上所有变幻莫测。在"沙漠风暴"期间，他在南斯拉夫和开罗任职。他去过阿富汗，也去过联合国相关机构，回来时都毫发无伤。一路任职下来，他还学会了塞尔维亚语、克罗地亚语、阿拉伯语、意大利语和希腊语，甚至他讲的英语也带上了点奇怪的口音，似乎受到所有这些语言的影响，又或许没有受到一点影响。康特里曼发音扁平，语调疏于变化，而且元音发音有点怪，听起来像诵读软件或007电影中反派人物在发声。互联网上一则评论斥责他为"国务院那些面孔模糊的官僚之一"[7]，将他的声音称作"一种我猜是因为你整个职业生涯都不曾在活人身边工作才有的奇怪的官僚口音"。这一评论也概括了外交官职业的另一特点：他们在军队作战的地方工作，但回家时不会受到夹道欢迎。

但是这则评论是错的：康特里曼的面孔可不模糊。他那张鲜明的面孔，绝非那种混入人堆你就找不到的一张脸。他身材偏瘦，目光严肃、犀利且不躲闪，花白的头发经常修剪得前短后长，颈后的头发华丽地落到整洁的西装领子上——典型的外交官发型：前方和平，后方战争。（"让人反胃的头发，"某保守派媒体大声疾呼，"也是没谁能比了。"[8]）他以在公开声明及国会参议院听证会中应答坦率、不打官腔而享有盛誉，他对国务院一直非常忠诚，并且认为国务院的工作维护了美国的信念。哪部小说要是以康特里曼为主人公，恐怕会很费力且不讨好。

那天，坐在美国驻约旦大使馆政治处的荧光灯下，康特里曼看了一会儿电子邮件，然后回信并附上了办公桌上的电话号码。国务院外事处总干事阿诺德·查孔（Arnold Chacon）大使很快把电话打了过来。据康特里曼回忆，查孔的开场白是："不是让人开心的消息。"[9] 查孔表示，白宫刚刚接受了康特里曼的辞职：从当周周末起生效。查孔表示了遗憾。"我没想到那通电话是关于我的，"康特里曼抽着电子烟回忆道，"我一点预感都没有。"[10] 但是没错，就在与外国政府展开一次关键谈判前的几个小时，他兜头中了个屎弹。

每当新总统入主白宫，需要联邦参议院确认的官员们都会提交一份只有一两句话的简短辞呈。这是一种形式，一种传统。几乎全世界所有人都认为像这样的无党派职业官员将原地留任。这是个实际问题。职业外交官是美国政府驻外机构的基础，虽说结构并非完善，却可以确保政府机构不会因为大选中获胜的党派全盘换人，而陷入无能及腐败。只有职业官员才拥有数以十年计的维持国家机构运转所需要的治理经验，虽然每任总统都会拿这些"终身"官员配合不力和责任心不够开刀，但人们的印象里没有任何一任政府曾大规模地解雇这些官员。

技术上，美国总统无权只为了将职业外交官从他们的岗位上挪开，就开除他们，但是有一个"升职或退休"的规则：如果你在高级别——康特里曼的级别——上任职一定年限后，仍没有出任总统委任的职务，你就必须退休。康特里曼被解职，意味着他职业生涯的终结；剩下的只是一个他想拖多久离开的问题。他选择了快速了结。接到消息的那天是星期三，当辞职在周五生效时，他就会离开。

当晚他还要出席与阿拉伯人的会议。"罗马会议怎么办？"[11]康特里曼问。那是美国向世界强国推行其防止核扩散议程难得的机会。"那很重要"，查孔表示赞同，但是康特里曼去职前仅剩的48个小时是不足以出席罗马会议的，因此，只能让一位更低级别的官员顶替他的位置了。"好的，谢谢你告诉我，"康特里曼简短地说，"我会回家。"对于一个有着标准外交官发型的人来说，康特里曼绝不会让别人看笑话。

其他人就没这么乐观了。他的妻子杜布拉夫卡（Dubravka）是他第一次去南斯拉夫旅行时遇见的，他们在一起三十年，也有一段浪漫的外交佳话。她拥有教育学学位和绘画天赋，但她放下自己的事业，随着他走世界，每隔几年就搬一次家，一边养育他们的两个儿子，一边做口译员，贴补家用。她的父亲是外交官，所以她知道这份工作所需要的牺牲——但她也理解高级外交官所普遍期望获得的尊重，在南斯拉夫如是，在美国也如是。然而眼下则是另一回事。"这不公平，"康特里曼收到消息的几分钟后打电话给她时，她说，"这对我来说也不公平。"[12]

她感到震惊。被派去罗马顶替康特里曼的更低级别官员也感到震惊——他在一个决策权不足的位置上，被派去处理一个全球最多变的多边问题。意大利人感到震惊。那天晚上，阿拉伯人也感到震惊。当晚，康特里曼等到阿拉伯人宣泄完了希望在与以色列人坐下来谈之前解决问题的不满（阿拉伯人真是有很多的不满）之后，告诉他们，他会将此次谈话的结果转交给自己的继任者，因为当晚是他以美国外交官身份出席的最后一次会议。一个接一个的阿拉伯人握住康特里曼的手，表达了他们的敬意——对康特里曼，也对一个共同的传统。只是突然间，这个传统看似前途未卜了。

新的特朗普政府执政刚刚进入第五天，谣言和信息错乱让美国的外交官们无所适从。在竞选活动中，特朗普在外交问题上几乎没有给出任何具体细节，只有"美国优先"的竞选口号。他希望"停止向仇恨我们的国家发放外援"，可是在当时，他指的到底是经济援助，军事援助，还是两者兼而有之，大家并不清楚（"没人能比我做得更好。"[13]特朗普还补充道）。

康特里曼是第一批与特朗普过渡团队初次见面之后就感觉不对头的高层官员。"这次过渡简直是个笑话，"他回忆说，"任何前任政府交接时，都有了解外交事务的人员、有执政经验的人员，他们系统地收集信息，将信息提供给新执政团队。在这次交接中，这些环节没有一个被执行。"[14] 康特里曼向过渡团队提供了有关防止核扩散的详细简报，做上"敏感但非保密"的标记，因为该团队成员中很少有人获得了安全许可。他们对核武器问题也没表现出什么兴趣，表现出来的倒是"对专业公职人员的深深不信任"[15]，康特里曼说，他失望地意识到，这些人不是来学习的，而是来裁人的。

然后裁员就开始了。通常情况下，在重要地区，即便是出于政治原因任命的大使——尤其是那些没有过度党派色彩的大使，都会留任到接替人选获得国会确认，持续时间有时可以有几个月。特朗普政府打破了这一传统：上任后不久，新政府就下令所有政治任命的大使立即离开，比往常快很多。收拾行李，走人吧。

之后，过渡团队要求国务院管理层整理提交外交系统内所有非全职雇员的名单。康特里曼开始担心下一个目标将是合同工作人员。这些人是由国务院专门负责让各领域专家参与美国外交的机构雇用进来的。国务院的各个业务部门都充斥着合同工。他们在涉及美国外交政策敏感领域的职能部门，包括康特里曼所在的部门都发挥了关键作用。"他们是朝鲜和巴基斯坦等问题上最好的专家，"康特里曼回忆说，"在军备控制局中[16]，有些合同人员是很难被替代的。"他们是"必不可少的"。美国不能失去他们。但是"人们担心他们（特朗普过渡团队）会抛弃可以抛弃的每个人[17]，这一点是明摆着的"。所以康特里曼在到达约旦之前，花了几个星期的时间游说国务院管理层，帮着他们整理论据，以防出现解聘国务院专家的风潮。

事实上，他还以为那通电话就是为了这事，可真正不可想象、毫无先兆也看似毫无道理的是，那实际上是关于像他这样的职业官员。康特里曼坚持认为这不只是关乎他个人的悲惨故事。他已经任职很久了，也有退休金。但这是对制度文化的侮辱，令人不安。康特里曼历经了共和党和民主党数届政府，拥有无懈可击的公职记录。他在参议院听证会上作证时有过一些与议员争论的时刻，但这些争论给他带来的更多是尊重而不是愤怒。他回忆说，参议员们听证"结束后会走过来跟我说，'我真的很喜欢你有话直说的方式'"。康特里曼推测，也许特朗普政府正试图传递美国不再对军备控制感兴趣的信息。或者也许他们已经进入他的私人脸谱账户，发现在大选期间，他曾向一小群朋友发布过对特朗普的批评。"直到今天[18]，我也不知道为什么单挑上了我。"

事实上，康特里曼并没被单独挑出来。查孔告诉他，白宫当天解雇了六名职业外交官，其中有些人的离开比康特里曼的离开更容易理解。负责行政事务的副国务卿帕特里克·肯尼迪（Patrick Kennedy）曾在世界各地服役超过 40 年，对国务卿的电子邮件账户及外交安全管理工作都有所参与，并且在之前一年总统大选期间，媒体就希拉里·克林顿（Hillary Clinton）电子邮件服务器及班加西① 争议事

---

① 班加西（Benghazi）是利比亚东北部的一个港口城市，2012 年 9 月 11 日晚美国驻班加西领事馆外发生了大规模反示威游行，领事馆遭受武装袭击，造成美国驻利比亚大使身亡，为 1979 年以来的首次。此事件也成为时任国务卿希拉里·克林顿职业生涯中的一大污点。——译者注

件的报道中，其被卷入得较深。大卫·马尔科姆·罗宾逊（David Malcolm Robinson）一直是负责国际冲突及维持稳定行动的助理国务卿，其所在部门是一个太过庞杂的部门，被保守派批评人士直接用华盛顿政圈内最致命的称谓来定义："建立国家"。除帕特里克·肯尼迪之外，还有三位助理国务卿被一同裁撤，但就相关人士所知，这几位与班加西事件都没有任何瓜葛。"都是因为小事，"康特里曼说，"斗气。"[19]

这只是开始。几个星期后，情人节当天，艾琳·克兰西（Erin Clancy）的手机——那只她放在一个蓝色旧木盒里的私人电话响了。她刚降落在橙县的约翰·韦恩机场（John Wayne Airport），正站在加利福尼亚二月的阳光下，穿着牛仔裤和T恤，等着取租好的车。"待在线上，别挂，"调度员说，"我们马上召开紧急团队会议。"[20]克兰西是职业外交官，任职于副国务卿手下的团队。她的办公桌在国务院大楼的七层，离国务卿办公室只有几步之遥：越过安全防撞门，经过吊顶低垂且地板看起来像油毡的过道，就是墙上镶着木头，看起来富丽堂皇的会客室。这就是传说中被称为"红木走廊"的权力走廊。红木走廊里的工作岗位都是最精英的岗位，由外交领域里最出色的人选来担任；他们好比国务院雇员中的法拉利[21]，但更可靠。

克兰西一直听着电话。同行的伴侣也是国务院雇员，用探寻的目光看着她。艾琳耸了耸肩：我也不知道。到目前为止，被解雇的官员都至少在需要参议院确认的级别上。她的团队完全是由基层工作人员组成，而且是基层工作人员中最精英且最受到保护的一批。他们觉得自己应该是安全的。

康特里曼和其他高级官员清空办公桌离去之后的几个星期里，国务院里死一般的安静。大多数总统任内，到了这个时候，副国务卿办公室都已经为了帮新国务卿启动各种议程，而忙得嗡嗡做响了。现如今，新政府甚至还没有拿出副国务卿的提名，且未来几个月内恐怕也未必能进行提名。最后一位副国务卿托尼·布林肯（Tony Blinken）还在位时，克兰西及其团队的其他成员总是早上 7 点到岗，然后开始每天 12~14 个小时的工作。现在，他们几乎没有什么可做，每天早上 9 点就开始工间休息，喝着咖啡，等着总也不来的指令。"没人来找我们要任何东西，我们完全被隔绝了，没人邀请我们参加会议，我们每次不得不为了参加白宫的会议而争取半天，"她回忆说，"我们的晨会都是'好吧，你有没有听过这个谣言？'[22] 这根本没办法制定美国的外交政策。"最终，代理副国务卿汤姆·香农（Tom Shannon）告诉大家不妨休息一下，于是克兰西那天早上才乘飞机离开哥伦比亚特区，去看望母亲。

自身也是外交官的副国务卿幕僚长尤丽·金（Yuri Kim）的电话接入了，她说话严肃。"好极了"，她开始说道，语气中暗示着实际上可能不妙。"谢谢大家拨冗。我们刚刚发现[23]，我们都被要求寻求进一步发展了。"整个副国务卿幕僚团队都在这个电话会议上：五人在"红木走廊"的办公室里，两人在电话上。每个人都立刻同时做出了反应。"怎么（发展）？"他们问道，"为什么？"一个人建议大家应该去找工会，另一个人说应该去找媒体曝光。"你们的任务已不复存在了。"克兰西记得当时听到的话。"谁知道你们是否还会有下一份工作，也许没有。全乱套了，而且一切都突如其来，没有理由。"[24]

金通常都会强势地捍卫她的团队，这时却变得很机械。大家有 48 个小时，第二天金会与人力资源办公室相关人员开会，然后告知大家接下来的步骤有哪些。他们应该利用仅剩的一点时间，开始为后续做准备。

电话会议结束后，克兰西挂断电话，转向她的伴侣，傻了一样："我们都被解雇了。"[25]

像许多年轻的外交官一样，艾琳·克兰西是"9·11"事件之后加入国务院的。她想让世界变得更安全。她在中东驻扎了六年，美国驻叙利亚大使馆被抗议者占领时，她就在大马士革。她曾差一点被绑架。她拿着低薪，每天超时工作。与康特里曼一样，她团队中的外交官不能说被解雇就一股脑地都被解雇，但他们可以从岗位上被解职。这不仅仅是职业挫折，对许多人来说，这还是一个生计能否有着落的问题。外交官是没有加班费的，但是能累死人的岗位会有薪酬差异，副国务卿团队可以有18%的奖金。没有人加入这一行是为了发财，包括奖金在内，克兰西的年薪也就是9.1万美元。但是他们依然指望着这份工作，知道它们有年薪保障。许多人都是一家老小指望着这份收入的。说解雇就解雇，让人感觉肆意妄为，而且对大家的贡献毫无感觉。

整个国务院七楼的办公室当天都在召开相同的紧急会议。负责行政管理工作的副国务卿团队获知，已经有了取代他们最近刚离职的领导的人选，他们也同样需要走人。面临同样情况的还有国务院顾问办公室——有些顾问会被保留岗位，有些则不然。据当天在场的几位人士介绍，玛格丽特·彼得林（Margaret Peterlin）以即将到任的国务卿雷克斯·蒂勒森（Rex Tillerson）幕僚长身份，在情人节当天来到国务院顾问克里斯蒂·肯尼（Kristie Kenney）的办公室，与后者进行了首次一对一的谈话。肯尼是一位老资格的大使，也是国务院最资深的女性官员之一。彼得林向肯尼提出的第一个问题是：她能多快离开？

根据外交系统内部人士的一些粗略估算，当天国务院七楼有一半以上的全职工作人员的工作受到了威胁。到第 11 个小时，艾琳·克兰西及其副国务卿团队获得了缓刑：代理副国务卿汤姆·香农插手，他们终于存留下来，但其他团队则依然要离开。

当我见到克兰西时，她还穿着 T 恤和牛仔裤，坐在洛杉矶一家咖啡馆外的阳光下。她仍然有工作，但她回到家乡，盘点自己的生活，考虑下一步。也许她应该竞选公职，她暗自遐想——这可能是现阶段做出改变的更好方法了。最后，她决定留下来，换到了美国驻联合国代表团的一个岗位上。像许多仍在美国国务院工作的人一样，她没有放弃。但她对自己职业的信心已经动摇了。"国务院的文化已经受到了太多侵蚀。"她感慨道。至少有十几位职业外交官向我表示，国务院已经是一个他们几乎认不出来的机构，他们的专业知识在这里已遭到严重贬值。艾琳·克兰西在午后的阳光中眯起眼睛，停顿了一下。"我们真的被视为局外人。"[26] 她说。

雷克斯·蒂勒森的团队坚称他们不知道解雇国务院官员的事情。这些解聘案中部分是发生在特朗普过渡团队开始与该部门接触之后，但在蒂勒森被确认为国务卿之前（其他的解聘或试图解雇案，例如克兰西，则发生在蒂勒森被确认为国务卿之后）。2018年初，我向蒂勒森问起康特里曼及强制退休潮时，他盯着我，眼睛一眨不眨，然后说："我不了解这件事情。"[27] 一个多月后，蒂勒森也离开了：总统善变、国务院混乱的又一位受害者。

在某些方面，世界发生了变化，并把康特里曼和克兰西这些专业外交官甩在身后。反对和诋毁国际主义的民粹主义上一次盛行之时，美国还处于历史的初期阶段。而如今，一股民粹主义浪潮又开始在西方世界崛起。美国在第二次世界大战后实施的外交举措，促成了北约及世界银行等国际机制的建立，这主要得益于美国当时的外交政策建制。如今，这种建制早已沦为恶性党派之争的牺牲品。科技进步使外交官的工作变得不再像过去那么有意义和特殊。

就向境外传递信息的基本功能而言，电子邮件比任何大使的效率都高。外交部门的威信和影响力在下降。

对美国外交的一部分怀疑是有道理的。国务院经常动作缓慢、机构臃肿又地盘思想分明。面对从网络恐怖主义到伊斯兰激进势力等诸多对美国影响力的挑战，其结构和训练已然过时。凡是提到"国务院反对"这一概念时，包括白宫在内，很多人都会翻白眼。然而对于一系列复杂的新挑战，例如在与中国的紧张关系中如何进行文化渗透，如何将朝鲜从核战争的边缘拉回来，如何遏制现代的伊朗谋求地区霸权等，在硬碰硬谈判艺术方面，受过特殊训练的专家仍然不可或缺，即便不断发展的科技和不断上升的军事力量也不可能取而代之。在这些危机中，外交边缘化不是全球性变迁的必然结果：它是一种选择，由一任又一任的民主党以及共和党政府反复做出的选择。

"史无前例"[28]，《外交政策》杂志及其他一些出版物大声疾呼，它们不约而同地以"攻击"或"开战"来描述特朗普政府对国务院的所作所为。然而看着事态发展到令人瞠目结舌的程度，仅将其描述为史无前例都不免失真了。特朗普政府将 2001 年 9 月 11 日以来不断聚集的一种趋势发展到了登峰造极的程度。从摩加迪沙（Mogadishu）到大马士革再到伊斯兰堡（Islamabad），美国将民间对话丢到一边，以美国与其他国家军方之间直接和战术性的交易取代了外交工具。在国内，白宫里大多是武将，外交官往往得不到进门参加会议的机会。然而这些外交官是这一专业领域的最后守护者，外交如今虽然日渐式微，但它拯救过美国人的生命，并创造了让世界得以稳定的国际秩序。在世界各地，军人正越来越多地主导谈判、经济重建和基础设施开发等之前由训练有素的专家来专门负责的工作。结果，一系列不同以往的关系变成了美国外交政策的基石。在文职人员得不到授权谈判的领域里，军方对军方的交易依旧方兴未艾。美国已经改变己方坐上谈判桌的人员结构，进而也改变了谈判桌另一方出席人员的结构。谈判桌上各方外交人员仍然在场，只不过军方和民间武装人士往往占据更好的席位。

这些关系并不是今天才开始出现的，它们在本质上也并不消极。"如果美国的军事实力用得明智且战略精准度高的话，就是一种重要的外交工具。"美国总统乔治·H.W.布什（老布什）任内的国务卿詹姆斯·贝克（James Baker）说。他的话体现了美国外交政策上的鹰派立场。"我总是说'外交伴随军事威慑展开时，效果才最好'。"[29] 问题是如何保持平衡。在美国在世界各地的许多活动中，军事联盟如今已经超越曾经对其形成制衡的文职外交，带来灾难性的后果。

这些趋势自 2001 年以来已经愈加明显，然而其根源却更加久远。截至恐怖分子夷平纽约世贸中心双子塔，当代外交的这场危机已经酝酿了至少 10 年。比尔·克林顿（Bill Clinton）竞选总统时做出的承诺是国内再投资 —— 克林顿的战略顾问詹姆斯·卡维尔（James Carville）在一份声明中总结出来的，后来它成为克林顿竞选攻势之经久流传品牌的那句"经济啊，傻瓜"。执政后，克林顿迅速着手削减美国政府派驻世界各地的文职人员。1994 年，共和党人掌控国会，集保守主义、种族主义和狂热孤立主义倾向于一身的杰西·赫尔姆斯（Jesse Helms）成为参议院外交关系委员会主席后，形势更是急转直下 30。克林顿的第一任国务卿、已故的沃伦·克里斯托弗（Warren Christopher）拥护克林顿的政策，并将其概括为"艰难时期的严格预算"。克里斯托弗的继任者玛德琳·奥尔布赖特（Madeleine Albright）虽然每每为克林顿参与国际事务的个人承诺进行辩护，但她也承认，冷战兴起时"的确有种我们需要关注国内问题的共识"。

20 世纪 90 年代里 31，美国的国际事务预算缩减了 30%，与多年后特朗普政府要求的削减幅度相当。当时发生的情况是：国务院撤销了 26 个美国领事馆，以及 50 个美国国际开发署（USAID）办事处。32 这些裁撤的时机简直不能再糟了。随着苏联和南斯拉夫解体，美国需要新的前哨阵地来维持该地区的稳定，并在苏联撤出后的真空地区建立自己的立足点，以拓展美国的影响力。到 20 世纪 90 年代中期，美国虽然也确实建立了一些这样的立足点，但其在该地区拥有的美国使领馆总数还是比冷战时期要少 33。甚至保留下来的美国驻外机构也感受到了这种转变——克里斯托弗曾在一次国会的委员会听证中尴尬地表示，驻北京的大使馆里弥漫着下水道气味，而在萨拉热窝，急需接收新闻的外交官不得不凑合着用烧烤架把卫星天线架到屋顶上 34。

1999 年，美国军备控制与裁军署（ACDA）和美国新闻署（USIA）双双被关闭，其各自的职能被压缩且并入业已规模收缩、人手吃紧的国务院。冷战结束了，这些机构存在的理由也随之而去。美国何时才可能用得着担心核大国崛起，或者操心如何针对意识形态敌人阴险的宣传机器打信息战呢？ 20 年后，伊朗和朝鲜的核抱负以及"伊斯兰国"全球招募"圣战者"都是美国面临的紧迫国际挑战。但到这时，经过专业训练并被专门用于应对这些挑战的人员已经被裁撤殆尽了 35。托马斯·弗里德曼（Thomas Friedman）用一个形象的比喻，带给我们视觉上的理解，他哀叹美国是："为了眼前的利益[36]，背弃了美国外交政策的过去和未来。"（弗里德曼的观点当然有效，只是让人禁不住好奇：这个国家现在到底背朝了哪里？也许我们在旋转？姑且认为我们在旋转好了。）

因此，在 2001 年 9 月 11 日那天，美国呈现的现实之一是：国务院人手短缺比例高达 20%，留下来继续工作的人员受到的培训不足，拥有的资源也不足[37]。美国比任何时候都更需要外交，然而外交已无处可寻。

乔治·W.布什（小布什）政府忙不迭地再投资。"我们以前所未有的力度[38]为国务院提供资源。"时任国务卿科林·鲍威尔（Colin Powell）回忆道。但这是由新型军事化外交政策驱动的增长，得以拨给国务院的资金越来越多地来自"海外应急行动"——专门用于推进全球反恐战争。促进民主，支持经济发展，帮助移民——所有这些使命都被重新包装到新的反恐怖主义行动名下。国务院预算中的"软性"

类别 ①39 ——与打击恐怖主义的直接目标没有直接关系的任何项目——都停摆了，且在很多情况下永久地停摆了。另外，国防开支则飙升至历史新高，增幅远远超过国务院预算的温和增长幅度。"国务院从 2001 年以来已向国防部出让了很多权力"，40奥尔布赖特反思说。

外交官们沦落到政策制定程序的外围，特别是在伊拉克战争初期，小布什将权力集中到了白宫，尤其集中到副总统迪克·切尼（Dick Cheney）手下。切尼与国防部长唐纳德·拉姆斯菲尔德（Donald Rumsfeld）建立了密切的关系，却几乎没有时间留给鲍威尔。"副总统非常

---

① "软性"类别，例如，经济支持基金（ESF）从 2001 财年的 23 亿美元增加到 2017 财年的 61 亿美元，增加额度总计 38 亿美元，其中 37 亿美元来自"海外应急行动"。同样，"海外应急行动"的款项增长几乎占据了国际灾害援助的所有款项增长——该项拨款从 2.99 亿美元增加到 20 亿美元。同样的趋势也反应在移民和难民援助预算的增长（从 6.98 亿美元至 28 亿美元）中。与此同时，美洲国家基金会、非洲发展基金会和其他"软性"预算类别未见增长。信息来源："Congressional Budget Justification Department of State, Foreign Operations, and Related Programs: Fiscal Year 2017," United States State Department; "Congressional Budget Justification, Foreign Operations, Fiscal Year 2002," United States State Department。——作者注

有主见 [41]，而且他直接与总统沟通意见"，鲍威尔回忆说。他表示，小布什在白宫的那段时间有"两个国家安全委员会（NSC），一个由康迪（赖斯，当时的国家安全顾问）领导，另一个由副总统领导。任何上报总统的事情在离开康迪领导的国家安全委员会之后，都交到副总统领导的国家安全委员会，而我时常会遇到的问题是……接近（总统）在政治上就意味着一切，而且他（副总统）随时都在那里"。这是所有前任国务卿记忆里都曾面对过的挑战，无一例外，只是各自程度不同。"从心理上看，一个有趣的事实是，国务卿办公室距离白宫有 10 分钟的车程，而国家安全顾问就在走廊的另一头，"亨利·基辛格（Henry Kissinger）回忆起他在尼克松和福特两位总统任内分别出任上述两个职务的经历时说，"接近所产生的诱惑 [42] 是很大的。"

小布什政府任内，这些动态使得国务院甚至被排除在明摆着是纯外交领域的决策之外。鲍威尔在决定已经做出之后，才知道小布什退出国际气候变化《京都议定书》的计划，他恳求赖斯多宽限一些时间，以将这一激进举措告知美国的盟友。他赶到白宫去据理力争时，赖斯告诉他为时已晚。

然而国务院遭到的最深刻的排斥，还是发生在全球反恐战争过程中。势力已然抬升的五角大楼抓住机会，将反恐战争据为独家地盘。由五角大楼主导入侵伊拉克以及其后一段时间内的行动，是不可避免的。但是，在这之后，小布什将历史上一向属于国务院和美国国际开发署主管范围的战后重建以及民主建设活动的主导权，也交给了联军驻伊拉克临时管理当局（Coalition Provisional Authority）中对国防部长汇报的军人。鲍威尔及其国务院下属官员对此提出了审慎意见，却苦于无法参与到政策制定过程当中。在鲍威尔看来，当时的政策制定过程变得完全专注于战术，而牺牲了战略。"拉姆斯菲尔德先生觉得他有一套与我想法不同的战略，"鲍威尔回忆道，"而他也确实可以在低端和小规模范围内这样做。我担心的可能还是，没错，他10年前把那支军队打得惨败，我也毫不怀疑他们能打到巴格达，但我们那时没有接管这个国家并去经营这个国家。"[43] 一位新闻记者后来曾用"陶器谷仓店（Pottery Barn）零售法则"这个短语来概括鲍威尔的想法，不过鲍威尔本人并未使用过这个说法，但是鲍威尔确实告诉过总统："如果你打碎它，就得买走它。"后来，他长叹了一口气，对我表示，那是"政治加军事上的重大战略失败"。

说得更明确些，应该是一连串的战略失败。五角大楼解散了伊拉克安全部队，让数十万名有武器但没工作的伊拉克年轻人没了约束，为致命的叛乱[44] 奠定了基础。规模 40 亿美元之巨的指挥官应急计划（Commander's Emergency Response Program）用的是美国纳税人的钱[45]，基本上就是授权在伊拉克作战的军事指挥官承担美国国际开发署所从事的相关类型的发展项目，然而这些钱中有不少后来被发现直接流入反叛分子手中。在对待地方参战人员的问题上，美国国务院的法律顾问[46] 通常都会应邀提供法律咨询，然而鲍威尔任上的国务院根本没有参与小布什政府扩大军事指挥权限的商议过程——这些做法当中有一部分后来被美国最高法院认定为违宪。

随着伊拉克灾难加剧，碰得满头是包的小布什政府也确实为将额外资源转移到外交和发展上做了努力。白宫承诺将美国国际开发署的驻外人员规模扩大一倍，并且开始谈论文职和军职部门之间角色的重新平衡，以及授予美国驻伊拉克大使一定权限。谈论再平衡更多的是姿态，而不是切实的政策——战争中军方及文职部门领导层之间在拥有资源及影响力方面存在巨大落差，这一点并没有得到矫正——但是在事实证明军事决策有毒[47]这一点上，理解至少是有了。

教训很快就被淡忘了。在怀旧情绪笼罩下，自由派评论员有时将巴拉克·奥巴马（Barack Obama）说成是外交拥趸，与好斗的特朗普有天壤之别。他们记得奥巴马在开罗大学座无虚席的礼堂里，提议与阿拉伯世界对话，倡导和平。"伊拉克发生的一切[48]已经提醒美国，需要尽可能使用外交手段，建立国际共识，来解决我们的问题。"奥巴马在那次演讲中说。尤其是在第二任期内，奥巴马政府在伊朗核协议、《巴黎气候变化协定》以及与古巴关系解冻问题上，展示了几个授权外交官取得成效的例子。在几个到特朗普政府任内已合力对美国外交能力产生破坏的趋势方面，奥巴马政府同样也起到了加速作用，尤其是在其第一任期内。

奥巴马身边的高官职位也同样被退休武将或其他军职官员占据，只是程度比特朗普要低，但比他之前的许多任总统都高。奥巴马身边决策层中的武将包括国家安全顾问吉姆·琼斯（Jim Jones）上将、琼斯手下负责阿富汗事务的副手道格拉斯·鲁特（Douglas Lute）[49]中将、担任中央情报局（CIA）局长的大卫·彼得雷乌斯（David Petraeus）上将，以及先后担任国家情报总监的丹尼斯·布莱尔（Dennis Blair）上将和詹姆斯·克拉珀（James Clapper）中将。国务院预算增长所需的资金继续来自海外应急行动，且资金也明确流向军事目标。国防开支持续增加。这种趋势是非线性的：自动削减赤字计划——2013年自动生效的联邦开支削减计划——给五角大楼和国务院都造成了冲击，但国防与外交支出之间的不平衡差距持续拉大。"国防部的预算总是多很多，而且有充分的理由，我的意思是说我同意这一点，但两者之间的差距是越来越大了"，玛德琳·奥尔布赖特说。

巴拉克·奥巴马担任总统期间，所批准的与外国政府武器交易额度是其前任小布什的两倍有余。事实上，奥巴马政府的对外军售额是美国二战后历任政府中最高的。[50]当我就这些事实向希拉里·克林顿追问时，她似乎有些吃惊。"我不是说它很完美，"她对我说，"正如你所描述的那样，有些决定增加了与之相关的军事承诺。"然而最终，当涉及外交政策军事化问题时，她还是认为奥巴马政府取得的成果是"正确多于错误"。[51]她以自己参与的阿富汗反恐战略检讨为例，指出这一过程还是强调外交侧重的。然而在国务院和白宫的官员们看来，对阿富汗反恐战略的检讨产生了太多遗憾，本身就是将文职官员排除在核心外交决策过程之外的典型案例。检讨过程中直接发送给希拉里·克林顿，后被公之于众的秘密备忘录中的信息显示，外交官理查德·霍尔布鲁克

（Richard Holbrooke）表面上是总统派去处理阿富汗问题的代表，可用他自己的原话说，这个过程完全被"纯粹的军事思维"[52]控制了。

小布什政府任内令鲍威尔一筹莫展的白宫内权力争夺，在奥巴马政府时期也变本加厉。奥巴马上任没几天，国家安全顾问琼斯就发誓要扩大国家安全委员会的影响范围，被蔑称为"后门渠道"的总统与国务卿之类内阁成员之间的沟通方式将受到限制。[53] 高级官员透露，琼斯的继任者汤姆·多尼隆（Tom Donilon）和苏珊·赖斯（Susan Rice）各自都加强了对白宫的控制。

萨曼莎·鲍尔（Samantha Power）曾在国家安全委员会担任多边事务主管，后来在奥巴马内阁担任美国常驻联合国代表。她承认外界对奥巴马政府的微观管理倾向存在"一些公正的批评"。"通常情况就是如此"，她回忆说，白宫最高层级之外的任何部门制定出来的政策都"不具备法律效力或主导能量。人们不相信它一旦进入白宫逐层上报程序后，能不被改变"。她说这番话时，我们正坐在哈佛大学肯尼迪政府学院附近的酒吧"格伦德尔家的酒窖"（Glendel's Den）中背靠裸砖墙的一角，此时她正在肯尼迪政府学院做教授。鲍尔曾是一位有着仁爱之心的战地记者，做过人权法教授，其探讨美国在全球范围内对抗种族灭绝政策失败的著作获得过普利策奖。长期以来，她是满怀崇敬但又不小心带上性别歧视色彩的颂歌式新闻报道中最受欢迎的主角，这些颂歌式新闻报道还往往以相同的方式展开。鲍尔"大步走过座无虚席的房间，坐了下来。她长长的红发洒下来，披肩一样地环绕住她的肩头"。《纽约时报》的报道中这样描述[54]。她有着"象牙色的皮肤[55]，脸上有不少雀斑，一头红发又长又密"，《华盛顿邮报》补充道。"她长长的红头发，"时尚杂志 Vogue 也附和称，"在联合国大厦充满希望的天蓝色背景[56]下分外醒目。"尽管萨曼莎·鲍尔自己什么责任都没有，但她的头发在关于她的各种报道和介绍中微光闪烁了10年，直到最终女权主义博客"耶洗别"（Jezebel）恳求道："别再提萨曼莎·鲍尔飘洒的红发了[57]。"

鲍尔有着能打动对方的恳切的说话方式，以及连珠炮似的说话而不过脑子的倾向，而后者有时让她在公关时成为麻烦。2008 年总统大选期间，她称希拉里·克林顿为"怪物"，令人印象深刻。她还常说"他妈的"。

"那瓶颈就太厉害了，"[58] 她接着说道，"如果美国外交政策即使在很小的方面都必须由副手或首长级别人员做决定，才算是政策的话。"据两位曾经受到过申斥的官员透露，多尼隆的副手，后来成为白宫幕僚长的丹尼斯·麦克多诺（Denis McDonough）会惩戒那些用他的话说企图"跑到界外去涂色"的高级官员。一位高级官员表示，苏珊·赖斯对除拉丁美洲以外全球几乎所有地区的政策都实施了严格的控制。[59] 赖斯指出，每个政府在白宫管理事无巨细的问题上多有挣扎。"这是各部委永远都会指控的，"[60] 她说，"我的职业生涯中，在国务院工作的时间比在白宫要多，我对这两个机构的情况都非常熟悉。你要能找到一个没有遇到过白宫'霸王硬上弓'感觉的部委，我绝对很吃惊，而且刮目相看。"

但国务院的一些全职官员表示，在寻求平衡的举措方面，奥巴马政府比之前的政府更经常出错。例子比比皆是。对南苏丹问题的决策已提高到奥巴马以下的"首长"级别，却经常在国务卿约翰·克里（John Kerry）或国防部长阿什·卡特（Ash Carter）履行众多同样重要的义务而无法出席会议时停滞不前，而较低级别的官员却没有被授权来填补空缺，因此就只好取消会议另行安排，几个星期的时间就这么过去了，人命关天的事就一直悬而不决。鲍尔承认："那应该充其量是个副手就能拿主意的决策，因为在不可回避的限制下，对它的决策不太可能持续留在首长级别进行。"

权力集中带来的影响就是白宫以外机构的能力日渐萎缩。"政府机构变得习惯于询问方向或许可"，鲍尔评论道。这时女服务员将一盘咖喱轻轻推到她面前，她往上浇了让人吃惊的一大堆拉差辣酱——在酒吧点咖喱的话，这样做也是有道理的。"问题在于，"她继续说道，"随着时间的推移，中央控制会产生类似于习得性无助[61]的结果。"鲍尔生性拒绝盲从，她已几乎走遍世界，既是学者，又是政治家。此刻，短暂地，她听起来有些惆怅："我想其他机构的人感觉到他们无法行动。"[62]

特朗普和奥巴马这两位总统对白宫进行的控制在某些方面是大相径庭的。一任政府对某些机构严密管理，另一任政府则干脆直接把它们砍掉了。"在以前的政府中"，苏珊·赖斯辩解称，国务院"在官僚主义的粗暴和萧条中挣扎，现在，他们试图杀死它"[63]。但最终结果是相似的：外交官坐在场边，政策在其他地方制定。

国务院自由落体式的衰落在奥巴马和特朗普时代里一直持续。截至 2012 年，驻外的外交人员职位中，有 28% 或者空缺，或者由经验、水平还不足以胜任[64]的低级别员工填补。2014年，绝大多数驻外人员工作履历不足 10 年，甚至比 20 世纪 90 年代时，水平还有所下降[65]。与以往相比，他们当中胜任领导岗位的人的比例更小：1975 年，超过一半的外交人员被提升到了高级职位；到 2013 年，只有 1/4 的人获得提升[66]。这个几十年前还从美国各高等院校和私营部门吸引最优秀人才的职业，如今即便不是正在走向死亡，也是百病缠身。

每个仍然健在的前国务卿都为这本书接受了采访，其中许多人对外交部门的未来表示担忧。"美国必须进行全球外交"，乔治·舒尔茨（George P. Schultz）说。我们在特朗普政府执政期间进行这场谈话时，他已经97岁了。舒尔茨认为，国务院人手极端不足，已很难承受一届又一届政府不断变化的奇思妙想。"具有讽刺意味的是，我们刚刚在亚洲建立了枢纽，中东就爆发乱子了，同时俄罗斯又侵入了乌克兰……所以你必须进行全球外交[67]。这意味着你必须有一个强大的外交团队，以及永久在那里的人。"

亨利·基辛格表示，历史的曲线发展让外交部门日渐羸弱，使平衡进一步偏向军方领导层。"问题在于选择关键顾问时是否在一个方向上加载过多，"基辛格沉思道，"怎么说呢，有很多理由这样做。其一，经验丰富的外交官比以前少了。其二，你可以争辩说如果你向国防部下达一项命令，就会有80%的可能性得以执行；如果你向国务院下达一项命令，则会有80%的可能性进入讨论[68]。"这些效能上的不平衡在战争时期会不可避免地加深。"当这个国家处于战争状态时，它（权力）会向白宫和五角大楼转移，"康多莉扎·赖斯对我表示，"而这一点，我认为，也很自然。"赖斯的话反映了一种贯穿多届政府的共性思维。"多种情况瞬息万变，"她论辩道，"没时间走官僚程序[69]……它就不具备与正常情况下你所看到的平稳发展过程相同的特征。"

但是，到特朗普政府开始在国务院裁撤人员时，距离美国外交政策的"正常时期"已经过去了将近20年。这是美国不得不面对的新现实。赖斯的观点——第二次世界大战之后形成的官僚机构已老态龙钟，在紧急情况下行动已过于迟缓——往往是写实的。然而，靠无情地集中权力来避免破败官僚主义的低能，而不是改革机构以使其发挥应有的作用，会开启恶性循环。随着国务院在紧急情况永远不断的世界里用处不断减少，五角大楼在资金、权力和威望上使任何其他机构都相形见绌，又鉴于白宫本身也充满了前任将军们，美国正一步步地将外交解决能力抛到脑后，甚至都不让它"进屋"。

"我记得科林·鲍威尔曾经说过，占领日本的任务不是由外交官完成，而是由将军执行是有原因的，"赖斯说，"在那种情况下，你必须更多地向五角大楼倾斜。"[70] 但正如让外交官去执行占领日本任务是一种荒谬的做法一样，由军人去进行条约谈判和经济重建也是一种矛盾，而且是有着可疑记录的矛盾。

重点不是说旧的传统外交机构能够解决今天的危机。重点是我们正在目睹这些机构遭受破坏，却没考虑设计现代替代品。前任国务卿们在如何解决美国的外交机构摇摇欲坠问题上意见相左。作为一贯的鹰派，基辛格在承认国务院的衰落时只是耸了耸肩，说："任凭谁现在到国务院里走一圈，都会发现那么多办公室空着，对这一现实我当然感觉不舒服。"我们谈话的时候，基辛格已经 94 岁了。他佝偻着坐在他纽约办公室的宝蓝色沙发上，从眉毛下边盯着我。因为皱眉太多，他的眉心有着清晰的恼怒纹。他仿佛是在从无限远的时空以外审视眼前的问题，甚至他的声音，那低沉的带着巴伐利亚锉刀般质感的声音，也像是穿越了数十年的岁月，仿佛录制于尼克松的椭圆形办公室。"的确，国务院人手不足。的确，国务院没有得到它认为应得的东西。但这在一定程度上是由于新机构出现了[71]。"不过在我采访基辛格时，已经是特朗普执政时期，却还没有新的机构出来，像外交机构曾经为美国所提供的功能那样，进行同样深思熟虑、综合完整，同时不受军事紧急情势束缚的外交政策分析。

希拉里·克林顿则在 2016 年竞选总统失利的一年后仍显得疲惫，她向我表示，她注意到这种转变已经多年了。她在奥巴马执政初期就任国务卿时，"我开始打电话给我以前做参议员和第一夫人时就认识的各国领导人，他们中的很多人对他们所看到的小布什政府的外交政策军事化，以及（小布什政府）对恐怖主义，当然还有伊拉克和阿富汗战争等重要问题的极为狭隘的关注，感到苦恼。我认为现在这种平衡已经在各种问题上全方位地进一步向军事化方向倾斜"，她说。"外交，"她补充道，"站到了枪口下。"[72]她的话表达了民主党与共和党前国务卿的共同情绪。

这些都不是原则问题。这里描述的变化正实时地产生降低世界安全水平、阻碍世界繁荣的结果。它们已然迫使美国更深地陷入或许本可以避免的军事行动当中，已然给美国人的生活以及美国在全世界的影响力带来了高昂的代价。本书接下来所做的是把危机描述出来。它讲述了一个拯救生命的专业被政治怯懦撕裂的故事，也描述了我自己作为国务院官员在阿富汗及其他地方看着衰落发生，看着它给美国带来灾难性后果，给这一职业最后而伟大的捍卫者们的生活带来变迁的经历。本书同时也放眼观察了那些遍布世界各个角落、由军人和间谍组成的现代联盟，以及这些关系让美国付出的代价。

总之，这是关于美国在世界各国中角色转变的故事，以及关于老旧的吱嘎作响的机构中寡不敌众的公务员拼尽全力，保住一种国家职能存活下去的故事。

第一部　最后的外交官

巴基斯坦，2010 年

你要不说钱的事儿，我没工夫扯闲篇儿

你知道你说的弱爆了，没劲犯不着再说了

——DR.DRE，《日常生活》（与纳斯、

纳蒂尔合作专辑）

1 美国神话

外交官并不总是濒危物种。尊敬这一职业
的人指出，外交曾蓬勃兴盛，由走向世界的划
时代人物主持，他们的成就依然是当代国际秩
序的基石。外交故事是美国创世神话的一部分。
没有本杰明·富兰克林（Benjamin Franklin）与
法国的谈判，就不会有美法《联盟条约》，也
不会有确保美国独立的海军支持。没有富兰克
林、约翰·亚当斯（John Adams）和约翰·杰
伊（John Jay）谈判的《巴黎条约》，就不会有
与英国战争的正式终结。如果出身于马萨诸塞
州中等地位家庭的亚当斯没有前往英格兰，没
有在国王乔治三世的王庭上作为美国第一位外
交官递交国书，新生的美国或许就不可能形成

战后与英国的稳定关系。即使在 19 世纪，当外交官薪水低得难以维持生计，国会还在国务院头上增加了从维持铸币厂运作到公证官方文件等一系列内政事务的情况下，国务院仍然划定了现代美国的版图，完成了路易斯安那购地案（Louisiana Purchase）的谈判，且解决了与英国在美国、加拿大边境问题上的争端。即便在第一次世界大战之后，随着美国注意力转向内部并为大萧条所困，时任的美国国务卿们仍然策划了旨在限制海军军备的华盛顿海军会议（Washington Naval Conference），以及主张放弃战争和以和平方法解决国际争端的《巴黎非战公约》（Pact of Paris）[1]，这一公约为日后凝聚起反轴心联盟打下了基础。

历史上，美国政客一直在利用一丝民族主义和孤立主义情绪，制约外交政策。一位 19 世纪晚期的国会议员指责外交官"通过创造对外国习俗和外国愚行的渴望，把我们自己推向毁灭。这种疾病是由我们那些回国的外交官和被他国君主或暴君派来我国的大使带来的，它会腐蚀和摧毁我们的美国理想"。这位议员建议圈

禁从驻外任务中回国的外交官，"就像我们因为
害怕霍乱[2]而隔离检疫外国乞丐一样"。然而伟
大的外交成就就总能跨越这些敌意。

这种情况没有比第二次世界大战期间更清
楚的了，当时美国国务院适应了时局的挑战，
开启了美国历史上最富有外交成果的时代。国
务院当时面临的存在危机的程度不亚于 2017 年
开始的这场挑战。"美国作为一个国家，在这一
时刻，迫切地需要也极度地缺乏一个足以塑造
国家未来的国务院。"《圣路易斯快邮报》(*St.
Louis Post-Dispatch*) 在 1943 年的一篇报道中
如是大声疾呼。这句话如果日后用到对特朗普
执政时期国务卿们的报道中，也十分贴切。然
而反响却是天壤之别：1940~1945 年，国务院
进行了现代化改革，员工数量增加了两倍[3]，预
算增加了一倍；它进行了重组，建立了从事长
期规划和战后重建的办公室，以及专门应对大
众媒体时代快速变化的公共信息办公室。

由雄心勃勃的新一代外交官领导的现
代化国务院塑造了新的国际秩序。那些年
间，美英之间伟大的战时同盟在温斯顿·丘吉

尔（Winston Churchill）和富兰克林·罗斯福（Franklin Roosevelt）的斡旋下结成。同一时代，美国、加拿大、西欧国家、澳大利亚和日本之间通过谈判，成立了世界银行和国际货币基金组织。这个时代还产生了定义美国未来几十年间与苏联接触政策基调的"遏制"学说。构建这个时代的关键人物中有六个互为好友，他们后来共同被奉为"智者"，其中两位是身为外交服务团队成员的乔治·凯南（George Kennan）和查尔斯·博伦（Charles Bohlen）。当时的外交服务团队还是新成立的专业外交官机构。在战后的岁月里，"智者"引导杜鲁门总统实行了后来被称为杜鲁门主义的政策，承诺美国支持其他反苏联国家，以及大规模推进马歇尔计划，以向这些国家提供国际援助。同一时间框架内还产生了北约，它是由重新焕发活力的国务院中另一位成员——副国务卿罗伯特·洛维特（Robert Lovett）支持成立的。

"智者"的时代远非完美。他们有些最著名的想法也是错误和痛苦的代名词。例如，尽管凯南提出了警告，但遏制仍被拿来当作军备升级和冲突的理由，奠定了冷战格局[4]。"尽管我喜欢阅读《创世亲历记》（*Present at the Creation*），"约翰·克里谈到迪恩·艾奇逊（Dean Acheson）长达 800 页的国务院岁月详尽回忆录时说，"或许历史和一些距离告诉我们，艾奇逊和杜勒斯出于一种笃定和一种世界观，犯了一些错误，让我们在很长时间里付出代价，至少是在某些地方？在我这一代人中，理查德·霍尔布鲁克和我都知道，本应最优秀和最聪明的人让我们大量的朋友战死在了越南[5]。"

然而"智者"在稳定世界方面取得了不可否认的成功，其影响力经久不衰。他们那种声望的外交官，以及他们所从事的老派外交，如今比起 70 年前或 50 年前，哪怕 20 年前，都似乎更难找到了。"是人，是角色，还是时代？"克里思考说，"我看到一些真正一流的外交官出色地完成了使命……也许我们只是不再像以前那样表彰政府里的人了吧？"

亨利·基辛格认为，更为广泛的转变已然出现，即产生变化的不仅仅是国务院及其对整个官僚体系的相应影响，还有美国人民的哲学。

我非常清醒地认识到，坐在我对面的这个人，是有着比"智者"甚至还多侧面的复杂传奇人物：在某些圈子里，他被视为强势外交官的典范；而在其他人看来，他应该因为轰炸柬埔寨而成为战犯（他对这一点也非常清醒：他在我问到争议性话题时，试图结束采访）。这也许正是基辛格倾向于普遍性和哲学性说法的原因吧。他认为，策略战胜了战略，快速反应战胜了历史化的决策制定。"美国亘古不变地专注于解决眼前出现的任何问题，"基辛格说，"我们在外交政策执行领域里，经验丰富者的数量不足，但更重要的是，没有多少人能够将外交政策视为一个历史过程。"

这就是代表外交官职业标准的最后一批标杆性人物所面对的状况，他们发现自己越来越多地与寻求政治权宜之计和军事效率的政府格格不入。基辛格点到了奥巴马政府与其麾下阿富汗和巴基斯坦事务特别代表理查德·霍尔布鲁克之间的对抗：军人在掌控政策制定的过程中，为寻求意见表达而进行一场斗争，而且是用越南战争的教训给一个迷恋创新的政府上课。

"他想要开始一些新的东西,他想要应用过去学到的经验教训。"基辛格谈到理查德·霍尔布鲁克时这样说。在霍尔布鲁克之前,其他外交官也在类似的对抗中失败过。在他之后,失败的更多。然而有关理查德·霍尔布鲁克的故事,尤其是他最后一次任务"解体"的故事,以及这些故事对他周围外交官生活的毁灭性影响,在我们即将放弃一个曾经拯救过我们的职业之际,为我们提供了一个一窥何所失的窗口。"美国的一大神话[6],"基辛格补充道,他的语速很慢,"就是你总能尝试些新东西。"

2　塔利班夫人

停电了，这在伊斯兰堡是经常的事。房间黑了下来。但笔记本电脑还有电，于是我来会见的这位人权活动人士把电脑屏幕转过来让我看。屏幕上闪烁着一段视频——从远处偷拍的画面，摇摇晃晃的。六名被蒙住眼睛、反绑着双手的年轻男子，跌跌撞撞地在林子里行进。他们身上的衣服是典型老百姓穿的库尔塔——南亚人日常穿的无领长袖宽松衬衫，看起来不像战士。身着巴基斯坦军队制服的士兵把这些年轻人带到一片空地上，让他们背靠一垛石墙站成一排。

一个年长一些、留着胡子的军官，也许是指挥官，走到每个年轻人跟前，一个接着一个。"知道'清真言'吧？"他问道，指的是穆斯林归真前忏悔诵读的经文。他走回空地的另一端，加入站在那里不止六个士兵的行列。他们站成了执行枪决的队形。"一个一个的，还是一起？"一个士兵问。"一起。"指挥官说。士兵们端起了步枪——巴基斯坦军队的标准装备G3 步枪——瞄准，射击。

穿库尔塔的人倒在了地上。几个还活着，在地上呼号扭动。一个士兵走过去，朝每个身体补枪，地上的人一个一个地没了声音。

视频结束后有片刻时间，没人说话。街道上汽车驶过的叮当声透过旁边的窗户钻进来，很清晰。终于，人权活动人士问道："你现在想怎么办？"

视频令人震惊，但它的存在并不让人意外。那是 2010 年，在巴基斯坦，美国最重要的反恐伙伴关系之所在。"基地"组织（Al-Qaeda）首领们逃过了美国在阿富汗的军事行动，在巴基斯坦边境无人看管、空气稀薄的荒山野岭中蒸发了。这是反恐战争以及追捕奥萨马·本·拉登（Osama bin Laden）的核心战场。我作为刚刚加入美国国务院阿富汗和巴基斯坦团队的新人，负责与经济发展和人权组织对话。我发现该地区的外交活动有点演哑剧的感觉。无论是建造水坝还是改革教育，每次谈话事实上都是围绕反恐的：保持让巴基斯坦人开心，以便让其愿意加入战斗，并允许我们的物资过境送到驻阿富汗的美军手里。但通常情况下，巴基斯坦人不愿意（在美国人看来）或没有能力（按照他们自己的说法）扫除本国的恐怖主义据点。

前一年的秋季出现了一次罕见的成功——巴基斯坦部队在史瓦特河谷（Swat Valley）的乡村地带发动进攻，夺取了控制权，并俘获了塔利班武装分子。但之后不久，有关这次成功到底带来了何种后果的谣言便开始流传。大众中流传的说法是，随着史瓦特河谷军事行动开始，新一波的处决潮也很快出现。到 2010 年夏季，人权观察组织（Human Rights Watch）对238 起据称的处决案进行了调查，结果发现至少有 50 起高度确凿。按照与政府中的其他事务处理方式一样，这些处决案甚至还有缩略称谓[1]：EJK，即"法外杀戮"。这个问题很复杂。在巴基斯坦农村，法庭和监狱更多是人们的渴望，而不是现实。一些巴基斯坦军队部门认为，不经法律审判程序的即刻处决是处理他们所捕获的极端分子的唯一实用办法，但这种策略也证明被用来处理过越来越多的持不同政见者、律师和记者。巴基斯坦的军事人员被诱导着承认这个问题时，也痛苦地指出，是美国逼着他们铲除一些坏人，然后在他们除掉其他坏人时又有诸多抱怨。

杀戮是巴基斯坦与美国关系中异常敏感的一点。就巴基斯坦人而言，那是尴尬；对美国人来说，是一马勺坏一锅汤。美国纳税人自 2001 年 9 月 11 日以来为巴基斯坦提供了价值 197 亿美元的军事和民间援助 [2]，揭露出来的这些杀戮提高了非意愿审查的可能性。

我把这一视频的消息，以及人权组织不断高涨的要求采取行动的呼声，报告给了国务院内部各相关部门。结果让人无语。官员们赶紧着手找报告中涉及的人权组织开会，寻求灭火；国务院默许在华盛顿对人权观察组织进行了唯一的一次简报会，当时国务院内部的理解是，我们将不允许对方提出针对美国政府的任何问题，而且我们的评论仅限于"非常泛泛的新闻指导"。一位有着严谨举止和空泛笑容的职业官员在就此主题发给我的邮件回复中，提出了如下令人愉悦的建议：

发送时间：周一，2010 年 3 月 8 日下午 4：43
主题：回复：法外杀戮 / 人权观察会议请求

一个建议：相对于具体使用 EJK（法外杀戮）一词，我们一直试图在"严重侵犯人权"（摘自《莱希法案》条款的法定语言）框架下解决这些问题。使用《莱希法案》措辞的一个优点是它涵盖了美国政府关注的范围广泛的施虐行为（包括 EJK）；另一个原因是它也涵盖了叛乱分子以及政府部队和机构所犯的虐待行为。额外的好处是它有助于将"公开"会议与敏感的政策讨论隔离开来。

只是外交服务中的一个措辞调整。

她所提到的法规是以其发起人、佛蒙特州参议员帕特里克·莱希（Patrick Leahy）命名的，它禁止美国向从事暴行的外国军事单位提供援助。我把这一往来的邮件转发给了一位同事。"哦，我的天，这简直就是1994年前后卢旺达局势新闻发布会时的感觉！？"我写道，指的是当年在卢旺达危机期间，美国官员为了避免使用"种族灭绝"一词的"措辞调整"。

几个月后，我在会议桌上把一份档案推给梅兰妮·弗维尔（Melanne Verveer）——希拉里·克林顿任命的全球女性问题无任所大使。我们都在伊斯兰堡访问，她问到过人权组织都说了什么。我打印了部分有关人权组织的说法的文件——没有分类，只是公开文件。不过，我在措辞上保持了委婉。

"严重侵犯人权行为……出现飙升。"

"你说'严重侵犯'时？……"她快速地翻阅着文件说。

"处决。"

那是6月，伊斯兰堡一年中最热的月份。美国驻巴基斯坦大使馆的这个房间很小，气氛感觉亲密。我们两人的对面是派驻该使馆的一位外交官——职业外交官罗宾·拉斐尔（Robin Raphel）大使，她瞪着我。这个话题刚提起时，她给过我一个警告的眼神。现在她嘴唇紧闭，双目逼视着我的眼睛，手放在面前的桌子上，指关节像大理石一样白。她在1994年美国对巴基斯坦援助出现飙升时，开始监督这项工作。此时，她已然盛怒。

那个星期晚些时候，使馆工作人员和当地人聚集在位于伊斯兰堡安全"红区"内的美国驻巴基斯坦大使官官邸外。伊斯兰堡坐落在茂密森林覆盖的马尔加拉山（Margalla Hills）脚下，市内宽阔街道两旁布满了桉树和松树。2010年6月，公园里和草坪上到处都开满了白色剑兰和紫荆花。到了晚上，豪华街区里充斥着各种文化活动。伴随战争在附近肆虐，一群来自世界各国的外交官、记者和救援工作者在珠光宝气的鸡尾酒会上相聚，低声交谈政治圈秘闻。

罗宾·拉斐尔多年来都是这些聚会活动上

的固定参加者，自她几十年前开始在巴基斯坦工作以来一直如此。对很多当地人来说，她就是"罗宾"。

那晚在大使官官邸，她如鱼得水，跟一群参加派对的人聊了很久。她颧骨高，体态挺直，有股贵族气质，金色的头发在脑后拢成一个紧凑的法式盘发。她说话口型开合不大，清晰的中大西洋口音使她有种 20 世纪 40 年代电影明星的韵味。她像往常一样，披了一条刺绣羊绒披肩，只搭在一个肩上向后垂着，这让她的西装裙看起来有点像当地妇女穿的富有飘逸感的纱丽克米兹（Salwar Kameez）。

自那天会议室之后，拉斐尔就尽一切所能，给那位回答人权问题的初级外交官——就是我——以教训。实在不能把我排除在会议门外时，她也会饶有兴致地打断我说话。那晚在聚会上，她毫不掩饰自己的不快。"你怎么敢提起——"说到这儿，她刻意压低了声音，"在这个使馆的会议上提 EJK。"她的嘴唇颤抖着，"你在这个问题上一钱不值"。

我想知道她在多大程度上是因为我对美国

在巴基斯坦所扮演角色的批评而感到沮丧，以及在多大程度上是因为讨厌我这个人。我尽量保持恭敬并解释说，国务院已经采取了承认人权报告之存在的政策，尽管我们没有对报告内容予以证实。"好吧，华盛顿的情况可能确实如此，"她从鼻子里哼了一声，手指摸着她脖子上的珍珠项链，"这里不是华盛顿。我们在这儿是不讨论这个问题的。"

此时离国务院"红木走廊"大清洗还有三年时间，但在这样的国家安全热点中，你可以实时地看到权力正从外交官手里消失。巴基斯坦的情况完美地诠释了这一趋势：数十年来，五角大楼和中央情报局绕过美国的文职外交政策系统，直接与巴基斯坦军事和情报领导人开展业务。2001 年 9 月 11 日之后的岁月里，他们在这方面获得了比以往更高的自由度。站在伊斯兰堡温暖的夏日里，我望着罗宾·拉斐尔，她如此热衷地回避有关巴基斯坦军方，以及巴基斯坦与美国军方有任何瓜葛的棘手问题。在这个外交角色已有很多部分正被砍掉或转至他人之手的时候，她是怎样看待她的角色的呢？

19 世纪那些权威人士建议隔离外交官，以免后者带着打了折扣的忠诚度回国时，他们所指的就是今天这种情况吗？这是痼疾，还是新病？

几十年来，罗宾·拉斐尔身体力行了老派外交的传统。罗宾·拉斐尔的闺名是罗宾·林恩·约翰逊（Robin Lynn Johnson），她在华盛顿州一个以伐木为经济支柱的静谧小镇 3 出生长大，翻遍了她父亲收藏的《国家地理》杂志，梦想着有一天走进更广阔的世界。在马克·莫里斯高中（Mark Morris High）上学时，她被选为"最有可能成功的人"。"她身上有种世故的感觉"，一位同学回忆道。在大学期间，她一有机会就去旅行，跟着一个教会团体在德黑兰度过了一个夏天，然后大三又选择到海外学习一年，就读于伦敦大学（University of London）。

"你还信教吗？"我有一次问她。她轻蔑地哼了一声，这在她看来似乎是个荒谬的问题。"你什么意思，'我还信教吗'？"她厉声说道。追问下，她不屑地挥了挥手："我不会说是或者不是。"罗宾·拉斐尔恐怕就算有时间信教，也没时间与我分享。她是坚定的实用主义者，并以此为荣[4]。

大学毕业后，她又在剑桥大学学习了一年，遇到一群让她着迷的美国同胞，他们各自也都有着国际梦想，并且都在年级毕业册上名列前茅。那时正是越南战争交战正酣时期，牛津大学和剑桥大学的宿舍里，到处都是关于美国在代理人战争问题上铸成大错的辩论。当时的情形，与几十年后对罗宾·拉斐尔的生活产生灾难性影响的另一场战争之间，有着怪诞的相似之处：新一届政府面对诸多难题，包括公众业已疲惫，合作伙伴的军方实则不合作，以及恐怖分子倚仗在技术上很难把守的边境线以外拥有避难所，随时出没发动叛乱等。

当时还姓约翰逊的拉斐尔，开始同年轻的罗德奖学金（Rhodes Scholarship）获得者、同为华盛顿大学（University of Washington）毕业生的弗兰克·阿勒（Frank Aller）约会[5]，并与他的室友们关系不错，其中包括后来成为记者和副国务卿的斯特罗布·塔尔博特（Strobe

Talbott），以及一位抱负远大的政治家，名叫比尔·克林顿 [6]。在北牛津莱克福德（Leckford）路 46 号不大的房子里，这几个朋友会花几个小时为服兵役的威胁发愁。克林顿和阿勒都被归类为"1-A"——适宜入伍——并且都反战。克林顿考虑了各种躲避兵役的策略 [7]，最终决定一个都不付诸行动，因为如他所言，要"保持我在体制内的政治生存能力"。阿勒为了躲开征兵而留在了英格兰，并为由此产生的污点而不能原谅自己。一年后，他回到家乡华盛顿州的斯波坎（Spokane），将一把 .22 口径的史密斯威森（Smith & Wesson）手枪伸进嘴里，打爆了自己的头。

我问拉斐尔，阿勒在他们约会之后那么快就死了，他的死对她有什么影响。"哦"，她说，好像我问的是开车碰上追尾的感受。"我非常沮丧，那还用说！"她停顿了一下，意识到自己语气给人的感觉。"正如你无疑已经注意到的，我热衷于冷静。" [8] 罗宾·拉斐尔并不打算让情感成为她在世界舞台上生活的障碍，在学生时代，她就已经开始打造自己这方面的技能了。接下来的岁月里，她的轨迹将从德黑兰到伊斯兰堡，再到突尼斯。

在那段旅程中，拉斐尔的批评者并未分享她的冷静。职业生涯结束时，她被指控为叛国者、变节者和恐怖主义同情者。在印度媒体上，她被人们欣喜地称为"塔利班夫人"。拉斐尔令人震惊的人生最低谷出现在奥巴马执政期间。我们在伊斯兰堡交锋四年后，拉斐尔回到了她在国务院一楼的工位，即在汪洋一片用挡板隔开的办公桌当中，在食堂不远处的一个。她查阅了电子邮件并参加了几次例行会议。时间还是午后，她看到了未接来电。第一个来自斯洛明家庭保安系统（Slomin's Home Security），有人试图进入她的住宅。下一个是她女儿亚历山德拉（Alexandra）打来的，听起来惊慌失措。亚历山德拉说，拉斐尔必须立刻回家。拉斐尔钻进她的福特福克斯（Ford Focus）轿车，沿着那条耗时 20 分钟的路往华盛顿哥伦比亚特区西北区域的家驶去。

到家的时候，她看到十几名联邦调查局特

工正爬上她那幢两层的科德角（Cape Cod）式中型独栋住宅。两个神色认真的便衣特工走近她，向她展示了他们带有徽章的证件。接下来，他们递给她一纸搜查令。

那上面指出，罗宾·拉斐尔正在接受美国法典编号 18 USC 条款第 793（e）节的相关调查。这是一个覆盖非法收集或传输国家安全信息的刑事法规：

间谍。

3 迪克

越南在 20 世纪 60 年代后期对于住在莱克福德路 46 号的几个朋友来说，如鬼魂一样可怕。但对于其他年轻人来说，这场战争则如磁石一样富有吸引力。对于多年后与斯特罗布·塔尔博特关系亲密，并且通过他又与比尔·克林顿接近的理查德·霍尔布鲁克而言，这场战争成了试验场。他在越南的经历与之后 40 年间美国经历的战争情况一脉相承。数十年后，在阿富汗和巴基斯坦等当代冲突中，霍尔布鲁克成为最后几个仍在发出警示越战教训的声音的代表人物之一。

霍尔布鲁克是纽约客，父母都是犹太人。朋友们叫他"迪克"，直到他那优雅的第三任妻子强制大家改口叫他更为温文尔雅的大名"理查德"（他的敌人从未改过口）。迪克·霍尔布鲁克贪婪、无情、雄心溢于言表——用他一位朋友的话来描述，霍尔布鲁克是那种可以在你身后走进转门[1]，却在你之前走出来的人。他可以为了追求目标而不顾社交礼仪。有一次他慷慨激昂地讲述自己观点时，竟跟着希拉里·克林顿走进了女士洗手间——那是在巴基斯坦，希拉里·克林顿复述这个故事时会强调这样说。他的一位前任情人回忆了一次在曼哈顿街头与他一起等出租车时的情景：他们站在暴风雨中无休止地等啊等，好不容易有一辆出租车来了，结果霍尔布鲁克亲了下情人的面颊，连句话都没有，就跳进车里扬长而去，把女士一个人留在了瓢泼大雨里。后来成为外交官的社交名媛帕梅拉·哈里曼（Pamela Harriman）曾经尖刻地评论霍尔布鲁克："他还没完全驯化好呢。"[2]

他总是给我一种浩大感——更多的还不是说他个头高，而是不知怎的，他看起来比他六英尺一英寸的实际身高还要高大。他眼珠的颜色淡而发白，盯着人看时既像猛禽，又带着让人无法抵御的闪烁。他嘴唇较薄，嘴角微微上翘，总有种马上要傻笑的感觉。霍尔布鲁克脾气暴躁是出了名的，但他也常常会一下子静下来，放低声音，耳语一般地说话。他会在一场谈判中把这两种战术都用上，并把自己的谈判风格比作"国际象棋与登山 3 相结合"——奉承、欺负、迷惑、恐吓，直至说服对手。他大量地写作，具有不可思议的出口成章的能力。对周围的人缺乏敏感度的同时，他又能无微不至地观察世界，且乐此不疲，不屈不挠。换句话说，他是个名副其实而且稀有的混蛋。

小时候，霍尔布鲁克崇拜科学家：爱因斯坦、费米（Fermi）。但他的兴趣转向了更广阔的世界。父亲因结肠癌去世后，他变得与同学大卫·腊斯克（David Rusk）一家关系密切。腊斯克的父亲迪恩·腊斯克（Dean Rusk）很快成为肯尼迪的国务卿，曾访问过斯卡斯代尔高中（Scarsdale High School）霍尔布鲁克的班级 4，并颂扬了外交部门的许多优点。当时吸引霍尔布鲁克的是新闻行业，他当过高中校报的体育编辑，之后成为大学校刊《布朗每日先驱报》

（*The Brown Daily Herald*）的主编，其间他对冷战紧张局势的分析文章被排在大学啦啦队试训公告下方的版位上发表。大二时，他说服校报编辑们派他去巴黎，报道 1960 年的巴黎四国首脑会议。西方领导人计划在峰会上与尼基塔·赫鲁晓夫（Nikita Khrushchev）协商，试图缓和分割柏林所带来的紧张局势。峰会以失败收场。峰会召开数日前，苏联人击落了一架美国 U-2 侦察机，之后苏美之间的对抗很快就逼停了谈判。《纽约时报》记者詹姆斯·"斯科蒂"·雷斯顿（James "Scotty" Reston）是霍尔布鲁克的偶像，当时在巴黎给了这位年轻的学生记者一份为《纽约时报》报道四国峰会的团队取饮料的工作，他告诉霍尔布鲁克："无论你选择新闻还是外交为职业，你永远都能说'我是在有史以来最糟糕的外交失败[5]中开始职业生涯的'。"不过雷斯顿错了：霍尔布鲁克后来还看到过更糟的。从布朗大学毕业后，他尝试在《纽约时报》找工作未果，然后决定参加外交服务人员入职考试。在 1963 年 6 月的一个闷热的晚上[6]，新晋外交官理查德·霍尔布鲁克抵达了西贡新山一（Tan Son Nhut）国际机场。

越南是当代对美国"反叛乱"战略的首次考验——这一战略主张一边保护弱势群体的安全，一边通过社会项目赢得忠诚度。一次外交服务培训期间，霍尔布鲁克与其他同时代被派往越南的学员——包括后来成为克林顿总统国家安全顾问的安东尼·莱克（Anthony Lake）——在闷热的夜晚玩一种他们称为"风扇球"的游戏打发时间，就是朝屋顶上的吊扇扔网球，然后追着可能满屋子回弹的球看谁能抢到（就算尝试的话，他们也很难给越南的局面设计出一个比这更为醒目的比喻了）。到达越南时，22岁的霍尔布鲁克还是单身，可以被派往农村的前线去监督发展计划。这让他看到了最真实的失败加剧景象，而这都是坐在华盛顿的上司们见不到的。

他还目睹了越南政策制定的急剧军事化过程。随同美国海军陆战队九团前往岘港（Da Nang）农村期间，霍尔布鲁克看见海军陆战队两栖部队指挥官路易斯·沃尔特（Lewis Walt）

将军跪下来，推开他面前扇形空间里的沙子，演示美国人应该如何推翻越共，为越南南方政权入主并施行良性治理铺路。一群越南儿童旁观着，好奇地叽叽喳喳。说话从不拐弯抹角的霍尔布鲁克指出："但是你走了，越共还会再回来。"沃尔特将军以及越南境内的美国人多年来一直在努力赶走越共。霍尔布鲁克在一份未发表的备忘录中写道："虽然他们都接受了数小时甚至数日的'反叛乱'教导，尽管所有的简报都一再强调这场战争的政治性质，但他们还是无法理解正在发生的是什么或应如何应对。"叛乱分子不会放弃，当地人"不会为了获得免费的肥皂[7]而改换阵营"。

霍尔布鲁克大声表示了反对意见。在巡游各省期间，他曾与越南战场美军指挥官威廉·威斯特摩兰（William Westmoreland）将军公开辩论。

"你多大了？"威斯特摩兰终于被激怒了，问道。

"24。"

"你凭什么觉得自己懂得很多？"

"我不懂，"霍尔布鲁克说，"但我已经在这儿待了两年了，我一直在前线。"[8]

威斯特摩兰当时正向华盛顿打报告，表达他认为通过增兵可以击破叛乱分子的信念。随着霍尔布鲁克被提升到白宫和国务院的职位，他也经常主动地向自己的上司们发送措辞强硬的备忘录。"我从来没见过美国人如此混乱无序"，他 26 岁时在一则备忘录中这样写道。[9]40 年后，美国军方推动向阿富汗增兵期间，我正在霍尔布鲁克手下工作。这时他找到了这份备忘录，并让我把它转发给他越战时期的哥们儿。

美国国防部后来对 1945~1967 年美国在越南的政治军事卷入进行了重新评估，结果产生了被称为"五角大楼文件"（Pentagon Papers）的秘密报告。国防部启动这项绝密调查时，霍尔布鲁克还只是个不循规蹈矩的年轻外交官。一位名叫莱斯利·盖尔布（Leslie Gelb）的国防部官员邀请他撰写其中的一卷。盖尔布后来成为美国外交关系协会（Council on Foreign Relations）的负责人，与霍尔布鲁克成为一生的好友。霍尔布鲁克写的那部分报告措辞犀利刻薄，称反叛乱政策"构想错误，执行笨拙"[10]。

他认为，鹰派危险地把持了政策制定过程。

具有传奇色彩的外交官埃夫里尔·哈里曼（Averell Harriman）率代表团与北越谈判时，霍尔布鲁克硬是把他的一众老板磨得没了脾气，同意给他在代表团中挤出了一个席位[11]。他相信谈判的力量可以结束战争。"霍尔布鲁克永远希望与对手谈判，"20世纪60年代后期做过霍尔布鲁克上司的副国务卿尼古拉斯·卡森巴赫（Nicholas Katzenbach）说，"他总是认为有的可谈，有中间道路"。[12] 然而美越巴黎谈判以痛苦的失败收场。当时的总统选战正难分伯仲，后来浮出水面的情况显示，尼克松竞选阵营曾试图破坏停战谈判[13]，鼓励南越拖延时间。众所周知的是，眼看着战火肆虐，美方团队竟浪费了两个月的时间争论该使用什么形状的谈判桌[14]。

尼克松上任后不久，霍尔布鲁克辞职并离开了政府部门。"战争持续，进一步造成2.5万名美国人和无数越南人死亡，这既不是命中注定的，也不是不可避免的，"他后来写道，"通过谈判于1968年结束战争[15]是可能的；走向和平的距离比大多数历史学家所认识到的要短得多。"他看到美国浪费了一次结束战争的机会；他不会允许这段历史重演。

2010 年 9 月，随着阿富汗战争肆虐，国务院历史文献办公室（State Department Historian's Office）发布了美国官方版越战历史的最后一卷，其中包含了理查德·霍尔布鲁克早年撰写的备忘录。霍尔布鲁克从他的办公室走到国务院的乔治·C. 马歇尔（George C. Marshall）会议中心，就该卷史料的出版发表了讲话。那天的天色灰蒙蒙的，他穿了一件灰色、有些皱巴巴的西装上衣，站在一块灰色的布艺背景墙前。荧光灯在他的眼睛下方投下了深深的阴影，他停顿的比往常频繁。一位观众问起阿富汗战争与越南战争之间的相似之处时，霍尔布鲁克挤出了一个略显疲惫的微笑。"我正琢磨我们能回避这个问题多久呢。"16

他回答得小心翼翼。随着与霍尔布鲁克同时代的人逐渐淡出决策层，新的一代开始掌权，"越南"这个词给人的感觉越来越多地像一门不受欢迎的历史课。但私下里，我听到过他做出的比较。在越南战争中击败美国的，是一个与发生冲突的地域相邻，并且在疏于防守的边境线对面为美国的敌方提供避风港的国家；是美国对腐败的合作伙伴政府的依赖；更是在军方要求下奉行的失败的反叛乱学说。在阿富汗，他目睹这三种动态的翻版出现，包括又一届政府青睐军方意见，而失去谈判机会的现实。"迪克·霍尔布鲁克当然是我的朋友，"亨利·基辛格说，"那是公允的比较。"他对霍尔布鲁克所做的越南战争和阿富汗战争形势之间的比较这样评价道。在这两个地方，美国发现自己明明使用的是在世界其他地方都行之有效的战略框架，却愣是都取得了灾难性的后果。"越南问题是（美国）试图把欧洲的遏制原则应用到亚洲，"基辛格继续表示，"然而，在欧洲，使用遏制政策的对象是已经存在了成百上千年，尽管受到战争冲击，但内部结构相对稳定的社会。"事实证明，越南完全是另一回事。同样，在阿富汗，"9·11"之后的问题是，"我们能否将阿富汗政府变成一个民主政府？"基辛格说："这是错误的问题。"[17]

那天在国务院，理查德·霍尔布鲁克很快

就指出阿富汗不是越南。这一切的导火索是针对美国本土的恐怖主义袭击，它使战略公式变得全然不同。"但结构上有明显的相似之处，"他说，"翻翻这里的这些书，这类信息会跳入你的眼帘。许多程序我们仍在遵循，许多基本学说与我们在越南所试图使用的 [18] 依然相同。"

4 芒果箱

理查德·霍尔布鲁克离开越战的废墟并辞去尼克松政府的公职后不久,罗宾·拉斐尔也离开剑桥回到了伊朗,在达马万德学院(Damavand College)出任教职,给女生讲授历史课。伊朗国王倒台前,德黑兰是座热情友好的国际大都会,拉斐尔还在受美国财力支持的舞台剧中跳舞和表演[1],其中包括《万事成空》(Anything Goes)。她与一位英俊幽默的外交官阿诺德·拉斐尔(Arnold Raphel)坠入爱河——朋友们叫他"阿尼"。1972年,他们在美国大使馆的庭院举行了跨宗教婚礼,在大量20世纪70年代流行的天鹅绒衬托下,信仰基督教的她和信仰犹太教的他结了婚。

1975 年，当他被派驻巴基斯坦时，拉斐尔随他一同迁居。巴基斯坦与伊朗差不多，没让她感到不适。伊斯兰堡那时还是一个昏昏欲睡的小城市，郁郁葱葱，人口只有现在的 1/3。"那会儿很棒"[2]，拉斐尔回忆说。想起往事，她情绪明快起来。"那时真是生机勃勃。"她加入外交团队，在美国国际开发署任职。这对年轻的美国夫妇建立了迷人的形象，经常举办鸡尾酒会和组织放映美国电影。她毫不费力地进入了巴基斯坦的上流社会，建立了未来岁月里为她服务——也让她倒霉——的关系网。如她之前多少代外交官一样，对拉斐尔来说，提升美国的影响力意味着建立友谊和对话。"你需要参与进来，弄清楚让人们心动的是什么，以及什么能激励他们，"她说，"对我来说，那是闭着眼睛就知道的明摆着的事情。"她在这里又思忖了一下。"但有时我们会忘记。在'9·11'后，更加紧迫和严苛的时间里，我们变得不容分说地苛求。"[3]

拉斐尔在伊斯兰堡度过了最初的黄金岁月，之后不过几年，变革席卷了整个地区。1979 年的伊朗宗教革命推翻了美国支持的世俗国王统治，美国对巴基斯坦这一军事和情报伙伴的依赖变得更加牢固。美国失去了伊朗境内用于监视苏联的重要监听站，中央情报局接洽了巴基斯坦三军情报局（Inter-Services Intelligence，ISI），后者同意建立巴基斯坦监听设施，以填补空缺。

伊斯兰革命的呼声也从伊朗传到邻国阿富汗，在那里，受苏联支持的马克思主义政权已在之前一年掌控了全局。在克格勃的指导下，马克思主义者推行了世俗改革，包括强制女童接受教育。在宣传海报上，围着红头巾的红唇女性捧着翻开的书本，头顶上用西里尔语大字大声疾呼："如果你不读书，就会忘记这些字母。"[4] 对于保守的阿富汗人来说，这太过分了。阿富汗军队爆发了反共产党人的起义。

起义蔓延的初期，苏联人有些犹豫。但在莫斯科，外交已经靠边站，克格勃的影响力已然膨胀。克格勃负责人尤里·安德罗波夫（Yuri Andropov）巧妙地绕过主张谨慎的苏联外交官，满载苏联军队的运输机于圣诞夜当天降落在喀布尔机场。卡特政府认为这次入侵是让莫斯科难堪的机会，卡特批准了美国通过与巴基斯坦军事联盟精心策划的秘密战争。"阿富汗的抵抗必须持续下去，"国家安全顾问兹比格涅夫·布热津斯基（Zbigniew Brzezinski）写道，"这意味着向叛乱分子提供更多的钱并且运送武器[5]……为了实现这种可能性，我们必须向巴基斯坦做出保证，并且也鼓励它帮助反叛分子。这将需要我们重新评估对巴基斯坦的政策，向该国提供更多保障、更多武器援助，以及，一项决策，以确保美国对巴基斯坦的安全政策不被防核扩散政策主宰。"

20世纪70年代后期的巴基斯坦绝非美德典范。穆罕默德·齐亚－哈克（Mohammed Zia-ul-Haq）绞杀了被他赶下台的平民总统佐勒菲卡尔·阿里·布托（Zulfikar Ali Bhutto），并取消了选举。巴基斯坦此时正积极寻求制造原子弹[6]，对美国要求其停止此举的呼吁置之不理。当时在对苏联战争的名义下，所有这些问题都是次要的，如同后来反恐战争中的情形一样。

里根总统第一任期内，国会批准用于秘密战争的资金从每年数千万美元增加到数亿美元[7]。齐亚坚持完全按照巴基斯坦的条件，来分发用这些资金购买的枪支。战争刚开始时下发的一份最高机密"总统决定"要求中央情报局顺从巴基斯坦的意愿。一位中情局伊斯兰堡情报站的负责人记得他当时接到的命令是这样的："照顾巴基斯坦人，然后让他们做你需要他们做的任何事。"[8]齐亚访问美国并与里根会晤时，国务卿舒尔茨写了一份备忘录，建议说："我们必须记住，没有齐亚的支持，阿富汗的抵抗力量，也是使苏联为他们在阿富汗冒险付出沉重代价的关键，实际上就死了。"[9]（当我向舒尔茨问及他对巴基斯坦政权的支持时，他并无歉意。"齐亚和里根总统，他们之间存在一段关系。整个想法是帮助圣战者将苏联赶出阿富汗"，他说，话中用了代表圣战中伊斯兰战士的阿拉伯语单词，来指代对苏作战的人。"而且我们成功了。"[10]）于是，如齐亚所坚持的那样，武器被交给了巴基斯坦三军情报局，由后者挑选接收战利品的圣战者。美国依然在为越南那场代理人战争之复杂感到刺痛，也乐得将细节留给巴基斯坦处理。

在对苏作战的紧迫形势中，伙伴关系中令人不那么愉快的现实是易被忽略不计的[11]。巴基斯坦军官把中央情报局提供的武器拿到黑市上贩卖——有一次，他们甚至把武器卖回了中央情报局。巴基斯坦继续肆无忌惮地炫耀其核开发进展。1985年，参议院通过了所谓的《普雷斯勒修正案》（Pressler Amendment），要求总统必须每年认证巴基斯坦没有拥有核武器。规则是严格的：不认证，就没有援助。齐亚在巴基斯坦核计划上向里根总统撒了谎[12]。"毫无疑问，我们拥有自1987年起就不再做此认证的情报基础"，一位资深中央情报局官员表示。[13]但是里根无论如何还是继续认证了巴基斯坦的无核状态。俄亥俄州参议员约翰·格伦（John Glenn）认为，核扩散"给世界带来的危险，远大于切断对阿富汗援助的恐慌……这是短期利益相对于长期利益关系的问题[14]"。但他是罕见的提出反对意见者。

这场秘密战争还要求美国人对阿富汗境内武装圣战的野蛮行为视而不见。巴基斯坦人把美国的武器交给了最无情的伊斯兰强硬分子，像阿卜杜勒·赛亚夫（Abdul Sayyaf）、布尔汉努丁·拉巴尼（Burhanuddin Rabbani）和贾拉鲁丁·哈卡尼（Jalaluddin Haqqani）之类的激进分子，他们都与恐怖主义网络有着密切的联系。巴基斯坦三军情报局最青睐的子弟之一是古勒卜丁·希克马蒂亚尔（Gulbuddin Hekmatyar），他是狠毒的宗教激进主义者，据称专长是活剥被俘士兵的皮[15]，且手下的人不分青红皂白地屠杀平民。中央情报局一位名叫米尔特·比尔登（Milt Bearden）的特工在20世纪80年代后半期接管了这个项目。按他的估计，巴基斯坦人把近1/4的美国军火物资交给了希克马蒂亚尔。"希克马蒂亚尔是巴基斯坦人的最爱，但绝对不是我的"，他对我说。这位生性好斗的特工又冷冷地补充道："我当时有机会时，真该一枪毙了他。"[16]

巴基斯坦人和美国人的做法也点燃了极端主义的火焰，吸引全球范围内的穆斯林飞蛾扑火。出身于沙特富商家庭的奥萨马·本·拉登于 20 世纪 80 年代中期搬到了巴基斯坦，逐渐与希克马蒂亚尔和赛亚夫等部分受巴基斯坦三军情报局青睐的圣战者[17]关系密切。拉登向巴基斯坦三军情报局训练营出来的圣战者提供现金津贴，最终严格效仿巴基斯坦三军情报局的模式，建立了自己的组织。

策略奏效了。短短几年内，中央情报局宣布这场秘密战争成本效益显著[18]。然而真正的成本以后才显现出来。

罗宾和阿诺德·拉斐尔搬到华盛顿哥伦比亚特区的时间，刚好在对苏联战争爆发之前，按罗宾后来的说法，也是"很多事情都走下坡路"之前。这对于美巴关系以及罗宾自己的生活而言，都是相当准确的描述。她想要孩子，阿诺德不想。他们在 20 世纪 80 年代初离了婚，罗宾·拉斐尔后来又结了两次婚，有了两个女儿。但根据朋友们的描述，阿诺德才是罗宾一生的挚爱[19]。有人意识到，她宁可先跳楼，也不愿意承认对此的伤感。

阿诺德仍然是外交部门的后起之秀，他以美国大使的身份回到了巴基斯坦。在 1988 年 8 月一个炎热的下午，他在省城巴哈瓦尔布尔（Bahawalpur）附近的一片沙漠中与齐亚总统一起观看美国艾布拉姆斯坦克（Abrams tank）——这是最新可供巴基斯坦购买的军备产品——表演，军购资金仍然来自源源不断的美方援助。表演结束后，阿诺德又接受临时邀请，与齐亚一起乘坐后者的美国造 C-130 大力神运输机（Hercules）[20] 返回伊斯兰堡。一同乘机的还有齐亚的参谋长，巴基斯坦三军情报局局长阿赫塔尔（Akhtar）将军——是他亲自选定[21]接受美国秘密战争援助的圣战者名单，以及负责监督美国对巴基斯坦军事援助的赫伯特·M.沃瑟姆（Herbert M. Wassom）将军。起飞后五分钟整，飞机坠入沙漠，炸成巨大的火球。机上 30 人无一幸免，全部遇难，包括齐亚和阿诺德·拉斐尔。

这一事件至今仍是巴基斯坦历史上几大未解的谜团之一。尽管有美国大使遇难，而且联邦调查局有法定权力进行调查，但国务卿舒尔茨还是命令联邦调查局人员远离此案。同样，米尔特·比尔登也阻止了中央情报局介入[22]。唯一获准参与现场勘查的美方人士是七名空军调查员，他们在一份秘密报告中排除了机械故障[23]。唯一的可能性就是破坏。或许，一个装有 VX 神经毒气或类似毒剂的小气罐毁灭了整架飞机。一个长期流传的阴谋论说法认为，神经毒气罐隐藏在一箱芒果里，是在起飞前被装上飞机的。

对于巴基斯坦来说，这次坠机事件加深了对美国人的不信任。后来夺取政权的贝格（Beg）将军也像齐亚一样，致力于巴基斯坦核计划的发展，以及为恐怖主义代理人提供支持——但他对美国的友好程度更低。对于罗宾·拉斐尔来说，这场悲剧将她从早期德黑兰那段充满希望的日子中隔断了出来。当我问起失去阿诺德的感受时，她微微冷笑了一下，"那对任何人来说都很艰难，可是生活还要继续"[24]。

那是苏联完全撤出阿富汗的一年。美国中央情报局驻伊斯兰堡工作站传递苏联撤军消息的电文非常简单："我们赢了。"[25]然而红色威胁消退后，美国和巴基斯坦之间缺乏更广泛战略对话的弊端就又快又狠地袭来。

四个月后，当巴基斯坦新总理贝娜齐尔·布托（Benazir Bhutto）首次正式访问美国时，裂缝已经开始显现。贝娜齐尔·布托，被齐亚绞杀的总理佐勒菲卡尔·阿里·布托之女，是流亡海外多年后重返巴基斯坦的。她从哈佛大学毕业，只有 35 岁，有着迷人的形象。她戴着白色头巾和玫瑰色的飞行员眼镜，身穿金色和粉红色的纱丽，在美国国会联席会议上，站在美国国旗前，讲话中引用着林肯、麦迪逊和肯尼迪的话。"代表巴基斯坦 [26]，我可以声明，我们并未拥有，也不打算制造核设施"，她强调说。

然而几天前，贝娜齐尔·布托却坐在白宫斜对面的布莱尔国宾馆（Blair House）里，听到中央情报局局长威廉·H. 韦伯斯特（William H. Webster）带来的预警通报。根据那天一位在场人士 [27] 的说法，韦伯斯特带着一个足球走了进来，那是按照他所知道的巴基斯坦已经拥有的一种核装置原型制造出来的模型。韦伯斯特告诉贝娜齐尔·布托，如果巴基斯坦继续将气态铀转化为固体的"核"——原子弹的芯——那么老布什总统就不可能在那一年晚些时候再为巴基斯坦做无核认证。那个月底之前，伪装被揭穿了。美国中央情报局有无可辩驳的证据[28]，表明巴基斯坦已经将铀加工成了几个核芯。1990年，苏联人撤出阿富汗的一年后，老布什成为第一位拒绝认证巴基斯坦仍然是无核国家的总统。依照《普雷斯勒修正案》[29]的规定，大多数经济和军事援助被暂停，巴基斯坦订购并已经付款的F-16战斗机也留在了亚利桑那州，经年累月地收集灰尘。直到今天，F-16战斗机依然让我遇到的每一位巴基斯坦军官都无法释怀。它们象征着背叛，对此美国很快就忘了，然而巴基斯坦却从未忘记。

军事关系戛然而止时，美国几乎没有通过有效外交渠道来缓解这一冲击的余地。即便是对付圣战者乱局的大师米尔特·比尔登，也为美巴之间缺乏对话而感到遗憾。"那种关系总是浅薄的，"他回忆说，"苏联人于1989年2月撤出了阿富汗，然后我们在接下来的一年内就制裁了他们（巴基斯坦），并切断了军事接触。"这为接下来10年的两国关系定下了基调，其中巴基斯坦扮演了被抛弃的情人角色。"他们喜欢我们，"比尔登反思道，"但是他们真的深信，每到关键时刻，我们就会背叛他们[30]。"

没有了代理人战争的紧迫感，美国的外交政策机构开启了巴基斯坦业务。美国对伊斯兰激进力量的支持曾经带来便利，现在却是一种负担。苏联人离开后，巴基斯坦三军情报局曾试图扶持自己青睐的极端主义者希克马蒂亚尔掌权[31]。但是在他输掉了一场替喀布尔打的血腥战斗[32]之后，巴基斯坦人转而选择了一个不同的解决方案，开始武装和资助另一种他们希望能够抗衡地区内竞争对手印度的保守运动："伊斯兰教的学生"[33]，又称塔利班。

有关塔利班实施强硬的社会政策及其对妇女野蛮压迫的故事开始传到西方世界。即将上任的国务卿玛德琳·奥尔布赖特是开始呼吁联合推翻阿富汗塔利班政权的国际政要之一，理由就是要终止塔利班对人民不断深化的压迫。（"我不后悔没有与塔利班打过交道，"[34]奥尔布赖特多年后表示，"但是，我愿意承认，在到底是谁做主的问题上，情况很复杂。"）人们的愤怒在升级，因为那些受塔利班领导人庇护的恐怖分子所带来的威胁已显而易见。两个美国驻非洲国家的大使馆1998年被炸事件，以及随后揭示出来的爆炸组织者奥萨马·本·拉登与塔利班关系密切的信息，夯实了塔利班政权为国际社会所不容和不齿的地位。巴基斯坦作为塔利班的施主[35]，也分担了这一秽誉。

罗宾·拉斐尔是孤独的持不同意见者。比尔·克林顿于1993年就任总统时，聘请了在英国读书时的老朋友拉斐尔出任负责南亚事务的助理国务卿。华盛顿和伊斯兰堡之间的关系在20世纪90年代里变得冷淡，但拉斐尔依然忠实地为巴基斯坦说话，毕竟她在职业生涯早期在此建立了诸多关系。当一位名叫汉克·布朗（Hank Brown）的参议员提出放宽对巴基斯坦援助限制的立法[36]时，她与巴基斯坦外交官一起忙活了好几个月，为该法案游说。该法案于1995年获得通过，为向巴基斯坦出口武器扫清了道路,尽管该国的核武器库仍在扩充。拉斐尔也热心地为贝娜齐尔·布托辩护,后者在拉斐尔出任助理国务卿的第一年里,重新掌握巴基斯坦领导权,并秘密授权向塔利班提供援助[37]——同时在此问题上向美国人撒谎[38]。拉斐尔告诉我,她走入这层关系时是睁大了眼睛的。"我没有相信贝娜齐尔·布托,我只是觉得我们需要与每个人交谈。"[39]尽管如此,她还是反对制裁,并协助确保了对巴基斯坦的援助[40]。

拉斐尔还努力推动与塔利班领导人进行会谈。一封总结她 1996 年访问喀布尔行程的电报表明了她对塔利班政权的乐观看法,其中引用了一位塔利班领导人对拉斐尔说的"我们不是坏人",并乐观地描述了塔利班"对自身局限性[41]的认识不断提高,而这种认识是之前不曾有过的"。同年,塔利班控制喀布尔之后不久,拉斐尔还在联合国的一次闭门会议中呼吁其他国家也拥抱这一政权。"他们是阿富汗人,他们是本土人,他们表现了持久的力量,"[42]她说,"孤立塔利班不符合阿富汗或我们在座任何人的利益。"正如一位与拉斐尔一起工作过多年的巴基斯坦外交官所言："如果罗宾再在助理国务卿位子上多待一年，华盛顿就该有塔利班大使馆了。"[43]

拉斐尔另类的亲巴基斯坦及塔利班行为使她在华盛顿和南亚地区都引起了怀疑。也正是在这时，印度媒体开始称其为"塔利班夫人"，其后这个绰号一直跟了她数十年。"这太无聊了，"她说，"就因为我确实去和这些人交谈过。那是我的工作。但是，因为我没被吓坏，且不想像贱民一样对待他们……我觉得与他们交谈是完全正常的，人们就为此极度震惊了。"她叹了口气，"妖魔化塔利班是一个错误，很可能为他们完全失控添加了理由。没有人会听他们说话……我们背弃了他们，还认为他们全是尼安德特 ① 笨蛋"。在拉斐尔看来，这是最糟糕的错误："情绪驱动。"[44]

外交政策建制中，包括理查德·霍尔布鲁

---

① 尼安德特人生存于旧石器时代（较普遍认可的考古认证是生存在距今 3.3 万~3.2 万年前），其遗迹首先在德国尼安德河谷被发现，目前按照国际科学分类二名法被归类为人科人属，现在科学界较为认可的论断是非洲以外的现代人都是尼安德特人与非洲智人的混血后裔。尼安德特人在这里被用来形容"不开化"和"文明前"。——译者注

克在内的许多人后来都接受了与塔利班对话的同一论点。拉斐尔对她的立场遭到更多孤立和争议，是否感到任何遗憾呢？"没有，"她笑着告诉我，"我超前于时代！"[45]

1995 年，拉斐尔加强与巴基斯坦关系的努力正在高潮时，时任副国务卿斯特罗布·塔尔博特团队的一位助理敲开了她办公室的门，告诉了她一个令人不安的事态发展。在监视巴基斯坦官员时，情报人员截获了他们认为是非法交换的内容。他们声称，拉斐尔当时正在向巴基斯坦人泄密，泄露了美国核项目情报的敏感细节。拉斐尔感到震惊。她会见了国务院的内部警察，即外交安全局人员，受到拷问。外交安全局的调查无果而终[46]。拉斐尔并未被鉴定为违反任何规则，于是此事很快就被遗忘了——只不过它后来又被翻了出来，且结果不妙。

拉斐尔还先后出任过其他几个职务，包括驻突尼斯大使、国防大学副校长，以及在伊拉克战争初期负责协调援助工作。然而她的故事总要绕回到巴基斯坦。她 2005 年离开伊拉克时已感厌倦，遂加入了卡西迪公司（Cassidy & Associates）。这是 K 街 ① 上一家响当当的游说公司，其客户包括埃及情报部门，有时也涉及巴基斯坦。拉斐尔在卡西迪公司工作的那段时间里，该公司签下了两份巴基斯坦的订单合同 47，使媒体——尤其是印度媒体——将她称为"巴基斯坦说客"。（"20 世纪 90 年代折磨新德里的说客，"《印度时报》尖刻地报道称，"华盛顿中明目张胆亲巴基斯坦的拥趸。" 48）拉斐尔对此表示好笑，称自己仅在其中一个项目上工作了"三周" 49，而且该项目在巴基斯坦强人佩尔韦兹·穆沙拉夫（Pervez Musharraf）于 2007 年 11 月暂停该国宪法后还被取消。

在 2009 年的一次鸡尾酒会上，拉斐尔遇到了职业外交官同僚、当时正出任美国驻巴基斯坦大使的安妮·帕特森（Anne Patterson）。身材矮小但钢铁般强硬的帕特森来自阿肯色州

---

① K 街（K Street）是美国首都华盛顿哥伦比亚特区的一条主要干道，东西走向，因为集中了很多智库、游说集团和倡导团体的办公场所，在政治话语中，"K 街"已成为华盛顿的游说行业的转喻。——译者注

史密斯堡（Fort Smith），操着一口轻柔的美国南方口音，说话直截了当。她是一位经典传统的外交官，从拉丁美洲到中东已服役数十载。在巴基斯坦，她身处这个世界上最困难的关系中，面对新时代——巴基斯坦对美国而言再次变得重要的时代——的挑战。然而，对巴基斯坦社会有着深入了解的美国人是很难找到的。在当代的美国外交界，像前往巴基斯坦之类国家的外派职位，已成为低级别官员为了积攒履历和拿一两年风险补贴，而进进出出的站点（当时驻伊斯兰堡的薪酬可以较其他地区高出 30%[50]），拉斐尔这种对棘手的巴基斯坦政治有把握的人不可或缺。帕特森问拉斐尔是否还可以再来驻扎一次，帮助其管理对伊斯兰堡的援助。

拉斐尔当时已经 61 岁。她已经结过三次婚——最近一次嫁给一位英国外交官，但婚姻只持续了几年，已于 2004 年结束。她基本上独自抚养了两个正值大学入学年龄的女儿——安娜和亚历山德拉，游说机构的工作让她有机会花更多时间与女儿以及自己的朋友们在一起。

但是，有人感觉到，她的心思很快就转向重返公职了[51]。

她告诉安妮·帕特森会考虑一下。

5　另一个哈卡尼网络

克林顿总统 1993 年宣布罗宾·拉斐尔被提名为助理国务卿之后的第二天,拉斐尔登上了飞往斯里兰卡的航班,前去参加该国最近被暗杀的总统的葬礼。坐在她附近的是巴基斯坦总理纳瓦兹·谢里夫(Nawaz Sharif)和一位 36 岁的巴基斯坦外交官,名叫侯赛因·哈卡尼(Husain Haqqani)[1]。在接下来的几年里,哈卡尼成为美巴关系中一个固定出现的人物。批评人士对他的认识,则是后来罗宾·拉斐尔也同样获得过的部分标签:变节者、叛国者、间谍。

哈卡尼举止温文尔雅,样貌迷人,善于奉承人。"如你所熟知,"他经常这样说,脸上还会带点自得的微笑，"像您这么有经验，当然理解。"他在巴基斯坦商业中心城市卡拉奇的下中产阶级社区长大，父母是印度移民：他母亲是一名教师，父亲是一名律师，来到巴基斯坦时手里没什么专业关系网络，于是转而代表穷人和赤贫阶层打官司。哈卡尼一家住在专门为随着巴基斯坦从印度分离出来而被迫背井离乡的印度人设立的棚户区，小侯赛因 14 岁之前没住过真正的房子。像霍尔布鲁克一样，他并非出身于精英阶层——他是一路爬上来的 [2]。

他既接受了传统的伊斯兰教育，又接受了世俗教育，身上清楚地体现着典型的巴基斯坦文明断层线：宗教与国家、新与旧、东西方之间。在卡拉奇大学读书时，他成为与伊斯兰大会党（Jamaat-e-Islami Party）有关联的学生领袖，加入了播种该地区变革的新一代人的行列。然而他也感到彷徨。他在位于美国驻卡拉奇领事馆的美国中心（American Center）里度过了很多个小时，一本接一本地阅读图书馆里的藏书。他让自己沉浸到西方的视角中 [3]，并对同龄人中不断上升的反美主义情绪感到失望。1979

年，被反美情绪鼓动起来的暴民烧毁美国驻伊斯兰堡大使馆之后，附近城市卡拉奇的学生领袖们找到哈卡尼，请他领导同样的行动。据他讲述，他发表了戏剧性的演讲，引用《古兰经》[4]来阻止学生们采取进一步的暴力行为。他有个私心并没告诉愤怒的学生们：他想保护领事馆内他心爱的图书馆，以及书架上那些西方书籍。

像霍尔布鲁克一样，哈卡尼也被新闻和外交所吸引。他为《远东经济评论》（*Far Eastern Economic Review*）撰稿[5]，后来还在巴基斯坦国营电视台工作过，间或为齐亚的军事政权遗产唱了几句赞歌。30 岁出头时，哈卡尼凭借三寸不烂之舌，已经成为小有声望的传播人才，谙熟在西方和巴基斯坦听众间活动的诀窍。

贝娜齐尔·布托 1988 年在一届改革及世俗政府中出任总理后，保守的反对派领导人纳瓦兹·谢里夫请哈卡尼来制定他的媒体宣传战略。经哈卡尼自己承认，谢里夫当时想利用仇外心理和反美主义情绪，但哈卡尼觉得谢里夫"在巴基斯坦经历了近十年的军事统治后，或许能为该国带来一些平衡 [6]"。

谢里夫掌权后（也是贝娜齐尔·布托在巴基斯坦政治的传统循环中因腐败指控而被驱逐之后）不久，哈卡尼发现自己与谢里夫之间有了争执。1992 年，随着苏联战争的消退，以及美国对巴基斯坦的疑虑愈发不加掩饰，美国国务院请哈卡尼帮忙向谢里夫传了封信：美国知道巴基斯坦正"向参与恐怖主义活动的团体提供物质支持" [7] 且就此说谎；它必须停止，否则美国会将巴基斯坦加入其官方的恐怖主义赞助国名单，从而引发严厉制裁。谢里夫召集内阁谈话，席间伊斯兰将军们对哈卡尼这些进步派人士予以反对。当时的巴基斯坦三军情报局负责人贾伟德·纳西尔（Javed Nasir）中将表达了巴基斯坦的传统世界观：这封信是"印度－犹太复国主义"游说团体和犹太裔美国大使的错[实际上美国驻巴基斯坦大使卜励德（Nicholas Platt）是基督教新教徒，这一点倒成了哈卡尼最不担心的事情]。

根据哈卡尼的叙述，他提出了巴基斯坦应该重新考虑使用代理关系并转而更重视使用外交渠道的观点。谢里夫采纳了情报部门和军方的意见后，哈卡尼威胁要辞职。谢里夫让他出任巴基斯坦驻斯里兰卡大使——这是在不制造负面新闻的情况下废弃他的方式，在巴基斯坦，这等同于流放西伯利亚。一年后，哈卡尼辞了职。

然而哈卡尼有着超强的韧性。贝娜齐尔·布托在新选举中获胜并重新掌权后，哈卡尼成了她的发言人。而在贝娜齐尔·布托像被掐着秒表设计好的一般，再次因腐败指控而遭驱逐后，他仍站在她一边，并在文职领导人走马灯似的换个不停的过程中，对巴基斯坦军方牢牢控制政权的邪恶行径，做出愈加公开的批评。

这让他不受欢迎。1999年，巴基斯坦情报人员在一条嘈杂的街道上抓住了他，抛出条毯子蒙住他的头，然后把他推进一辆在旁等候的车里[8]。他用藏在口袋里的手机给他的朋友拨了电话，他的朋友通知了媒体。他称这通电话挽救了他的生命[9]，尽管他还是被安上了捏造的腐败指控而被判入狱两个半月。佩尔韦兹·穆沙拉夫将军夺取政权后，哈卡尼意识到，在频繁更迭的军事统治下，他不可能安全地在家乡生活了。"他当时对我的文章表现得并不太友善，"哈卡尼提到穆沙拉夫时说，"我感到非常有压力，因为那又是军事统治。所以我离开了，我来到美国 [10]。"侯赛因·哈卡尼入了美国籍，在波士顿大学获得了副教授职位，在安全距离外继续谴责巴基斯坦的军事领导人。

哈卡尼和贝娜齐尔·布托在后者流亡迪拜期间经常讨论巴基斯坦的未来。贝娜齐尔·布托让哈卡尼起草一份文件，概述她如若重新掌权后，巴基斯坦外交政策的新愿景。他在论文中论述称，军事关系加强了巴基斯坦对恐怖主义的支持；巴基斯坦已成为一个"寻租国" [11]：靠从超级大国手里拿钱为生，所倚仗的资本是自身的战略地理位置及情报合作，"而非双方的共同利益；轻而易举从美国手里得来的现金，让巴基斯坦军队和情报机构变本加厉地攫取超常权力，并削弱了改革的潜力"。贝娜齐尔·布托喜欢这篇论文，以及文中提出的"与美国建立新型战略而非战术关系的观点"。[12]

有一刻，贝娜齐尔·布托似乎有机会将这一愿景变为现实。美国和英国外交施压多年后，穆沙拉夫终于允许贝娜齐尔·布托回国参加选举。有很多人想置她于死地。侥幸逃过一场炸弹袭击后，贝娜齐尔·布托要求得到更多安全保护。穆沙拉夫只部分核准了她的保安增援要求。她在发给自己的说客马克·西格尔（Mark Siegel）的电子邮件中表示，如果有任何事发生，"我认为就是穆沙拉夫干的"。[13]

2007年12月27日，接近傍晚时分，地上的影子越拖越长。贝娜齐尔·布托做完一场呼吁民主的常规竞选发言后，离开了拉瓦尔品第（Rawalpindi）距离巴基斯坦军队总部不到两英里的利亚卡特国家公园（Liaqat National Park）。支持者蜂拥着她乘坐的白色丰田兰德酷路泽（Toyota Land Cruiser）越野车[14]。贝娜齐尔·布托穿着简洁的白色棉质裤子和黑色平底鞋，戴着她标志性的白头巾和紫色克米兹，爬上后座，将头伸出天窗，然后像伊娃·贝隆（Eva Peron）站在阳台上一样挥手。枪声在空中响起，伴随着一名自杀式炸弹袭击者引爆后产生的震耳欲聋的爆炸声。华盖图像公司（Getty Images）的摄影师约翰·摩尔（John Moore）启动了相机的高速连拍装置，捕捉到了脱焦的混乱场景：一个橙色的火球；火花和烟雾涌动下闪现的受惊面孔；幸存者在横在地上的人体中蹒跚而行 15。

贝娜齐尔·布托死了。她在遗嘱中，将其政党的领导权交给了她的鳏夫阿西夫·阿里·扎尔达里（Asif Ali Zardari），后者由于长期面对腐败指控 16 而被评论家们称为"百分之十先生"。悲伤的贝娜齐尔·布托支持者们拥戴他成为总统。

贝娜齐尔·布托流亡期间 17，哈卡尼与扎尔达里的关系像跟贝娜齐尔·布托一样近。扎尔达里及其总理优素福·拉扎·吉拉尼（Yousuf Raza Gilani）在大选后寻找新的驻美国大使时，找到了昔日自己政党的发言人侯赛因·哈卡尼。

哈卡尼接受了任命。2008 年 6 月，他前往华盛顿，向乔治·W. 布什递交了国书[18]。

哈卡尼又重新有了权力，但许多巴基斯坦人对他存有疑虑。他转换阵营，去为自己曾经呼吁反对过的贝娜齐尔·布托工作，是忠诚度有问题的印迹。有些人将他逃亡美国视为跨越了底线。贝娜齐尔·布托被暗杀的几天后，穆沙拉夫剖析了在他看来贝娜齐尔·布托的失败之处。她破坏了一条非常重要的规则："不要被视为美国势力的外延。"[19] 刚刚在美国流亡了多年的哈卡尼，恰恰因为这种"不可饶恕"的条件，而被选为了驻美大使。

多年以后，巴基斯坦《论坛快报》(*The Express Tribune*) 刊登了一篇介绍哈卡尼的人物报道，以乔治·奥威尔 (George Orwell) 的小说《动物农场》中对"吱嘎"①的描写开头："一个谈话能手，争论难点时，他能在两边跳来

---

① 《动物农场》是英国作家乔治·奥威尔用以反对斯大林的小说，1945 年首次出版英文版。"吱嘎"(Squealer) 又译"声响器"，是《动物农场》中的一个角色，一头年轻的猪，它是另一头猪"拿破仑"的忠实支持者，擅于言辞。——译者注

跳去。"

　　"当然，这一切与受人尊敬的侯赛因·哈卡尼先生都没有可比性，"人物报道接下来写道，"毕竟，'吱嘎'始终是忠于猪群的。"[20]

6　表里不一

　　理查德·霍尔布鲁克在卡特政府期间曾是一名极其年轻的东亚事务助理国务卿，后来在共和党执掌白宫时期，离开国务院去了雷曼兄弟公司（Lehman Brothers），在那里一直工作到重返外交岗位。正如他在工作中的一贯作为，霍尔布鲁克在负责东亚工作期间也与周围的记者关系密切。幸运的是，其中包括了斯特罗布·塔尔博特，后者正如在牛津大学时预言的那样，毕业后从事了新闻职业，为《时代周刊》报道外交事务。

　　霍尔布鲁克在克林顿政府中的关系很薄弱。他在1988年的初选中支持了阿尔·戈尔（Al Gore），完全没有进入克林顿的竞选班子，不过并非因为没努力尝试。他惹恼了与克林顿关系更近的越战时期的朋友——例如安东尼·雷克（Anthony Lake），霍尔布鲁克向雷克发了一份不请自来的备忘录，将波斯尼亚（Bosnia）冲突描述为"美国政策在欧洲面临的重大考验"，并警告说不采取行动就会面临危险。霍尔布鲁克眼看着雷克及其他同行一个个地被安排到了好位置上，很是沮丧。后来经过已被任命为副国务卿的塔尔博特游说，霍尔布鲁克才获得了出任美国驻德国大使的机会。纯粹是靠着顽强的意志力，他才能成为负责欧洲事务的助理国务卿，后来在波黑战争斡旋中出任美方谈判代表，即那个奠定其职业生涯地位的角色。

多年来，南斯拉夫解体所引发的种族屠杀一直是美国利益的末梢区域里难以解决的问题。到1995年，至少有10万人被杀害——根据一些估计，可能多达30万人[1]。包括吉米·卡特所领导的一次尝试在内，国际上的调停努力全都步履蹒跚，几乎没有打断塞尔维亚军对该地区穆斯林和克罗地亚人的攻击。直到斯雷布雷尼察镇（Srebrenica）爆发数千名穆斯林男子和男童被屠杀事件，并引起国际公愤之后，美国才走出认为暴力只是"欧洲问题"的立场，给更为激进的外交努力开了绿灯。

霍尔布鲁克始终是以更宏大的视角看待这场冲突的 ——这是对北约的一场考验，结果可能对欧洲的未来，乃至美国的战略利益，都产生巨大的影响。克林顿政府在准备决定由谁来领导新的干预行动时，霍尔布鲁克极为卖力地参加了这一职位的竞争。大家不喜欢他，但有些人认为他特立独行的风格是积极的。"他有时会遭到批评的那些品质——侵略性、与对手间失策的互动、向媒体透风的倾向等——正是这一角色环境所需要的，"国务卿沃伦·克里斯托弗说。冲突中的各方——塞尔维亚总统斯洛博丹·米洛舍维奇（Slobodan Milošević）、克罗地亚总统弗拉尼奥·图季曼（Franjo Tudjman）和波斯尼亚人阿利雅·伊泽特贝戈维奇（Alija Izetbegovic）——都是好斗的角色。理查德·霍尔布鲁克是个罕见的人物，可以与这些人针锋相对，短兵相接。多年以后，克林顿向霍尔布鲁克敬酒时不失时机地挪揄了一句："巴尔干地区每个人都很疯狂，每个人都拥有巨大的自我。除你以外我还能派谁去？"[2]

在 1995 年一段为期三个月的时间里，霍尔布鲁克以哄骗和骚扰手段轮番上阵地与冲突各方周旋。有一个月里，他几乎把冲突各方代表监禁在了俄亥俄州代顿（Dayton）的赖特－帕特森（Wright-Patterson）空军基地——这里是他可以精准执导外交大戏的舞台。谈判的开幕晚宴上，他将米洛舍维奇的座位安排在了一架 B-2 轰炸机下方——名副其实地处于西方威力的阴影下。在谈判的最艰难时刻，他宣布谈判已然结束，并让人把行李放在美方一侧的门外。米洛舍维奇看到了行李，然后要求霍尔布鲁克延长会谈时间。做戏的方法奏效了——冲突各方，其中几个还是死敌，签署了《代顿协议》（Dayton Agreement）。

这是一份不完美的协议，它把将近一半的波斯尼亚疆土割让给了米洛舍维奇及塞尔维亚。有些人认为，让米洛舍维奇继续掌权，是使得协议难以为继[3]的原因。几年后，米洛舍维奇继续进攻科索沃，最终招致北约空袭，他本人也被赶下了台，在海牙接受审判。北约空袭的前一天晚上，米洛舍维奇与霍尔布鲁克进行了最后一次谈话。"你就没有什么要再对我说的吗？"米洛舍维奇恳求道。霍尔布鲁克回答说："再见吧，宝贝儿 4。"[这句阿诺德·施瓦辛格（Arnold Schwarzenegger）所饰演人物的口头语已经被用臭了街，被霍尔布鲁克拿来吓唬自己，并不是米洛舍维奇那一周遭受到的最大侮辱。]

但该协议成功结束了长达三年半的血腥战争。从某种意义上说，霍尔布鲁克自见证了美越巴黎谈判分崩离析以来，就一直在为此做准备，他尽了全力避免重蹈覆辙。谈判成功的关键在于他从华盛顿获得了广泛授权，没有遭到微观管理，也没受到国内政治上各种怪论的影响。而北约空袭行动的授权 5 做出后，军队也已经做好了准备，随时支援他的外交努力——不是反过来。这些都是他在自己下一个，也是最后一个任务中，极力争取却未能落实的因素。

《代顿协议》让霍尔布鲁克成为真正的外交政策名人。第二年，他获得了诺贝尔和平奖提名。《时代周刊》杂志的一幅政治漫画将他设计成了电影《碟中谍》里汤姆·克鲁斯饰演的角色，吊在巴尔干地区上空的一根钢丝上[6]，出的汗都是子弹。然而就在《代顿协议》签署之后仅一年，他就在竞聘国务卿一职的角逐中，输给了玛德琳·奥尔布赖特。霍尔布鲁克备受打击，接受了美国常驻联合国代表的职位。"我知道他想成为国务卿，"奥尔布赖特说，"但我成了国务卿。这对许多人来说有点吃惊，但我认为对他来说（尤其）是。"[7]阿尔·戈尔后来表示，2000年如果他当选总统，那么霍尔布鲁克就将是其内阁中国务卿的"第一人选"[8]。环境总能把他最想得到的职位抢走。

理查德·霍尔布鲁克1995年主持签署《代顿协议》时，美国刚刚开始大幅削减外交支出，距离"9·11"之后出现的政策向以军方和情报机构为主导的转变，还有几年的时间。从波黑战争胜利结束，到霍尔布鲁克再次受命终结另一场战争的时间里，美国在全球的地位发生了巨大变化。阿富汗和巴基斯坦正处在这些变化的中心地带。

"9·11"恐怖袭击发生前，中央情报局已经在抓捕奥萨马·本·拉登的努力中与巴基斯坦合作[9]，因此恐袭之后美国采取狭隘战术的方法，借助巴基斯坦军事和情报机构工作，也就不足为奇了。2001年9月12日上午，美国副国务卿理查德·阿米蒂奇（Richard Armitage）与巴基斯坦三军情报局局长马哈茂德·艾哈迈德（Mehmood Ahmad）将军进行了会晤，希望锁定巴基斯坦对美国在阿富汗报复行动的支持[10]。马哈茂德向阿米蒂奇保证将给予美国以支持，并结束巴基斯坦与塔利班的合作。穆沙拉夫也对科林·鲍威尔做出了同样的保证。就这样，巴基斯坦又从敌人变成了朋友。美国围绕巴基斯坦核计划和穆沙拉夫政变所实施的所有制裁都瞬间蒸发。鲍威尔后来表示，"我打电话给穆沙拉夫总统，之前我们已提出建议，认为现在是时候做出战略决策，摆脱"对塔利班的支持了，"而他也逆转了巴基斯坦的行动方向[11]"，鲍威尔说。

这又是妄想，如果不算是指望天上掉馅饼的话。巴基斯坦三军情报局在"9·11"之前的多年时间里，一直在向阿富汗提供资金、武器和顾问，支援塔利班并打击自己的敌人，其中包括得到印度支持的军阀联盟"北方联盟"。美国在"9·11"之后提出合作的要求后，穆沙拉夫召集他的作战指挥部开会。指挥部成员全是因为支持塔利班以及其他伊斯兰武装组织而臭名昭著的将军，他们决定"明确接受美国的所有要求，但以后……并不一定同意所有细节 12"，一位与会者回忆说。巴基斯坦一如既往地唱起了双簧，美国也像在对苏战争中合作时的情况一样，再次看走了眼。

美国的另一半行动则是武装北方联盟，而支持两个对立派系的后果可谓立竿见影。由于美国支持的北方联盟力量捣毁了塔利班在昆都士（Kunduz）的大本营，穆沙拉夫近乎疯狂地致电小布什总统请求帮助：暂停轰炸 13，允许飞机在昆都士降落，以空运巴基斯坦人撤离。多架次航班装载了男性旅客，将他们运送到巴基斯坦，然后这些人迅速在那里消失。该行动一直保密，美国官员为了隐瞒情况，还对外说谎。"无论巴基斯坦还是其他任何国家都没有派飞机进入阿富汗撤离过任何人",当时的国防部长唐纳德·拉姆斯菲尔德坚称[14]。依据大多数的说法,撤离的人绝不是无辜的旁观者,其中有许多"基地"组织的忠诚分子。当时与北方联盟合作的一位中央情报局特工告诉我这件事时,很肯定地说:"这是一个错误。"[15]

逃出来的极端分子在巴基斯坦设立了据点,有组织的恐怖主义力量得以在巴基斯坦境内的两个避风港中繁衍生息。毛拉·奥马尔(Mullah Omar)在奎达(Quetta)建立了新的塔利班最高委员会,亦称"舒拉"(Shura),并任命指挥官,领导阿富汗南部省份的叛乱活动。在巴基斯坦西北部的联邦直辖部落地区(FATA)中,贾拉勒丁·哈卡尼(Jalaluddin Haqqani)(与侯赛因大使无关)和古勒卜丁·希克马蒂亚尔经营着他们各自的塔利班联盟运动——这二人在对苏联战争时期均为巴基斯坦三军情报局及美国中央情报局的行动人员。巴基斯坦三军情报局还继续为阿富汗境内的塔利班提供直接的资金及武器援助。巴基斯坦军事和情报机构领导层允许极端分子公开行动,同时肆无忌惮地向美国人撒谎，否认有任何事情不对头。这是对反恐战争的一大讽刺——美国在为了打击塔利班而越来越重视与巴基斯坦关系的同时，却反而实际上确保了塔利班的生存。

在小布什政府任期最后一年里出任驻美大使的侯赛因·哈卡尼说，巴基斯坦军方和情报部门一再要求他在支持恐怖分子的问题上撒谎。总部设在巴基斯坦，并由巴基斯坦三军情报局大力赞助的恐怖组织虔诚军（Lashkar-e-Taiba，或 LeT）在印度孟买制造了一系列爆炸和枪击事件，造成 164 人死亡。之后巴基斯坦三军情报局主任艾哈迈德·舒贾·帕夏（Ahmed Shuja Pasha）让哈卡尼告诉美国人，"巴基斯坦没有人知道"这次袭击，并且没有一名肇事者是巴基斯坦人。"我说'但你知道，这是一个彻头彻尾的谎言'。美国和巴基斯坦之所以存在巨大的不信任，就是因为我们总是对他们撒弥天大谎，"哈卡尼说，"外交语言从来不是百分之百的真话，但也绝不是百分之百的谎言 [16]。我希望它是……"他停顿了一下，似笑非笑地扬了扬嘴角，"叙述得法的真相"。

小布什政府知道巴基斯坦在耍两面派，然而依照常规，公开否认了这一点。美国中央情报局局长迈克尔·海登（Michael Hayden）当时甚至表示，美国"在反恐战争中没有比巴基斯坦人更好的伙伴"[17]。海登是一位退休的四星上将，个子不高，但精力充沛，和蔼可亲。他说话很快，眉毛在椭圆形的无框小眼镜上挑上挑下。我在小布什政府总是美化与巴基斯坦关系的问题上追问他时，他回答得很坦诚。"如果我那样说过巴基斯坦人的话，"他对我表示，"那是为了平衡随之而来的事情。也就是说，这是来自地狱的盟友，因为实际上，他们已经与魔鬼达成了协议[18]。"他看到过来自巴基斯坦三军情报局某些部门的强有力合作，但还有其他人，比如臭名昭著的亲"基地"组织的S局①，"这个部门存在的唯一目的，是实际维持我们认定为恐怖组织的那些组织的生命"，海登说。同

---

① S局是巴基斯坦三军情报局内部的一个秘密部门，专门负责"扩大巴基斯坦在阿富汗的影响范围"，Steve Coll 著《S局：CIA 及美国在阿富汗和巴基斯坦的隐秘战争》，企鹅出版社，2018 年 2 月 6 日出版，ISBN-10：1594204586。——译者注

样，帕夏将军也拥有"两面性"。帕夏拒绝回应。"我不能只说一半的实话，"他在一封电子邮件中写道，"同时我不认为我应该说出全部真相！！ [19]"（帕夏将军在信中彬彬有礼，且使用了许多惊叹号，好像维多利亚时代的绅士向千禧代少年下达指令。）

多名小布什政府高级官员表示，即便有的话，他们也很少在支持恐怖分子问题上跟巴基斯坦对质过，因为他们害怕伤害反恐联盟。海登只记得在小布什政府执政后期有一次这样的直接对话，其中穆沙拉夫"谎称是巴基斯坦三军情报局退休官员干的，你知道的，就是那些在对苏战争期间支持'老巴'的人"。在那个时代，美国帮助创建巴基斯坦对伊斯兰激进组织的"官方赞助"，现在却无法将放出来的老虎再关回到笼子中去了。海登认为，如果美国想把老虎再关回笼子里，就需要突破情报和军事合作的狭隘范围。"你看，我的意思是，中央情报局局长不可能让巴基斯坦政府根据他在华盛顿或伊斯兰堡所进行的谈话去改变行为，"[20]他说，"这需要整个政府的长期努力……以及我还没看到证据证明我们已经做好准备实施强有力的制裁。"他描述的是对大规模外交努力的迫切需要，然而这恐怕永远都不可能实现。

巴基斯坦说一套做一套，以及美国对此相对容忍的结果是巴阿边境阿富汗一侧陷入剧烈动荡，塔利班在小布什执政期间持续复苏。美国和北约定期采取行动予以回击，但塔利班的兵员总能从巴基斯坦境内的避风港补充上来。小布什第二任期内，叛乱强度提高了，开始进行毁灭性的袭击[21]，有时甚至是在巴基斯坦军方从边境另一侧提供的掩护下，向美军和阿富汗士兵开火。这些战果使塔利班得以在阿富汗南部继而在东部建立起平行政府——州长和法官等建制一应俱全。到奥巴马执政初期，美国眼看着就输了[22]。

7　兄弟会

在阿富汗和巴基斯坦关系解体的时期，理查德·霍尔布鲁克仍在追逐他认为自己天生就该承担的角色：国务卿。我第一次见到他，是在 2004 年他再次接近这一职位时，他把赌注压在最终还是没能赢得总统大选的约翰·克里身上。霍尔布鲁克当时是个普通公民，再次回到了投资银行工作，但仍然频繁地出现在联合国和慈善机构的活动上。我当时正与联合国儿童基金会（UNICEF）合作，在纽约和几个冲突地区工作。在苏丹时，我开始就那里的种族清洗运动，在《华尔街日报》和《国际先驱论坛报》上发表专栏文章。好几年里，霍尔布鲁克虔诚地发给我对文章的点评："罗南，这是篇精彩生动的文章……你应该尝试让这个问题在国务院和联合国系统内升级。我会四处发送一下。"或者,他也经常说:"下一次,更多一点强调解决方案,以便让文章看起来少些反联合国的味道。"

他对待信件十分认真。国务院 2010 年发布越南问题历史回顾时,他发表了演讲,其中感叹道:"现在发布的这些文献,恐怕永远都不会再有与之相匹配的后续了……有了电子邮件和视频电话会议,文件留档已经不是以前的方式了。"[1]到我认识他时,他所实践的就已经是垂死的艺术了。他给克里做竞选顾问时,我在他手下实习。那时的我,对于他所说的这一切来说还太年轻,是个不到 20 岁的青年。但这似乎从未让他担心。这是有道理的:对于太年轻和太仗义执言这门艺术,他本人已经掌握得炉火纯青。他接纳了我实习,而我也幼稚到对这一点不假思索。

霍尔布鲁克那时还在权力圈外,他所担任的职务还要在接下来的几年里,才逐渐为人们所熟悉。话说到了在 2009 年 1 月 19 日,美国总统巴拉克·奥巴马就职典礼前一天的晚上，也是就职典礼前各种派对蜂拥开场，吸引华盛顿精英们每四年一次趋之若鹜地活动关系寻求入场券的黄金时段。共和党社交名流巴菲·卡夫里茨（Buffy Cafritz）及其丈夫比尔主持的派对是其中之一，自20世纪80年代以来，它一直都是两党人士联谊的一大场所[2]。多数年份里，它会吸引250位或300位客人参加。2009年，超过500人把华盛顿使馆区费尔法克斯酒店（Fairfax Hotel）的宴会厅挤得满满的，兴奋的交谈声让大厅里一片嗡嗡响。电影明星也好，政治家也罢，抑或是记者，摩肩接踵，挤在一起，手上端着鸡尾酒，脖子伸得老长，寻觅新政府阁员名单上的那些大人物。空气中弥漫着"改变"的气息，每个人都希望参与其中。

每当有值得讨好的人进场时，你可以感受到一众政治经营者中的能量发生变化。当比尔·克林顿和希拉里·克林顿当晚到达时，光线昏暗的宴会厅差点倾斜。希拉里·克林顿在大选中被击败，但又在获得巴拉克·奥巴马提名为新任国务卿后站了起来。她戴着仿佛冻住的满脸笑容，一路点着头，穿过拥挤的人群。胡玛·阿贝丁（Huma Abedin）是长期在希拉里·克林顿身边的贴身女助理，紧跟其后，拇指飞快地在黑莓手机上敲着。

理查德·霍尔布鲁克一直不加掩饰地研究着人群，在心不在焉地跟我说着话的同时，眼睛不断地扫过人山人海。他站在宴会厅靠边的地方，穿着一身不大合身的炭灰色西服，配着一条紫色和白色相间的领带。此时的他67岁，超重，头发已经渐白；与湄公河边拍摄的照片中那个身形颀长、从角质镜框后盈盈笑着的年轻外交官相比，俨然已隔了一个宇宙和一代人。

我们简短地叙了一会儿旧，霍尔布鲁克的注意力从未离开过人群。他处在"开机"模式，这是工作。希拉里·克林顿入场时，他简短地丢了句"待会儿再聊"就离开了，大步向她赶去，速度快得引人侧目。希拉里·克林顿的丈夫担任总统以来，霍尔布鲁克和她一直走得很近，在希拉里·克林顿初登国际舞台的几年里，霍尔布鲁克还多次为她提供指导。在即将到来的奥巴马执政期间，希拉里·克林顿最终也被证明是霍尔布鲁克最坚定的捍卫者。然而在那些年里，霍尔布鲁克的地位似乎从未稳固过，即便是与希拉里·克林顿在一起共事时。每一刻宝贵的会面时间都有用。"哪怕跟他只是相处片刻，大家都能感受到他想成功的愿望有多迫切"[3]，战地记者大卫·哈伯斯塔姆（David Halberstam）写道，他在越战期间与霍尔布鲁克混得很熟。那晚，费尔法克斯酒店中展示的只是霍尔布鲁克的一个侧面，权且称作展览 A 吧。

支持希拉里·克林顿，让霍尔布鲁克再一次赌错了马。但他一如既往地斗志昂扬，希拉里·克林顿刚输掉 2008 年总统大选的初选，他就即刻启动了加入奥巴马团队的攻势，尽管他基本上是个局外人。他开始打电话[4]，给任何他能想到的人，直到最后朋友劝他适可而止。有一段时间，他在查理·罗斯（Charlie Rose）主持的美国公共电视网（PBS）采访节目中不断地出现，频率比其他任何人都高，因此创下了纪录。在 2008 年 8 月的一次节目中，他疯狂地努力向奥巴马阵营倾斜。

"基于长期而密切的个人关系以及长久的承诺，我支持希拉里·克林顿参议员。但是我非常认真地读过奥巴马参议员的立场……他采取的重要立场中，没有哪些是我不同意的……"

"他还召集了由13位外交政策人员组成的小组……而很多人都注意到，你的名字并没有在名单中出现。"罗斯反击道。霍尔布鲁克的脸少见地僵住了，一刻间看起来几近绝望。"而且坦率地说，他们很失望，"罗斯继续说道，"因为他们认为你是民主党一侧外交政策的主要发言人之一，由于你有丰富的经验以及你……"

"我这么经常上你的节目，"霍尔布鲁克笑得有点过头。

"你经常出现在这个节目中。你为什么不在他们那边？"[5]

"我想我正在和你做节目。"

"对我坦诚些，告诉我你为什么不在那边，以及是什么原因？"

霍尔布鲁克向旁边瞥了一眼，然后，语气好像是宁愿在汽油桶里泡透了再到橡木桌上自焚，也不愿意承认马上要说的内容一般。他说

/ 049

兄 弟 会

"我没在那里，因为我没被邀请"。他迅速补充说："我没有任何不舒服，他们可以邀请任何想要的人开会。实际上，那天我在外地，无论如何也不能出席。"

罗斯问他是否会和奥巴马说上话，而霍尔布鲁克却给出一串与他有联系的顾问名字作答。"我们都一起工作过，苏珊·赖斯、为拜登工作的托尼·布林肯、格雷格·克雷格（Greg Craig）。我与奥巴马参议员的现任团队都密切合作过，我跟他们很熟。"

但实际情况是，理查德·霍尔布鲁克与奥巴马团队几乎没什么交情。克林顿执政期间，他确实与苏珊·赖斯一起工作过，但是形容他们之间合不来都未免太轻了。一次会面中，二人之间的争执严重到她当着满屋子工作人员的面，冲他竖起了中指。霍尔布鲁克的盟友反过来在媒体上称她为"怀恨在心"的"无聊小人"[6]。与二人都合作过的官员说，赖斯觉得霍尔布鲁克已经践踏了她的尊严。（"他试图践踏我的尊严，"她澄清道，"我认为他没能成功。"）同样，霍尔布鲁克与布林肯的关系，也不足以阻止布林肯的老板、副总统乔·拜登在奥巴马面前这样形容霍尔布鲁克："他是我见过的最自负的混蛋。"（不过拜登确实承认，在解决阿富汗问题上，霍尔布鲁克"或许是正确人选"。）至于霍尔布鲁克还列举出的格雷格·克雷格，他很快就在奥巴马阵营失宠了[7]。

　　对于许多奥巴马的支持者来说，理查德·霍尔布鲁克是敌人：他是外交政策精英中保守势力的一员，这些人围绕在克林顿夫妇的周围，视奥巴马及其核心圈子为暴发户，并因此表现出不屑。霍尔布鲁克没有对奥巴马这位来自伊利诺伊州的年轻联邦参议员做出过公开批评，但他还是比较明显地以希拉里的忠实追随者面貌出现，并向其他外交政策专家喊过话，表示支持奥巴马可能意味着放弃克林顿总统任内的就业机会（当然，想必是霍尔布鲁克执掌国务院[8]的机会）。与大部分民主党外交政策人士一样，他最初也旗帜鲜明地支持伊拉克战争。后来，他开始写下并谈到入侵伊拉克的灾难性后果，包括对阿富汗的忽视。但在新政府团队的许多人眼里，他仍然站在奥巴马的对立面。

文化也存在分歧。奥巴马靠激动人心和变化，而不是历史或经验赢得了总统大选。他后来形容自己"可能是第一位年轻到越南战争在个人成长经历中没有扮演核心角色的总统"。美国在1975年撤出越南时，奥巴马只有13岁，"因此我不是背着越战争议的包袱长大的"。[9]除了少数例外者，他选用的团队成员大多是有着与自己同样世界观的年轻人。在外交政策领域里，本杰明·罗兹（Ben Rhodes）或许是白宫中最持久且最有影响力的声音。他是奥巴马任内负责沟通事务的副国家安全顾问，获得这一为他量身打造的职务时，他才31岁。一个当时反复被人提起的比喻是：白宫好比"兄弟会"[10]。为了打消这一印象，奥巴马团队花费了数年时间。

在奥巴马任内的白宫，昔日枯燥的建制被认为已然过时。惨烈的选战过后，希拉里·克林顿的支持者愈加不受欢迎，特别是那些超级自我膨胀的人。"我觉得他那种旋风般的做派，嗯，确实让白宫的一些人竖起了眉毛，"[11]希拉里·克林顿谈到霍尔布鲁克时说，"他们认为他超越了有序政策制定进程的界限，且不符合他们对白宫零戏剧化运行的希望。这对我来说非常痛苦。"

大选结束两天后，理查德·霍尔布鲁克抵达芝加哥，接受当选总统的面试[12]。这次会面持续了30分钟，从一开场就成了灾难。事后接到霍尔布鲁克电话的朋友透露，奥巴马打招呼时叫他"迪克"——霍尔布鲁克纠正他说，他太太、作家凯蒂·马顿（Kati Marton）更喜欢人们称他为"理查德"。"这是个笑话，对吗？"[13]霍尔布鲁克的老朋友莱斯·格尔布（Les Gelb）记得当时自己对霍尔布鲁克这样说。格尔布多年前将霍尔布鲁克拉进"五角大楼报告"①项目。"你没真那么说吧？"相反，他真说了。奥巴马很不高兴[14]，且后来也对几个人表达了自己的不快。"出于某种原因，奥巴马总统认为他"——就是霍尔布鲁克——"高高在上地对待他"[15]，亨利·基辛格说，"我不知道那是否属实。但

---

① 译者注：即《美国－越南关系，1945－1967：国防部的研究》，是美国国防部对1945~1967年美国在越南政治军事卷入评估的秘密报告。

无论如何，霍尔布鲁克肯定比新人有更多的经验"。从某种意义上说，这些都可以简单地描述为：这是一次面试，如其他任何招聘面试一样，奥巴马就是不喜欢这个人。

在费尔法克斯酒店洋溢着汗水的就职典礼前的派对上，霍尔布鲁克的注意力激光般地集中。希拉里·克林顿成为国务卿的结果苦乐参半，但对霍尔布鲁克而言也是缓刑。他将在政府中发挥作用。我看着他和希拉里说话。他在她耳边低声说着，他们俩笑了。他确保参加派对的人都看到了这一幕。

希拉里·克林顿拿出了她最热情洋溢的状态。奥巴马没有来，她是现场人们每一瞥和每一耳语的焦点。她和我曾就读同一所法学院，那里有几位现已作古的教授先后教过我们俩。多年来我们见过很多次面，每次她都对我格外和蔼。希拉里·克林顿对于在社交场合回忆细节有着超自然的诀窍，或者说她至少知道如何巧妙地掩饰她记不得的东西。她自称阅读了我的一些外交政策专栏文章，并询问我接下来要做什么。我说我在考虑是否回到某个夏天我曾经担任过受雇律师的那个律所。她严肃地看着我说："和霍尔布鲁克谈谈。"

她和霍尔布鲁克已经开始为他创造一个新角色，一个她后来将其描述为"按许多指标"衡量，都是这届政府中最困难的职位[16]。"自1968 年我以基层成员的身份，在巴黎参加埃夫里尔·哈里曼和赛勒斯·万斯（Cyrus Vance）带队的越南停战谈判以来，"霍尔布鲁克曾这样写道，"我始终想在世界上最困难的谈判中考验自己。"[17] 他最终如愿以偿。

8 任务：不可达成

当霍尔布鲁克的任命首次泄露时，职务名称被定为"印度、巴基斯坦和阿富汗问题特使"。[1]这不是没搞清楚状况的草率报道。虽然他的任务最终缩小到只包括后两个国家，但霍尔布鲁克最初设想的是全面负责整个地区内的谈判。"仅凭反叛乱的努力，是无法确保阿富汗的未来的，"他在 2008 年时写道，"它还需要区域性协议[2]，使阿富汗的邻国能够从和解中获益，这包括伊朗、中国、印度及俄罗斯。然而最重要的邻国当然是巴基斯坦，它可以随意破坏阿富汗的稳定并且已经这样做了。"在波斯尼亚，霍尔布鲁克就曾与类似的多方武装势力周旋[3]：不仅是波斯尼亚的穆斯林、克罗地亚人和塞尔维亚人，还有俄罗斯、欧洲盟友以及联合国和北约等组织。在阿富汗及南亚地区，他再次看到宏伟战略思维的必要性。

这一雄心勃勃的计划旨在寻求电影《碟中谍》风格的政治解决办法，是建立在老派外交理念基础上提出的，很快便与新政府治下的现实产生了冲突。就职典礼前夜的派对过后两天，霍尔布鲁克站到了国务院的本杰明·富兰克林国宴厅（Benjamin Franklin State Dining Room）内一群现任及前任外交官面前。这个宴厅位于国务院大楼的八层，是国务院举行最盛大仪式的礼堂，在20世纪80年代进行了翻新，拥有古典风格，旨在让人产生仿佛置身于欧洲大陆豪华宴会厅的感觉。华丽的科林斯柱裹着布满人造大理石纹理的红色石膏面料，在墙壁上整齐排列。葡萄牙造水晶玻璃吊灯从天花板上垂下，天花板正中嵌有美国国徽图案：一只展开双翅的白头海雕，两爪一只抓着一束箭，另一只抓着橄榄枝。霍尔布鲁克右侧站着巴拉克·奥巴马和希拉里·克林顿，左侧是乔·拜登和该届政府的新任中东和平特使乔治·米切尔（George Mitchell）。

"多年前，我作为一名初级外交人员走进了这座大厦。如今再次回来，这对我来说是件异常感动的事"，他开始说道。在阿富汗，他形容战争出了问题；在巴基斯坦，挑战"无限复杂"[4]。他感谢总统在就职的第二天就向外交官们表示了敬意，而作为回应，奥巴马也强调了自己"对外交重要性的承诺"[5]，并承认"美国的实力不仅来自我们的武力威慑"。这些理念在其执政的八年中经历了考验。

霍尔布鲁克看着他的妻子凯蒂，他的儿子大卫和安东尼，以及他几十年来所熟识的同事。他看起来有点激动，声音有些颤抖。"我看到我在西贡时的室友约翰·内格罗蓬特（John Negroponte）在这里，"[6]他说，"我们都对那些日子记忆犹新，我希望这次我们能取得更好的结果。"观众笑了，奥巴马面无表情。

虽然新政府宣布的其他地区行动都由"特使"牵头，但霍尔布鲁克坚持要求自己的头衔必须自成一格[7]——"特别代表"，这也成了他让白宫感到不胜其烦的诸多琐碎事情之一。在霍尔布鲁克看来，这是一个比"特使"更具体的管理术语，是一种表明他正在建立一个庞大运作团队的方式。

1970年，年轻的霍尔布鲁克在刚成立的《外交政策》杂志上撰写了一篇文章[8]，谴责国务院官僚机构僵硬化，充满孤岛式思维。他本人后来还做过本杂志的编辑。几十年后，他重新回到国务院，决心要改变这一切。他开始与来自政府各具体部门的官员组建起一支精干的团队，其中有来自美国国际开发署、农业部、财政部、司法部、五角大楼、中央情报局和联邦调查局的代表，还有局外人——来自社会组织、商业和学术界的反文化思维者。伊朗裔美籍中东研究专家瓦里·纳斯尔（Vali Nasr）在12月的一个午夜收到电话短信，其有着典型的戏剧化措辞："如果你为其他人工作，我会打断你的腿。"然后，短信又以纳斯尔肯定偏爱专注于伊朗的工作为预期写道："这更重要。这是总统关注的焦点，也是你想要的。"[9]纽约大学教授、阿富汗历史和文化方面的权威巴内特·鲁宾（Barnett Rubin）也接到了电话。与联合国以及开放社会研究所（Open Society Institute）合作过的丽娜·阿米里（Rina Amiri）是阿富汗的活动家，她在从华盛顿到纽约的达美航空公司（Delta Air Lines）快线航班上认出了霍尔布鲁克，开始就即将到来的阿富汗选举向他施压。霍尔布鲁克印象深刻，告诉她自己正在组建一个团队。"我知道，"她说，"但我在这里是为了游说你。"

"我非常高效的，"[10] 他说，"我直接把你的游说变成面试了。"

同样，我自己的面试也很独特。

"我们的做法应该有哪些不同？"霍尔布鲁克隔着嘶嘶水声喊道。面试过程中，他在淋浴间里洗澡。我在隔壁的房间里实在没忍住，笑了起来。

那是一场漫长的谈话，那一刻绝对是高潮。这场历经数小时的谈话从他的办公室进行到国务卿办公室，又到了他在乔治敦（Georgetown）的联排别墅。我接受了希拉里·克林顿在费尔法克斯酒店总统就职典礼前夜派对上给我的建议，开始与霍尔布鲁克及其幕僚长罗斯玛丽·保利（Rosemarie Pauli）接触。一个多月后的 2009 年 3 月，我到国务院与他会面。他从办公室里蹿出来，连珠炮似的向我提出政策问题。我将如何重振中亚贸易？我如何使对巴基斯坦援助的影响最大化？不用担心我是个缺乏经验的律师，仅有不多的非洲，而不是阿富汗外交政策经历也没关系。我曾与发展中国家的当地非政府组织合作，霍尔布鲁克希望加强美国对这些团体的重视——改变战区文化。在这些地区，大部分工作的落实都是通过强大的美国承包商实现的。他要找到非传统答案，而不受政府经验的影响。

位于华盛顿特区雾谷街区的国务院大厦是一座板状简约古典主义风格建筑，石灰石的外立面在 20 世纪 30 年代和 50 年代分期建造。最早建成的部分原本是为第一次世界大战后规模不断扩大的战争部设计的，只是更加雄心勃勃的五角大楼也很快开始了建设，雾谷这座大厦从未真正成为军方的总部。透明的后门一侧仍然被称为战争部——这一点讽刺意味很强，因为这里是美国负责制造和平的职能部门所在地。国务院大厦具有按字排序的等级结构，八层有接待外国政要的豪华厅堂，七层是国务卿办公室，其他办公室也大致按照重要程度逐楼层下降。在霍尔布鲁克 30 多岁就令人吃惊地出任助理国务卿时，占据了六层的一套大办公室。现在，他降到了一层，在自助餐厅旁边——罗宾·拉斐尔后来待过的地方，对着大厅另一侧的国务院书报架，那里是霍尔布鲁克在会议间歇时吃垃圾食品的地方。

我们边走边谈，从他的办公室开始，进入走廊，然后上到七楼，走进因墙上包着木板而显得华丽的国务卿办公室。整个谈话过程中，他都在快速地移动着脚步，只是偶尔跟我对视一下，助手匆忙地跟在他身后，递给他文件。他多次拦住我的回答，在黑莓手机上接电话。这不是现实生活中的政府，因为政府机构里的会面是坐下来稳稳当当地进行的。这是阿伦·索金（Aaron Sorkin）[①] 编剧作品中的政府。

---

① 阿伦·索金（1961 年 6 月 9 日~），知名美国编剧，著名电影作品包括《军官与魔鬼》(*A Few Good Men*) 及《白宫夜未眠》(*American President*) 等；电视剧方面则有《白宫风云》(*The West Wing*) 等；2010 年由他编剧的电影《社交网络》(*The Social Network*) 获得奥斯卡最佳改编剧本奖，2015 年的《史蒂夫·乔布斯》(*Steve Jobs*) 获得金球奖最佳剧本奖。——译者注

霍尔布鲁克也在游说，希望将资深中央情报局官员弗兰克·阿奇博尔德（Frank Archibald）招募进团队，在希拉里·克林顿办公室外的前厅短暂地面见了国务卿。霍尔布鲁克概述了他对我们各自所扮演角色的愿景，听起来着实炫目。在霍尔布鲁克的重新包装和巧妙推销下，每个下属都将掀起一场一个人的革命。阿奇博尔德将单枪匹马地弥合国务院和中央情报局之间的疑虑；我将重新规划调整美国对非政府组织的援助；而阿米里——我听霍尔布鲁克多次说过——则撰写了阿富汗宪法。（有一次在一个活动上他又吹这个牛皮时，阿米里侧身在我耳边低声说："我没写过阿富汗宪法。"）按常规工作程序，我们没有人应该得到国务卿的面试。然而我们很多人确实得到了，完全是霍尔布鲁克靠一己之力得来的结果。霍尔布鲁克一路仰仗不少贵人的提携，从《纽约时报》的詹姆斯·"斯科蒂"·雷斯顿，到迪恩·腊斯克和埃夫里尔·哈里曼。他也想成为人们传颂为贵人的人，而且他确实是。

与国务卿会面后，我们回到了一楼霍尔布

鲁克的办公室，他拿了自己的行李。他刚结束一次旅行回来，需要在下午去白宫开会前回家换衣服。他把一个行李箱递给我，我们就走出去招手打出租车，没有中断进行中的问答。我是否倾向于让美国国际开发署在该地区提供援助时明确打出美国的旗号？我打算如何调用当地监督组织来确保选举透明度？我因为在苏丹工作期间感染了骨髓炎未得到治疗，而坐了几年轮椅，这时刚刚康复。霍尔布鲁克知道这一点，但此刻他又很典型地浑然不记得了，我拖着他的行李蹒跚地跟在他后面。到了他在乔治敦的住宅时，他径直上楼——当然是什么都不问，而是自然地继续着谈话。他留下卫生间的门半掩着，撒尿。"跟塔利班谈判怎么样？"他轻声试探地问道。"真的吗？"我说。"怎么了？"他从浴室门后无辜地回答，仿佛这是世界上最正常的事。对他而言，很正常——似乎所有人都有过跟霍尔布鲁克开浴室会议的经历。他把头探出来，解着衬衫纽扣。"我洗个澡。"我站在门外，面试继续进行。

　　许多霍尔布鲁克追着招募的人都犹豫不决。

丽娜·阿米里担心她在人权问题上直言不讳的观点会被封杀，而迟疑了一个月。巴内特·鲁宾开出了他必须获准在纽约大学保留兼职教职的条件。我自己也没被说服。去国务院并不是光鲜亮丽的一个职业生涯变动。"要是我，就会去达维法律事务所（Davis Polk & Wardwell LLP）"，一位法学院同学在给我的信中说，所指的是我已经获得工作机会的一家律师事务所。"这些技术专家职位是干什么的？你真的想花 40 年时间向上爬吗？如果你工作着实努力，你可能会最终混到霍尔布鲁克如今的地位，其实也不过是高不成低不就。去他的吧。"[11]

然而霍尔布鲁克为他所从事的每一份工作都带来了超越实际考虑的远见卓识。他公开谈论改变世界。"如果理查德打电话给你，向你要什么的话，直接说'是'就好了，"亨利·基辛格说，"如果你说'不'，最终你还是要说'是'，但这中间的过程可是会非常痛苦。"[12] 我们都说了"是"。

到了夏天，霍尔布鲁克已经组建起了他的

"十一罗汉"① 大盗团——我们大约 30 人，来自不同的学科和机构，有的有政府工作经验，有的没有。巴基斯坦媒体对团队成员之丰富多彩给予了非常密切的关注，总的来说表示了欢迎。其他人采取了模糊立场。"他身边有一帮奇怪的角色。别说这是我说的"，一位高级军方领导对我说 13。"他希望把与我们的努力休戚相关，或是对我们的努力有所贡献的所有机构的代表，都纳入国务院，这种努力，我认为是绝对高明的，"14 希拉里·克林顿说，"而所有其他人都在激烈争斗。"

直到后来"阿拉伯之春"期间，我在更宽泛的国务院官僚机构中，担任希拉里·克林顿手下的全球青年事务主任时才意识到，在阿富汗和巴基斯坦事务特别代表办公室工作的日子是多么非同寻常——这一办公室也像政府机构

---

① 取自史蒂文·索德伯格（Steven Soderbergh）指导、2001 年 12 月上旬在美国首映的故事片《十一罗汉》（Ocean's Eleven）片名。该影片由 1960 年的同名作品改编，由乔治·克鲁尼（George Clooney）、布拉德·皮特（Brad Pitt）及马特·达蒙（Matt Damon）等主演，讲述江洋大盗为夺回妻子的心，一夜间组织了十一位高手抢劫了情敌的赌场的故事。——译者注

中其他机构一样，很快就被缩略称为了 SRAP。自助餐厅旁边那个单调、低矮的办公空间，与硅谷丰富多彩的开放式办公空间之间，差距要多远有多远，但它同样有初创企业的感觉。办公室很快就因不拘一格且意想不到的客串人物不断出现，显得活色生香。霍尔布鲁克接待了成串的记者，像以往工作中一样，与记者们保持了紧密的关系。显赫的议员们来访过；霍尔布鲁克还在这里会见了安吉丽娜·朱莉（Angelina Jolie）并探讨难民问题；又与娜塔莉·波特曼（Natalie Portman）讨论小额信贷问题。霍尔布鲁克知道他做的这些都是反传统的，他认为这是历史性的。到处都在显示他认为我们所做的一切具有历史意义，甚至他的办公室都像个纪念过去战争的圣殿：墙上镶着镜框的照片中，他在湄公河三角洲微笑着；另一边他和比尔·克林顿一起出现在东帝汶或者萨拉热窝，两侧守护着武装警卫。"你写日记吗？"他问我，"有一天你会想把这些写出来。"

希拉里·克林顿曾告诉霍尔布鲁克，他是直接与大卫·彼得雷乌斯将军对应的文职官员。彼得雷乌斯当时是美国中央司令部（CENTCOM）的指挥官，而中央司令部则是国防部负责伊拉克、阿富汗和巴基斯坦事务的实权部门。"他拥有的飞机比我拥有的电话还多"，霍尔布鲁克后来抱怨道。[15] 彼得雷乌斯是个身体结实的小个子，他每天天不亮就起来锻炼的故事早已成为人物传记作者津津乐道的细节：先跑 5 英里，接着做 20 个引体向上——吊杠上双臂悬挂、高抬腿，直到鞋带碰杠的自虐训练——然后做 100 个俯卧撑。2016 年在德累斯顿出席彼尔德伯格集团的非公开会议时，彼得雷乌斯已经 60 多岁，撞上几个 20 多岁的记者大叫着提问。将军一溜烟地跑了，年轻记者们努力了半天居然没追上他 [16]。在一次实弹射击训练中，他胸部中了一枪（M-16 步枪）[17]，却居然活着讲述了这个故事。传说他每天吃一顿饭，每天睡眠时间不超过四个小时 [18]。我有一次在自助餐取菜排队时不走运地站在了他旁边，他低下眼睛盯着我盘子里的奶酪马克罗尼意面。

"我……待会儿就去跑步",我赶紧给自己打圆场。他拍了拍我的肩膀。"真的?你觉得自己跟得上吗?"(我这辈子就从来没主动去跑过步。)

与霍尔布鲁克一样,彼得雷乌斯是一个具有非凡个性的经营者,懂得如何建立公共叙事,并令其为自己服务。他同样与华盛顿的每一位记者都打过交道,与报刊言论版编辑可以直线联系,并倾向于与可以帮他在政府之外传播观点的专家为伍。赞颂他的人物报道指出,他是一位学者型武将,而这是真的——他是西点军校的高才生,后来又获得了普林斯顿大学伍德罗·威尔逊公共与国际事务学院(Woodrow Wilson School of Public and International Affairs)的博士学位,博士论文题为《美国军事与越南的教训:越战后时期军事影响和武力运用的研究》。

霍尔布鲁克和彼得雷乌斯都对美国在越南的失败冒险提出了诘问,但得出了截然相反的结论。霍尔布鲁克认为反叛乱学说——后来被称为COIN——是泥潭,会导致对当地人口的依赖。彼得雷乌斯则相信这一学说,并在职业生涯中一以贯之地支持这一学说的复兴。在伊拉克，他全面地依靠反叛乱战略。一般而言，这意味着大规模地部署军队，并经过较长的时间融入伊拉克社会，以起到保护当地人民和抓捕坏人的作用。彼得雷乌斯在伊拉克冲突中成为英雄。批评人士认为，他受益于自己控制之外的事件[19]，如"基地"组织领导人穆克塔达·萨德尔（Muqtada al-Sadr）宣布单方面停火。其他人认为，彼得雷乌斯的成就在他离开之后就土崩瓦解了，或许这意味着它们一开始就被夸大了（这些批评者中包括希拉里·克林顿。在2007年一次国会听证会上，还是参议员的希拉里·克林顿指责说，在她寻求更客观地审视伊拉克问题的投票时，彼得雷乌斯提交了对伊拉克增兵过于乐观的评估。"我认为你提供给我们的这些报告，的确需要自愿放弃疑虑才能相信"，她说）。但是在彼得雷乌斯看来，反叛乱战略在伊拉克奏效了，而且对于那些热衷支持彼得雷乌斯的五角大楼中人而言，它变成了福音。在阿富汗，彼得雷乌斯打算再次对反叛乱战略进行验证。[20]

在希拉里·克林顿接受了奥巴马给予的工作机会后不久，她、彼得雷乌斯，还有霍尔布鲁克，在她位于华盛顿使馆区附近的乔治亚式豪宅中的壁炉旁坐了下来，开了瓶葡萄酒，边喝边聊。"我尽了很大努力，想确保理查德与将军们建立关系，"希拉里说，"他和彼得雷乌斯还没有见过面，我把他俩邀请到我家，讨论他们各自认为需要做的事情。"彼得雷乌斯当时刚刚成为中央司令部的指挥官，希拉里知道他会在她自己面对的巨大国际挑战中发挥决定性作用。

那天晚上在克林顿家的餐叙，给之后霍尔布鲁克及彼得雷乌斯之间一系列餐叙互动开了头，二人之间的伙伴关系在媒体看来应该算是紧密。"理查德确实在实施积极反叛乱战略上，与彼得雷乌斯一样感兴趣，"[21]希拉里·克林顿回忆说，"但理查德的关注点是提高喀布尔政府的信誉，并寻求削弱塔利班的号召力。理查德不确定增兵会对此有所帮助，他认为这可能会破坏善意的表达。"

事实是，彼得雷乌斯和霍尔布鲁克彼此

都心存警惕。做事有规划且严格自律的彼得雷乌斯（尽管之后数年内爆出的丑闻表明他在某些方面并没有那么严格自律）对霍尔布鲁克随心所欲的即兴行为常常感到不适。《纽约时报》记者马克·兰德勒（Mark Landler）后来回忆说，有一次正采访霍尔布鲁克时，彼得雷乌斯前来开会，霍尔布鲁克干脆建议兰德勒留下来连彼得雷乌斯也一并采访了，结果彼得雷乌斯对霍尔布鲁克的即兴建议，以及后者跷在茶几上没穿鞋的脚，感到相当的不悦。"理查德，你怎么不穿鞋啊？"彼得雷乌斯问道，一脸惊恐。霍尔布鲁克说那样他更舒服[22]。

我第一次见到彼得雷乌斯，是在国际安全援助部队位于喀布尔的总部——北约在阿富汗的代表处。我演示了一套有关阿富汗公民社会的演示文稿（军方超级喜欢演示文稿），之后霍尔布鲁克以他典型的提升下属方式，把我介绍给了将军。"所以，你为我的外交僚机工作"，彼得雷乌斯说着，从座位上站起来跟我握手。彼得雷乌斯动不动就称霍尔布鲁克为他的"僚机",无论在私下还是在媒体上。霍尔布鲁克讨厌这个说法,他可不喜欢成为任何人的僚机。权力不平衡,加上霍尔布鲁克对彼得雷乌斯这样揶揄他的解读,触动了更深层的敏感神经,这与霍尔布鲁克信奉的军事力量应该被用来支持外交目标的理念相矛盾。"他的工作就应该是我告诉他扔炸弹时,再扔炸弹",霍尔布鲁克很不耐烦地跟我们团队说。[23]彼得雷乌斯后来告诉我,他使用"僚机"一词的本意是表示尊重,但他也承认这种关系确实有点容易让人误会。"他在不同的时期都会是个不好合作的伙伴,我觉得他有注意力缺失症(ADD)和其他一些问题,他很难保持专注,"彼得雷乌斯回忆说,"理查德的想法是,'我是理查德·霍尔布鲁克',而政府的想法是,'我是巴拉克·奥巴马'[24]。都是绝顶聪明的人,但他们按理说应该做到其他人无法做到的事。"

伴随新政府的组建,奥巴马下令全面评估美国在阿富汗和巴基斯坦的角色。这个过程之曲折，让记者鲍勃·伍德沃德（Bob Woodward）根据那些对此不满的意见，写出了一本书。总统花了超过 25 个小时总共 10 次会议来听取论点和建议，低级别官员更是进行了无数次会议。根本的问题是：什么时候，部署多少部队。奥巴马任期伊始，军方已经要求增兵 3 万人；政策评估期间，军方领导人更是激烈争斗，给反叛乱行动争取划拨全额资源，其中包括尽可能多、尽可能快地增兵，以及维持驻军时间尽可能长。"如果没有更多的军队，我们就无法实现目标。"彼得雷乌斯争辩道。在国家安全委员会首次关于这个问题的会议之后，他表示自己将开始推进待批中的增兵计划。白宫幕僚长——办公厅主任——拉姆·伊曼纽尔（Rahm Emanuel）不得不制止他。"等等，"根据泄露的说法，伊曼纽尔说，"将军，我很感谢你的尽职，但我可没听到美利坚合众国总统发出过这个命令 [25]。"

霍尔布鲁克名义上是这一评审过程的联席主席，与已退休的中央情报局资深人士布鲁斯·里德尔（Bruce Riedel）并列。而根据里德尔的说法，彼得雷乌斯是"未公开宣布的第三位联席主席"。[26] 但是霍尔布鲁克不得不靠边站——排挤他的人包括了有更多机会接近总统的里德尔、一些将军们以及白宫本身。此次对政策的重新评估尖锐地反映出霍尔布鲁克与奥巴马之间存在的代际和文化鸿沟。在 2009 年 2 月举行的国家安全委员会会议上，霍尔布鲁克比较了林登·约翰逊（Lyndon Johnson）及其顾问们在越南战争期间所做的政策重审努力。"不应该忘记历史。"他说。房间里一下子安静了，奥巴马嘟囔了一声："阴魂。"[27] 几个月后霍尔布鲁克再次提起越南时，总统可就不那么谦和了。"理查德，"他厉声打断了霍尔布鲁克，"人们真的还会那么说吗？"[28] 霍尔布鲁克已经开始为他的经历做录音日记，为书写这段历史（以及回忆录）做准备。"在部分初期与总统一起开的国家安全委员会会议上，我提到了越南，然后希拉里告诉我，总统不希望听到任何提及越南的话"，他在一段录音中说道，声音在磁带的嚓嚓声中听起来很疲惫 [29]。"我对此感到震惊，因为我认为显然存在相关的问题。""他对自己受到的待遇非常伤心，"[30] 希拉里·克林顿回顾道，"我也一样，因为我认为他说的很多东西真的有道理，只是不知什么原因，它不符合白宫抱持的世界观。"从此没人觉得应该倾听霍尔布鲁克的意见，而只是容忍他的存在。

但更意味深长的是他与军方的分歧。霍尔布鲁克不是鸽派，他是支持入侵伊拉克的，且在对阿富汗政策进行评估开始时，也赞同在阿富汗选举之前，在那里部署先期部队，以作权宜之计的战略。但他认为军事参与应该围绕实现政治解决这一目标来组织。他对国家安全委员会议事过程中军方掌握的话语权及说服力之大，到了有时让非军方意见都没有表达空间的局面感到震惊。"我对大卫·阿克塞尔罗德（David Axelrod）① 说过，我们被纯军方思维主导的时间已经太久了，"[31] 他在另一盘磁带中说道，"军方思维及军方势力主导。虽然我非常尊重军队，呃，彼得雷乌斯很出色，从个人来讲

---

① 大卫·阿克塞尔罗德（1955 年 2 月 22 日～）是美国政治咨询顾问及分析师，在美国总统奥巴马 2008 年竞选总统期间担任首席竞选顾问，竞选后被奥巴马任命为美国总统府资政。——译者注

我喜欢他们每个人，他们都是伟大的美国人，但他们不应该主宰政治战略，而这是目前正在发生的事。"

在一次会面之后，他疲惫地走了出来，并告诉了瓦里·纳斯尔一些荒唐的事情：国防部长罗伯特·盖茨（Robert Gates）的文件夹更厚，他的地图和图表更加丰富多彩。阿富汗和巴基斯坦事务特别代表办公室的团队已经制作了大量的政策文件，但总统的许多顾问都没阅读这些文件[32]。"谁能制作图表？"霍尔布鲁克在一次会议上问道。所有人都看着我。"年龄歧视"，我嘟囔着，然后开始把霍尔布鲁克的政策提案做成彩色的演示文稿，整个过程都在他事无巨细的指挥下操作。多数图表聚焦于他认为受到白宫冷落的政治和外交解决方案。一系列同心圆组成的图表，表明了他认为美国应采取更多措施来加强接触的全球参与者，构成有多么复杂——从国际捐助者到北约国家，再到印度和中国等新兴大国。箭头连接起来的三角形显示了巴基斯坦、印度和美国之间的三边关系。一个题为"改变巴基斯坦对塔利班的行为"的流程图概括了霍尔布鲁克对世界上最困难双边关系的处理计划：

1. 通过美国主导的新国际援助和新承诺攻势，聚焦于整个国家……

2. ……构建亲美情绪……

3. ……这有助于促使巴基斯坦政府和巴基斯坦军方更倾向于我们的立场……

4. ……让巴基斯坦军方对塔利班和"基地"组织采取更多行动。

图表没能给事态带来任何变化。支持全面增兵的一派在人数和接近总统的程度方面都超过反对派。里德尔与总统一起乘坐空军一号，在没有其他人在场的情况下为总统做简报。国防部长罗伯特·盖茨支持他手下的将军们，以及他们所游说的大幅度对阿富汗增兵计划。国家安全顾问、退休上将吉姆·琼斯同样支持增兵，其负责阿富汗问题的副手、退休中将道格拉斯·鲁特也是如此。希拉里·克林顿尽管支持霍尔布鲁克，但她根本上还是个鹰派。"可归咎的太多了"，副国家安全顾问本杰明·罗兹后来回忆说。霍尔布鲁克"最大的辩护者是希拉里·克林顿，但她在政策讨论中总是支持将军们这一方"。

"我确信理查德认为需要采用庞大外交攻势和增加民间交往的观点是正确的，"[33] 希拉里·克林顿说，"在不需要增加兵力来完成此项工作这一点上，我确实不同意他的看法，因为我认为，考虑到小布什政府如何因为过度关注伊拉克，而丢掉了美国在阿富汗的利益，以至于塔利班已确实在快速崛起，我们有必要采取些行动，展示我们回击的意愿。"

霍尔布鲁克不得不闭嘴，但他知道仅凭武力无法解决阿富汗危机。"我的立场非常明确，"[34] 他在一次被鲍勃·伍德沃德录音的餐叙采访时说，"我会支持你，因为你是我的老板，但你需要知道我的实际观点。我非常担心我们的兵力将分散得太薄，而我最担心的是我们将进入任务／资源不匹配状态。很多人都认为我被越战影响过度。那对我来说不是问题，至少我在那里有些经验。"

"我总是对霍尔布鲁克的事情感到遗憾，"罗兹说，"回头再看，那确实有问题，而且也感觉非常不必要。"他反省说，那就像"霍尔布鲁克在一场抢座位游戏中，而他就是那个没有座位的人"。

这一时期的荒诞之一就是看似重复的评估泛滥——不仅有白宫里由里德尔领导的一场评估，还有之前彼得雷乌斯领头的一场评估，以及阿富汗事务新任负责人斯坦利·麦克里斯特尔（Stanley McChrystal）上将牵头的一场评估。麦克里斯特尔发布其政策建议之前，霍尔布鲁克向我们团队介绍了整个过程将如何展开。我们今面临三种选择。"一个'高风险'选择，"他手在眼睛的高度比画着说，"他们总是这样叫它，就是需要或许很少的兵力。兵力少，风险高。然后会有一个'低风险'选择[35]。"他说着，把手向下移，"这将要求双倍于他们实际寻求数字的军力投入。中间才是他们想要的"。霍尔布鲁克以前看过这部电影。里德尔最终报告中提出的第一个建议，是在阿富汗展开"资源充足"

时任负责政治军事事务的第一副助理国务卿康特里曼 2010 年 5 月在阿富汗视察排雷工作。

拉斐尔于 2010 年 10 月按计划结束对吉尔吉特 – 伯尔蒂斯坦地区
(Gilgit–Baltistan) 的访问后，登上巴基斯坦军用直升机。

（致谢：乔纳森·佩恰）

理查德·霍尔布鲁克 2010 年在伊斯兰堡的塞雷纳酒店与巴基斯坦国会议员们共进早餐时陷入片刻沉思，一旁的拉斐尔正在做笔记。"他是个典型的霸道角色，"拉斐尔回忆起霍尔布鲁克时说，"但我喜欢他，因为他想做成事，想法也对路，而且不是个软蛋。"

（致谢：摩根·J.奥布莱恩三世）

捧着书的理查德·霍尔布鲁克，摄于 1963 年，其外交服务生涯的早期阶段，驻东南亚期间。霍尔布鲁克经常大量阅读。

（凯蒂·马顿/摄）

左起：后来领导了朝鲜无核化六方会谈的克里斯托弗·希尔、国务卿沃伦·克里斯托弗、霍尔布鲁克、波黑总统阿利雅·伊泽特贝戈维奇以及塞尔维亚总统斯洛博丹·米洛舍维奇，于 1995 年《代顿协议》谈判期间，在美国赖特－帕特森空军基地给霍尔布鲁克开辟出来的谈判区域内，仔细查看有争议领土的地图。

（致谢：凯蒂·马顿）

理查德·霍尔布鲁克与阿富汗和巴基斯坦事务特别代表办公室(SRAP)工作人员 2009 年在美国国务院办公大楼前的庭院里合影。右侧紧挨着霍尔布鲁克的依次是：我、传播事务主管阿什利·博默尔，以及学者巴内特·鲁宾和瓦里·纳斯尔。

左起：霍尔布鲁克、阿富汗和巴基斯坦事务特别代表办公室军事联络员道格·罗斯 (Doug Rose) 上校和布赖恩·拉姆森 (Brian Lamson) 上校、我，2010 年在喀布尔与北约驻阿富汗训练团指挥官威廉·B. 考德威尔将军（背对镜头）会面。

（致谢：摩根·J. 奥布莱恩三世）

约翰·赫弗南拍下的这幅照片中，人骨散落在刚刚被推土机推平的新土表面。2002年1月，赫弗南与同行的医生促进人权协会调查员珍妮弗·利宁医生在阿富汗大士特雷利沙漠中发现乱坟场后几分钟内，拍下了这幅照片。根据利宁的回忆，乱坟场所在地气味"腐烂、肮脏、恶臭"，像是"掀翻开的垃圾"。

（照片来源：约翰·赫弗南/医生促进人权协会）

珍妮弗·利宁医生 2002 年 1 月在阿富汗北部希比尔甘的监狱采访被监禁者。"他们病得很严重，"她说，"非常瘦弱。"

（照片来源：约翰·赫弗南 / 医生促进人权协会）

2001 年 12 月 1 日，阿卜杜勒·拉希德·杜斯塔姆将军与美国特种部队人员在希比尔甘监狱与被关押的塔利班及基地组织投降者见面。

2016 年 8 月，在喀布尔副总统宫，杜斯塔姆将军看着一只他心爱的鹿闯进接见厅。

（罗南·法罗 / 摄）

2016 年 8 月，在位于喀布尔的副总统宫中，杜斯塔姆将军（右）正为主持即将在宫中举行的中亚武术"克拉术"比赛做准备。我正在做笔记（中），应杜斯塔姆的要求，我穿着传统的乌兹别克民族服装长袍"袷袢"。

（致谢：杜斯塔姆副总统办公室）

托马斯·埃文斯（左，时年16岁）、其母莎莉（中）及弟弟迈克尔（右，时年14岁）2006年在伦敦特拉法尔加广场合影，此时距离托马斯离家出走还有很长的时间。托马斯"很体贴，"莎莉回忆道，"我不知道他怎么变成了那样一个人。"

（致谢：迈克尔·埃文斯）

2012年2月，在突尼斯就青年及民主问题发表演讲后，希拉里·克林顿驻足望向地中海。此时的突尼斯刚刚经历了革命洗礼，对地区内的美国盟友势力持质疑态度。

（罗南·法罗／摄）

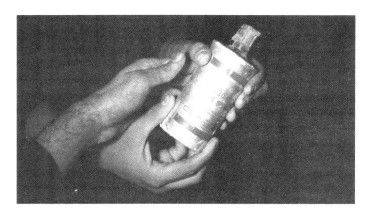

抗议者手中拿的是总部位于宾夕法尼亚州詹姆斯敦的军火生产商综合战术系统公司生产的催泪瓦斯罐。它在 2013 年 8 月开罗爆发的拉比亚广场事件期间，被埃及保安部队用来驱散大规模集结的民众。

2018 年，弗雷迪·托雷斯在自己用来运输树番茄、奎东茄之类水果至哥伦比亚各地的雪佛兰五十铃 FRR 中型卡车驾驶室中，为新一次长途运输做准备。

国务卿雷克斯·蒂勒森（中）在 2018 年 1 月于斯坦福大学举行的一次活动上，与前国务卿乔治·舒尔茨（右）和康多莉扎·赖斯（左）交谈。

克里斯托弗·希尔（左）和理查德·霍尔布鲁克（右）在飞往贝尔格莱德的航班上。1995年9月，结束波黑战争的协议达成。而之前漫长的谈判过程中，希尔和霍尔布鲁克多次结伴前往贝尔格莱德。希尔回忆称，自己的"谈判技巧是跟着霍尔布鲁克学的，就像学徒跟着木工大师学艺一样"。

（致谢：克里斯托弗·希尔）

2015 年，国务卿约翰·克里及负责伊朗核协议谈判的美国外交官团队（左），与以外交部长穆罕默德·贾瓦德·扎里夫为首的伊朗谈判团队（右），在维也纳柯堡宫殿酒店的蓝色沙龙进行谈判。

的反叛乱行动。经过数月的犹豫不决，总统最后选择了军方的反叛乱行动计划，向阿富汗增兵 3 万人。

奥巴马宣布的增兵计划自带有效期：两年后，即 2011 年中期，将开始撤军[36]。里德尔的报告和总统声明中都明显缺少的是谈判承诺，即与巴基斯坦就恐怖主义安全庇护所问题的谈判承诺，或是与阿富汗塔利班的谈判承诺，都没有公开出现。"根本没有对外交和政治解决方案的讨论，"[37] 瓦里·纳斯尔回忆说，"霍尔布鲁克希望总统能考虑这个选择，但白宫并没有采纳。军方希望继续主导，反对军方会让总统看起来孱弱。"

9　走玻璃

那是 2010 年的斋月，巴基斯坦记者奥马尔·奇马（Umar Cheema）半夜里醒来，跟朋友们一起等待封斋饭，即穆斯林在封斋月期间黎明前的一餐。他们在半山公园（Daman-e-Koh）闲逛，沐浴在金色的光线中。这里白天可以俯瞰伊斯兰堡的壮丽景色，夜晚变成了浪漫的庭院和花园。朋友们凌晨 2：30 左右离开公园，挤进奇马的汽车，由奇马挨个送他们回家。送完最后一个朋友后，在回家的路上，奇马注意到有两辆车跟着他。其中一辆白色的丰田卡罗拉在他后边尾随，另一辆黑色切诺基吉普赶到他前边停了下来。

他停下来时，三名身穿警服的男子从吉

普车上跳了下来。他们奇怪地说奇马撞了一个人然后逃离现场。奇马为巴基斯坦《新闻报》（*The News*）撰过稿，拿过为外国记者设置的丹尼尔·珀尔（Daniel Pearl）奖学金，并为《纽约时报》工作过，但在有生之年从未涉及过任何犯罪。不过，他写过一系列很具影响力的揭露权力集团的文章。他曝光过军队的争议，涉及有关军事法庭拒绝给军官公平审判的指控。他挖出了表明巴基斯坦情报部门是一系列平民失踪案幕后黑手的证据。他报道过情报人员放走了参与重大恐怖袭击事件的嫌疑人。奇马对三位警察表示一定是搞混了，但还是让警察带他上了他们的车。就在这时，他们蒙上了他的眼睛，拿走了他的手机。

他们撤掉他的眼罩时，奇马坐在一个空房间里，青色墙壁斑驳地露着水泥。房间里只有一个裸露的灯泡照明，一台风扇在一个角落里慢吞吞地转着。他问这是在哪里，绑架者们告诉他闭嘴。昏暗的灯光下，他可以看到三个人，脸上都罩着儿童派对面具。他们撕下奇马的衣服，把他扔在地上，然后用木棒殴打他。他们剃掉了他的头发和眉毛，并拍下了他畏缩的照片。他们在动机上一点都没兜圈子，"你到了这儿，就是因为你那些报道，"其中一人说，"这会教你老实点儿。"[1]

"我一直在做失踪人员的报道，因此这让我想到了那些家庭所经历的可怕故事，"奇马告诉我，"我想到了我儿子，他两岁了。我意识到如果我不能活着回去，我儿子就要独自一个人长大[2]。"奇马告诫自己坚强起来，应对痛苦。"我告诉自己：'我受惩罚是因为做了好事，因为说了实话。'"绑架奇马的人断断续续地打了他近七个小时，然后把他扔在了伊斯兰堡郊外的路边，赤身裸体，浑身是血。奇马的车也被留在了那里，他们给了他100卢比来支付回城的过路费。整个行动就像一部运转良好的恫吓机器；奇马有一种明显的感觉，这不是这些人第一次这样做。他的案子唯一不同以往之处在于恫吓未能奏效：他马上把自己的经历报道了出来。

在奇马的脑海里，这次袭击的幕后推手到底是谁，是毫无疑问的。经历地狱般的那一夜之前，他与巴基斯坦三军情报局有过一系列的接触——都是他们在他的报道发表前后带着不祥的"建议"找来的，来的军情人员会提醒他，他们的机构有"处理"不听话的人的历史。在巴基斯坦做记者可能是找死的事。记者经常遭到殴打，有时甚至更糟。在奥马尔·奇马被殴打之后一年，一直报道巴基斯坦三军情报局和伊斯兰激进组织之间联系的赛义德·萨利姆·沙赫扎德（Syed Saleem Shahzad）被殴打致死，尸体被发现时，漂浮在伊斯兰堡城外的运河里。美国中央情报局随后拦截的电话通话显示[3]，杀人令是巴基斯坦三军情报局直接下达的——可能就是来自帕夏将军本人。1992年以来，保护记者委员会（Committee to Protect Journalists）记录了60起谋杀记者案件，动机均与他们在巴基斯坦的工作有关。关于人权、阿富汗战争和腐败的报道都是危险的，但占据记者被害案比例高达67%的最致命案例的内容还是政治[4]：通常是有关巴基斯坦三军情报局或军方的报道。巴基斯坦在这方面自相矛盾——该国有着成熟的24小时不间断电视新闻系统，还有斗志昂扬的专栏作家和评论员。但军方和巴基斯坦三军情报局仍然以铁腕统治，为数众多的记者甚至为情报机关工作[5]，靠进行对政府有利的报道领薪水，而作为保险，他们不会写出批评政府的内容。

失踪以及为报道法外杀戮而招来杀身之祸等这些记者所面临的困境，凸显了对话空间在美巴关系中逐步缩小的现实。在国务院里，我发现提出记者失踪和报道被禁等议题是很艰难的过程，是在反恐合作高峰期里另一场不值得展开的战斗。这种道德妥协是国家安全敏感型关系中一大耳熟能详的特征——也可能有人认为是必然结果。然而，美国看来无力提出的议题清单越来越长，这一点实在令人震惊。这就是理查德·霍尔布鲁克开始其阿富汗和巴基斯坦事务特别代表工作时所面临的挑战：一种其中没人超出战术范围谈论任何事情的关系。

奇马将他的经历告诉了几位国务院官员，他们表示了同情，但不感兴趣。"（美国政府）对这些侵犯人权行为基本没有说法[6]，除非巴基斯坦三军情报局和中央情报局之间关系紧张起来，"奇马对我说，"华盛顿有自己的利益。只要巴基斯坦三军情报局与他们合作，他们又为什么要为任何问题而烦恼呢？"人权问题更强烈地凸显了美国政府的权力失衡。与巴基斯坦的双边关系几乎全部在情报机构和军队之间运作，但这些势力中都没有一方认为维护人权是他们的职责范围。

"它从未进入过我（与巴基斯坦人）的谈话，"海登将军谈到记者被谋杀和失踪时说，"我每次去伊斯兰堡，都是带着非常具体的问题去的，我是有目的的。'我们需要去做这个；我需要你帮助才能做到这一点；这是我们将提供的；我能指望你的帮助吗？'"海登叹了口气："我们已经知道巴基斯坦三军情报局显然是在杀害记者，好了吧？这可能会影响我对巴基斯坦三军情报局的总体看法，但这并不影响我与巴基斯坦三军情报局合作，争取在瓦纳（Wana）或米尔阿里（Mir Ali）抓获"基地"组织行动人员。"这是美方负责监督巴基斯坦关系的情报及军方领导人中的普遍情绪，他们认为这些更广泛的对话是别人的问题。但由于美国政策进程中权力已严重偏离了文职领导层，因此已很难知道谁可以有效地提出这些问题。

海登的继任者利昂·帕内塔（Leon Panetta）发现他应对这些问题的努力也屡屡受挫。帕内塔之前也是政客，而且是行政部门的资深人士，但奥巴马总统任命他出任中央情报局局长时，他还是情报系统的局外人。帕内塔身材魁梧，戴眼镜，举止和蔼，非常爱笑。他说他知道法律要求停止对从事侵犯人权行为的军事单位提供援助——即所谓的《莱希法案》。"当我们发现他们显然正在实施法外处理方法时，"[8]他说到这个用法时，轻声笑了一下，"这确实引起了一些担忧。因此，我们决定采用的方法是，与其猛烈抨击它们，不如尝试看看是否有办法改善他们自身的过程。"

巴基斯坦人并不太愿意接受。"他们表情古怪地看着我，好像在说'你知道你们搞不明白状况吗'"——更多的笑声——"'你们总是有那么多好的法律和规则，但事实是这些人是凶手，他们杀过人，他们杀过我们，我们的历史基本上就是在同一基础上与这些人打交道的历史。'与此同时，你说，'你看啊，你想要

F-16，你想要最新的设备，你是不是希望获得我们可以提供的产品？那么这是你必须注意的事情……'他们会看着你的眼睛说，你知道，'我们会按照你玩笑中的希望去做，但不要忘记这是个笑话。'"帕内塔又笑了起来。在关于法外杀戮的谈话中，我从未见过有人这么多地笑过。

该地区要紧的反恐需求以及巴基斯坦的核能力共同削弱了美国的实力。"无论你对他们正在做的事情、正在玩的把戏以及两国关系中的困难有多么不满，最重要的是，你正在与一个有核能力的国家打交道，"帕内塔回忆说，"因此，总是存在你惹恼他们的危险，或者是因为他们自己粗心大意，或者只是因为他们操作的方式……结果在某个时候，让恐怖组织得到这些武器中的某一个。"他补充道，"与巴基斯坦人交往时，你总是在玻璃上行走"。[9]

于是乎，这种关系的态势保持不变，厚颜无耻的谎言是其基石——在反恐合作的范围内，这些谎言是得到容忍甚至鼓励的。用无人机空袭来打掉"基地"组织领导层的整个战略，其前提是对于巴基斯坦人出于政治需要会欺骗其人民的相互理解。这一关系中的欺骗文化有时候感觉已不可能逆转。"这是很难理解之处，"安妮·帕特森大使后来对我说，她的南方口音听起来轻柔克制，"真是太奇怪了，就是非常不正常。"[10]

这种关系的典型套路是这样的：巴基斯坦三军情报局在巴基斯坦媒体上散播关于美国的负面消息，包括有关美国国会或白宫内有印度特工的阴谋论信息。这些故事激起了狂热的反美情绪。然后，巴基斯坦三军情报局回到美国人这边，坚称是公众舆论阻止他们在恐怖分子避风港或是支持伊斯兰民兵问题上改变态度。"实际上这是真的，"[11]帕特森反思道，"但那是他们自己制造出来的公众舆论。"帕特森态度坦诚且直截了当，是少数几个试图正视层层欺骗的外交官之一。在一次会议上，她告诉扎尔达里："总统先生，我来到这里，与您交谈，然后会有一个新闻稿，其中指称我们从未谈过的事情。"[12]扎尔达里看着帕特森，好像她已经失去了理智一样，然后说："你真的不会希望我们把这里实际谈到的东西公布出去！"这些循环也在美国同样依靠外国军队的其他热点地区重复着，例如在埃及，而这些热点地区的本国军方也同样难缠。

帕内塔说，在与帕夏将军和巴基斯坦三军情报局代表会面后，同事们经常会说："你明白他在说谎吧？"帕内塔确实明白。"哦，是的，不是说我不知道似的……你心里还是比较有数的……人们经常问我为什么我们的行动保密——保密的原因是巴基斯坦人希望保密，这样他们就永远不必承认发生了什么！"[13]帕内塔又笑了起来。帕夏将军以他很让人好奇的千禧一代的方式，拒绝对帕内塔的评论做出回应。"对不起罗南，这没我什么事。让利昂行使他的发言权吧！！！"[14]

接受巴基斯坦的两面派做法按说应该为合作提供了保障，然而即使在战术层面上，这种关系也仍然危机重重——有时对双方而言都是如此。一名现已升任更显赫位置，因此不愿透露姓名的巴基斯坦军队指挥官告诉我，联合行动中因沟通失误而导致死伤的情况相当普遍，他就亲身经历过一次这样的行动。那是在2009年初，他作为一位步兵指挥官，参加史瓦特河谷一系列以失败告终的最初期反恐行动期间，当时还是冬天，山谷里冷得感觉空气都冻住了。他正带着手下一支35人小部队穿越一段艰难地带，去追踪美国人选定的一个"非常重要"的恐怖主义目标。（多么重要，他从来不曾获知。"当你在战场上指挥部队时，你是没有能力去弄清楚它到底是不是一个高价值目标的，"指挥官说道，"你只关心在他干掉我之前，先把他干掉。"）头顶上空，他可以看到美国的无人机如影随形。"很少有人知道我们有一支美国技术团队在配合[15]，而这支团队在一定程度上控制着'捕食者'无人机，它就在我们头顶上飞着，"他说，"这当然得到了巴基斯坦的同意。"

一支这样的美国技术小分队就在与史瓦特河谷作战行动有一段距离的地方，通过无人机监视整个情况。美国人的出现是严格保密的事情，甚至上述指挥官自己队伍里的人也没有被告知具体情况。但这位指挥官与美国军官通过开放无线电通信线路进行了沟通，被告知为了加强火力，他们可以要求"捕食者"无人机从空中进行打击。

据这位指挥官回忆，在行动的第一天晚上，他的部队接近了目标，但只能眼看着目标逃进了部队被明令禁止进入的"敌对区"。指挥官通过无线电通信线路向美国人通报了坐标，无人机在离目标很近的区域盘旋了几个小时，却没有发动攻击 [16]。

第二天晚上，另一支部队在距离目标大约35英里的地方与目标有了类似的遭遇，并且也呼叫了空中打击。这一次，空袭来了——目标不是他们追击的恐怖分子，而是巴基斯坦部队自身。"我们自己的士兵，"这位指挥官对我说着，一拳头敲在他面前的桌子上，"我们失去了31个弟兄，而这都归因于操作员的失误……我们再也没有呼叫过无人机空袭。"巴基斯坦人告诉美国技术小分队说他们不会合作。不到两周后，美国人撤了。

这个故事反映了与巴基斯坦军方人员谈话时经常出现的情绪。"没有诚意"，刚刚提到的

走 钢 丝

那位指挥官说，指出这是关系范围狭窄及缺乏沟通的结果。对于他冒着生命危险而付诸的行动，美国人在信息方面分享其总体目标之少，让他感到恼火。"美国从未正式与我们分享过他们在阿富汗的最终状态，"他抱怨道，"这是美国和巴基斯坦之间战略互动的典型例子。我们一直在解决操作问题。我们还没有谈到两国应该互相谈论的重大战略问题。"说到这里，我们谈话时在场的另一位巴基斯坦军方官员起劲儿地点头。"没有人问一问，到底是什么促使巴基斯坦采取了已有的所作所为"，这位官员补充说。[17]

对于这种关系中美国所做的妥协是否值得，各方意见莫衷一是。一方面，安妮·帕特森所属的一派认为："我们与巴基斯坦三军情报局就这些反恐问题进行了非常高度的合作，这在世界上非常独特。"国务院、五角大楼和情报机构的许多其他官员都表达了同样的看法。另一方面，也有同样多的人严重存疑。反省起他担任中央情报局局长的那段时间，彼得雷乌斯对我表示："巴基斯坦三军情报局不是最好的情报来源之一……最关键的问题在于，这是一种高度建立在交易基础上的关系。"[18]

每当巴基斯坦反恐合作的缺陷暴露出来时，这场辩论就会加剧。一名恐怖分子于2010年在纽约时代广场差一点引爆卡车炸弹的事件发生后，联邦调查局获悉，罪魁祸首是一名33岁的巴基斯坦裔美国人，名叫费萨尔·沙扎德（Faisal Shahzad），曾在巴基斯坦瓦济里斯坦（Waziristan）的一个恐怖分子避难所接受过训练。他们很快意识到巴基斯坦三军情报局没有采取任何措施来向美方预警威胁。愤怒的白宫官员训斥了巴基斯坦人，要求后者分享包括从巴基斯坦出发航班的旅客信息在内的更多情报，并停止拖延签发美国人的签证。作为双方认知失调的典型表现，巴基斯坦人坚称他们已经分享了一切，然后拒绝交出航班的旅客信息[19]。

签证封锁是一个特殊的难点。我2009年加入国务院时，巴基斯坦人肆无忌惮压缩对美国官员发放旅行许可签证数量的行为已经持续了多年。限制行动是对巴基斯坦境内反美情绪的让步，其中包括担心中央情报局特工会大规模地进入巴基斯坦。民事援助工作的代价可观，国务院官员常常根本无法入境。有一次，到了我计划前往伊斯兰堡旅行的前一天，我了解到自己申请了几个月的签证仍在经受"磨难"。与巴基斯坦通常的情况一样，答案不在文职官员手里。于是，我预约了与巴基斯坦驻美大使馆武官纳齐尔·艾哈迈德·巴特（Nazir Ahmed Butt）中将面谈。我们在他位于巴基斯坦驻美大使馆四楼的大办公室见了面，窗外可以看到街对面的中国驻美大使馆。巴特将军穿着整齐的军装，领章上嵌有三颗星；他相貌英俊，唇上留一抹有些花白的小胡子，有着巴基斯坦人中不常见的靛蓝色眼睛。在助手从撒满粉红色花朵的细瓷茶壶中倒茶的同时，他向后靠在椅背上专注地听我说话。我尽了最大努力，讲述了与巴基斯坦民间社会合作的重要性。一个小时后，我拿着一年期多次往返签证离开了巴基斯坦驻美大使馆。不是每个人都这么幸运。在任何一个时点都会有数百份申请待决[20]，需要巴基斯坦军方或情报人员直接批准。

这种情况最终造成的问题之大，以至于希拉里·克林顿向巴基斯坦总理优素福·拉扎·吉拉尼提出了交涉。正如哈卡尼所说的那样，吉拉尼悄悄地授权侯赛因·哈卡尼开始不经过伊斯兰堡而批准签证——用哈卡尼的话来形容，这让他成了"签证沙皇"。在接下来的一年里，他批准了一波美国签证申请，使双边关系不再倾向于产生敌对。在他看来，他"靠批条子而化解了巴基斯坦和美国之间的许多问题"。[21] 哈卡尼知道他的努力会引起巴基斯坦政治机构的怀疑。对于他来说，就像罗宾·拉斐尔的外交努力遭到误解一样，与另外一方交谈即将成为一场危险的游戏。

10 农夫霍尔布鲁克

由于无法将政策重心从他所谓的"军事思维"上移开，理查德·霍尔布鲁克开始利用这种模式的边缘地带迂回工作。他仍然认为，任何成功的希望都取决于在阿富汗和巴基斯坦两地扩大美国在战术以外的作用。

在边境的阿富汗一侧，他提议了一大批以民生为主导的新援助项目。在他的鼓动下，奥巴马政府向国会提交的 2009 年预算中，援助阿富汗重建的拨款要求较上一年小布什政府的同项预算多了 8 亿美元[1]。霍尔布鲁克强行控制了美国国际开发署的项目，坚持要亲自签署许多项目。他能够获得这种控制权，是因为美国国际开发署对国务院报告。他这种超过自己职权的影响力成为官僚部门之间积怨的一个原因——尤其是当霍尔布鲁克马不停蹄地忙于各种活动，让很多项目历时数月等待审批，他还不愿意放弃控制权的时候。但他认为自己这样做是必要的。阿富汗到处是由美国国际开发署耗费巨资援助，但令人尴尬的没多大意义的工程——从会损伤骆驼蹄而让阿富汗人认为毫无用处的鹅卵石道路，到建在地下水太咸而庄稼无法生长的土地上的农垦项目，再到无意中扩大了罂粟种植面积[2]并进而提振了阿富汗毒品经济的免费肥料发放。霍尔布鲁克在越南时，美国国际开发署拥有一支包括农业等领域技术人才在内的强大专家队伍。到了奥巴马政府执政期间，削减预算数十年的结果缩小了国际开发署的人员规模，也削弱了这些专长。美国国际开发署切实获得的资金经常管理不善和使用不当，项目经常交给运营开支高昂但对实地情况了解甚少的美国大型承包商。这是在霍尔布鲁克整个职业生涯中，一直困扰他的失衡症状之一。到现代反恐战争年代，几乎所有的能力和资源都提供给了军方。

霍尔布鲁克确信关键是农业。领导该地区许多缉毒行动的美国军队长期以来一直认为，用于提炼海洛因的罂粟种植利润丰厚，是维系塔利班生存的重要经济来源，因此小布什政府的重点是铲除农作物，在阿富汗一路砍伐并焚烧田地。霍尔布鲁克对此感到愤怒。他指出，情报评估显示，巴基斯坦和海湾国家的支持对于塔利班的生存来说才更为重要。他认为，铲除农作物会将身无分文的农民推入塔利班的怀抱——那往往是农民庄稼被毁之后的唯一就业来源。

他着手将美国的重点重新调整到支持阿富汗农民上来。"他们需要罗斯福在大萧条期间给予农民的那种从头到尾的农业支持"，霍尔布鲁克说。[3] 他走火入魔了。石榴曾经是阿富汗人获利颇丰的出口产品，如今成了霍尔布鲁克尤其痴迷的对象。在霍尔布鲁克的要求下，我组织了数十次专门讨论水果问题的会议。有时他会在不相干的一句话中间打断我，从遥远的某个角落里说："石榴的问题，我们说到哪儿了？"到他在特别代表任上工作满一年时，理查德·霍尔布鲁克这个据我所知至此连盆仙人掌都没养活过的人，居然可以解释石榴所需的湿度、适宜的土壤类型以及理想的收获时间。希拉里·克林顿开始称他为"农夫霍尔布鲁克"[4]。

但是，任凭霍尔布鲁克百般努力，五角大楼在同一时空内的一连串项目规模之巨，仍然使民用重建项目相形见绌。在乔治·W.布什执政的早期，国务院主导的重建项目支出与五角大楼项目的支出之比有时可以超过10∶1[5]。到霍尔布鲁克来到国务院时，情况几乎已经逆转。趋势难以忽略：从2008年到2010年[6]，国务院在阿富汗的重建项目支出从22亿美元跃升至42亿美元，而五角大楼的类似项目预算则从34亿美元到104亿美元，增长了两倍多。这包括了海量常规中与国务院和美国国际开发署相关的发展项目[7]，从缉毒项目到教育项目，再到包罗万象、主要用于道路建设和维修的指挥官应急响应计划项目。同样，陆军工程兵团也参与了阿富汗全国各地的基础设施项目，而对此美国国际开发署有时是最后一个获悉的。

即使对于那些通过美国国际开发署及国务院最新拨款而承包的项目，霍尔布鲁克也难以把发展目标及军事目标区分开来。反叛乱战略通常可描述为三步——"清除，保持，建立"。意思是进入一个地区后，先清除区域内的敌人，接着用我们的部队控制该区域，然后再开始在当地建立生产能力。奥巴马政府执政的第一年里，随着时间推移，从彼得雷乌斯的反叛乱手册中摘取的措辞开始出现在美国国际开发署的开发合同中。要想申请开发以社区为基础的发展项目，与美国国际开发署合作的慈善机构还必须满足一项要求，"让那些以反叛乱行动为重点且局势不稳定的社区[8]，能够直接实施小规模的社区一级项目"，并"支持军方……通过帮助'占据'已清除完毕敌对势力的区域，而支持来自社区的努力"。

战事仍在继续的战区里，安全和发展的目标始终都难以完全割裂开来，但历史上始终存在发展应该靠技术专长和长期目标驱动，而不是受军事战术束缚的认知。明确地将合同语言军事化是前所未有的——结果也显示是词不达意的。申请合同的各非政府组织反感了。一个慈善机构的负责人告诉我说，因为其工作人员明显的军事身份，他们就成为攻击目标。其他人表示，军事化正在摧毁阿富汗民众对美方的信任，阿富汗人感觉舒适的是美国的重建努力，而不是美国的军事力量。

霍尔布鲁克的另一个判断也是正确的，即小布什政府任内实施多年的军事驱动下窄范围参与政策也使美国与阿富汗公民社会的关系出现萎缩，尤其是在地方层级上。美国大企业获得同样巨额的佣金，然后将项目转包给其他集团，而这些集团有时又会再次转包。结果相当明显：效率严重低下，且缺乏问责机制。

最初的问题之一是：美国根本不知道当地有哪些团体，以及在哪里。霍尔布鲁克的解决办法通常是雄心勃勃的：他让我跟踪阿富汗和巴基斯坦境内的每一个非政府组织。我招募了自己认识的唯一一位计算机科学极客——名叫吉莉恩·柯兹拉（Jillian Kozyra）的程序员，之后很快就被谷歌雇走了。我们在我位于 U 街的地下室单房公寓里通宵达旦，我设计概念架构，她来编程。她使用编程语言 Ruby 构建了一个抓取应用程序——可以从互联网资源中提取数据的自动化工具——与谷歌地图以及一些基础分析工具结合起来使用，例如可以针对指定区域中不同类型的公民社会活动，生成饼形图的分析工具。这个过程结束时，我们获得了一张记录有超过 10 万个当地非政府组织的阿富汗和巴基斯坦地图。我们把它上传到一个我购买的公开非政府网址上。霍尔布鲁克对这项技术成果感到非常高兴，还让我在白宫、五角大楼和美国驻阿富汗和巴基斯坦的大使馆做了展示。

但是该项目作为一个缩微实例，也展示了他那种"奔牛闯入瓷器店式"工作方法的弊端。美国承包商们被霍尔布鲁克想要推开他们的意图所激怒，他们开始游说开除他[9]，并在媒体上抱怨对当地非政府组织的关注。而且，与霍尔布鲁克所有努力的情况一样，军方是占有压倒性优势但不总是友好的对等合作单位。非政府组织跟踪技术首次展示后的两年里，五角大楼和中央情报局的律师都来过我的办公室。他们想知道这个神秘的技术来自哪里？我的数据是从哪里获取的？谁提供的资金？答案当然是：这是一个使用开源数据和工具的临时应急解决方案，代价只是单个域名购买费用。两家机构都声称对此工作产品拥有所有权，但没人采取过任何措施。在我大约四年后离开政府公职时，美国仍然没有霍尔布鲁克所寻求的民间社会团体基础数据库。

后来，我从弗吉尼亚州的一个匿名邮政信箱收到一只大号牛皮纸袋，里边是一份招工面试的申请表，面试将在严格的保密状态下进行。随后是一次定时在线测验，以及一系列在饭店、酒吧中与匿名官员之间的会面。他们对我在国务院的工作没什么兴趣，而是问我是否愿意以非官方身份担任律师或记者。"来吧，"一位面试官员说，"你们在那里做的是场外表演，这是真正的工作。"

像做绝大多数事情时一样，身为阿富汗和巴基斯坦事务特别代表的霍尔布鲁克雄心勃勃，令人兴奋。然而对许多人来说，他不受欢迎。用人时优先考虑外人，而非职业外交官员，使特别代表办公室在国务院官僚机构内部备受憎恨。他自己担任的机构间召集人是白宫的传统领域——而且这时还是一个控制特别严格的白宫。这些都是霍尔布鲁克永远无法完全获得救赎的原罪。从我们开始工作的那一刻起，官僚系统也开始了"驱逐"这一奇特建制的工作，就像肌体排斥一个外来的移植器官一般。这让霍尔布鲁克，以及如后来有些人指出的整个国家，都付出了高昂的代价。

11 少点对话

在理查德·霍尔布鲁克的职务于 2009 年 1
月在国务院本杰明·富兰克林国宴厅的仪式上
宣布后一周，霍尔布鲁克和侯赛因·哈卡尼在
海伊－亚当斯酒店（Hay-Adams Hotel）的拉
斐特（Lafayette）餐厅坐了下来——这是一个宽
敞、光线充足的大厅，有着奶油色的墙壁和可
将白宫尽收眼底的景观。它曾经是职业外交官
和国务卿约翰·海伊（John Hay）的宅邸，他
和邻居及政治世家子弟亨利·亚当斯（Henry
Adams）在这里为哥伦比亚特区的知识精英们
主持过许多为人津津乐道的沙龙。在 20 世纪
20 年代，他们的住宅被夷为平地，给哈卡尼和
霍尔布鲁克正在享用午餐的这座意大利文艺复

兴风格的优雅建筑让路。在二人职业外交生涯的重叠时间里，霍尔布鲁克与哈卡尼有过一些匆匆而过的打交道机会。2008 年，哈卡尼成为巴基斯坦驻美国大使后，两人的关系变得融洽。霍尔布鲁克当时是亚洲协会（Asia Society）的主席，正开始增加对该地区的出访，以期建立真正的善意。其新职务正式宣布的那天，他打电话给哈卡尼，建议二人共进午餐——要选在能被人们看到的地方，霍尔布鲁克苦笑着明确表示。海伊－亚当斯酒店很难带来最高的能见度，但是霍尔布鲁克还是选择了此地，完全是出于另一种考虑：身为另一个时代的产物，他相信在显著的地点被看到，能够发出一种信号，尤其是当有一群感兴趣的政治掮客和观察者已准备好接收此种信号的时候。事实是，没有人注意到他们。

霍尔布鲁克摆出了他的目标：他希望结束阿富汗战争，稳定巴基斯坦局势。他想要和解。与往常一样，他提出了一些尖锐的问题，其中许多都是关于促成地区内国家谈判的。"美国可以同时与印度和巴基斯坦成为朋友吗？"他问道。他希望就巴基斯坦的国家利益进行更坦诚的讨论。如果说哈卡尼从经验中了解了一件事，那就是坦诚很难得。

"记住一件事，"哈卡尼警告霍尔布鲁克，"这不是南斯拉夫。"[1]他从霍尔布鲁克关于波黑战争的著作《结束战争》（*To End a War*）中引用了一句话："三方领导人都愿意在自己争论的时候，任由他们的人民死亡。"[2]

"在次大陆，"哈卡尼接着说，"不仅如此。人们不愿意也不知道妥协意味着什么。这不会像你想象的那么容易。"[3]

两人面面相觑——他们出于各自不同的原因，都是政治机构的局外人，都在着眼解决世界上最艰难的外交政策问题。

霍尔布鲁克观察到，新任美国总统将重点向该地区转移的战略政策可能也使哈卡尼的日子更难过。"更多的关注和审查提出了找不到轻松答案的问题。"他说他并不羡慕哈卡尼的工作。这种感觉是相互的。在接下来的两年里，两人的关系变得亲密。霍尔布鲁克可以早上7点钟就打电话把哈卡尼从床上震醒，询问他最近的外交方案。他们可以在霍尔布鲁克位于乔治敦的联排别墅附近散步。周末，霍尔布鲁克的妻子不在城里时，他们会去看电影。2010年3月，他们走着去了E街电影院观看罗曼·波兰斯基（Roman Polanski）的惊悚故事片《影子写手》（The Ghost Writer）。这部影片讲述的是一名英国首相在与美国人过于密切合作的过程中被指控犯有战争罪，而他的妻子最后证明是中央情报局特工。之后，霍尔布鲁克和哈卡尼去吃了酸奶冰激凌。

霍尔布鲁克希望争取负责整个区域事务的职务[4]，但其中不少职责在他能拿到手之前，就已经给了别人。伊朗的工作被白宫占据了，丹尼斯·罗斯（Dennis Ross）被任命带队与该国进行对话。带来更大打击的是，对于与巴基斯坦之类"邪恶"国家一道，被并入霍尔布鲁克的战区管辖范围这一主意，印度几乎大哭大闹。印度经济迅速崛起，已使该国成为比巴基斯坦更有实力的外交中心。印度成功地游说了奥巴马过渡团队，取消了任何印度特使的工作角色[5]，尤其是涉及霍尔布鲁克的角色。

霍尔布鲁克告诉我，他无论如何都打算与大象进屋般谁也无法忽视的印度打交道，然后开始经常性地将这头大象囊括在他的地区外交中。印度不是他唯一的目标。2010 年 2 月，他让包括我在内的手下工作人员给他筹划了一个国际差旅计划。那真是看着都让人筋疲力尽的一份清单，仅在 2010 年的头两个月，他的穿梭外交之旅就覆盖了 20 座城市，以及几乎同等数量的国家。伦敦、阿布扎比、伊斯兰堡、喀布尔、新德里、巴黎、慕尼黑、多哈、利雅得、塔什干、第比利斯、柏林……名单一直在延续。在城市名单以外，我们也注意到了他从外国伙伴那里获得的援助阿富汗或巴基斯坦的承诺。新德里承诺继续向阿富汗提供民事援助并加强与阿富汗的贸易，同时承诺避免"在安全领域提供挑衅性的援助"。俄罗斯曾一度答应向巴基斯坦提供"技术性军事训练"和直升机维修服务。这是全球性的威胁，于是霍尔布鲁克打算建立一套全球解决方案。

他的梦想是将巴基斯坦和印度聚到一起，消除巴基斯坦支持恐怖分子的根本原因。他甚至召集了一次由他自己、哈卡尼和前印度驻巴基斯坦高级专员S.K.兰巴（S. K. Lamba）出席的秘密会议。"我们曾见过一次，"哈卡尼承认，"霍尔布鲁克鼓励我和印度人交谈。"但哈卡尼认为自己的国家是不会积极应对任何有意义的谈判的。"什么会让巴基斯坦人感到满意？"[6]他思索道，"除了印度停止存在以外？"印巴问题要求谈判各方的姿态发生根本性转变——那种霍尔布鲁克在代顿实现的转变，只有在白宫的强大支持以及他可以实际指挥的军事打击威慑下，才可能达成。在印巴问题上，他几乎没有与印度人谈判的授权，因此经常不得不秘密行事，以避免不仅激怒巴基斯坦人，还同时激怒白宫的窘境。在这个地区，军方在主导政策安排。在这里，他不得不绕开自身职权范围界定中存在的局限。

另一个重大挑战就是与巴基斯坦人对话。在不考虑任何更广泛对话的前提下，情报机构之间存在多年的对话在对苏联战争期间是奏效的。但在对抗苏联的过程中，巴基斯坦人和美国人一直站在同一边。尽管各自出于不同的原因，但双方都需要将入侵的苏军赶出该地区。双边关系已在诸如巴基斯坦的核发展等其他领域里充满了欺骗，但至少还有一个战略结盟关系存在。当时没有更广泛的对话，也没有必要有。

在全球反恐战争中，美国人试图重建同样的关系，但面对一个几乎无法克服的根本性区别：这一次，巴基斯坦站到了另外一边。现在，美国希望将与"基地"组织结盟的武装分子赶出该地区，但巴基斯坦人则按照美国教他们的做法，继续使用这些武装分子作为代理人。巴基斯坦人经常看似接受美国的合作要求，然而，他们也总是有与美国相反的目标。如果巴基斯坦要重新考虑其基础战略重点，就需要进行更广泛、更诚实的对话。要想成功，霍尔布鲁克就必须将代理战争的艰难交易关系，转变成真正的外交联盟或是接近联盟的关系。

霍尔布鲁克知道，哄着巴基斯坦进行更广泛的对话，需要美国在军事援助以外的领域里做出承诺。他需要行动或者至少需要钱。2009

年 4 月，他把自己所拟的一份国际参与名单上的许多国家召集到东京，举行捐助者会议，并游说他们承诺援助巴基斯坦总计 50 亿美元。"这是一场值得尊敬的首次公开募股（IPO）"，他开玩笑地说。[7] 一位记者问：这些钱够吗？"巴基斯坦需要 500 亿美元，"霍尔布鲁克说，"不是 50 亿美元。"

在美国本土，他和大卫·彼得雷乌斯一起疯狂地游说。"理查德和我在国会山非常下功夫，"[8] 彼得雷乌斯告诉我，"我记得我们是两个人一起努力的。"这一次霍尔布鲁克用黑莓手机，把自己的政治柔术技巧发挥得登峰造极，因为他把每个议员办公室里的每个关系都联络到了。2009 年 9 月，参议院全票通过了五年内向巴基斯坦提供 75 亿美元新援助的授权法案，按照三位提出动议的参议员名字命名为《克里－卢格－伯曼法案》（Kerry-Lugar-Berman Act）。这是第一个对巴基斯坦的长期民间援助计划，其目的是寻求扭转美巴关系几乎只有军方对军方性质的现状。"这是一次宏大的战略尝试，旨在解决美国只与巴基斯坦军队打交道而不关心民主或巴基斯坦人民看法的问题"，美国国会图书馆下设的国会研究服务部（Congressional Research Service）巴基斯坦援助项目分析师艾伦·克朗施塔特（Alan Kronstadt）回忆道。[9] 但事实证明，改变这些看法比美国人讨价还价过的任何事务都难。

《克里－卢格－伯曼法案》通过的当天，贝娜齐尔·布托的说客马克·西格尔在自己家里举行了一个派对。他已经为自己当时所供职的公司美国洛克律师事务所（Locke Lord Bissell & Liddell LLP）签下了巴基斯坦这个大客户，因此一大群律所雇员、巴基斯坦外交官和政客为这一业绩向他祝酒，以示庆贺。不到 24 小时后，"塌台"就开始了。一位名叫穆赫辛·卡迈勒（Mohsin Kamal）的巴基斯坦年轻说客在派对当天加入了西格尔的公司，他希望能从美巴关系明显解冻中获得点好处。然而相反，他的第一项工作却是让人抓狂的灾害控制。巴基斯坦媒体上开始出现挞伐《克里－卢格－伯曼法案》的言论。这简直是"堕落"，充斥着"对巴基斯坦主权的恶毒设计"，巴基斯坦英文报纸

《国家报》的报道里充斥着愤怒。这是"在其人民的眼皮底下对这一国家的侮辱"，外交官马利哈·罗迪（Maleeha Lodhi）在巴基斯坦《新闻报》上发表评论文章称。[10] 即使是巴基斯坦军队的最高指挥官卡亚尼（Kayani）将军也表达了愤怒 [11]，并私下谴责了美国官员。

争议出在美国国务卿每年都要拿出认证的一项要求上，内容是必须证明巴基斯坦在保持安全援助物资流动方面达到了行为良好的基本门槛。这包括在确保核武器不流入恐怖分子手中、停止支持极端主义和恐怖主义团体、协助打击联邦直辖部落地区和奎达地区恐怖分子避风港等方面进行合作。这实际上使巴基斯坦较为含蓄地点头接受了问责。认证要求仅适用于安全相关的援助，而且即便如此有限的要求，也可以出于任何国土安全原因而被自由废弃。在实践中，这是一个无附加条件的礼物。美国很少有立法者考虑过焚毁整个关系的可能性。但在巴基斯坦，偏执是一种全民性嗜好。如同其他一切插曲一样，这一争议引发了两种反应：有些人确信这是印度插手的证据，有些人确信这是侯赛因·哈卡尼的错。"侯赛因·哈卡尼做了件非常愚蠢的事，"这是穆赫辛·卡迈勒对此事件直截了当的解读，"他让这些条款写进了法案。"[12]

随着巴基斯坦民众愈加激愤，霍尔布鲁克召集工作人员在他的办公室召开了应对危机的会议。他穿着袜子不停地来回踱步。霍尔布鲁克选择的回应已散播给任何愿意倾听的记者，那就是坚持强调美国的援助"无条件"——他开玩笑地把"条件"简称为"c开头的那个词儿"[13]。法案命名中姓氏排在头位的参议员约翰·克里被派往伊斯兰堡，尝试安抚巴基斯坦人。"我们整个行程中都在为《克里-卢格-伯曼法案》道歉，我们在那里会见了纳瓦兹①及整个领导层。"一位高级官员回忆说。有一次，克里和卡亚尼将军共进晚餐，整整坐了五个小时。"我们想给你们这笔钱，我们想改变我们的关系的本质，"克里告诉卡亚尼，"但是为了能够做

---

① 米安·穆罕默德·纳瓦兹·谢里夫（Mian Muhammad Nawaz Sharif），时任巴基斯坦总理。他曾在1990年至1993年、1997年至1999年、2013年至2017年三度出任巴基斯坦总理。——译者注

到这一点，你们需要对别人如何看待你们继续做以前做过的坏事这一点，有所敏感。"你看，我也是政治家，"卡亚尼回答道，"我理解你们的政治，我知道这是多么困难。"如往常一样，巴基斯坦领导人依然是在该国人民面前说一套，在美国人面前说另一套。

有一刻，我曾感到好奇，一个外界观察人士会如何看待此等"癫狂"：应该是盟友的接受方对75亿美元的无偿援助愤怒得发抖，而一个世界强国鞠躬哈腰地否认自己白给对方的救济附带任何责任。这种情况折射出双方关系中的深层问题。霍尔布鲁克试图用援助换取更广泛的对话，但巴基斯坦充当美国军事利益的代名词已经太多年了，尽管间谍头子和将军们之间的对话频繁，但更广泛的关系无人问津，且已成为偏执和怀疑的培养基。这是75亿美元买不回来的。

罗宾·拉斐尔接受了当时美国驻巴基斯坦大使安妮·帕特森提供的工作机会。《克里－卢格－伯曼法案》于2009年9月在众议院和参议院均获得通过之前的一个月，她打点好行装，再次搬到了伊斯兰堡，在当地舒适的 F-6 区里安了家，房子是一栋灰泥外墙的两层楼。这一区域紧邻马尔加拉山，绿树成荫。她买了辆翻新的丰田汽车 [14]，自己开车去参加派对和各种活动。我在伊斯兰堡的差旅中，看到过她出席俄罗斯外交官和英国慈善机构负责人举行的家庭聚会，活动现场总是挤满了巴基斯坦人。罗宾·拉斐尔又回到了自己 20 多岁起就熟知的伊斯兰堡精英当中。把霍尔布鲁克和彼得雷乌斯在国会山上争取来的新援助资金花出去的任务，就落在了她身上。

"我当时相信，现在仍然相信，实施《克里 - 卢格 - 伯曼法案》是个好主意，是摆出了很漂亮的姿态……帮助提高人民的整体生活水平，而不仅仅是军队的"，她对我表示。但是，花出这笔钱跟宣布这笔援助金时一样令人崩溃。这也反映了双方关系仅限于交易性合作的历史和现实——这种关系在设置上就根本不能承载每年 15 亿美元的民事援助。授权的援助资金远远超出美国国际开发署可以有效支出的资金额度的现实，很快就明确显现。结果，在许多巴基斯坦人看来，就是又一个承诺无法兑现——被炒作得山响的一个数字，在所有愤怒过后，从未变成现实 15。

与阿富汗的情况一样，美国在巴基斯坦问题上也缺乏技术专长。在一些特定领域里，如水利基础设施，美国国际开发署根本就没有任何合格的人员。我开始拉入外部专业机构，将他们与巴基斯坦政府和美国国际开发署联系起来。但是外部专业机构是没有任何能力推动美国援助机器加速运转，以满足战时立法所规定的期限要求的。"事实是，我们做不了多少事情，"16拉斐尔承认，"因为很多事情需要很长时间才能启动，所以巨大的期望在不断堆积，我们却无法满足它。"

破坏了霍尔布鲁克在阿富汗努力的同一破败系统，也挫败了拉斐尔希望推动项目更快获得通过的努力。尽管我们在之前的项目中已经确认了当地的非政府组织，但大部分的《克里－卢格－伯曼法案》援助资金还是通过庞大的美国承包商层层分包出去。"我们把大部分的钱都浪费在了承包商头上"，拉斐尔冷冷地说道。也没有足够的时间来改正问题。五年在基础设施项目的语境下，就是一眨眼的工夫，而对于霍尔布鲁克试图实现的长期关系变化而言，就显得更短。"我一开始并没有意识到那应该是一个十年计划，而不是五年计划[17]，"拉斐尔后来告诉我，"因为我们不能很快弄清楚如何更好地花这些钱。"军事紧急情况和国内政治压力所决定的时间表，再一次没能契合外交和发展的现实。

然后就是来自负责实施援助的团体的阻力——如同在阿富汗一样，他们不希望被认定为美国的战争努力的一部分。霍尔布鲁克和彼得雷乌斯兜售《克里－卢格－伯曼法案》的逻辑很简单：我们在水坝和学校上花了很多钱；巴基斯坦人会看到所有的美元源源而来，而且巴基斯坦的角色将从暧昧反恐行动中美国中央情报局的化身，转变为美国的朋友——变戏法呢，说变就变。商讨向巴基斯坦提供援助的会议，经常表现为高官们愈加迫不及待地恳请落实能见度高的"标签项目"，以求如憧憬的那样，赢得善意和好评。

霍尔布鲁克跟其他人一样想赢得善意与好评。一张在巴基斯坦西北部一个难民营拍摄的照片中，他垂肩站在一个留着胡子的巴基斯坦难民旁边，难民盘腿而坐，怀里的小女儿坐在他腿上。霍尔布鲁克摘了墨镜，脸上满是真诚的同情，专注地看着难民。他的花白头发从一个印有"USAID"（美国国际开发署）的卡其色帽子下方支棱出来，USAID下方是国际开发署的箴言："来自美国人民。"他开始经常戴这帽子。"巴基斯坦媒体似乎对RCH"——霍尔布鲁克的姓名缩写——"的棒球帽特别感兴趣"，瓦里·纳斯尔在给霍尔布鲁克及其幕僚长罗斯玛丽·保利的电子邮件中写道。"这有更深层次的意义吗，弗洛伊德博士？"霍尔布鲁克回信道。"不管显得多么'权且'，这实际上是显示美国也有民事援助的唯一标志……所有国家的援助都在这儿了，甚至包括伊朗的，人家的标志都比我们做得好 [18]。我们只有直升机是看得见的。中国的野战医院（我在特达曾开车经过）、土耳其、沙特阿拉伯（我访问了他们的难民营，他们正在那里建一座清真寺）、澳大利亚（野战医院在木尔坦）、瑞士、英国，等等。在我们隐形的同时，非政府组织合作伙伴们也拒绝承认我们为他们提供了资金。"

霍尔布鲁克是对的——在巴基斯坦充满暴力反美情绪的敏感地区，非政府组织经常试图尽量减少星条旗的出现，担心它们可能给工作人员招来袭击。在最动荡的地区，美国甚至以豁免的方式允许完全清除美国国旗和 USAID 徽标。这一直都是一种君子协定。但霍尔布鲁克公开里和私下里都开始鼓动情绪。他将上述邮件转发给了希拉里·克林顿的助手杰克·沙利文（Jake Sullivan），后者又将其转发给了希拉里。几天后，希拉里公开提出这个问题："我们必须经过斗争才能把美国政府的标识贴在我们提供的救援物资上 [19]，因为很多我们的援救工作者和非政府组织伙伴都害怕与美国政府联系在一起。"

突然间，我们与负责大部分救援工作的团体进入开战状态，而这些团体所负责的工作恰恰处于阿富汗－巴基斯坦战略的核心。"我们正在帮助巴基斯坦。别把我们当靶子 [20]"，这是非政府组织联盟联动会（InterAction）负责人在发表于《华盛顿邮报》的署名专栏文章标题中做出的大声疾呼。"在利比里亚或刚果等国家，从美国政府手里获得资金的美国非政府组织经常宣传它们在传递'来自美国人民'的援助，"山姆·沃辛顿（Sam Worthington）写道，"但在巴基斯坦，援助工作者的生命更加攸关，强制性的品牌推广可能……将美国人及其巴基斯坦同事的生命置于危险之中。"我被派去平息风暴，又是将这些组织请进国务院，又是前去出席非政府组织峰会，说服它们不要抵制美国政府 [21]。

双方的攻势都有所加强。曾做过探索电视频道高管、时任希拉里·克林顿手下负责公共外交事务的副国务卿朱迪思·麦克海尔（Judith McHale）将那篇署名专栏文章通过电子邮件转发给了希拉里·克林顿，并表示："如你所知，我热切地相信，继续提供数以十亿美元计的援助，而不让被救助者知道是谁向他们施以援手，这样做不符合我们的国家利益。"希拉里·克林顿回答说："我非常喜欢和你一起工作——我觉得有时我们就像双胞胎一样！"杰克·沙利文在给麦克海尔的一封电子邮件中写道："当然他们不应该隐瞒援助来源，难道还偷偷摸摸吗？"他又补充了一句，以国务卿这一单词的首字母缩写来指代希拉里·克林顿："S相信我们应该把这件事情扩大到巴基斯坦以外——为在全世界范围内展示来自美国人民的援助找到充足理由。"

随着旨在危机管理的电子邮件往来回合越来越多，我被拉进来写一篇专栏文章，以美国国际开发署负责人拉吉夫·沙阿（Rajiv Shah）的署名发表。

我是唯一积极与那些威胁退出的团体沟通的人，考虑到我的低层官衔，这一点未免荒谬。我突然意识到此处是可以产生一个深思熟虑的解决方案的——一场更具体的对话，不是关于是否应该使用美国品牌，而是关于何时、何地以及如何使用，但基本上就是调整已经存在的豁免政策。其他变化，例如与即使在形势艰难地区也表示愿意使用美国国旗的当地团体合作，与依靠已在巴基斯坦面临争议的强势西方团体比起来，也能够产生更大的影响。

在给霍尔布鲁克的一系列备忘录和给小组的电子邮件中，我试着含蓄地说出了这个方案。

霍尔布鲁克气得七窍生烟。有天晚上，我在回复给整个小组的邮件中，建议公开承认不安全区域内已经给予非政府组织不显示美国标识的豁免操作。之后，霍尔布鲁克把我叫进了他的办公室。他的脸因蒙着汗水而看起来油光光的，看上去很疲惫。那时他已经几乎每天都要面对白宫的各种不友善。"你的判断力开小差了吗？"他咆哮道。他劈手来扯我带给他的那份备忘录，用力非常大，将它撕成了两半。我看着手中犬牙边的半页纸，然后是霍尔布鲁克额头上暴出的一条青筋。"我知道你认为你很特别，"他继续吼道，"我知道你认为你负有使命，认为你做了不得了的事情，认为你将给国家带来变化。我知道你从小就有这种感觉——"即便在那个时候，也很难避免感受到他在克制自己不去说"因为你去过越南"。一张近处墙上的照片里，年轻的霍尔布鲁克站在湄公河三角洲的阳光下，正从可乐瓶底似的眼镜片后面，充满笑意地盯着我们。"——但你必须知道你的位置，选择性地出击；要意识到如果没人想听的话，哪怕是最好的点子也不是好点子。现在，没有人愿意听到——唐娜?!"他的助手,一位名叫唐娜·德贞(Donna Dejban)、性格柔和的南方祖母级女性,正站在他办公室的门外,张着嘴,毫无遮拦地哭了起来。"唐娜,别!哭!了!"他低声吼道。

拉吉夫·沙阿的专栏文章[22]在《赫芬顿邮报》(*The Huffington Post*)上发表了,简要提及了豁免一事。实施救援的主要组织没有一个退出,援助继续进行。但在巴基斯坦施行全面的新民事援助议程的梦想从未完全实现。大部分的资金从未得到国会的批准。在某些案例中,上帝出手进行了干预。美国对洪水和难民危机的救助资金也必须从这些授权中划拨。"人道主义援助大量分流了这些资金[23]",国会研究员克朗施塔特说。更重要的是,正在发生的变化将极大地改变这种关系的平衡,而且随之而来的是拨款急剧缩水。

2010年3月,希拉里·克林顿和巴基斯坦外交部长沙阿·马哈茂德·库雷希(Shah Mehmood Qureshi)坐在本杰明·富兰克林厅摆成长方形的一圈桌子的一头。在他们身后交替竖立着美国和巴基斯坦国旗：红白蓝星条旗与绿底白色星月旗并列。巴基斯坦代表团坐在库雷希身边，美方人员坐在希拉里·克林顿身边，霍尔布鲁克就在她这一侧的转角处。尽管对阿富汗和巴基斯坦民事援助资金激增使得形势对他不利，但霍尔布鲁克依然一往直前地努力促成双方坐下来谈判。他说服了希拉里·克林顿，巴基斯坦与印度和中国这类分量更重的国家一样，每年都应该与美国进行一次"战略对话"：就双边关系中最紧迫的问题进行高级别的仪式性对话。

在第一次会议上讨论的实质性内容很少，库雷希得到的承诺都集中在传统的反恐合作领域。（"在对巴基斯坦输送军事设备问题上，我们已经同意通过快速通道来讨论数月及数年来悬而未决的请求"，他滔滔不绝地对记者们说。[24]）但是在经历了诸多波折过后，实现这一进展的事实已经算得上一个小小的奇迹了。会谈结束后，希拉里与库雷希并肩站在国务院条约厅（Treaty Room）的蓝色墙壁和科林斯圆柱前，对巴基斯坦的友谊表示了感谢。霍尔布鲁克将此次会议界定为新型关系的开端："巴基斯坦本身就很重要，我们并不是仅仅将这个国家视为工具，用以制衡其东部的庞大邻国，或是其西部饱受战争蹂躏的邻国。"这更多是愿望而非现实，但确实是开端。

霍尔布鲁克最大限度地利用了这一开端。他主导再与阿富汗进行三边会谈，并分拆出工作小组来解决具体问题。这当中有些对他来说是绝佳的机会，使他能应对超出其职责范围的重大挑战，例如由巴基斯坦及印度之间充满敌意、巴基斯坦经济奄奄一息等造成的贸易限制。他没能说服印度坐到谈判桌前，但他积极推动实现了美国、巴基斯坦和阿富汗的三边会谈，最终签署了开放贸易的协定。对于 1965 年以来一直停滞不前 [25] 的谈判进程而言，这是首次实现突破。2015 年，连印度也开始表示愿意加入贸易协定 [26]。

三边工作小组的另一个工作重点——水域政策 [27]——成为霍尔布鲁克抓着不放的领域。在一个鲜为人知的观点中，他认为，水域主权问题上的紧张关系可能会导致印度和巴基斯坦之间并不平稳的和平局面彻底崩溃。印度河流域是这两个国家的粮仓，河流经过印度以及有争议的克什米尔地区，然后流入巴基斯坦。1960 年，世界银行主导谈判的一项条约将印度河及支流的主权从中分开，并分配给了这两个国家。然而气候变化给这种脆弱的安排带来了压力。洪水威胁到边境两侧的农田，增加了发生地盘争夺战争的风险。干旱可能也会引发类似的影响 [28]，并且已经是一个明显的趋势。一项研究预测，到 2050 年，冰川缩小 [29] 将使印度河的水量减少 8%。"如果我们忽视这一点，"霍尔布鲁克告诉我，"就可能会促成第三次世界大战。"我用眼神告诉他这实在不可思议，而他依旧极其严肃地看着我。

霍尔布鲁克在国家安全委员会的一次会议上提出了区域斗争中的水权问题，希望在更高层的支持下推进这项工作。白宫官员表示怀疑，问他是不是在开玩笑 [30]。如果有任何事情可笑的话，霍尔布鲁克所提出的一定是最不可笑的那一个——印度人于 2016 年开始威胁要退出《印度河水域条约》[31]。

意识到自己正被排挤出局，霍尔布鲁克转而争取另一位官员、副国务卿玛利亚·奥特罗（Maria Otero）来充当水域政策问题的非正式特使。（像往常一样，他从不相信自己之外的任何人可以胜任这一工作。"她能行吗？"霍尔布鲁克在与奥特罗的一次简报会后问我，"她是否足够机灵？这很重要。"）他继续推动谈判。我花了几个月的时间跟着水域问题工作组到世界各地游走，以确保工作组整合了能够帮助他们做好准备应对潜在危机的外部专家。巴基斯坦政府莫名其妙地给了我一个冰箱贴，上边印着几个美国农业部官员和一名巴基斯坦部长在一台用于测试地下水位的设备旁边竖起大拇指的场景。有一次，我们在多哈市内富丽堂皇的丽思卡尔顿酒店里，试图在这个问题上启动印度、巴基斯坦和阿富汗之间开诚布公的对话。留着胡子的阿富汗人坐在人工潟湖旁，拒绝喝着凤梨奶霜酒①。那感觉有点浪费时间，印度拒绝派

① 凤梨奶霜酒（Pina Colada），又译"椰林飘香"，是一种由白朗姆酒、凤梨汁和柠檬汁调制成的鸡尾酒，诞生于迈阿密，在美国流行后传入其他国家。——译者注

遣官方特使。

但霍尔布鲁克并不认为自己是在战风车。无论有多少停滞，区域内国家之间的对话都在发生——以多年不曾出现过的程度发生着。而且巴基斯坦人在本国境内的反对恐怖主义力度也是前所未有的。"我们在 2009 年的一段时间里甚至认为'这件事确实有效[32]'，"彼得雷乌斯对我表示，"而那时正是他们在阿富汗的史瓦特河谷、巴基斯坦的巴焦尔特区（Bajaur）、莫赫曼德特区（Mohmand）、开伯尔特区（Khyber）、奥勒格宰（Orakzai）、南瓦济里斯坦特区（South Waziristan）都铺开行动的时期……我们提供了大规模的资金、情报、培训、基础设施和后勤援助，我们觉得进展顺利。"霍尔布鲁克看起来很是振奋。他对我表示，尽管存在障碍，但他正在一步步地达成重要成果。

12 艾 - 罗德

2010 年，感恩节刚过，一架流线型的猎鹰 900EX[①] 三引擎喷气式飞机降落在白雪覆盖的慕尼黑机场。这架公务机属于德国联邦情报局（Bundesnachrichtendienst）—— 德国的中央情报局，从卡塔尔起飞而来。机上乘客名叫赛义德·塔伊布·阿迦（Syed Tayyab Agha），30 多岁，看起来很年轻，留着整洁的黑胡子。他说英语，措辞严谨[1]，声调和举止冷静而内敛。阿迦长期担任塔利班领导人毛拉·奥马尔的助手，曾在塔利班政权驻巴基斯坦的大使馆任职。他参与塔利班四处与外界对话的努力多

[①]　猎鹰 900 是法国达索公司研制的三发涡轮风扇远程公务机，20 世纪 80 年代中期首航。——译者注

年，包括 2008 年与阿富汗人的沟通。他飞到德国，是在霍尔布鲁克的德国同行迈克尔·施泰纳（Michael Steiner）的主导下，谈判了一年所达成的结果。施泰纳身材瘦削，气宇轩昂，脸部线条粗犷，有些驼背，他在解决波斯尼亚问题期间，也是霍尔布鲁克的德国对应角色，在谈判策略强势，以及个性戏剧化遂令人印象深刻方面，有着与霍尔布鲁克相似的声誉（他后来在担任德国驻印度大使期间，与妻子一道录制了一部颇受欢迎的宝莱坞电影中的歌舞片段，而且视频中施泰纳自始至终都与原声配乐保持了口型同步[2]。这肯定是有史以来由德国外交部上传 YouTube 的最奇怪的视频之一）。他还与霍尔布鲁克一样地认为，谈判是解决阿富汗问题的唯一途径。德国特工只通过中间人间接地与阿迦沟通，而中间人对阿迦的位置绝对保密。阿迦通过在塔利班官方网站[3]上发布商定的具体信息，向德国人证实自己的身份。

阿迦很快就被带到巴伐利亚乡下某高档村庄内一处德国情报机构的安全屋。这里离市区不远，安全措施非常严密，安全屋周围的区域全部封锁。第二天，两名美国人冒着严寒跋涉到了安全屋。其中一位是白宫职员，名叫杰夫·海耶斯（Jeff Hayes）；另一位是霍尔布鲁克团队的副手弗兰克·鲁杰罗（Frank Ruggiero），他曾在塔利班据点坎大哈（Kandahar）担任军方文职顾问。他们与施泰纳、阿迦以及一位在阿迦坚持要求下作为安全担保人而参加的卡塔尔王子会合面谈。这是美国10年来第一次与塔利班对话。

对于阿迦来说，赌注很大。他已经上了德国和美国的恐怖分子观察名单，来时只有两国不会逮捕他的承诺。如果"基地"组织或巴基斯坦三军情报局内亲"基地"组织派系发现了这次谈判，他遭遇的结局可能会更加可怕。对美国人来说也有风险。就在一年前，一名本应向约旦情报机关报告"基地"组织情况的双重间谍，被迎进美军驻阿富汗霍斯特（Khost）的一个基地。结果他是个三重间谍 4，引爆炸弹，杀死了7名中央情报局官员。这一记忆对于在阿富汗工作的每个人来说都依然鲜活。德国情报部门向美国人承诺，阿迦已经通过了审查和搜查。

这几个人一起度过了 11 个小时，其中几个小时用来观光（塔利班官员看到传统的德国城堡[5]很开心），然后花了 6 个小时进行谈判。阿迦概述了塔利班的主要担忧：其领导人希望与"基地"组织明确区分，要求将塔利班的名字从联合国制裁名单中删除，并寻求获准在卡塔尔开设政治办公室，而不仅仅是在他们现已开设了办公室的巴基斯坦设点。还有一个几乎痴迷的关注点：他们希望美国释放关押在阿富汗和美军驻关塔那摩基地的塔利班囚犯。美国人概述了自己一方的条件：塔利班放下武器，声明放弃"基地"组织，接受阿富汗宪法及其对妇女的保护。美国有自己的释放囚犯要求：希望释放军士鲍·伯格达尔（Bowe Bergdahl），他在一年前从美国陆军脱队后被塔利班俘虏。

阿迦离开后，谈判代表们兴高采烈。霍尔布鲁克一直痴迷地监视着远方的会谈，第二天在鲁杰罗乘坐的返程航班抵达时，他到杜勒斯机场为鲁杰罗接机。在 B 航站楼的哈里烧烤吧（Harry's Tap Room）[6]里，霍尔布鲁克点了芝士汉堡，鲁杰罗向他汇报了每一个细节。这场谈判并不紧张——还没紧张起来，但阿迦并没有对美国提出的条件犹豫不决。这是西方为在"基地"组织和塔利班之间造成不和的努力中，截至此时实现的最重要的突破。

"记住这一刻，"霍尔布鲁克一个月以前委任鲁杰罗走这一趟时，对后者这样说，"我们可能很快会创造历史。"[7] 那是 2010 年 10 月的一个星期天下午，鲁杰罗接到电话时，正和他七岁的女儿一起驾车驶过费城的本杰明·富兰克林大桥（Benjamin Franklin Bridge）。如霍尔布鲁克所指示的那样，他永远不会忘记。出于各种原因——避免公众监督；避免一旦证明联络人为假冒人士所带来的后果；为了绕开他与白宫关系紧张所带来的风险——霍尔布鲁克决定自己不参加第一次会议。但他的期望是自己会负责任何进一步的谈判。

霍尔布鲁克首次听说阿迦这个人，还是 2009 年秋天，当时他在开罗进行一次旋风外交之旅。埃及人告诉他，包括毛拉·奥马尔的助手在内的塔利班领导人已经到访过埃及。曾与这些塔利班领导人接触过的施泰纳和德国外交官也认为阿迦是真实的。而且很有诱惑的一点是，他非常乐意与美国人交谈。最初对高层会谈持怀疑态度的希拉里告诉霍尔布鲁克，在严格保密的前提下开始探索谈判的可能性。霍尔布鲁克本就是洋基队的球迷[8]，他父亲在他 15 岁时，不许他翘课去看棒球世界大赛第五回合比赛，而让他错失唐·拉森（Don Larson）创造历史的完全比赛[①]后，这种热爱变得更加坚决。他开始指称阿迦为"艾–罗德[②]"（A-Rod），以防泄密。

截至此时，与塔利班谈判达成解决方案，对霍尔布鲁克而言，就像白鲸之于亚哈船长[③]。

---

① 完全比赛（Perfect Game）是棒球比赛的术语之一，按照美国职棒大联盟 1991 年以后的规定，一场至少 9 局的球赛里，所有击球手皆不能安全上一垒，才能满足条件。完全比赛普遍被认为是投球手的至佳表现，是棒球运动里最难达到的成就之一。——译者注

② 阿莱克斯·罗德里格兹（Alexander Emmanuel Rodriguez），美国职业棒球运动员，1975 年 7 月 27 日出生于纽约，常见名字简称"艾–罗德"，是洋基队的先发三垒手，被誉为天才型选手。——译者注

③ 美国作家赫尔曼·梅尔维尔（Herman Melville）发表于 1851 年的小说《白鲸》（Moby-Dick）中人物：白色抹香鲸莫比·迪克（Moby Dick）和誓死追杀白鲸的捕鲸船长亚哈（Ahab）。——译者注

巴内特·鲁宾的办公桌离我们团队在国务院内的办公区域不远，他获得聘用的明确原因就是他本人是西方世界里处在塔利班研究最前沿的专家。就在霍尔布鲁克 2009 年初把他挖来之前，鲁宾还在喀布尔和沙特阿拉伯会见了塔利班的中间人。在这些探索性旅行期间，他探究了想要与塔利班继续进行谈判就必须达到的条件，得出了与艾－罗德后来提出条件中相同的优先事项。鲁宾认为谈判是一种真正的可能性。霍尔布鲁克在宣誓就职的当天，就与鲁宾会面，了解后者的旅行情况以及谈判前景。"如果这件事有效，"霍尔布鲁克说，"这可能是我们实现突破的唯一途径。"[9]霍尔布鲁克并不认为部署更多军队的决定与政治解决的可能性相冲突。恰恰相反：他经常谈到利用在一段时间内施加最大军事压力所产生的杠杆效应，以使各方坐到谈判桌前。这是他在巴尔干地区使用的策略，效果极好。

在与塔利班谈判的问题上有两派不同的思路。温和的方法是自下而上地剥离和重新整合低级别的战士——那些是为了从中获得谋生的薪资，而并非为意识形态而战的人。霍尔布鲁克和鲁宾讨论的更为雄心勃勃的方法，是促使塔利班领导人坐上谈判桌，尝试和解。布鲁斯·里德尔领导做出的详尽政策审查报告支持重新整合低级别战士，但断然拒绝了和平进程，报告得出结论称，"塔利班领导人不可能和解，我们不能达成包含他们的协议"。[10]与塔利班谈判的想法违背了小布什时代既已硬化的基本信条：不与恐怖分子谈判。在奥巴马执政头两年的大部分时间里，我们甚至被禁止在非保密状态下过多引用或提及谈判的想法。瓦里·纳斯尔后来表示，和解是"禁忌词[11]……军方会说，哦，你们正在和塔利班对话，你们已经认输了"。

霍尔布鲁克渴望向总统解释自己的看法，并为获得面见总统的机会而游说。但他一直没有得到这一机会。退而求其次，他又向政府中他能找到的任何人，论证通过外交途径解决塔利班问题的计划。最难攻克的是军方，领导层中多数人，包括坐镇中央司令部的彼得雷乌斯在内，都觉得与塔利班谈判会干扰他们要求军事升级的计划。但彼得雷乌斯在喀布尔的指挥官麦克里斯特尔（McChrystal）开始接受这一想法。他和霍尔布鲁克的关系并不融洽，但是我看到他在霍尔布鲁克卖力地解释和分析时，真的仔细听了。在推销自己的想法方面，霍尔布鲁克的风格与彼得雷乌斯不同，后者可能显得更不屑一顾。麦克里斯特尔手下有一名陆军上校，名叫克里斯托弗·科伦达（Christopher Kolenda），其一直在当地从事重新整合地方叛乱分子方面的工作，他开始认为塔利班在某些方面已变得更加温和，并开始抱持与霍尔布鲁克同样的观点，认为谈判是有希望的。麦克里斯特尔感到好奇，于是联系了霍尔布鲁克，两人开始讨论和解的利弊，以及分析谈判如何适应美国的军事攻势。6月初，麦克里斯特尔通知手下的工作人员，称自己已"参与"[12]对塔利班的谈判，甚至已开始就这个问题为卡尔扎伊（Karzai）准备简报。

　　几个星期后，霍尔布鲁克被他的黑莓手机铃声叫醒。那时是凌晨2：30，我们全都住在美国驻喀布尔大使馆里，他在一间真正意义上的访客套房里，我在我的"棚屋"内。所谓棚屋，就是一只白色军用集装箱，里边配有一张双层床、一个迷你冰箱和一个袖珍洗手池。"记得洗手！"水槽左侧已然翘起的层压板标志上写道。"导弹袭击应对指南"，贴在水槽右边的通知说。其中一条指令藏在床下，让人感觉不那么有信心。前一天，霍尔布鲁克待在马利亚（Marja），这是一个几个月前从塔利班手里夺回的战术重镇。他接近马利亚上空时，塔利班战士向他乘坐的 V-22 鱼鹰式倾转旋翼飞机开火——这是一架既可作为直升机，又可作为飞机使用的未来派战斗机，但问题多很多。霍尔布鲁克安全地下降，并拿飞机受到攻击一事，向集结等候他的记者们开玩笑。（"我在其他国家也遭到过火力攻击，"他以惯常的自信满满的腔调说道，"实际上是其他很多国家。"）然而在他短暂的访问期间，枪声仍在继续，并且在他再次起飞后不久，三名自杀式炸弹袭击者在附近引爆了自己。这些暴力事件提醒人们，在阿富汗取得的军事胜利是何等转瞬即逝[13]。我在这期间留在大使馆，除了吃小卖部提供的油腻食物外，就是开会。霍尔布鲁克回来时显得疲惫至极，到了凌晨2：30时，他已经熟睡了。

吵醒人的电话是斯坦利·麦克里斯特尔从镇子另一头的驻阿富汗国际维和部队（ISAF）总部打来的。霍尔布鲁克很不高兴，能有什么紧急到非这个时候打电话不可的事情？"有篇《滚石》杂志（*Rolling Stone*）的报道快要发布了，"麦克里斯特尔说，"那里边我说了一些令人尴尬的话。""斯坦，别担心"，霍尔布鲁克说。麦克里斯特尔的担心是对的，迈克尔·黑斯廷斯（Michael Hastings）的特写《失控的将军》（*The Runaway General*）抓取了麦克里斯特尔及其手下工作人员对政府中几乎每位要员的微词。"老板说他就像一只受伤的动物，"麦克里斯特尔的团队成员之一曾这样谈到过霍尔布鲁克。"霍尔布鲁克一直听到谣言说他会被解雇，所以这让他很危险。他是个聪明的家伙，但他进来就直接搬弄操纵杆，或者他能抓到的不管什么东西。可这是反叛乱战略，你不能让随便什么人来了都乱折腾一通。"另一个令人难忘的场景是麦克里斯特尔看着他的黑莓手机，呻吟着："哦，别又是霍尔布鲁克的电子邮件吧 14，我都不愿意打开它。"两天后，奥巴马总统接受了麦克里斯特尔的辞呈，和解问题上的军方支持也随他而去了。

这之后，奥巴马派彼得雷乌斯前往阿富汗，填补麦克里斯特尔留下的空缺。技术上，这对彼得雷乌斯而言是降了级，因为之前是麦克里斯特尔对他汇报。但这一安排使得彼得雷乌斯在制定战争政策方面显然发挥了更加直接的作用。而他在谈判问题上，并不赞同麦克里斯特尔的开放态度。"我就不认为这是可以谈判的"，彼得雷乌斯对我说。"我们当然尝试过，我们的部队也支持了潜在对话者的行动和安全。但对于我们是否能够找到合适的塔利班人物坐到谈判桌前，并实现真正的和解，我表示怀疑。他们不容谈判的红线对于阿富汗人和我们来说，都是完全不可接受的。如果你无法找到真正的塔利班领导人，你肯定也无法找到'哈卡尼的塔利班'领导人，或者是乌兹别克斯坦伊斯兰运动或'基地'组织的领导人"，彼得雷乌斯说。他所指的是阿富汗边境另一侧更为极端的势力。"所有这些组织的领导人都待在避难所里，显然巴基斯坦人当时并不愿意或不能追剿他们。"他认为霍尔布鲁克和国务院方面对于进行谈判的不断要求，是毫无助益的分散注意力的行为。"有种看法认为，如果我们只是稍微努力一点[15]，就可以通过谈判达成和解"，他说，这给军方传递的信息是"我们只是没有努力；我们才是在鼎力相助；你们是障碍，你们并不那么想要和解"。多年以后，彼得雷乌斯在这一点上仍然在自我辩护：他认为自己做了"一切力所能及的努力"，包括在阿富汗境内"重新整合"成千上万名低级别的塔利班人员。"但我们永远都不可能给阿富汗境外组织的领导人带来压力，他们没有谈判的动力，因为他们知道自己只需一直等到我们按公布的时间表撤军走人。"2010 年 10 月，霍尔布鲁克在接近实现与艾－罗德会谈时，试图接近彼得雷乌斯。"戴夫，我们需要谈谈和解"，他说。

"理查德，那会是 15 秒钟的谈话，"彼得雷乌斯一口回绝道，"是的，最终要谈，但不行，不是现在[16]。"

在慕尼黑进行的初期秘密会谈能够发生，本身就给霍尔布鲁克的义无反顾树立了丰碑。他一次又一次地推动这个话题并遭到拒绝，白宫的反对比军方更加激烈——反对谈判的动议，甚至更多地反对由霍尔布鲁克主导这些谈判的想法。2009 年 7 月，沙特方面通知奥巴马总统，其情报部门与塔利班官员建立了联系，他们感觉到会谈的机会出现了。沙特人要求美国派一名代表与他们见面。霍尔布鲁克向白宫提出了要求，但白宫不愿意采取行动。后来，他努力争取将一些塔利班分子的名字从联合国黑名单中删除——事实证明，这是艾-罗德在慕尼黑提出的首批条件之一。这也被白宫、军方和中央情报局断然拒绝了。即使在与阿富汗人的谈话中提出谈判问题也是遭禁止的。霍尔布鲁克希望将与塔利班谈判的议题列入卡尔扎伊访问美国时的总统议程中，然而他为此所做的游说走进了死胡同 [17]。

但霍尔布鲁克一直在努力施加影响力，他派遣阿富汗和巴基斯坦事务特别代表办公室成员向希拉里·克林顿解释和解的优点，逐渐改变了她的怀疑态度。白宫甚至也开始过来了解情况。2010年初，奥巴马总统的阿富汗问题顾问鲁特中将开始推动和解计划，不是由霍尔布鲁克领导，而是由阿尔及利亚驻联合国外交官拉赫达尔·卜拉希米（Lakhdar Brahimi）主导。这是瞄准并故意冷落霍尔布鲁克的做法，希拉里·克林顿气炸了。"我们不外包我们的外交政策"，她告诉我们团队。[18] 霍尔布鲁克"会经常说'你不需要与朋友讲和'，所以我们必须公开讨论和探索（与）塔利班（谈判）"，希拉里·克林顿回忆说。"但这是一场持续艰难的斗争[19]。"

这场斗争不仅仅是在与敌人谈判问题上存在意识形态分裂的产物，它也出于上不了台面的私人矛盾。看不惯霍尔布鲁克行事风格古怪的情绪从靠近奥巴马的小圈子里开始，最初还只是私下小声耳语，但很快就发展成了让人汗颜的大马戏团表演。国家安全顾问吉姆·琼斯将军与鲁特一样，都习惯了战争威胁当头时由军方发号施令，并且都在强势控制其他国家安全敏感性政策制定过程的白宫里工作。琼斯和鲁特都对霍尔布鲁克一直控制着阿富汗和巴基斯坦事务的运作这一点感到愤怒。

每个星期一下午，在国务院七楼一间墙壁包着木板、照明有些昏暗的会议室里，霍尔布鲁克都会召开一次阿富汗及巴基斯坦地区的部门间会议——这一例会也被戏称为"舒拉"，借用的是阿富汗语言里表示磋商的词语。会议是由霍尔布鲁克发明的，但为了在与白宫的持续紧张关系中有所让步，会议名义上也由鲁特主持。每个星期，我们都会看到这两个人坐在桌子的首位，背后是世界地图，以及显示世界主要国家首都时间和国务卿当前所在地的时间的数字时钟。两人之间的冷淡足以冷藏牛排了。"我很高兴鲁特将军能在这里与我共同主持会议"，霍尔布鲁克对与会者表示，并以此开启了一次时间上有些提早的会议。鲁特很快就插话进来："我很高兴霍尔布鲁克大使可以加入，与我一同主持。"

琼斯和鲁特汇编了一套所谓霍尔布鲁克不端行为的材料。他们在总统首次访问阿富汗时，没让霍尔布鲁克上飞机——他甚至到奥巴马都启程了，还全然不知这次出访。在与阿富汗总统卡尔扎伊的紧张讨论中，白宫官员不是支持霍尔布鲁克，而是试图在霍尔布鲁克和阿富汗总统之间制造隔阂，以支持解雇霍尔布鲁克的游说。在卡尔扎伊对美国的一次访问行程中，他们从参加阿富汗总统在椭圆形办公室与奥巴马会谈的与会者名单中，删除了霍尔布鲁克的名字，并为奥巴马总统起草了专门削弱霍尔布鲁克权威的谈话要点——提示只有当时在椭圆形办公室内的人才拥有总统的信任[20]。希拉里·克林顿最终出面干涉，并坚持要求霍尔布鲁克出席。

在另一个场合，也是又一个足以被称为国务院传奇的政府闹剧中，琼斯向美国驻喀布尔大使、退休中将卡尔·艾肯伯里（Karl Eikenberry）发了一封邮件，保证霍尔布鲁克很快就会被解雇。艾肯伯里对霍尔布鲁克的看法同样暗淡，琼斯知道这封信到了他手里将是安全的。不幸的是，琼斯不小心把这封邮件当成白宫官方信函发送了出去，自动抄送给了涉及阿富汗政策的每个机构。琼斯行动迅捷，打电话召霍尔布鲁克到白宫面谈，谈话中他狠狠训斥了霍尔布鲁克，并告诉他应该计划从政府退出了[21]。希拉里·克林顿再次进行了调解，自己也汇集了介绍霍尔布鲁克成就的档案，并直接上报给了奥巴马总统，阻止了解雇霍尔布鲁克的阴谋。"白宫的助手直截了当地告诉我赶走理查德[22]，"她回忆说，"他们说'你需要解雇他'，我说'我不会这样做……如果白宫解雇他，他们需要自己告诉他'。"霍尔布鲁克没遭到解雇，但这也使他陷入了炼狱般的境地：在其中，每个人都想赶他出去。

鲁特"讨厌霍尔布鲁克，实际上恨他"，他的一名工作人员告诉我。解雇霍尔布鲁克的攻势后来泄露给了媒体。鲁特听起来又很怯生生地说，"我并不是受了对任何人或任何东西的仇恨驱使"，但他承认，"这对我来说是一次非常个人化的体验，我在很大程度上仍在努力放下那些想法，但我认为紧张关系在某种程度上变得有点个人化了"。

霍尔布鲁克的贱民身份在一定程度上，或

者在很大程度上是他自找的，取决于你问的是谁。他在克林顿政府任内获得了"推土机"的绰号是有原因的，而到了奥巴马时代他又采取了强硬手段，包括在与鲁特的关系中。"你知道的，他会自己预约会议；他会走进来，把门关上，一般都会把脚抬起来跷到桌子上"，鲁特后来回忆道，依然对记忆中的情节耿耿于怀。"你知道，他自信得近乎傲慢[23]，他知道自己要达到的目的是什么，没有人能挡他的路。"总有一种感觉是霍尔布鲁克与这个时代不合拍。"你知道的，非常坦率地说，"鲁特接着说道，"我认为他在克林顿政府中基本上没怎么受到制约，也许还希望在奥巴马任内也能同样放任自流。"

没有比霍尔布鲁克与新闻界的关系更适合诠释这种紧绷局面的了，他曾经利用媒体而大大强化了他在波黑问题上的谈判策略。琼斯和鲁特对霍尔布鲁克的指控中，经常出现的一个问题[24]就是认定他是奥巴马执政早期一系列电报内容泄密的来源。这并不属实。负责报道霍尔布鲁克的记者，包括《华盛顿邮报》的拉吉夫·钱德拉塞卡兰（Rajiv Chandrasekaran）和

《纽约时报》的马克·兰德勒（Mark Landler）在内，后来都写到过霍尔布鲁克不是一个泄密者[25]。不过他确实喜欢与他所尊重的记者交谈[26]，我听到过无数次不公开的背景谈话中他这一边的谈话内容，他从未泄露过秘密，但提供过蹩脚的评论。令人心碎的是，这些背景谈话涉及政府时都显得刻意政治化了；事实上，随着霍尔布鲁克在政府中的地位变得更加脆弱，他也在表现上矫枉过正，有时听起来像是世界上最快乐的团队合作者。

但这些谈话使霍尔布鲁克与奥巴马团队之间本已巨大的鸿沟进一步扩大。对于霍尔布鲁克来说，媒体是一个舞台，是戏剧性地讨好对手或挤压对手弱点的场所。对于"不搞噱头的奥巴马"白宫而言，这些策略是万分招人烦的，因为白宫以保持了内部争论不见媒体自得，并希望把焦点聚拢到老板身上（或者至少聚拢在总统选定的盟友身上——随着执政时间延续，几乎所有奥巴马的核心团队成员都或多或少地寻机扬名立万）。2009年9月，正当霍尔布鲁克开始在国务院任职的时候，乔治·帕克（George Packer）在《纽约客》上发表的一则报道向已经紧张的霍尔布鲁克与白宫关系投下了一枚手榴弹。帕克是一位兼具犀利深刻的思想和叙事天赋的记者，他把霍尔布鲁克渴望实现的对阿富汗及巴基斯坦政策的颂扬，以及他为实现与塔利班谈判而进行的一系列努力，变成了一篇全面的传记作品，还配上霍尔布鲁克越南时期的照片[27]。随着这篇报道的选题角度明朗化，霍尔布鲁克试图踩刹车阻止文章发表。他拒绝提供拍照机会[《纽约客》最终使用了已有的照片，由著名摄影师布里吉特·拉孔布（Brigitte Lacombe）拍摄的一张霍尔布鲁克神态忧郁且神秘的肖像照]。霍尔布鲁克的妻子凯蒂·马顿打电话给《纽约客》主编大卫·雷姆尼克（David Remnick），恳求他不要发表这篇特写。"凯蒂，"雷姆尼克说，"你不应该打这个电话[28]。"

杂志社联系国务院为这篇报道进行事实核查时，警报在行政部门内蔓延开来。"重要性：高"，P. J. 克劳利（P. J. Crowley）写给希拉里助手杰克·沙利文、胡玛·阿贝丁、谢丽尔·米尔斯（Cheryl Mills）和菲利普·莱茵斯（Philippe Reines）的电子邮件如此标识。"显然，理查德偏离了我们认为应该是讨论我们的战略的主题[29]，报道最终变成了理查德的半个传记。我会提醒白宫。"霍尔布鲁克已经向希拉里做过预警。"如果你想讨论的话，我对此有更多的了解"，希拉里这样回复米尔斯。这一插曲证实了奥巴马白宫里顾问们对霍尔布鲁克的看法：我们其他人只是他故事中的配角。

"这篇《纽约客》的传记报道注定了他在这一任政府中的失败，"马顿说，"在最初的几年里，他们不希望让任何人抢了总统的风头。"她劝丈夫不要担心，他只是团队的一员，奥巴马的核心圈子肯定会把任何积极的新闻都视为好事。"你不明白他们是怎么回事"，霍尔布鲁克告诉她。[30] 她确实不知道。

13   向我保证你会结束战争

我们到达麦克奈尔堡（Fort McNair）时是
上午 7 点整。那是 2010 年 9 月，霍尔布鲁克将
与中央司令部彼得雷乌斯的继任者、未来的国
防部长詹姆斯·"疯狗"·马蒂斯（James "Mad
Dog" Mattis）上将共同主持巴基斯坦政策的民
事 - 军事联合审查。将要参加这次审核的人员
超过了 225 人，包括与霍尔布鲁克对等的英国、
德国和法国官员，以及英国驻巴基斯坦大使。
嘉宾们陆续进入了国防大学的乔治·C. 马歇尔
大厅，这是一座笨重的砖混结构建筑，建造风
格好像一座巨型教堂，拥有灰褐色的石雕和一
个宽敞的多楼层中庭。它与国防大学校园的其
他部分一起，位于华盛顿哥伦比亚特区以南一

个狭长的半岛上，在波托马克河（Potomac）和阿纳科斯蒂亚河（Anacostia）的交汇处。马蒂斯似乎很容易接受霍尔布鲁克的议程，在我介绍非政府组织跟踪技术时，他专注地倾听，并建议我也到坦帕向他的中央司令部团队介绍情况。霍尔布鲁克有些忧心忡忡。他与白宫的冲突已经公开化，且关系降到了最低点，有持续不断泄露出来的消息显示他的日子已经屈指可数了。然而尽管如此艰难，他还是觉得自己有动力。之前的一个月里，马顿有一次发现霍尔布鲁克脸上显露出一副被她描述为"看起来很遥远"的神态，就询问他在想什么。"我觉得我已经想明白了，"他告诉她，"我想我可以看到所有部分如何组合在一起了。"[1] 马顿和霍尔布鲁克都拥有叙事的天赋，时下的情况在他们看来，是缺少一个答案，一种将这道谜题整合到一起描述出来的方法，而不是一堆永远无法利索地解决、最终只能靠粉碎机而非巧妙解决方案来化解的超乎想象的难题。尽管如此，在接下来的几周里，他开始为希拉里·克林顿撰写一份备忘录，强有力地阐述了美国在与阿富汗和巴基斯坦的关系上出了什么问题，以及如何正确处理这些问题。他告诉我，这是一份历史纪录性文件；是他对自己经常被本届政府捂住不许发声的自主观点最充分的阐述。

通过政府官僚机构上报文件是一种独特的地狱流程。给国务卿的备忘录要通过整条"汇报线"，这是一群守门人，他们确保文件送到老板办公桌上之前，已被任何利益相关方的办公室"审阅后放行"；在涉及霍尔布鲁克的案例中，"汇报线"意味着大使馆和白宫那些处心积虑要撤换霍尔布鲁克的官僚对手们。霍尔布鲁克想把自己的想法直接告诉希拉里·克林顿，但又不想留下数码记录。他原来值得信赖的助理已经被换成了新人，而他担心新来的助理对系统的忠诚度超过对他个人的忠诚度。他问我是否愿意帮他整理一份备忘录，并将其传递给希拉里·克林顿——这一举动显示了他在官僚体系里的孤立程度有多深。尽管霍尔布鲁克夜以继日地离不开他的黑莓手机，但我从未见他用过文字处理器。他的办公桌上甚至没有电脑。所以在我们前往麦克奈尔堡之前的一天，他把初稿口述给了我。第二天早上，他在与马蒂斯共同主持活动的间歇里，就在初稿的边缘空白处做了笔记和修正。他说这份文件"仅供某某审阅"，这是要确保只有希拉里·克林顿看到它的文件处理指令——但是，由于霍尔布鲁克自己绕过这个系统的努力，这份备忘录从未被正式加密。尽管如此，我当时还是给一位朋友发了条短信，表达了我带着这文件到处行走时坐立不安的感受。

"收件人：HRC（希拉里·克林顿）；发件人：RCH（理查德·霍尔布鲁克），"备忘录是这样开头的，"主题：站在十字路口。"在使用泰晤士新罗马字体和单行间距的9页篇幅中，霍尔布鲁克用简单直接的语言表达了自己的观点。"我仍然相信，阿富汗、巴基斯坦和该地区对于我们国家安全的重要性一如既往[2]，"他写道，"但我们目前的战略不会成功。"阿富汗政府被军阀把持着，这些人是美国"9·11"事件之后使用的冷战式代理人，他们在腐败的重压下双腿发软，几乎看不到与美国战略一致性的迹象。"无论在反叛乱中发生什么，我们的政策都处于危险之中，原因很简单：缺乏一个与我们有共同目标的可信且可靠的合作伙伴……"他继续写道，列出了一连串卡尔扎伊政府的阳奉阴违及腐败案例。"我知道美国对外关系史上不曾有过行为如此异常的战略伙伴。然而，我们容忍了它，为它提供了援助和借口，基本上让它觉得自己几乎可以恣意妄为而不受惩罚。"

虽然鲍勃·伍德沃德和其他人对阿富汗政策审议过程的描述，已经广泛介绍了霍尔布鲁克对军力部署的看法，但霍尔布鲁克本人总是一丝不苟地避免在公开场合以及在通过正常渠道传播的文件中表达他的观点。"在去年的辩论中，"他写道，"我只与你和汤姆·多尼隆分享我的建议，多尼隆说他与总统分享了这些建议。这些想法从来没有公开过。"这份备忘录也许是唯一一份他自己对这些建议的坦率总结。"我当时推荐的策略可能会让麦克里斯特尔以显著不同的布局，调用更少一点的部队——2万~2.5万人，'只由一个作战旅及其保障人员（约1万人）以及1万~1.5万人的培训师、顾问及支持人员组成'。我的观点是，这将降低美军及平民伤亡水平，减少对巴基斯坦人（他们反对增兵）的挑衅，并可能从美国公众那里争取到更多时间。它还可以每年减少150亿~200亿美元的军费开支。"他还对奥巴马在2011年7月添加的撤军最后期限提出了质疑，认为"这是在最后一刻才拿出来的东西，几乎是马后炮，时间上太晚了，以至于我们根本来不及仔细斟酌其全部影响"。他告诉我，影响之一就是浪费了美国在任何与塔利班谈判中的筹码，塔利班现在知道它可以等待美国人撤出了。

为实现美国的反恐目标而使用巴基斯坦作为代理人的做法也走向失败。霍尔布鲁克敦促进行更广泛的外交活动，包括再次努力推动印度坐到谈判桌前。奥巴马原定于一个月之后访问印度，霍尔布鲁克提出了应该经停巴基斯坦的理由。将巴基斯坦纳入总统出访行程一直是个棘手问题，因为它有可能惹恼印度人——也可能惹恼巴基斯坦人，因为他们接受的来访总是更简短且隆重程度更低。但霍尔布鲁克认为现在是实现飞跃的时刻：

目前是进行这一旅行的明确时机，因为飞越受战火困扰的地区而不做停留的话，可能会招致批评。在这些独特的情况下，我认为长期以来存在的平衡关系以及对两国都进行访问的问题，是可以得到很好的解决的。克林顿总统在 2000 年就成功地做到了这一点。

最后，总统按计划只访问了印度[3]。霍尔布鲁克认为，未能将巴基斯坦从以交易为基础的军对军关系转变为更广泛的伙伴关系，使美国几乎没有了永久解决巴阿边境地区恐怖主义避风港问题的可能性。最后，他认为眼前只有一条道路。霍尔布鲁克汲取奥巴马政府似乎不想听到的越南教训，用粗体字写出接下来的段落：

> 然而，最终，叛乱分子只要不输，就会在游击战中获胜。此外，"反叛乱"中一个恒久存在的现实是：与有安全避难所的敌人作战不可能成功。然而，由于巴基斯

坦在印度问题上无法摆脱成见，且在战略政策上由军方主导，我们无法说服该国在战略利益上与我们保持一致。出于这些原因，我们应该探讨是否有基础在我们的红线内与塔利班达成政治解决方案。没有什么比与塔利班打交道的想法更让人倒胃口了，但继续忽视这一领域是不负责任的。

他告诉希拉里·克林顿自己会向她汇报即将与艾－罗德接触的努力。除此之外，他还建议美国公开宣布，支持卡尔扎伊政府与任何放弃"基地"组织的力量之间进行低级别会谈。他敦促延续《克里－卢格－伯曼法案》背后的那种思维方式，在"给予印度以适当关注"的前提下，做出"帮助巴基斯坦人民的新的重大努力"。他还全力支持放慢撤军速度，认为应该在3~5年的时间里，将权力移交给阿富汗部队（他对阿富汗军队能力的描述比较悲观），并承诺"只要还需要追捕直接威胁美国的恐怖组织"，就至少保留部分美国的军事存在。

在备忘录中，霍尔布鲁克认为，美国已经

错过了关键的外交窗口，并直截了当地指责军方系统性地主导了政策进程。他将这一问题列为所有挑战之首：

> 一、军事主导审核程序的局面必须结束。尽管每个人嘴上都说"反叛乱"需要民事与军事相结合的综合战略，但去年由军方主导并确定了选择。尽管每个人都赞同战争不会以纯粹的军事结果告终这一看法，但国务院从未能够向整个国家安全委员会详细展示民事主导政治进程或寻求政治解决战争问题的必要性。与军方情形不同，我们从来没有与总统单独会面，当然除了你每周都与总统有一次（我还曾参加过一次）重要例会，能就所有问题进行单独讨论之外。在即将到来的辩论中，我们应该设法纠正这种不平衡。

他说，军方一直在"自己给自己评分"，挤掉了"坦诚评估"的实地进展空间。这几乎是他最早时在越南写的备忘录的翻版。与军方认为他们只是需要更多时间和更多兵力的评估相反，霍尔布鲁克认为"反叛乱"在阿富汗基本上是难以维持的，理由与当年在越南难以为继的原因相同。"彼特雷乌斯和麦克里斯特尔在去年的政策审核中反复使用的'典型反叛乱'说法，是过去的经验总结，它之所以成功，主要是因为它是一个殖民概念，使用了大量的强制力，"霍尔布鲁克写道，"当叛乱分子拥有安全避难所时，反叛乱无法成功。"在阿富汗问题上，按照受国内政治问题左右的时间表来撤出美国及北约部队，需要阿富汗拥有自给自足的政府及一支自治的安全部队。霍尔布鲁克简单地说，这"不切实际"。

民事部门没有发出声音的空间，包括他自己遭到排挤的现实，导致人们不愿意走出那种军事思维。这也相应地导致美国在尽最大努力施加影响的时刻，未能寻求基础广泛的战略关系。结果是预期效果不佳。"我们在可接受的时间范围内取得的最好成绩，结果仍显得模糊，当地的暴力事件仍在继续，但水平已大大降低 4。"但他仍然觉得自己可以确保巴基斯坦接受达成区域性协议，也仍然觉得与塔利班达成协议是现实的——甚至是"能保护女性不再回到'黑暗年代'最糟糕处境的协议"。他很清醒。政府失去了重要的机会，但他没有放弃。

那个秋天有一种不祥的感觉。由于与白宫间的敌意达到了高潮，每天似乎都预示着霍尔布鲁克将会走人。霍尔布鲁克 11 月底召集团队"全员"会议时，几位工作人员透露，他们认为那就是结束了。还有就是霍尔布鲁克本人，他看起来越来越疲惫和憔悴，比往常更频繁地停下来站住不动；他偶尔会沉默，仿佛喘不上气来。在给希拉里·克林顿的备忘录中，他规划了一个残酷的穿梭外交时间表，而不断的旅行似乎正在让他付出代价。今年早些时候举行的一次全员会议上，霍尔布鲁克一度站了起来，声音因激动而颤抖，宣布他将不得不取消一次重大的阿富汗之旅，因为检查结果显示他有心脏疾病，需要紧急治疗。然后奇怪的是，这次旅行后来又恢复了。他说进一步的检查证明他没事。

但我们这些在他周围的人，大多都仍然担心。弗兰克·威斯纳（Frank Wisner）是另一位与霍尔布鲁克在越南时建立了友谊的资深外交官，他后来告诉记者，那年秋天一次午餐时，霍尔布鲁克吃蛤蜊割到了鼻子（他不是精细的食客），开始大量流血。"你到底怎么了？"威斯纳问道。霍尔布鲁克说，他为了心脏问题，正在服用大剂量的抗血凝剂可迈丁锭（Coumadin）。"今天是艰难的一天，因为我早上醒来时感到非常不舒服，并意识到我又恢复了心房纤颤"，霍尔布鲁克在他为写回忆录而做的一份夜间录音中说。他用自己听起来好像一种口音似的独特拖腔，过于清晰地说出"不舒服"一词，每个音节都平展清晰。"周末没做完应该做的工作，不过这也在意料之中。有人可以感受到来自各个方向的紧张和压力，我当然可以感受到它。"威斯纳是几个开始建议霍尔布鲁克辞职的朋友之一。"没有一个星期是我没告诉他离开的。"莱斯·格尔布说。

霍尔布鲁克在为毕生的职业生涯而战。就像当年在越南一样，他正在见证另一项使命跑偏，而如今也像当年一样，他觉得他是唯一能够对严酷现实进行诚实评估的人。但在历史的巨幕之下是渺小的人类在挣扎，自我、年龄和恐惧的挣扎。离开等于承认他的命运之星已坠落了多么远。希拉里·克林顿保护了霍尔布鲁克不被解雇，但无法保护他不被边缘化。他也是一个有庇护所的叛乱分子，也许他也可以做到不输就是赢。

"他总是希望明天会有一个奇迹，奥巴马会喜欢他，一切都会好起来。"[5]格尔布接着说。

正是在这段时间里，霍尔布鲁克和我之间爆发了那场让可怜的唐娜·德贞流下眼泪的激烈冲突。那之后的几周里，我们的沟通一直敷衍了事。对于我们这些年复一年为理查德·霍尔布鲁克工作的人来说，对这种冷淡早已习以为常——我给他最亲密的几个助手做过心理辅导，他们与他的关系同样跌宕起伏，都是在极度低潮时哭着跟我谈的话。在11月的最后几天，与艾－罗德的第一次会谈已然成行时，我在自助餐厅附近的走廊里遇到了霍尔布鲁克。"你不是要离开我们吧？"他问道。我刚刚在纽约获得律师资格，是靠我在国务院的第一年每天晚上学习考过的。"不要执业，那真的没什么意义。"他对我微笑，深蓝色的眼睛周围布满深深的皱纹。"无论如何，你才刚刚热了身。"12月8日，他打电话来让我帮忙。他的朋友詹姆斯·霍格（James Hoge）在《外交事务》杂志做编辑多年，那天晚上会在一个活动上接受表彰。他打算调侃霍格一番。我能否找到一篇"20世纪70年代某个时间"嘲笑霍格太英俊的文章？他的记忆像往常一样超自然——在国会图书馆麻烦了工作人员几个小时后，我找到了《时尚先生》（Esquire）在1979年9月发表的一篇题为《太英俊的危险》的文章。我在霍尔布鲁克登上前往纽约的快线航班前，把文章副本转给了他。"干得太棒了，罗南！"他给我发了电子邮件。"我知道只要有人能做到，那一定就是你。太感谢了，这正是我要的。"这是我从他那里得到的最后一封电子邮件。

　　两天后一个寒冷的早晨，霍尔布鲁克和侯赛因·哈卡尼坐在乔治敦的四季酒店里享用早餐。两个人都很沮丧。霍尔布鲁克正准备再一次努力面见总统，向总统解释他已向希拉里解释过的政治解决争端的理由。哈卡尼也越来越多地承受着来自巴基斯坦三军情报局的压力。多年来，他与美国人的亲密关系一直是他出任每个职业角色时都如影随形的争议来源。在签证冻结令消退后，他开始让更多的美国人进入巴基斯坦，这让围绕他的争议达到了新高，有些人甚至低声质疑他放间谍进门，破坏巴基斯坦的利益。

"我在巴基斯坦三军情报局遇到了所有这些问题，而你在国家安全委员会也遇到了所有这些问题，我们还要这样做多久呢？"哈卡尼问道。

"侯赛因，"霍尔布鲁克回答道。"只要我们能够发挥作用，我们就会一直这样做下去。"

霍尔布鲁克接下来的一次会议就是在白宫开的，在那里他向奥巴马的亲密顾问大卫·阿克塞尔罗德就寻求争取与总统面谈，做了最后一次慷慨激昂的游说。希拉里已经将关于塔利班谈判的备忘录交给了奥巴马，霍尔布鲁克认为，只要给他机会，他就可以说服总统接受他通过谈判使美国走出阿富汗困局的计划。"希拉里已经向总统提交了一份非常重要的备忘录，以寻求谈判走出这一困局的路径，"他在其中一段录音中说道，"总统终于专注于这个问题了[6]。也许我们未来回头看时，会把它看作我们写的最重要的备忘录之一，但这还有待观察。"阿克塞尔罗德说他会看一下会议能否安排。霍尔布鲁克看上去脸都红了[7]，好像无法呼吸——阿克塞尔罗德的助手给了他一杯水。

他在白宫的时间拖得有些长，接下来与希拉里·克林顿、杰克·沙利文和弗兰克·鲁杰罗的会议迟到了——这是与艾-罗德秘密会晤后，他们之间就塔利班谈判而举行的首次重要战略会议。她在办公室的外间里等着，这是一个宽敞的房间，墙上镶嵌着白色和镀金的木头，有带流苏的蓝粉两色窗帘，以及一系列色彩缤纷的软垫椅子和沙发。在我稍后向她汇报的时候，我只看到希拉里·克林顿坐在沙发上，而尊贵访客坐在她斜对面的大椅子上。那天她空着那张大椅子留给霍尔布鲁克。"他急匆匆地走了进来……"希拉里·克林顿后来说道，"而且，你知道，他说'哦，我很抱歉，我很抱歉'。"他一屁股坐了下来，耸了耸肩脱掉了外套，滔滔不绝地讲述着他刚刚开的几个会议，包括他在白宫的停留。"那是典型的理查德做派，就像'我正做着一百万件事，我想把所有球留在空中'"，她回忆道。根据希拉里的回忆，霍尔布鲁克正在说话的时候，"猩红色"潮水一样涌上了他的脸。他用双手捂住眼睛，胸口开始起伏。

"理查德，怎么回事？"希拉里·克林顿问。

"出大事了，"他说。

几分钟后，霍尔布鲁克已经上了救护车，被绑在轮床上，救护车朝附近的乔治·华盛顿大学医院疾驰，希拉里·克林顿已告诉她自己的内科医生准备急诊室[8]。霍尔布鲁克依旧以他典型的无礼风格，要求救护车将他送到更远的西布利纪念医院（Sibley Memorial Hospital）。希拉里·克林顿否决了他的要求。阿富汗和巴基斯坦事务特别代表团队的一名副手丹·费尔德曼（Dan Feldman）在救护车上护送他，握着他的手。费尔德曼没带他的黑莓手机，结果就在用来为在梅瓦餐厅吃的一顿晚餐报账用的国务院报销单上，潦草地记录了霍尔布鲁克口述的信息，以及医生对他的检查评估。这些笔记是霍尔布鲁克不屈不挠个性的非线性表述，间或被真实的医学诊断打断。"打电话给阿克塞尔罗德办公室的埃里克，"第一条记录如是写道。旁边是："主动脉 A 型剥离……手术风险 >50％"——这意味着可能死亡。一连串给他生命中在乎的人的信息，再次被其情况恶化所打断："S"——国务卿希拉里·克林顿——"为什么总是一起遇到医疗危机？"（前一年希拉里·克林顿在国务院车库摔倒在地并造成肘部骨折时，他就在她左右。）"孩子们——我多爱他们＋继儿女们"……"共事过的最好员工永远"……"别让他死在这里"……"血管外科手术"……"没有血流，腿没有感觉"……"血块"……然后，再次出现："不要让他死在这里，希望死在家里，与家人在一起。"霍尔布鲁克完全意识到了情况的严重性，转向工作交接事宜："告诉弗兰克——鲁杰罗——由他代理。"最后："我爱那么多人……我还有很多工作要做……我的公共服务领域的职业生涯结束了。"

霍尔布鲁克说着俏皮话，直到他们让他接受手术。"给我找到任何你需要的东西，"他要求道，"一颗猪心，丹的心。"

医生们告诉他手术的危险性时，他说："我感觉好多了。现在我知道你没有糊弄我。"当其中一位医生杰汗·艾尔-巴尤米（Jehan El-Bayoumi）让他保持放松时，他讽刺道："你必须向我保证，你将结束在阿富汗的战争[9]。"这句话被引述得五花八门，得到的报道之多，使得国务院发言人 P.J. 克劳利不得不在记者会上澄清霍尔布鲁克是在开玩笑[10]。但真正的笑话是他没有要求其他人去这样做。

三天后的晚上，数百名宾客挤满了国务院本杰明·富兰克林国宴厅，希拉里·克林顿站在讲台前——两年前她同样站在这里，宣布了理查德·霍尔布鲁克的职务任命。在场的有外国驻美国大使，还有奥巴马政府的六位阁员。"理查德·霍尔布鲁克大使近50年来一直是外交使团的巨人，"希拉里·克林顿开始说道，"本周，他的医生们也了解到世界各地的外交官和独裁者们都早已知晓的事实：没有人比理查德·霍尔布鲁克更加坚强。他是强悍的谈判者。我相信今晚这里有些人依然能感觉到被他扭胳膊的酸疼。"她严肃地对霍尔布鲁克团队的工作人员以及出席活动的贵宾们致以敬意。"现在，马上接下来，"她说，声音欢快地提高了起来，"你将欣赏到一个节庆的欢快节目，马文·哈姆利奇（Marvin Hamlisch）和J.马克·麦克维伊（J. Mark McVey）无与伦比的音乐演奏！"她走到一边，露出身后闪亮的巨大黑色钢琴。哈姆利奇和麦克维伊开始演奏节奏欢快的圣诞歌曲《装饰大厅》（Deck the Halls），世界儿童合唱团（World Children's Choir）配唱，设在舞台四周的电视演播风格的明亮灯光将表演笼罩在过分整洁而呆板的炫光里。不知是谁的主意，觉得将招待外国大使的国务院年度圣诞晚会与向霍尔布鲁克致敬的活动合并起来[11]是最合适的做法。站在那里听着圣诞歌曲，我感觉怪怪的。

总统到场了，短暂地随着音乐点头并打了几下节拍，然后讲了几句话。说了句希拉里·克林顿在两党面前的魅力超过他自己（这在当时是有目共睹的事实）的笑话之后，他转而说："我们的朋友和伙伴理查德·霍尔布鲁克以杰出的表现为国服务了近50年……他从未停步，从不退出。因为他总是相信如果我们保持专注，如果我们按照我们的共同利益行事，那么就可能取得进展；战争可以结束，和平可以实现。"他大声呼唤我们这些散布在大厅各处、处在茫然中的团队成员："阿富汗和巴基斯坦事务特别代表办公室团队，他们在哪里？理查德招募到他们、指导他们，而我希望你们了解，在我们的会议中，他始终如一地表达了对你们难以置信的赞扬。他一直并依然为你们所做的工作感到非常自豪和骄傲。"外国使团的成员们鼓掌，用几种不同的语言嘟囔着表示赞赏，而我们盯着总统。霍尔布鲁克要是知道自己动脉破裂能让总统想起这些美好的回忆，那他一定会主动让自己血管破裂的。

"由于理查德·霍尔布鲁克大使的工作，美国更安全，世界更安全，"奥巴马接着说，"他是个坚强的家伙，所以我们有信心认为，尽管情况严峻，但他会顽强地为生命而战的。"他将话题挪到希拉里·克林顿的旅行计划上，并拿它开了个玩笑，看起来稍微松了一口气。

三个街区之外，理查德·霍尔布鲁克仍处在昏迷中，胸腔仍在打开状态。经历了20个小时的开胸手术后，按照医生模棱的说法，他还"坚持着"。圣诞晚会的前一天，医生们又给他做了一次额外的手术，以恢复其下肢的血液循环。他们发现了他脚上的一记微弱脉动，但他那著名的大脑却处在完全无法判断的状态。

因为医生们将他的胸腔保持在打开状态，所以没人能获准进到房间里守护他，但团队成员在过去的三天里一直守在病房门口。我们将在医院守护的任务分成两小时一次的轮班，每一班由一对成员负责。值班的人要迎接那些开始前来致意的知名人士——真是有不少令人瞠目的名人，我就接待过乔·拜登、约翰·克里

及特雷莎·海因茨·克里（Teresa Heinz Kerry）
夫妇以及朱迪·伍德拉夫（Judy Woodruff）。
未来的财政部长杰克·卢（Jack Lew）和希拉
里·克林顿的幕僚长谢丽尔·米尔斯看到近处
桌子上医生画的动脉撕裂草图，克制着自己
不表现出被吓到时，我就坐在他们身边。人
们用模糊的语言谈论着所谓霍尔布鲁克"感
受"到"正能量"，但这一切给人的感觉更像
是守灵。

　　我已经无法再忍受那些让人不舒服的圣诞
歌曲了，干脆回到了一楼自己的办公桌前。这
时丽娜·阿米里跑了进来，抽泣着一头扑到沙
发上。他们将撤掉他的呼吸机。我和罗斯玛
丽·保利一起又连夜走回了医院。她从波斯尼
亚时期开始就一直是霍尔布鲁克的幕僚长，也
是个强悍的角色。天气很寒冷，刮起了大风。
"阿富汗人，"罗斯玛丽嘟囔道，裹紧了大衣，
倾斜着身子顶风走着，"如此戏剧性。"（的确
如此：阿富汗的丧葬致哀与我在任何其他地方
遇到过的都不一样，按风俗哀悼时间会持续40
天。）路牌嘎嘎作响。我们到了医院，在他们拔

掉他的呼吸机时，我们站在大厅里守着他。

希拉里·克林顿接到电话时 [12]，已经在从国务院派对前往白宫出席一场晚餐的路上。她快速调转方向，及时赶到医院，送他最后一程，身上还穿着银色和金色相间条纹的双排扣上衣，搭配的小圆领让她看起来像是个包装好的大礼盒。她站在医院的灯光下，把哭泣的团队成员拉到一起。我给大家递上纸巾。"真是我们负责非政府组织的人，总是在帮忙。"她说。"他对我来说是近乎父亲的人"，我平静地说道，让自己都感到惊讶。她拥抱了我。对于一个刚刚失去多年朋友的女人来说，希拉里·克林顿很仁慈。"好吧，我不知道你们怎么想，"她对整个小组说，"但我要到最近的酒吧去。"

外面开始下雪时，我们一众人员聚到了附近丽思卡尔顿酒店的大堂酒吧。越来越多的哀悼者加入了我们的行列，金融家和奥巴马顾问史蒂文·拉特纳（Steven Rattner）的妻子莫琳·怀特（Maureen White）为所有人埋单，希拉里·克林顿主持场面，然后每个人都讲述了理查德·霍尔布鲁克各种无人能够效仿的故事。在霍尔布鲁克去世时，美国政府已准备发布首份《四年度外交和发展审议报告》（简称QDDR），这是一项重组国务院和美国国际开发署的长期计划，旨在提高效率，并更好地与国家安全目标领域里更广泛的变化同步。（例如，第一个过程提升了反恐在政府工作中的重要性。）该项目希望达到的目标与霍尔布鲁克年轻时发表在《外交政策》杂志上的文章如出一辙——霍尔布鲁克在文中呼吁重组被他称为"停摆的机器"的国务院官僚机构。另外，这项倡议背后的现实是，霍尔布鲁克多年前谴责的那种笨拙而低效的官僚主义，经历多年的内斗，已带来了大多数相当微妙的组织变革。"哦，QDDR，"希拉里·克林顿若有所思地说，"他讨厌这份文件，我们应该把它献给他。"她真这么做了。

"我真的相信，如果理查德现在还活着，我们应该已经为政府达成某项和平协议了，"希拉里·克林顿对我说，"我真的这样认为。我不确定他们（政府）是否会接受它，但是有了他做的所有工作，还有弗兰克·鲁杰罗所做的工作，以及当时已经在进行中的那些会谈……我真觉得，有了我们当时行将在里斯本召开的会议，以及北约会议，我们得以在理查德主导的和平努力基础上再接再厉的希望是很大的。显然，由于那年 12 月发生在他身上的可怕变故，这一切都没能实现 [13]。"或许确实如此。

大约凌晨 2 点我们离开时，邻桌一位独自喝酒并已醉意朦胧的女人叫住了我。"我知道你是谁。"她口齿不清地说道。此人有着花白头发，身材瘦削。她又眼含秋波地看着我们一众人："我知道你们都是谁。"

"祝你晚安。"我说着，转身离开。

"不要太往心里去，亲爱的。"她在我背后喊。我回头瞥了一眼。她笑得很开心，露出一排被葡萄酒染成血红色的牙齿。"凡事都有结束之日。"

14 车轮子掉了

　　理查德·霍尔布鲁克去世后的一个月，一辆白色的本田思域（Honda Civic）轿车驶进巴基斯坦拉合尔（Lahore）市区的一个十字路口，并在红灯处停了下来。这个被称为墨赞钟基（Mozang Chungi）站的路口是费罗泽普尔路（Ferozepur）的起点，这条路是通往印度同名小镇的一条商道。走了一小段车程之后，古老城墙中摇摇欲坠的拱门显示着拉合尔作为莫卧儿帝国（Mughal Empire）权力中心的历史。但这个十字路口体现了拉合尔更为现代化的一面：拥挤的城市在快速扩张的商业推动下不断蔓延。时间是下午，由不同时代的自行车、人力车和破旧汽车组成的稠密交通网络，笼罩在弥漫着污染的雾霾中。

本田车里坐着的是一个桶胸宽肩的美国人。他头发花白稀疏，面颊上带着一天没刮的胡茬。他在贴身白色 T 恤外穿着件格子工装衬衫。他在弗吉尼亚州萧条的煤炭城大石峡镇（Big Stone Gap）长大，在鲍威尔山谷高中（Powell Valley High）练过摔跤。在高中里，朋友们记得他的绰号是"肌肉男"和"美国兰博"。他曾在陆军特种部队服役，后来从事的职业是私人保安承包商。"这里没有人记得那个人"，他在北卡罗来纳州布拉格堡（Fort Bragg）的指挥官后来告诉记者。"你把他放到一群 50 个人里，是不会一眼看到他的。"[1] 鲍威尔山谷高中一位前足球教练的话呼应了陆军指挥官的说法。几年后，那所高中干脆被卖给了一家银行，之后又被拆除，成为美国梦碎的又一实例[2]——这场梦让像大石峡镇这样的煤炭城镇早已变得贫穷落后。那时 36 岁的雷蒙德·戴维斯（Raymond Davis）从未在任何地方留下过多少痕迹，直到拉合尔的那天下午。

戴维斯停下来的时候，一辆黑色的摩托车

载着两名年轻的巴基斯坦男子从相反的方向驶过来，在本田车跟前突然一个回转，后座上的男子拿着枪。戴维斯拔出一只9毫米的半自动格洛克（Glock），坐在方向盘后瞄准。他开了五枪，在挡风玻璃上打了一簇洞，蜘蛛网般的裂纹立刻布满了前车窗。子弹击中了两名男子中的一人，即19岁的街头犯罪分子穆罕默德·法希姆（Mohammed Faheem），打到腹部和手臂。他摔到地上，死了。另一名男子费赞·海德尔（Faizan Haider），撒腿就跑。他大约跑出去30英尺时，戴维斯从车里出来，在后面开了几次枪，也结果了他。戴维斯用车里的无线电步话机求助，然后用手机给尸体拍了照。"他非常平静和自信[3]，"一位旁观者说，"我想知道他杀死两个人之后，怎么还可能那样。"

几分钟后[4]，一辆丰田兰德酷路泽（Land Cruiser）在拥挤的街道上反向横冲直撞而来，撞死一名行人，冲得人群中的其他人四散逃命。丰田车到达十字路口时，戴维斯已经不见了。驾车的美国司机向旁观者挥舞着步枪，命令他们让开路，然后打道回府，向美国领事馆驶去。

后来证实，戴维斯已开始逃跑，被巴基斯坦警方拦截到时，大约已跑出去了两英里。

画面粗糙的视频显示戴维斯在拉合尔的考特拉克帕特（KotLakhpat）监狱受到审问。"我只是——我需要告诉大使馆我在哪里。"他用轻微的南方口音告诉警察，从口袋里交出一个对讲机。"你来自美国？"其中一名官员问道。

"是的，"戴维斯说，用一根手指戳了戳挂在他脖子上的身份证，"美国。"他告诉他们，自己在领事馆工作。

"是什么职务……"官员问道。

"呃，我只是在那里担任顾问。"他回答道。

作为顾问的雷蒙德·戴维斯有着明显好的企图，然而十字路口散落的残骸——弹药、刀、手套、眼罩——却透露了其他可能性。戴维斯的电话也一样，里边存满了秘密拍摄的巴基斯坦军事用地的照片。雷蒙德·戴维斯很明显是个间谍——更具体地说，他其实是一个中情局承包商。巴基斯坦公众意识到这一点的速度几乎与巴基斯坦三军情报局一样快。几乎是从戴维斯在拥挤的十字路口被拿下，随后被投入考特拉克帕特监狱的那一刻起，巴基斯坦举国上下震动了，从街头抗议活动到愤怒的全天候媒体报道，群情激愤。

两周后，盛怒的奥巴马总统将戴维斯描述为"我们的外交官"，并要求巴基斯坦根据《维也纳公约》中"非常简单的原则"放人："如果我们的外交官在另一个国家，那么他们就有权不受所在国当地的起诉[5]。"私下里，利昂·帕内塔向帕夏将军和巴基斯坦三军情报局传递了类似的信息。当帕夏直截了当地询问戴维斯是不是中央情报局特工时，帕内塔说："不，他不是我们的人[6]。"帕内塔没有评论那次谈话的细节，但表示，总的来说，"如果为了确保最终我们能保护自己人，而必须与这些家伙耍点两面派的话，那这就是我们要做的事情"。[7]如果巴基斯坦人会骗他，那他显然也在以同样的做法回应。

第二天，穆赫辛·卡迈勒正在游说公司洛克律师事务所位于唐人街区域的办公室里。他是在围绕《克里－卢格－伯曼法案》的错综复杂局面开始时，被说客马克·西格尔招聘进来的。卡迈勒有一间普通的律师办公室，配有不知名的家具，令人沮丧的窗外景观是华盛顿威讯中心（Verizon Center）。11 点刚过，电话铃响了，是巴基斯坦驻美大使馆武官巴特中将打来的。之前一年我为了拿到签证拍过他的马屁。卡迈勒两年前在军队服役期间与巴特将军相遇，两人关系很容易就达到了融洽状态。"嘿，你在哪儿？"[8] 巴特问道。卡迈勒已经知道是什么事了——雷蒙德·戴维斯丑闻在过去 24 小时里在美国和巴基斯坦的媒体报道中一直是头条新闻。

一小时后，卡迈勒已经到了巴基斯坦驻美国大使馆四楼的巴特办公室。助理倒茶，卡迈勒给自己的那杯加了奶和糖。"你必须非常清楚地对国会说他没有豁免权，"巴特说，"他是一名承包商，中央情报局的人。"这一事件深深地刺激了巴基斯坦，也触碰到了该国上下对主权存在的不安全感。巴特建议，也许他们可以利用这场混乱，趁机阻击中情局获得更多机密的要求。他告诉卡迈勒，自己担心侯赛因·哈卡尼，因为后者在疏通签证流程时，招致的怀疑比以往任何时候都多。对于将戴维斯以及其他许多"雷蒙德·戴维斯"放进巴基斯坦，哈卡尼是否负有责任？他会企图帮助美国人夹带间谍吗？

"侯赛因会在这里边扮演什么角色？"巴特问道。

"我们都无法猜出来的角色，"卡迈勒回答道，"他是最难以预测的人[9]。"

卡迈勒和马克·西格尔在整个华盛顿传播关于巴基斯坦群情激愤的消息，散布巴基斯坦三军情报局调查中骇人听闻的细节。卡迈勒和西格尔告诉受到震惊的国会工作人员说，戴维斯和其他间谍住在一所安全屋里，美国特工们将其称为"妓院"。他们辩称，中情局正在拿与一个重要盟友的整个关系冒险，必须与巴基斯坦人达成协议。

约翰·克里被派往拉合尔努力达成协议。他启程之前，西格尔将巴基斯坦方面的看法全盘汇总给了克里的一个助手乔纳·布兰克（Jonah Blank）。克里的表现完全像巴基斯坦游说者们所希望的那样，通过他和美国驻巴基斯坦大使卡梅伦·芒特（Cameron Munter）的安抚，终于让帕夏将军同意达成一项协议。正如巴特所预测的那样，侯赛因·哈卡尼帮助美国人设计了解决方案：中央情报局将向戴维斯事件中遇难者的家属支付 230 万美元。两名巴基斯坦高级情报官员告诉我，美国人还给了巴基斯坦另一项保证；其中一个从未公开过。美国将永久性地严格限制中央情报局在巴基斯坦的活动。穆赫辛·卡迈勒表示，这是巴特向他描述的协议细节，美方没有人会确认做过任何明确承诺[10]。无论是作为协议的一部分，还是出于事件对美巴关系所造成压力的自然后果，中央情报局悄悄地开始从巴基斯坦撤出了数十名秘密特工[11]。

"两国关系的车轮刚好在那个时点上掉了下来[12]，之前刚有了维基解密风波，以及鲍勃·伍德沃德一本新书对巴基斯坦做出了不友好评估等麻烦"，彼得雷乌斯对我表示。奥巴马政府冻结了所有高层会谈，包括霍尔布鲁克千辛万苦促成的与巴基斯坦的战略对话，以及美巴与阿富汗之间的三边工作组。希拉里·克林顿取消了与巴基斯坦外长库雷希的会晤[13]。

接下来的几个月里，多米诺骨牌接连不断地倒塌。2011 年 5 月初的一个晚上，刚过晚上 11 点，两架配备了全新反雷达探测隐形技术的黑鹰（Black Hawk）直升机从阿富汗东部的贾拉拉巴德（Jalalabad）起飞。两架重型奇努克（Chinook）直升机随后起飞，以备黑鹰执行任务出现问题时做接应。飞机上总共搭载了 79 名美国突击队员和一条狗（犬名：开罗。品种：比利时玛利诺犬）。剩下的已载入史册：一支美国海军海豹突击队降落在巴基斯坦的阿伯塔巴德（Abbottabad），使用 C-4 炸弹炸开一座有围墙的宅院大门，然后击中奥萨马·本·拉登的头部和胸部。美国人连夜秘密运走了尸体和骨髓样本备份。最初下降过程中坠毁的一架黑鹰直升机也被就地摧毁，以保证技术不落入巴基斯坦人手中，只留下了还在燃烧的直升机尾翼和许多问题[14]。

如果雷蒙德·戴维斯事件是把美国与巴基斯坦关系打跪下了的话，那么本·拉登斩首行动则是将这一关系直接打成了"嘴啃泥"。全球通缉的头号恐怖分子被发现的地点不是在巴基斯坦边境无法无天的安全港中，而是在伊斯兰堡附近一个遍布着巴基斯坦精英阶层夏季别墅的郊区小镇里。本·拉登藏匿的院落距离卡库尔（Kakul）的军事学院——基本上就是巴基斯坦的西点军校——仅几百码之遥。要么是巴基斯坦人无能[15]，要么是他们明知道本·拉登就藏在那里。美方发动的袭击未经巴基斯坦人同意，并且事先也没有通知他们，至少没在国家领导层级通知。"我们仍在与巴基斯坦人谈判，试图了解他们知道什么，以及不知道什么"，国防部副部长米歇尔·弗卢努瓦（Michele Flournoy）几天后表示。[16]这是一场持续至今的辩论。在接踵而来的巴基斯坦政治纷乱中，帕夏将军站在该国国会面前宣称自己是无辜的，并提出辞职——最终没被接受[17]。几个月后接管中央情报局的彼得雷乌斯倾向于相信帕夏的说法。"一些低级别的家伙很有可能知道，但我甚至怀疑这一点，"彼得雷乌斯说，"人们根本不了解巴基斯坦，或是那里的高墙，或是那里的人们并不了解所有邻居的情况。在那里藏匿一些人是可能的。"[18] 然而根据数位参与本·拉登斩首行动的中央情报局分析师的说法，巴基斯坦三军情报局是一个多面性的组织，其中像亲"基地"组织的"S局"之类的模糊部门到底知道多少，只能靠猜。

一如既往，巴基斯坦人在私下场合表现出低眉顺眼，但在公开场合剑拔弩张。美国宣布袭击成功后几分钟，帕内塔看着美军参谋长联席会议主席、海军上将迈克·马伦（Mike Mullen）在白宫战情室（White House Situation Room）致电巴基斯坦陆军总司令卡亚尼。"他们对我们最诚实的一刻，"帕内塔告诉我，"是突袭之夜，因为他们知道发生了什么……（卡亚尼）将军基本上说的是'我明白这里发生了什么，你们最好向全世界宣布'。这可能是两国关系最坦诚的时刻。在那之后，政治淹没了一切[19]，他们尽了一切努力让一切看起来不是他们的过错，他（本·拉登）只是住在他住的地方。"

在公开场合，卡亚尼大声命令美国军队将

其在巴基斯坦的存在缩减至"最低限度"，并警告美方未来不要再进行袭击。白宫官员也聚集在一起讨论如何对巴基斯坦更加严厉[20]。巴基斯坦在打击极端主义的更广泛斗争中作用仍然十分重要，但本·拉登具有"图腾"般的意义。没有了他，各方态度出现了转变，即便在国务院都相当明显。我们需要巴基斯坦，但需要到什么程度呢？"人们说，'天啊，那场袭击本·拉登的行动，真是把你们与巴基斯坦三军情报局的关系搞得一团糟'，"海登将军说道，"它根本没有（搞糟关系），只是将面纱拉回到了[21]这段关系之前的艰难程度而已。"

突袭后的一个月里，奥巴马总统派遣帕内塔和国家安全顾问吉姆·琼斯前往伊斯兰堡，传达对巴基斯坦两面派做法的强烈谴责。帕内塔知道巴基斯坦三军情报局内的一些分子在美国行动之前就已经将消息传递给了"基地"组织武装力量[22]——而现在美国已经有政治意愿来挑战这一点了。"这可是大事。当时担任我副手的史蒂夫·卡普斯（Steve Kappes）之前已经将此问题从头到尾过了一遍，并且列出了我们掌握的部分（巴基斯坦）两面派做法的情报，以及他们表示要采取行动予以改正却从未做到的事实。所以总统认为有必要直接提到最高层……坐下来把它摆出来。因为我认为总统非常担心美国人会习惯性地忽略他们所参与的许多活动，而且他认为如果美国人的这种状态一旦被世人所知——就是我们干脆忽略或接受那种行为的状态——就会破坏美国在该地区的地位。"

"他生气了吗？"我问道。

"是吧，我想你可以说他很生气。"[23]帕内塔再次笑着答道。

并非只有奥巴马一人生气。海军上将马伦花了多年时间与卡亚尼建立融洽关系，并经常以他美军参谋长联席会议主席的身份提供建议和进行调停。帕内塔完成了与帕夏之间的火爆会谈后一个月，坐在一屋子的国会议员面前，发表了美国截至当时最不加掩饰的公开谴责。武装分子哈卡尼的网络"名副其实地充当了巴基斯坦三军情报局的一个分支"，马伦说，"支持恐怖主义是他们国家战略的一部分"。[24]

打击接连而至。2011 年 11 月 26 日寒冷的凌晨时分，正在对塔利班采取行动的阿富汗人呼叫美军空中支援，而前来提供支援的美军向驻扎在两国边境上的巴基斯坦军队开了火。接替彼得雷乌斯担任驻阿富汗美军指挥官的约翰·艾伦（John Allen）将军是第一批接到通知的人之一。"我们最终在一夜之间杀死了他们 24 个孩子，"他回忆说，"现在有很多指责的声音，我不想讨论那个，但最重要的是我的人在自卫，而 24 名巴基斯坦边防部队人员被杀。"相互指责是猛烈而迅速的 [25]。两天后，巴基斯坦关闭了所有重要的"地面交通路线"或简称为 GLOC[26]，即用来提供驻阿富汗美军所需物资 80% 的北约路径。"想象一下，一个 15 万人的战区，外加 10 万名文职人员，其 80% 的供给在一天内被切断了"，艾伦对此记忆犹新。他只剩下 60 天的供给 [27]，以及一个找不到优雅解决方案的问题。

这一事件首先清楚地提醒人们关注让巴基斯坦成为如此重要代理人的战略现实，但它也说明了美国态度的变化程度。鉴于双边关系已趋冰冷，艾伦干脆绕开巴基斯坦行事。"我不得不将所有东西转移到空运，或从北方进出中亚……或从柏林空运——重新规划空中再补给……除了美国之外，没有其他国家可以做到这一点。但是我们做到了。"这一调动每个月要让美国开支 1 亿美元，但它确实奏效了[28]。最终，希拉里·克林顿的道歉让巴基斯坦人平静了下来。与巴基斯坦人达成谅解的那天，希拉里·克林顿在发给副国务卿温迪·谢尔曼（Wendy Sherman）的电子邮件中表示："你怎么拼写'解脱'一词[29]？'GLOCS'……"希拉里·克林顿从来都不是放着好路线而不加以充分利用的人，她在 20 分钟后又发电子邮件给副国务卿比尔·伯恩斯（Bill Burns）称："你如何拼出'解脱'一词？'GLOCS'……"

艾伦表示，美巴关系的最低点是一次失而永无可能复得的战略机遇。"在那之后，我们有 9 个月的时间与巴基斯坦没有任何联系……在那段时间里，我的数字也在下降"，他说，所指的是美国在该地区驻军数量也在减少。"我们让巴基斯坦人站在一边，我们站在另一边，在避风港问题上产生真正决定性效果的能力在那 9 个月里丧失了。回头看看我们原本可以在'剿灭'避风港方面实现多少作为，坦白地说，真是一大悲哀。"30

突袭本·拉登后，国会对援助巴基斯坦已兴趣不大，拒绝为巴基斯坦军方在地面运输线路关闭的漫长时间里所从事的活动提供补偿。这给霍尔布鲁克雄心勃勃的五年援助计划带来了最大的冲击31。在他入土一年后，他拼命寻求转型的关系也随他而逝了。希拉里·克林顿在她大选年里出版的国务院岁月回忆录中愉快地指出，"关于供给线的谈判及最终协议为美国和巴基斯坦未来能如何合作、追求共同利益提供了经验教训32"。人们可以合理地总结出的教训是，依靠缺乏与美国战略一致性的军政府是危险的。

2011 年 2 月，我看着希拉里·克林顿走上亚洲协会的舞台，正式宣布美国支持政治解决阿富汗问题，包括与塔利班会谈。理查德·霍尔布鲁克与亚洲协会有着长期的渊源。

弗兰克·鲁杰罗被派去与塔利班的秘密联络人艾－罗德进行一系列进一步会谈。作为一项建立信任的措施，美国敦促联合国在其恐怖主义黑名单上将塔利班与"基地"组织区分开来处理——这是霍尔布鲁克的另一项提案。但喀布尔的卡尔扎伊政府阻挠了谈判的努力。艾－罗德最初的请求之一——塔利班在卡塔尔政治办公室于 2013 年开张，但一个月后，因为挂起"阿富汗伊斯兰酋长国"旗帜——这一举动代表着塔利班是一个流亡政府，而不是一个政治派系——而被关闭。卡尔扎伊再次火冒三丈，会谈被冻结了多年。直到 2016 年和 2017 年，才再次断断续续地开始出现起死回生的迹象，有了由阿富汗人带头[33]，至少一位美国官员参加的会议。未来仍然不确定。

一些同情霍尔布鲁克的奥巴马政府官员表示，他们认为对霍尔布鲁克及其外交活动的反感可能已经使美国白白浪费了在该地区拥有最大潜力的时期。当美国部署在当地军事力量众多时，塔利班和巴基斯坦人都有动力坐到谈判桌前，回应美国的强势谈判。一旦我们开始撤离，他们就没有理由合作了。白宫在霍尔布鲁克对巴基斯坦展开外交攻势的先期阶段不予以支持，同样也浪费了巩固双边关系、避免后来出现彻底崩盘局面的窗口。2012 年接任美国驻巴基斯坦大使的理查德·奥尔森（Richard Olson）将霍尔布鲁克去世后的一年称为"可怕的一年"。我们输掉了战争，而这就是这一切发生的时间。

15　备忘录

侯赛因·哈卡尼试图养成早上睁眼第一件事先不检查手机的习惯,"否则事情就会变糟[1]"。2011 年 10 月 10 日,他在巴基斯坦驻美国大使馆的住宅套房中醒来,在晨曦中穿好衣服,然后走进卧室旁边码满了书的书房。哈卡尼有很多书,毕竟他是一名教授。他坐在一张超大的办公椅旁,翻阅着报纸。在翻阅鲑鱼粉色大开页的英国《金融时报》过程中,一篇专栏文章引起了他的注意,"是接纳巴基斯坦圣战间谍的时候了",标题这样写道。作者是他的熟人,名叫曼苏尔·伊贾兹(MansoorIjaz)。

"在美国特种部队袭击奥萨马·本·拉登并将其击毙后一周,"专栏文章开头这样写道,

"一名巴基斯坦高级外交官打电话给我，提出一个紧急要求。"伊贾兹声称这位外交官想向美军参谋长联席会议主席马伦上将传递一则巴基斯坦总统扎尔达里的信息——要在不让巴基斯坦三军情报局发现的情况下。"在巴基斯坦境内发现本·拉登的尴尬使扎尔达里的弱势文官政府受到羞辱，以至于总统担心军事接管迫在眉睫，"伊贾兹写道，"他需要美国在他的军事总长桌子上砸上一拳，来结束任何被误导的政变想法——要够快。"伊贾兹声称他按照外交官在几通电话中给出的明细，起草了一份备忘录，其要求是：希望美国命令巴基斯坦陆军总司令卡亚尼将军"停止巴基斯坦军事情报机构的活动"。更多的要求还包括：扎尔达里总统应该组建一个新的国家安全小组，来掌握权力并消除巴基斯坦三军情报局内部的强硬分子[2]。无论其缘由为何，伊贾兹都确实写了一份备忘录，并将其发送给最近刚刚离任的国家安全顾问吉姆·琼斯，后者又将其转给了马伦。

雷蒙德·戴维斯事件和歼灭本·拉登行动重新唤起了巴基斯坦内部对哈卡尼忠诚度的疑

虑。之前一年，他负责取消对美签证停发。现在，随着不请自来的间谍和海豹突击队故事搅动巴基斯坦，矛头指向了他。"巴基斯坦三军情报局指责我的一件事是，那些在本地协助了突袭的人可能是由我签发的签证，而情报局对这些人并不知情，"哈卡尼告诉我，"这就是他们的想法，因为他们自己是如此擅玩阴谋。"阴谋理论家所青睐的说法是哈卡尼与美国人勾结，将一个秘密的间谍网络放进了巴基斯坦。这种观点在巴基斯坦有着持续的生命力。2017年3月，该国总理办公室一封信函的副本被媒体公开，信中授权哈卡尼在不通知伊斯兰堡的情况下发放签证[3]，这证明了哈卡尼声称他不是单方面行事的说法。但在此之后又出现了另一次泄密，这次是外交部的一封信，据称信中警告哈卡尼不要批准中央情报局特工的签证[4]。在巴基斯坦军方一些人看来，哈卡尼是变节分子[5]，向干涉他人事务者开放巴基斯坦边境的人。

哈卡尼意识到《金融时报》专栏文章会让持此观点者产生何种看法。除他以外，很难想到再有一位"巴基斯坦高级外交官"能如此贴近备忘录中所描述的亲民、亲美意识形态标签了。读到专栏结尾时，哈卡尼那天早上第一次拿起了黑莓手机，用他的伦敦区号打给曼苏尔·伊贾兹。

"出什么事了？"哈卡尼问道。

"你不是我认识的唯一一位巴基斯坦官员"，在两人对这次谈话的回忆中，伊贾兹这样回答道。哈卡尼说伊贾兹当时是笑着回答的。

"这可能引发某种政治危机。"哈卡尼说。他可没心思笑。

"不会啦，我不认为会发生那种情况，"根据哈卡尼的回忆，伊贾兹如此回答道，"文章的其余内容更重要。"

哈卡尼回忆到此摇了摇头，"这家伙根本不明白"，他告诉我。[6]伊贾兹回忆时，指出谈话中还有另一个细节——哈卡尼在挂断电话前对伊贾兹说："你已经杀了我。"

据曼苏尔·伊贾兹的说法，他接到侯赛因·哈卡尼的电话时，正在自己的游艇上，然后飞速地行动起来，起草备忘录。伊贾兹有着适合做阿加莎·克里斯蒂（Agatha Christie）小说中配角的履历，说不定他就是这样计划的。他是巴基斯坦裔美国商人，担任对冲基金经理时发了财，常来常往于度假天堂法国地中海沿岸区域。与媒体交谈时，他总是强调自己乞丐变富豪般的成长故事：他生于佛罗里达州，在弗吉尼亚州弗洛伊德县的一个农场中长大，靠举重拿到运动员奖学金，支付了弗吉尼亚大学（UVA）的学费。他也会着重渲染自己的富有。"上帝在这世上给了我这么多，但如果我留给世界的只是停在跑道上的喷气机、港口里的游艇、世界各地的 10 所住宅，以及我太太的 5000 双鞋子，我就没有履行自己的使命。"他在丑闻期间对《华盛顿邮报》这样表示。伊贾兹的父亲告诉他："上帝给了你一个优秀的大脑[7]，但是糟糕的个性，你需要从政，来教会自己谦卑。"伊贾兹在金融领域发了财后，他开始数以十万美元计地向民主党捐款，尽可能多地建立人脉。他写专栏文章，开始寻求让自己置身于国际冲突中。在 20 世纪 90 年代，他找克林顿政府接洽，称他正在与苏丹谈判，以确保逮捕当时正在那里避难的奥萨马·本·拉登。一份报告显示，克林顿政府官员将他视为"沃尔特·米蒂"（Walter Mitty）①型人物，"活在自己的幻想中"。后来，他以福克斯新闻电视频道的评论员身份公开露面，提出了危言耸听的说法，称极端的伊朗毛拉们将化学武器走私到伊拉克。他后来承认这种说法"有误"。无论在电视上还是报纸专栏文章中，他的一连串断言都色彩缤纷 8 且令人怀疑。

然而之前的种种都没有像最新的说法一样，促成了一场国际事件。《金融时报》专栏文章发布后几天，第一波报道开始在巴基斯坦媒体上出现。批评人士惊呼：扎尔达里与魔鬼达成了协议；文职政府与美国人同流合污。哈卡尼接到总统扎尔达里的电话。"发生了什么？军方对此态度很是严厉。"哈卡尼在最初的专栏文章中并没有被明确点名，但在政治家伊姆兰·汗（Imran Khan）点名指责他为罪魁祸首 9 之后，他就成了后续报道中必然出现的人物。巴基斯

① 译者注：1939 年在《纽约时报》首发的一则短篇小说中的虚构人物，整天白日做梦，生活在自己的幻想中。

坦三军情报局发起了一项调查，其中帕夏将军还在伦敦与伊贾兹会面，并从后者的黑莓手机上下载了证据 [10]。后来在法庭上展示的伊贾兹通话和短信记录显示，两人之间进行了一连串的交流，不过通话内容都很简短，而信息也往往是发自伊贾兹，而不是哈卡尼。哈卡尼说自己是做人客气却反受其害 [11]，结果那种"非常感谢你来信"的敷衍性信息也被当成了对自己不利的证据。专栏文章发表两个月后，扎尔达里再次打来电话，命令哈卡尼返回巴基斯坦。在那里，巴基斯坦三军情报局和公众都希望有人祭旗。

哈卡尼接到了美国人打来的一连串警告电话：霍尔布鲁克的继任者马克·格罗斯曼（Marc Grossman）、道格拉斯·鲁特手下一位工作人员、中情局副局长迈克·莫雷尔（Mike Morell）。"不要去，"哈卡尼记得莫雷尔这样说，"他们会把你交给巴基斯坦三军情报局的。"哈卡尼已经登上飞往多哈的航班，然后转机去伊斯兰堡。"我已经为实现文职政府执政挣扎太久了，不能让它因为一项对我的错误指控而倾覆，"哈卡尼说，"我不会让军队推翻民选政府。"他告诉妻子和孩子，如果他回不来，那就是因为他为自己的信仰付出了最终代价。他乘坐的航班上正在播放一部关于哈里·胡迪尼（Harry Houdini）① 的电影。哈卡尼决定这将是他与巴基斯坦三军情报局最终摊牌的参考情节框架："他们可以绑住我，他们可以做任何事情，我会是胡迪尼 12，会逃脱出来。去他的吧，我回去。"

抵达后，哈卡尼的护照被没收，他被快速带到总统宫，在那里扎尔达里保证了他的安全。他随身只带了三天的衣服，但最终在那里待了两个多月。巴基斯坦军队和情报局大权在握的负责人卡亚尼和帕夏对他发问。

"你对这一切做何解释？"卡亚尼说。

"这都是胡说八道"，哈卡尼回答道。他指出，他都将美国海军上将马伦的电话设置好了快速拨号，为什么还要用一个在法国蔚蓝海岸的商人做中间人？哈卡尼与卡亚尼和帕夏之间的问答，被媒体兴高采烈地写成了多小时的审讯。"真他妈的，我在这儿呢"，哈卡尼看着那

---

① 哈里·胡迪尼（1874 年 3 月 24 日至 1926 年 10 月 31 日），匈牙利裔美国魔术师，享誉国际的脱逃艺术家。——译者注

些令人生厌的报道，自言自语道。但随着日子一个月一个月地过去，他变得越来越担心。他的案子没有交给立场亲民的议会，而是交给了受军方控制的最高法院。法院发布了不准他旅行的禁令。其间扎尔达里一度中风，飞往迪拜。保护者不在的情况下，哈卡尼被转移到了由军队守卫的总理府。半夜，他听到靴子踏地的脚步声，在那一瞬间想到或许他们最终决定把他带走。后来证明那只是例行换岗[13]。

1月下旬的一个星期五晚上，最高法院突然宣布在下个周一举行听证会，哈卡尼的焦虑达到顶点。听证会从未在晚上宣布过。门口响起了敲门声，一位对哈卡尼及其他有关人员均拒绝透露姓名的商人给了他指示：尽管第二天是周六，但最高法院将在早上短暂开门，哈卡尼要赶紧提交离开巴基斯坦的申请，然后他会在听证会之前立即离开。在哈卡尼不在场的情况下，法庭程序将只有单方面证词，仅根据伊贾兹继续指责哈卡尼的证词发布报告。在巴基斯坦当局后来于2018年重拾起来的一项指控中，哈卡尼还被指控用巴基斯坦的一笔行贿基金付钱给美国人，却没有将其中的细节报告回国。但是，由于哈卡尼不在场，因此没有正式的法律判决。这是巴基斯坦的经典政治大戏。军事和情报部门面子上维护了反对美国傀儡的形象，但没有造成任何后果。

曼苏尔·伊贾兹坚持认为哈卡尼向他发出了备忘录，但拒绝发表评论。"这种改变了的说法中存在一些实质性的失实[14]，"他谈到哈卡尼对事件的描述时这样说，"恐怕太多了，要花很长时间来修正。"哈卡尼怀疑伊贾兹可能已经在巴基斯坦三军情报局的要求下修改了备忘录，但是他承认，更大的可能性或许是伊贾兹这个连环幻想家又进入想象世界了——而巴基斯坦三军情报局和军方则抓住机会，想消灭敌人。

几年后，在保守派智库哈德森研究所（Hudson Institute）的一间小办公室里，我再度与哈卡尼见面。窄窗外可以俯瞰宾夕法尼亚大道两侧的灰色建筑，墙上挂着哈卡尼与乔治·W.布什和巴拉克·奥巴马握手的照片。有一张照片里，他与理查德·霍尔布鲁克手挽着手。哈卡尼坐在一张堆满杂乱纸张的桌子旁。那是 2017 年，他又处在一个熟悉的位置上：被巴基斯坦媒体抨击。他在一篇发表在《华盛顿邮报》的专栏文章中，为唐纳德·特朗普与俄罗斯人所做的接触辩护，将其与他自己当年同奥巴马政府的接触相提并论。他指出自己当年在奥巴马入主白宫的过渡期内主动接触的做法，后来帮助美国实现了突袭本·拉登[15]。确实如此，间接的。最终是他批准了联合特别行动指挥官、海军上将麦克雷文（McRaven）及其他参与规划突袭行动者的签证。到这篇专栏文章传到巴基斯坦时，它已经被夸大成一份期待已久的证词[16]，证实侯赛因·哈卡尼在他老板们的鼻子底下建立了一张中央情报局特工网。"对他在整个问题中所扮演角色的怀疑[17]，其真实性也得到了证实"。巴基斯坦陆军发言人在一则推文中惊喜地指出。

从某种意义上说，哈卡尼选择了这种平民生活。但他从未停止过希望祖国能理解他主张对话的信念，以及他对建立在军方交易基础上的双边关系所抱持的怀疑。他递给我一份又一份详细记录了"备忘录门"争议的文件，这一事件显然在他的印象中依旧显著而严重。哈卡尼穿着宽松的灰色西装，带着撒有白色三叉戟点缀的青色领带，看起来很疲惫。"看，（事态）已经改变了，"他沉重地说，"在巴基斯坦很多人看来，我不是爱国者。"

"你一生都在为政府工作，"我说，"那一定很痛苦。"

"是啊，为我的国家，为我国的民主（工作）。所以它伤害了我。"

他仍然在考虑自己是否应该回国去，但他又总是犹豫。"如果有人真的认为我是叛徒，然后向我开枪，怎么办？"他思索道。流放的生活苦乐参半。哈卡尼得到了性命无忧的生活环境，但他的终生事业——为改变两国关系而斗争，以建立更可持续及更少交易性的关系——已然终结。在华盛顿四季酒店与理查德·霍尔布鲁克进行的最后那次谈话中，两人都承诺各自继续为反对根深蒂固的军事思想而战，直至他们完全无能为力为止。霍尔布鲁克的战斗终止一年后[18]，哈卡尼的战斗也结束了。

16　实实在在的事

2014年那可怕的一天，罗宾·拉斐尔站在她的门廊上，盯着逮捕令，上面赫然列着间谍法。两名年轻的联邦调查局特工看着她，其中一个问："你认识外国人吗？"拉斐尔瞪大了眼睛。"上千人，"她说，"我是外交官。"特工问她认识哪些巴基斯坦人，她给出了侯赛因·哈卡尼以及后来接替他成为巴基斯坦驻美国大使的贾利勒·阿巴斯·吉拉尼（Jalil Abbas Jilani）的名字。两名特工对视了一下。

"你家里有没有任何机密材料？"另一位特工进一步追问道。

"没有，"拉斐尔说，"当然没有。"

他们递给她几张标有"机密"字样的国务

院电文，这些文件的日期还是在她担任助理国务卿的时候。他们在拉斐尔地下室的档案柜里找到了它们。拉斐尔用手掌拍了额头，想了一下，才记起当时是怎么回事。她在几年前清理办公室时把许多物品带回了家，但忽略了抽出电报稿。"这些文件不应该出现在那里，"她很快承认道，"但这只是我的问题[1]，我离开办公室时，没时间去仔细检查一遍所有的东西。"她认识数十位习惯更差的高职位官员，我们都认识这些人。

随着联邦调查局特工的追问越来越激烈，拉斐尔努力想说服他们这中间存在误会。"我的意思是，我就是这样一个白痴，彻头彻尾的白痴，因为我想'哦，我可以解释清楚！'"差不多过了两个小时，她才意识到自己需要律师。她打电话给自己认识的一位——她在卡西迪合伙人公司[2]做游说工作时认识的政府合同专家。

几个小时后，她和她女儿亚历山德拉坐在了附近一家名叫"德卡罗"（DeCarlo's）的意大利餐厅里。这家餐厅桌上摆着面包棒，地上铺着褪色的绿地毯，拉斐尔的孩子们总是把它称作"黑手党秘密据点";左邻右舍间的传说还称此地为中情局谍报人员经常接头的地点。与她们一起就座的还有两位律师:她打电话过去的那一位,外加一位刚刚叫了辆优步(Uber)车飞速赶来的年轻律师。矮个并长着一头抢眼红发的亚历山德拉显得极其焦虑。"你怎么可能把文件搁在家里,"她哭着说,"你在想什么?"拉斐尔试图梳理清楚发生的事,她点了一杯酒。"事实是,我惊得休克了过去,"她后来告诉我,"医疗意义上的休克[3]。"

第二天,外交安全局(Bureau of Diplomatic Security)的人来到拉斐尔家,没收了她的黑莓手机和工作证。国务院人力资源部召她过去,告知她的安全许可将被中止,而她本来也该续签的雇佣合约将失效。这是她多年来第一次在没有工作证的情况下走进国务院大楼。当 C 街入口处的警卫看到她驾驶执照上的名字时,拉斐尔记得他明显地颤抖了一下。几天后,这个故事出现在了《纽约时报》头版:"联邦调查局正对美国退役外交官展开调查。"国务院发言人只是对记者表示,国务院正在与执法部门合作。

"拉斐尔女士的任职到期了，"发言人补充道，"她已不再是国务院雇员。"4 罗宾·拉斐尔再也没有获准回到过她的办公室。联邦调查局特工搜查了她的办公桌，然后在门上贴了封条。

几个星期前，拉斐尔带着丹·费尔德曼交代的任务抵达了伊斯兰堡。费尔德曼就是霍尔布鲁克曾开玩笑地要他的心的那个人，刚接任霍尔布鲁克的阿富汗和巴基斯坦事务特别代表职务不久。巴基斯坦各地发生了街头抗议示威活动，抨击所谓推动纳瓦兹·谢里夫在 2013 年重新掌权的操纵选举行为。一些评论家认为，一场"软政变"正在进行中，谢里夫正悄悄将主控权拱手让给军方。罗宾·拉斐尔在伊斯兰堡拥有无与伦比的人脉，因此被派去那里搜集谢里夫政府是否可能真的垮台的信息。她立即开始了工作，参加晚宴聚会，记录她听到的八卦，然后向费尔德曼和伊斯兰堡的美国驻巴基斯坦大使理查德·奥尔森汇报。"她在做的，"奥尔森告诉我，"是外交活动5。"自 2011 年那"可怕的一年"以来的三年时间里，美国及巴基斯坦两国关系冷若冰霜。国务院的同事们视拉斐尔为失去便不可复得的资产：巴基斯坦人仍愿与之交谈。

她无法得知自己在伊斯兰堡出差期间，一举一动都受到联邦调查局监视。拉斐尔这种旧式外交的招牌做法不仅在军事思维主导的外交政策领域里越来越难让人买账，也在"9·11"之后发展起来的国家安全监控领域里成为嫌疑。面对面对话已经稳步地被"电讯信号情报"或通信拦截所取代。2013年初，窃听巴基斯坦政客电话的美国国家安全局分析员开始关注谈话中出现的一个美国人名字：罗宾·拉斐尔。她似乎在讨论敏感问题——无人机空袭、政变。他们向联邦调查局发送了一份"811提示"——提请注意有关机密材料的可疑谈话。拉斐尔后来在自家门廊上遇到的两名特工，就是被选中领导调查联邦调查局辖下"65号工作"或间谍案的。他们开始审查与拉斐尔有联系的人、她在国务院的人事档案以及她的个人生活。几个月后，他们获得了外国情报监视法庭（Foreign Intelligence Surveillance Court）的许可[6]，开始监控她的Skype以及她与巴基斯坦官员的通话。

爱德华·斯诺登（Edward Snowden）泄密事件已经过去了一年，联邦调查局正在寻找内鬼和泄密者。他们希望在拉斐尔身上找到有价值的东西。她的背景似乎具备所有的特征：几十年的时间基本在国外度过，身份是登了记的说客，对来自所有各方的可疑巴基斯坦人不加掩饰地予以同情。（"哦，绝对的，"当我问她是否觉得她这种同情给调查带来了偏见时，她这样对我说，"每个人都讨厌巴基斯坦[7]，所以，当然了。"）与她谈话的巴基斯坦人有时会把她称为"消息人士"，并吹捧她知道的信息如何多。进一步挖掘后，还显示了更多的警讯：她被发现有一些与处理机密材料有关的轻微违规行为；将文件公开放置或忘记给计算机锁屏。然后就是在她住宅地下室的档案柜里发现了文件——这可能在更为严重的间谍诉讼之外，还带来刑事诉讼[8]。

但联邦调查局的调查也是沿着多层次的误解展开的。寻找内鬼的情报和执法机构基本不了解巴基斯坦外交的特殊规则。任何人只要在伊斯兰堡的一场晚餐会上待过五分钟，就会知道拉斐尔讨论的那些名义上的"机密"主题，例如无人机空袭等，都是不可避免的公开辩论问题。同样，吹嘘美国人是信息来源也是典型的巴基斯坦式吹牛皮表达。

　　拉斐尔也面临更普遍的困惑。她构建自己职业生涯所依靠的老式套近乎和建立私人关系的手法已不再流行，对于在监控时代里长大的一代人来说是很诡异的事情。她所加入的霍尔布鲁克麾下阿富汗和巴基斯坦事务特别代表团队尤其与时代的步伐不搭调，团队中从事机构间工作的人员所抱持的目标宗旨是扩大而不是缩减该地区的对话。"人们不了解阿富汗和巴基斯坦事务特别代表办公室，我相信你不会对此感到惊讶，"拉斐尔回忆道，"他们不理解官僚结构。这些人都是谁？他们向谁报告？他们在那里都干什么？他们的工作范围是什么？"[9] 所有这些谈话的价值都并非不言而喻。怎么可能不言而喻呢？在诸如巴基斯坦这样的地区，长久以来对话始终是军事将领和间谍们完事之后才有的想法。

　　2017 年，大约在唐纳德·特朗普就职典礼前一周的一个晚上，在华盛顿，罗宾·拉斐尔从冬天冷飕飕的户外进来，脱掉大衣。我们见面的地点在花园咖啡厅（Garden Café），国务院大厦拐角处一个安静的法式小餐馆，桃粉色的墙上装饰着平淡无奇的鲜花主题油画，轻声播放着爵士乐。一如既往，她的着装风格反映出她在巴基斯坦的生活经历。她穿着灰褐色的羊绒衫，灰色外套上银色刺绣披肩搭在一个肩膀上，金发拢成法式盘发。她点了杯白苏维翁（Sauvignon Blanc）。"现在回头看看，我觉得这事儿挺滑稽的，"她说道，声音表明她根本没有看到其中的幽默，"但那是……你知道的，无论如何你怎么剖析，那样对待一个人都是完全错误的。"她似乎没有改变：嘴唇紧紧地闭着，下巴高高扬起，同样的傲慢神情。但事实上，罗宾·拉斐尔的一切都发生了变化。

随着联邦调查局挖掘得更深入，他们对案子反而失去了动力。严密监视拉斐尔的几个月里，调查人员一直避免与她的国务院同事们交谈，不想因此给她报信儿而失去当场抓现行的机会。与熟悉拉斐尔工作的官员开始交谈之后，他们开始明白拉斐尔被怀疑有罪的行为实际上只是老派、关系驱动的外交活动。2015 年初，负责该案件的美国联邦检察官办公室告诉拉斐尔的律师，它打算放弃以间谍罪起诉。检察官似乎仍然想要榨些东西出来挽回面子，例如在机密材料相关的较轻罪名上认罪之类。拉斐尔不让步——她知道那些违规行为是常见的，不能构成重大刑事诉讼的理由。2016 年 3 月，检察官最终完全放弃了此案。这时，距联邦调查局搜查她的住宅已经过去了 17 个月，她花费了超过 10 万美元的律师费。朋友们联合起来帮助她负担了这笔费用，但她依然在经济上元气大伤，且没有工作。

　　"我已经两年没工作了，"她告诉我，"我对孩子仍然负有重大责任，还有律师的账单，以及类似的事情。"她冷冷地笑道。"简直不可想象，你花了四十年努力工作，而这就是结果。"她一直在寻找工作，但笼罩在她身上的疑云让她很难找到。"联邦调查局都在《纽约时报》头版头条的报道中指责你是间谍了，没人会雇用你的 [10]。"调查公告写的乱七八糟，也没有引起

253 / 149

实 实 在 在 的 事

公众的丝毫关注。后来，她接受一些奇奇怪怪的兼职咨询工作——任何她能找到的帮她应付生活开销的工作。

外面的生活很难适应。在拉斐尔整个的记忆里，工作就是她的生活。"我是一个职业女性 11，"她说，"我不是家庭主妇。我的意思是我可以做饭和做各种各样的事情，但我从来都不是一个居家的人。"她竭力保持表面上与过去一样的生活。每天她早早醒来，坐在自家餐厅桌前，打开旧笔记本电脑，伸出触角找工作。她针对在阿富汗的和解问题向非政府组织提出建议，这一项目已再次被美国政府弃于自生自灭的状态。她大量阅读，尤其是关于政治和巴基斯坦的议题。她去参加所有能参加的智库和外交政策活动，尤其是关于南亚任何议题的活动。2016 年初，我在美国和平研究所（United States Institute of Peace）的一个小范围活动上，就一部关于荣誉处决 ① 问题的短纪录片，采访

---

① 荣誉处决 (Honor Killing) 是指男性、女性被一个或以上的家族、部族或社群男性、维护家族名声、清理门户等理由杀害，这类事件往往发生在实行封建制度的地区。——译者注

了该片的巴基斯坦制片人沙明·奥贝德－奇诺伊（Sharmeen Obaid-Chinoy）。前排就坐着罗宾·拉斐尔，她还在做笔记。一些与会者好奇地瞥着她，交换着耳语。

她的家人也不得不调整。拉斐尔说，亚历山德拉持续感到"羞愧……这对她来说是一个真正的打击"。亚历山德拉已经订婚，马上就要结婚，向她的公婆解释丑闻成了家庭危机。"她害怕人们不会来（参加婚礼），怕每个人都会想到这一令人尴尬的事情……"拉斐尔回忆道。拉斐尔坐大巴前往纽约，面见了新郎的父母，一位成功的投资银行家和他优雅又喜好瑜伽的妻子。"我不是间谍[12]"，拉斐尔告诉他们。"哦"，他们回答道。

那天晚上，在花园咖啡厅，拉斐尔用涂着红色指甲油的指甲在白色桌布上刮出"嘶嘶"声。"如果有人把这些人放到这上面，"她说，"那他一定是个美国人。"

"一个觉得你太像（间谍）的美国人。"我说。

"是的，而且你知道"，她神秘地倾斜了身

体，轻声说，"情报界满是印度裔美国人，他们对巴基斯坦耿耿于怀。他们在那里是因为他们的语言技能。你看到这些人从 INR"——国务院情报研究局"来做简报，可他们不得要领[13]。他们带着偏见，他们什么都不知道"！她向后靠着身子，一把抄起她的白苏维翁，酒在杯中晃动，差点洒出来。我就调查一事与十几个拉斐尔的同事进行了交谈，没人认为她是间谍，但有几个人对她与一个奸邪政权的关系如此和睦存有质疑。"偏袒供职所在国病症"这个词时有出现。罗宾·拉斐尔是位忠诚甚至是爱国的美国公务员。但她已经内化了巴基斯坦人的态度——都到了意欲归咎于印度甚至印度裔美国人的地步。

拉斐尔的方法并不完美。她与理查德·霍尔布鲁克不同，霍尔布鲁克使用外交手段改变他所处理关系的战略方向，而她是按规则办事。她利用外交手段维持现状，而几十年来，巴基斯坦一直保持事态基本稳定，足以让军事和情报合作继续下去。有时，她的做法看起来像绥靖。授权外交是霍尔布鲁克曾敦促使用的前线外交工具，其表象可能看起来很不同。

但拉斐尔信奉的是老式外交格言：你永远不要停止对话。早在她为塔利班辩护的时期，就已经极端表现出了她对这一思想的崇尚。如今，当任何形式的外交都已在美国最为敏感的国际关系中遭到边缘化的时代，这种行为就显得已经超越了不寻常范围——它甚至看起来像是犯罪。"她是在努力维护美国的国家利益，做我们都认为重要的事情，"一位不愿透露姓名的高级官员告诉我，因为调查对于执法部门来说仍然如鲠在喉，"而这样做让她看起来像间谍。整件事的危险就在于置外交于非法 14。"

《华尔街日报》在详细报道拉斐尔案件时，最终发表的文章采用了"最后的外交官"这一标题。拉斐尔一边从我们就座的桌旁站起来，另一边对这一归纳摇头。"罗南，我们能不能直截了当点儿？有外交政策界的人跑来跟我说，'你采取的是老派方法，现在流行的是新的方法'。"她蓝色的眼睛盯住了我，"我没做错事，我也没做过时的事，我做的是实实在在的事"。罗宾·拉斐尔穿上大衣，走出餐厅，回到冬天的寒冷中。

索 · 恩

THORN BIRD

忘 掉 地 平 线

〔美〕罗南·法罗 ——— 著　　李 茸 ——— 译

The End of Diplomacy and
the Decline of
American Influence

（Ronan Farrow）

下

WAR

ON

向

PEACE

和平宣战

外 交 的 终 结 和
美 国 影 响 力 的
衰 落

社会科学文献出版社
SOCIAL SCIENCES ACADEMIC PRESS (CHINA)

图书策划人　视觉设计师

联合创立

上　册

第二部　先开枪，别提问

叙利亚，2016 年

阿富汗，2002 年

索马里，2006 年

埃及，2013 年

哥伦比亚，2006 年

不要被迷惑：结交恶友，败坏善德。

——哥林多前书[1]，15 章 33 节

17　一般规则

在理查德·霍尔布鲁克去世七年后，我又路过了曾经的阿富汗和巴基斯坦事务特别代表办公室门前。依旧是漆成医院般白色的墙，蜂蜜色的木门。牌子却是新的，上面写着："派驻全球反伊拉克和黎凡特伊斯兰国（ISIL）联盟总统特使办公室"。阿富汗和巴基斯坦事务特别代表团队以及霍尔布鲁克与塔利班谈判的梦想，在唐纳德·特朗普执政的第一年中悄然破灭，留守到最后的员工也被遣散。2018 年初的几天里，特朗普的第一任国务卿雷克斯·蒂勒森告诉我，他还没有就这一角色的未来做出最终决定；但显而易见的是，他对这一机构的评价并不高。他说："是否需要阿富汗和巴基斯坦事务特别代表[1]，这一点我们正在考虑，"蒂勒森认为，负责阿富汗和巴基斯坦事务的传统角色——美国派驻这些国家的大使，以及负责南亚及中亚事务的助理国务卿——"比阿富汗和巴基斯坦事务特别代表要好得多，好得多"。然而截至 2018 年初，国务院的南亚和中亚局还没有一个常设助理国务卿角色。即便有人在积极倡导在该地区寻求外交解决方案，也没让人明显地看出来。

霍尔布鲁克在他最后带着绝望色彩的备忘录中表达了对军事化外交理念的恐惧，然而现实是这种理念如今已经以他始料未及的程度与规模变成了现实。特朗普总统将更多权力集中到了五角大楼，在以往由包括国务院在内的多方机构协调策划的政策领域里，赋予了国防部几近单方面做出抉择的权力。在伊拉克和叙利亚，白宫悄悄地将更多的军队部署决策权下放给了军方。在也门和索马里，战地指挥官有权在不经白宫批准的情况下发动袭击[2]。在阿富汗，特朗普授予国防部长詹姆斯·马蒂斯将军全权决定驻军数量的权力。在公开声明中，白宫对此举轻描淡写，称五角大楼仍然必须遵守白宫制定的总体政策基调。但在操作中，在外交领域里，成千上万名身处随时可能发生冲突地区的美国军人的命运，在近代历史上首次完全掌握在军方的手中。外交官不再输掉阿富汗问题的争论：他们根本就没在争论当中。2018年初，军方开始展开新的增兵举措[3]：在接下来的几个月里，在当地已有的1.4万名驻军之外，还会有近千名军人被派驻到这一地区。

在美国本土，白宫自身充斥着军方的声音。特朗普政府开始执政几个月后，白宫国家安全委员会的25个高级领导职位中，至少有10人是由现任或退役军方官员担任的[4]。随着人事任命和解聘走马灯似的持续，不断增长的撤换人员队伍中包括了白宫办公厅主任，这一职务之前被授予了前武将约翰·凯利。与此同时，白宫终止了"选派"国务院官员加入国家安全委员会的做法[5]。按照当前设计，在白宫决策过程中，来自外交界的声音将越来越少。

美国在世界各地的对外关系也表现出明显的军事味道。2018年初，特朗普政府泄露了计划制定中的"买美国货"战略，其中将为国务院派驻全球外交官提出新的任务：为国防承包商对外销售武器造势。美国军售额 [6] 在这之前的五年中一直在攀升，但特朗普政府领导任内的一系列新交易表明，武器销售与任何可能为军售提供背景和方向的外交之间，脱节程度越来越高。2017 年卡塔尔与其他海湾国家之间发生外交危机期间，在特朗普斥责卡塔尔政府与恐怖分子关系密切的同时，五角大楼宣布将向该国出售价值 120 亿美元的 F-15 战斗机。国防部长马蒂斯会见了与他对等的卡塔尔国防大臣，坐实了此项交易。据几位五角大楼的工作人员 [7] 表示，国务院官员几乎没有参与其中。

迫切的军事需求战胜了阻碍前几届政府从事此类交易的担忧。在巴林镇压人权活动的过程中——包括政府军施行谋杀和酷刑——国务院宣布美国将在不附带任何人权条件的情况下，恢复向该国的君主政权出售 F-16 战斗机 [8]。一位记者于 2017 年 5 月下旬在国务院就政府如何解释创纪录的 110 亿美元对沙特阿拉伯军售与该政权人权纪录糟糕之间的矛盾，向代理助理国务卿斯图尔特·E.琼斯（Stuart E. Jones）提问时，琼斯深深地叹了口气——他只是在常任助理国务卿尚未任命时，在岗位上代行其职的职业外交官。"嗯，嗯……"琼斯嘟囔着环顾左右，反复交叉着手指，然后停顿了20秒，目光坠入向无限远处的凝视。他断断续续地讲了几句打击极端主义的话，接着又是一个无休止的停顿，然后就低着头，匆匆离开了讲台，仿佛意识到自己在裸身梦游一般[9]。

特朗普总统一次又一次地称独裁者为强人，称赞他们。他称阿卜杜勒-法塔赫·塞西（Abdel Fattah el-Sisi）"非常棒"[10]，"我们非常支持（他）"；称菲律宾统治者罗德里戈·杜特尔特（Rodrigo Duterte）正做着"令人难以置信"[11]和"伟大"的工作。特朗普亲自邀请这两人到白宫，打破了之前政府的惯例。所有仍在世的前国务卿中，只有詹姆斯·贝克（James Baker）一人对这种亲密关系表示完全赞同。"埃及、菲律宾和土耳其历史上都是美国的伙伴，我们与这些领导人打交道是很重要的[12]，"贝克说，"经常被人们引述的富兰克林·罗斯福总统的一个说法，很适合用来解释眼前这种现象。'他可能是个王八蛋，'罗斯福总统是这样描述一位拉丁美洲的独裁者的，'但他是我们的王八蛋。'"约翰·克里道出了一种更典型的观点。"我不明白，"他说，"现任总统这么积极地评价违反国际规范的行为 13，或是将它们描述得那么'棒'，他想达到的目的是什么？从美国总统嘴里说出这种话来，这在无论来自哪个政党的总统当中都是史无前例的。"曾经负责管理这些微妙关系的外交官与所有人一样吃惊：他们一而再再而三地被置于事外 14。

"如果有人认为外交政策越来越军事化，那肯定是我"，职业外交官克里斯·拉文（Chris LaVine）说。15 他曾是霍尔布鲁克任内阿富汗和巴基斯坦事务特别代表办公室团队的特别助理之一，削减预算和裁员消息传来时，他正在参与制定对叙利亚政策的工作。他参加了一系列以"伊斯兰国"为重点的任务，目睹了两种力量使美国的对叙利亚政策陷入混乱。第一种力量来自国务院内部，霍尔布鲁克曾经使用的办公室门上的新招牌并非偶然。反伊拉克和黎凡特伊斯兰国的活动已经成为一大旋涡，把国务院越来越多的资源和活动卷入其中。反伊拉克和黎凡特伊斯兰国事务特使布雷特·麦格古克（Brett McGurk）已成为国务院大厦中最有权势的官员之一。第二种力量来自外部，国务院已经向军方出让了越来越多的权力。"我们已经向五角大楼、坦帕和国务院大楼里那些从事反伊拉克和黎凡特伊斯兰国事务的人割让了太多政策领域，"麦格古克说，他指的是五角大楼麾下位于佛罗里达州的中央司令部总部，"外交的坚实根基部分已绝对被割让了，人权关注、经济以及（与土耳其）双边关系等其他政策问题上的进展也在很大程度上被牺牲了。"[16]

由于没有外交官主导的集中对话，白宫又在各种半吊子措施中摇摆不定，美国的叙利亚政策基本上是由中央情报局和五角大楼制定的，这种情况从奥巴马政府开始，而到了特朗普政府任期仍在持续。这种局面被证明有问题，因为这两个机构各自着手建立的与当地力量的关系之间，彼此分离甚至有时相互冲突。美国中央情报局秘密武装并训练了叙利亚自由军（Free Syrian Army，FSA）中由所谓"温和"反叛分子所组成的松散联盟。而五角大楼成立并开始武装的一个联盟名为叙利亚民主力量（Syrian Democratic Forces），却是由库尔德人民保护部队（Yekıneyên Parastina Gel，YPG）主导的。

这两种关系被证明都存在问题。叙利亚自由军的武器[17]最终落入支持阵线（Jabhat al-Nusra）之类的恐怖组织手中，而人民保护部队则与被美国贴上恐怖组织标签[18]的革命组织库尔德斯坦工人党（Partiya Karkerên Kurdistanê，PKK）有着千丝万缕、纠缠不清的关系。"他们用自己的组织名称玩障眼法，"拉文说，"这些家伙跟库尔德斯坦工人党是一回事。"[19]五角大楼与库尔德人民保护部队之间不受约束的关系也构成进一步的问题：库尔德人是土耳其人的死敌。"因为过于关注消除伊拉克和黎凡特伊斯兰国的直接威胁，我们加剧了土耳其安全部队与库尔德斯坦工人党之间长达35年的冲突，使之可能会持续更长时间。"他继续说道。

在被空袭轰炸得只剩下断壁残垣的阿勒颇

市，一位名叫阿卜杜拉·艾尔－穆萨（Abdullah Al-Mousa）的叙利亚自由军指挥官更加直言不讳："美国对叙利亚民主力量的政策未来将造成阿拉伯人与库尔德人之间的内战……美国犯了一个很大的错误。"[20] 这个非常大的错误已经在当地显而易见：库尔德人、土耳其人和叙利亚反政府武装已经数次交战[21]，所有各方都拥有美国的武器和空中支持。2016 年 8 月一个炎热的夏日星期六，火箭击中了叙利亚北部的两辆土耳其坦克，杀死了一名土耳其士兵，让美国的脆弱联盟网络开始瓦解。根据土耳其国营媒体的报道，土耳其很快就指责库尔德人民保护部队，并强力反击，第二天就杀死了 25 名库尔德人民保护部队士兵，外加 20 名平民。叙利亚自由军同日宣布占领了 10 个库尔德村庄。在线播放的视频显示，美国支持的叙利亚自由军士兵残酷地暴打美国支持的库尔德人民保护部队士兵。

一个月后，叙利亚自由军指挥官阿卜杜拉·艾尔－穆萨在阿勒颇外的一个营地中避难，即便他关着窗户，甚至是在深夜，都能听到炮击声。"真是混乱，"他说，"美国支持那些像库尔德组织之类不抗击（叙利亚总统巴沙尔·）阿萨德，而只想自己建国的组织，这真的是一个巨大的错误[22]。"不出所料，他认为自己的叙利亚自由军是更适合的伙伴——尽管他也承认自己的首要关注点是与叙利亚政权作战，其次才是在美国要求下打击伊拉克和黎凡特伊斯兰国。

叙利亚自由军律师奥萨马·阿布·扎伊德（Osama Abu Zaid）表示，美国在叙利亚冲突中的存在引发了混乱，其中中央情报局支持叙利亚自由军，而五角大楼支持叙利亚民主力量及其库尔德分支机构。"五角大楼和叙利亚自由军之间没有直接的沟通"，阿布·扎伊德说。美国各机构之间的分歧导致联合指挥中心和训练中心内部怪象环生，其中五角大楼官员拒绝与靠中央情报局武装起来的叙利亚自由军指挥官交谈。阿布·扎伊德表示，美国人有时似乎还很享受这种紧张关系。"有时在这里的中情局人员还很高兴，因为五角大楼的计划是错误的。"[23]这就是在战略缺失的前提下，策略留给人的印象：致命的闹剧。

2017 年上半年，特朗普政府选择了支持其中的一方，首先重新授权五角大楼支持库尔德人反对土耳其人，然后停止了中央情报局对反叛分子的秘密支持[24]。五角大楼掌握控制权，有效地将国务院排除在维持与土耳其关系这一任务之外。土耳其是美国在该地区必要但不好相处的盟友，维持与土耳其关系本应是国务院的一项重要任务。拉文表示，从战略角度看，在该地区取代外交的军事代理战争"绝对有害"。[25]"我一直在做管理土耳其关系的工作，美国如此公开地武装库尔德人民保护部队，已经对双边关系构成了竞争和侵蚀。土耳其对库尔德人民保护部队的看法，就好比他们驻扎在得克萨斯州并武装墨西哥的锡那罗亚贩毒集团（Sinaloa Cartel）时，我们对他们的看法一样。"它削弱了美国文职部门在一系列问题上与土耳其人对话的努力。"我们不得不在本应解决的双方共同关心问题上克制自己：土耳其的人权问题，与 2016 年 7 月政变企图相关的镇压民间社会及大规模清洗问题，以及在与北约盟友之间的双边关系问题上取得进展等，"拉文补充道，"相反，与叙利亚库尔德人的合作主导了对话，并限制了我们进行外交活动的能力。"

希拉里·克林顿对于她缺席了叙利亚政策制定过程的说法不屑一顾。她支持军方及情报机构中对等官员所主张的进行更强有力干预的立场。"我认为我们需要做更多的工作，来支持反对巴沙尔·阿萨德的合法力量[26]，"她解释说，"我得到了中央情报局和国防部的支持[27]。"但在操作层面上，多位官员表示，国务院已经拱手交出了太多权力，以至于来自文职部门的声音基本无法构成制衡——至少那些未能与五角大楼或兰利①的要求同步的声音没有构成制衡。这时"已多数是军方对军方的接触了"，拉文说，"那基本上就是五角大楼与同行进行对话，国务院感觉倒像是外交政策中排位第四或第五重要的机构了"。在作为国务院中枢的"红木走廊"里，另类视角已然不复存在。该建筑中最强力的声音都是"与执行反伊拉克和黎凡特伊斯兰

---

① 兰利（Langley）位于美国弗吉尼亚州的费尔法克斯郡，是中央情报局的所在地，常指代中情局。——译者注

国运动的指挥官们保持一致，不惜牺牲美国在该地区的外交政策长期目标。对于国务院来说，坦诚地抱有与军方不同的政策观点已成为不可能的事 [28]，否则你就可能被排除在讨论之外"。

拉文是"纽约布鲁克林子弟，目睹了'9·11'，希望为国家效力"。最初他打算在 2010 年阿富汗和巴基斯坦的任务结束后就离开国务院，但由于在霍尔布鲁克去世前不久答应了后者会留下来继续战斗，而没有离开。继续在国务院工作了十多年后，拉文在 2017 年中期的预算削减和解雇潮期间离开了国务院。"很明显，"他说，"在系统性的犹豫不决和无所作为环境下，我们制造了更多问题，而不是解决问题。"

借着外国势力和强人主导，冷战思维正在蔚然中兴。这一过程从 2001 年 9 月 11 日之后的第一天起，已持续近 20 年。此类对外关系中，一部分是在乔治·W.布什的领导下，在"9·11"恐怖袭击发生后的紧急时刻建立的，但多数在奥巴马政府的执政期间得以延续和拓展。具有讽刺意味的是，正是奥巴马的非干涉主义——"别干蠢事"外交政策倾向，促使这些策略变本加厉地发挥作用。奥巴马政府希望以"低足迹"干预的外交政策形象见诸历史，其中的核心要素除了无人机之外，还包括与外国军队和民兵组织的联盟。2014年，他在纽约上州西点军校的毕业典礼上，向一千多名身着传统灰色军服的毕业士官生描述了他对新时代美国全球参与政策的愿景。这一愿景的核心是代理人战争：他一遍又一遍地使用"伙伴"[29]一词，指的是那些竞标美国支持的外国军队或民间武装力量。为什么派美国的士兵去做也门和巴基斯坦人可以为我们做的工作呢？虽然每一任政府的动机有所变化，但自2001年以来的三位总统全部都加倍执行了这一原则。

然而这些关系无一例外地伴随着人权及更广泛战略利益领域里的严重妥协，这也正是拉文在美国的叙利亚政策中所目睹的。我们不必推测这些妥协所带来的影响：美国于世界各地冲突中所走过的轨迹，已证明这种趋势是灾难性的。置外交于边缘化，而选择由美国军方与外国军阀进行直接交易，是美国在阿富汗命运走向衰落的核心原因。类似的选择也加剧了新恐怖主义威胁在非洲之角的出笼速度。而围绕强人打造的政策，也让我们在埃及面临革命来袭的时刻束手无策，在之后暴力盛行时无力制止。当然也有例外：少数几个以更加平衡的方式结合了外交利益的珍贵军对军联盟，还有美国在拉丁美洲可卡因"银三角"地区实施干预的案例。

这一前车之鉴看起来也基本没有引起特朗普政府的重视，因为其外交政策已蓄势向以军事为主导的方向倾斜。许多外交官无法逃避地发现，自己的工作越来越多地被军事联盟所取代——包括在阿富汗工作的外交官。对于我们当中的一些人来说，这种认识是从一个军阀和一起谋杀悬案开始的。

18 杜斯塔姆：他说真话并劝阻一切谎言

这是个坟场，看到之前，老远就能"闻到"。珍妮弗·利宁（Jennifer Leaning）把她旅行时总带着的黑蓝红三色针织围巾在脖子上裹紧。她穿着的黑色土拨鼠（Marmot）外套对她来说太大了，隐藏了她的瘦削身材，让她从远处看起来会被人误以为是个男子；也算是执行危险任务时的小小安全保障。她还带了一顶帽子，但是她把它给了当地的翻译。他还是个孩子，可能也就 18 岁，而且有点战战兢兢——部分是因为天冷，部分是因为他对两人要去的地方很恐惧。时间正是中午，天气并没有冷到阿富汗在 1 月时可以达到的滴水成冰的地步，但风已经刮了起来。一股恶臭源源袭来：身为医生，经历了从科索沃到索马里的地区冲突后，这种死亡垃圾的味道已经深深地刻在了利宁的意识中。这味道没有具体的来源方向，好像是大地腐烂了。灰茫茫的天空下，利宁显得更加瘦小，她有种光天化日之下的暴露感。这里的沙漠平坦而一望无际，无处藏身。她向前走着，小心翼翼，知道地里可能埋着地雷。场景明白无误：一望无际的沙漠中，新翻起的土堆分外醒目，颜色深且潮湿，其中纵横交错着重型车的轮胎印。翻起的土中还星星点点地夹杂着许多奇怪的东西：一簇簇的黑色、白色和欢快的红色。利宁过了片刻才意识到它们都是什么：头巾、衣服，以及中间夹杂着的人字拖鞋和念珠。她停了下来，感觉浑身发冷："有头骨碎片，有肋骨，人的骨头。"[1]在她身边的另一位调查员约翰·赫弗南（John Heffernan）拍下了一张照片。

这是 2002 年初，地点在阿富汗偏远的北部。国际监督组织医生促进人权协会（Physicians for Human Rights）[2]派遣利宁和赫弗南来调查新反恐战争中囚犯的待遇情况。结果他们无意中发现了另外一个更深层、更危险的秘密，其内幕在随后的十多年里始终备受指责，被送上全球一些最有权势的人的办公桌，成为他们关注的要事，并让连续两任政府都试图掩盖。调查人员在脚下看到的正是最早的实例之一，它展示了"9·11"后由军人和间谍，而非外交官主导的外交政策所付出的代价。这个无名坟场在一定程度上是美国与军阀间关系的产物，这些关系填充了外交官被迫靠边站所造成的空白。其后果不仅仅是人权问题：在阿富汗，美国对省级暴君的支持还将重塑这个国家，为导致美国历史上最长时间的战争创造了条件。

两位调查员动手测量坟场规模时，并不知道这些。训练有素的战争罪专家们懂得不能远距离目测尸体数量，但很显然这是个大坟场：尸体挨着尸体，蔓延了足有美式橄榄球场大小的面积。赫弗南拍照的当口，利宁拿出了笔记本。她带着的是中学生们喜欢用的一种黑白大理石纹路封面的笔记本，硬壳外皮方便在野外时直接以膝盖支撑做记录，而她杂乱的笔迹也能装进比较宽的格子里。她没有太多时间做笔记，他们也就刚到了那里 10 分钟的时间，就看到地平线上腾起尘烟，并从中驶出黑色的车辆。利宁隔着老远猜测，大概是四五辆带篷吉普，或者丰田兰德酷路泽，它们正朝着调查员们的方向疾驰而来。

利宁和赫弗南急忙跑回自己那辆饱经风霜的丰田车。翻译脸都吓灰了。他们的司机，一个50多岁头发花白的男子，已经发动了汽车；他也很怕沙漠的这一部分——来这里的路上他一直紧张地不断瞄后视镜，扫视身后的地平线。现在，被那些吉普车在背后追着，司机拼命地踩着油门，越过半英里荒芜的沙漠，回到省会城市希比尔甘（Sheberghan）。这时吉普车仍然追赶着调查员们，于是他们没有停顿，一直到把希比尔甘甩在身后，继续向东，朝更大的区域中心城市马扎里沙里夫（Mazar-i-Sharif）飞奔。一路上，利宁和赫弗南一直紧张地坐着，一言不发。车里的每个人都觉得自己可能刚刚躲过了一发或几发子弹。

这座坟场位于军阀阿卜杜勒·拉希德·杜斯塔姆（Abdul Rashid Dostum）将军麾下要塞的视线范围内。这位骑马舞剑的乌兹别克勇士是阿富汗现代历史上最令人恐惧，因此被神话化了的军阀之一，他在冷战时期曾是所有各方的盟友，后来又背叛了每一方。在"9·11"袭击事件后的几个月里，他是美国在阿富汗新战略的核心。倚仗美国人的武装和特种部队的庇护，杜斯塔姆的骑兵战斗部队推翻了塔利班在阿富汗北部的所有据点。医生促进人权协会调查员们追踪的囚犯就是在战斗中向杜斯塔姆投降的，而追击调查员的吉普车也是从杜斯塔姆要塞的大门里开出来的。

14 年后，我站到了杜斯塔姆将军的殿堂上，盯着他的驯鹿，尽量不表现得太惊讶。驯鹿似乎为自己为什么在那里感到困惑，而我一定看起来在为那里怎么会有驯鹿而感觉困惑。可它就在那，至少重 200 磅，断了一只角，扭动着想摆脱箍在它脸上的绳子。我走开了，以免被鹿角刺穿。在一名侍从努力抓住绳子另一头的当口，杜斯塔姆像范娜·怀特（Vanna White）颁发"幸运轮盘"[①]奖品时一样，双手

[①] 幸运轮盘 (Wheel of Fortune) 是美国的一个热门电视游戏节目，其中参赛者一次一个字母地猜字谜。——译者注

指向驯鹿。他笑着看看驯鹿，然后看着我——幅度很是"慷慨"，直接传递了"看，我带来了驯鹿"信息的笑容，仿佛这是世界上最常见的接受采访的方式。我抿起嘴片刻，他在等待回应。"这是头美丽的动物，将军"，我说。在军阀的殿堂上，你说话得字斟句酌，特别是当其两侧侍卫胸前都挎着M4卡宾枪的时候。更何况还有鹿角。

这是 2016 年 8 月，杜斯塔姆将军已从反美军阀变成了美国代理战士，又成为阿富汗副总统。他是美国外交政策军事化的鲜活体现：一个军阀，靠着与美国人合作的背景，已经在自己国家里由美国人建立的新权力结构中蹿升到了最高层。2016 年那天晚上，我们见面的地点是喀布尔的副总统府，风格像是 007 电影中反派人物巢穴与李伯拉斯①更衣室的混搭。杜斯塔姆在整个府邸里都用活的草坪铺地，而且从我见到的情景看，任何可能放置植物的地方，他

---

① 李伯拉斯 (Wladziu Valentino Liberace)（1919 年 5 月 16 日至 1987 年 2 月 4 日）是美国著名的艺人和钢琴家，在 20 世纪 50 年代到 70 年代曾是全球收入最高的艺人，服装以缀满亮片、荧光闪烁为特点，被誉为"闪耀之王"(The King of Bling)。——译者注

都给摆上了植物。数以百计的树和灌木装在并不匹配的陶土花盆里，挤满了整个府邸，每个枝杈上都装饰着大串的圣诞树灯饰，仿佛有人把家得宝（Home Depot）的某处货架直接清空搬了过来一般。有大的灯泡依次闪烁，也有假冰柱亮起来像滴水一样；还有，到处都是动辄好几米长的绳状彩虹灯。你必须推开树叶和彩灯，才能穿行到中间可以就座的区域，那是一个离地并不太高的平台，上边摆着并不匹配的成套藤制露台椅和人造革 La-Z-Boy 躺椅。路易十四风格的茶几上摆着插了假花的花瓶和古典风格的骑兵小雕像。一个柳条笼里，一只肥硕的石鸡咕噜咕噜地悲伤叫着。当然还有一个装满鲨鱼的巨型鱼缸。军阀范儿的时尚。

这里是一位记者对杜斯塔姆将军的描述："身高超过 6 英尺，肱二头肌鼓胀[3]……一个熊一样的大汉，笑起来低沉粗暴，那声音让一些乌兹别克人发誓说有时能吓死人。"[这位名叫拉希德·艾哈迈德（Rashid Ahmed）的记者称，在他造访杜斯塔姆位于阿富汗北部的据点之前不久，杜斯塔姆把一名因偷窃被抓到的士兵绑在俄罗斯坦克的履带上，然后开着坦克兜圈跑，直到那名士兵的身体被碾成了肉酱[4]。后来杜斯塔姆否认了这一指控。]但是杜斯塔姆也是位动物爱好者，这一点他经常提醒我。"人们拿来一些鸟或者羊，或一些动物用来屠宰、吃的时候，我就告诉他们'请把它带走，带走吧。我不想杀死这只鸟、这只羊，或者这只山羊……'"他说，明显地被感动了。杜斯塔姆将军不是像你我这样可能是爱猫或爱狗人士的动物爱好者，他是个只有高权势的乌兹别克军阀才可能成为的动物爱好者，拥有一个养着数百只鹿、马和猎鸟的动物园。在我和他一起度过的每一天中，他都至少有一次提到一匹马或一只鹿受伤，他的眼睛也会盈满泪水，他的下唇会向外突，好像一个刚被告知家里的仓鼠去了极乐世界的孩子一样。

"我是绝少答应接受记者采访的"，杜斯塔姆将军用乌兹别克语，通过一位勉力而为的顾问兼翻译说。乌兹别克语中很多词都是从喉咙的后端发出的，而杜斯塔姆的发音尤其低沉而嘶哑。他说话时语音懒散，发音略显含糊且带着拖腔，听起来像是半速播放的磁带录音。"我有朋友说要接受采访，但到目前为止，我从未答应过"，他继续说道。他对媒体发表评论，仅限于很少见地通过电话提供过引语。能与他坐下来谈的只有学者和冒险家，这些人用溢美的颂词记录他的传奇故事。"你是来自友好国家的一个不错的家伙[5]，因此我同意今天在这里接待你"，杜斯塔姆说，他用眼睛对我上下扫了一遍，有些怀疑地打量着我。

但是我来的目的并不是讲述杜斯塔姆将军的故事，或者至少不是像将军看起来笃定相信我会做的那样讲述他的故事。我造访杜斯塔姆位于喀布尔的这座以草坪铺地的宫殿，是为了就地平线尽头一座无名坟场而向他提问。

杜斯塔姆最初名叫阿卜杜勒·拉希德（Abdul Rashid），是全家9个孩子中的一个，出生在阿富汗朱兹詹省（Jowzjan）沙漠平原中的一个乌兹别克农民家庭。假名"杜斯塔姆"在乌兹别克语中意思是"我的朋友"[6]，是他作为军事指挥官掌握大权时才开始使用的。他家有座简陋的土坯房：三个房间，泥土地面，没有电。在阿富汗北部的荒芜地区中，生存是一项壮举，而杜斯塔姆显示出了特别的韧性。他声称自己还是婴儿时，曾被冰雪融化后形成的一股洪水冲走，因为抱住了一根树枝而活了下来，一个人泡在冰水中；最终一位村民发现了他伸到浪头以上的小手，把他拉了出来。"这是什么？！"杜斯塔姆夸张地学着救援人员的口吻说道，"哦，是只婴儿的手！"[7]村民把他抱到附近的一座清真寺，倒挂在泥巴墙上，直到他肚子里的水都倒了出来，恢复了知觉。

杜斯塔姆童年时代的其他传说则讲述了他另外一种本性：他随时表现出来的暴力禀赋是从校园斗殴开始的。"我总是和其他孩子打架，"他承认道，"直到如今，我仍然是同一个人。"他停顿了一下，接下来有片刻时间，口气听起来有点懊悔："不过，我这一生中从来没有先发攻击过任何人，都是别人攻击我时，我出手自卫。"

从那个时候起，他最喜欢的娱乐活动是布兹卡兹，也就是抢羊比赛。这是中亚地区的一种古老运动项目，由15名骑手争夺一只挂在场地一端竖杆上的无头死山羊，然后想方设法控制住山羊，并把它带到场地另一端画在地上的圆圈里。抢羊比赛是出了名的暴力且混乱，参赛骑手之间极尽鞭抽、拳打甚至踩踏之能事，受惊的马匹也狂奔嘶吼不休。裁判员为了让吵闹的参赛骑手守规则而带着步枪上场[8]，一点都不少见。抢羊比赛需要"强壮的马配强壮的人"，杜斯塔姆解释说。另外，他说："我喜欢马，对马有着美好的回忆。"他的眼睛再次湿润了。我说他必须教我玩，他拒绝评估我的潜在竞争力。他那种怀疑地扫我一眼的表情可不是好兆头（正如彼得雷乌斯一样，杜斯塔姆正确地推测出了我的运动能力）。但是他邀请我去希比尔甘观看比赛。他很沉重地警告说，他的团队已成长到有时能胜过他的地步。杜斯塔姆在鼎盛时期是战无不胜的[9]。

杜斯塔姆还短暂地做过炼油厂工人、水管工和摔跤手，不过战争才是他真正的专长。他少年时被征召入伍，然后一路升迁，毫不费力地掌握了祖先传下来的低技术含量的骑兵战斗技巧。后来，他加入了阿富汗军队，与他们和苏联人保持一致，即便在反苏的圣战者占据优势的时候也依然如此。

整个 20 世纪 80 年代中，反苏联的力量获得了美国大量的资金及武器供给。罗纳德·里根称他们为"自由战士"，而他们也因为美国人对红色恐怖的畏惧而成名得宠。乔安·赫林（Joanne Herring）是当时得克萨斯州的一个社交名媛，那种永远粘着假睫毛[10]、头发梳得老高、张嘴《圣经》典句不断的女子，还撺掇她当时的情人、声名不佳且酗酒的联邦众议员查理·威尔逊（Charlie Wilson）在国会山提案支持这些"自由战士"。支持圣战者热潮的高峰期内，国会向中亚地区圣战者拨款的额度已超越中央情报局想要的水平[11]。许多反苏圣战者是激进强硬派的事实在当时只是一个特征，而不是问题。到 20 世纪 80 年代中期，中央情报局甚至委托人将《古兰经》翻译成当地语言，并付钱让人成千份地分发到苏联人防线的后方。美国中央情报局特工米尔特·比尔登作为中间人安排了部分与圣战者的合作关系，多年后他仍为这种想法进行辩护。"我们要明确一件事：温和派从未赢过任何东西，"他对我说道，"温和派，赢不了战争。"中央情报

斯 坦 姆 ： 他 说 真 话 并 劝 阻 一 切 谎 言

局更关注小规模的战术挑战。"你必须把事情做得'防巴（巴基斯坦）佬儿'，"比尔登回忆起当时他们向圣战者分发一种设备时的情形，"也就是让他无法把粉色的电线接到绿色的电路上，再把电路拧死，然后轰的一声把他自己给炸飞了！"他雷鸣般地大笑起来，"有几个家伙真被炸飞了，但他们可不是自杀"。[12] 无论如何，不是那时候发生的。

这段历史在"9·11"恐怖袭击后不可思议地重演了，这时的美国再次选择依靠敌人的敌人来扭转局面。就连乔安·赫林都再次出现，带着一身的香水和发胶味，在我还在国务院工作的那段时间里闯了进来。这时的她已年届80，神情紧绷，举止扭捏，依旧要"挽救"阿富汗，这一次是要为她经营的一个发展组织联盟募款数百万美元。这些组织也被称为"马歇尔计划慈善机构"。她拉着我的手，称我是"上天的馈赠"；她还在开会前让南亚和中亚局的外交官们拉起手来，一同祷告。她闭着眼睛，对主和她希望得到的指挥官应急计划基金，发出一番慷慨激昂的祈祷。在她离开后，霍尔布鲁克难以置信地摇了摇头，用不适合在这里重复的带颜色的语言称谓了她。我就赫林所起到的扶持圣战者作用而向她提问时，赫林变得有些恼火，称提供给圣战者武装力量的毒刺（Stinger）导弹保质期有限，而她做的也仅限于此了。

好莱坞电影《查理·威尔逊的战争》① 讲述的是赫林和威尔逊努力为阿富汗反苏联圣战者集结支持援助的故事。阿伦·索金为这部电影所创作的原始剧本中，结尾是五角大楼在"9·11"恐怖袭击中被击中冒烟的镜头。有报道称，赫林动用律师施加了高压 13，直到剧本结尾得以修改。不过影片最后依旧以谨慎的基调收尾：随着苏联人撤出阿富汗，而威尔逊开始庆功，中央情报局特工古斯特·埃弗雷克托斯（Gust Avrakotos）讲述了一个禅宗大师的故事。大师看到一个男孩获赠了一匹马，他所在的整个村子都在欢庆这一祝福。"等着瞧吧"，禅师

---

① 香港译名《韦氏风云》，台湾译名《盖世奇才》，是环球影业公司出品的一部历史传记片，由汤姆·汉克斯、朱莉娅·罗伯茨等主演，于 2007 年 12 月 10 日在美国上映，讲述了查理·威尔逊支持阿富汗反苏组织，成功领导了史上一次大规模秘密军事行动的故事。——译者注

说。男孩从马上摔下来并摔断了腿后，村民们宣称这匹马是克星；这时禅宗大师只是又说了一句"我们等着瞧吧"。后来，战争爆发，男孩因为腿伤而免受征兵，整个村子又再度将那匹马当作上天的馈赠来庆祝。"等着瞧吧"，禅宗师父再次说。影片中威尔逊在消化这些暗示的同时，观众则听到飞机从头顶上呼啸而过。

杜斯塔姆并不激进，但是到了冷战结束时，他已经证明自己在其他方面是危险人物。他的信仰就是生存，并通过一连串令人眼花缭乱的背叛和欺骗确保了这一点。即使是在亲苏联的军队中指挥最强大部门的那些年里，他仍然与战场上对立方的圣战者指挥官们保持着联系，并公开考虑改弦更张投靠对方阵营[14]。实用主义得到了回报——随着苏联对阿富汗的控制逐步削弱，圣战者中美国最青睐的子弟艾哈迈德·沙阿·马苏德（Ahmed Shah Massoud）向杜斯塔姆传话说，苏联当局感受到了杜斯塔姆威信日益提高所带来的威胁，打算强迫他出局。杜斯塔姆在莫斯科背叛他之前，先背叛了莫斯科，带着麾下4万名将士归顺了多年来一直在战场上处于敌对方的伊斯兰教圣战者阵营。这一动作后来被证明对打破力量平衡[15]，最终迫使苏联人撤退，起到了决定性作用。

苏联撤军后，前自由战士们进驻了喀布尔，并血洗了这座城市。杜斯塔姆首当其冲——据报道，他的民兵武装正是实施大规模烧杀抢掠[16]的罪魁祸首。但是新政府初具雏形时，他发现自己被晾在了一边。部长职位一个个地给了其他指挥官，杜斯塔姆退居到了他在北方的领地；然而塔利班的侵犯又使他在北部的权力消失殆尽。他的副手在1997年背叛他并投靠塔利班时，他逃离阿富汗，跑到了土耳其。然而，到了2001年初，杜斯塔姆又回来了，纠集起残破的部队对抗塔利班。他很快就成为美国解决阿富汗最新问题的权宜之计。

"9·11"之后美国在该地区的选择有限，以及由此产生的武装杜斯塔姆及其同盟军阀的决定，都是外交真空的直接后果。出于由意识形态阻力、惯性和疏忽大意等因素构成的组合原因，多年来没有人寻求与阿富汗的塔利班政权进行有意义的对话，而正是这一中世纪的塔利班政权为本·拉登提供了庇护。美国官员确实在 20 世纪 90 年代里与塔利班进行了数次会晤[17]，但所有人都要么敷衍了事，要么就只专注于希望塔利班交出本·拉登的狭隘要求。尽管罗宾·拉斐尔之类支持对话的人也进行了呼吁倡导，但这些会议从未发展成真正意义上的谈判。2001 年初，随着该地区的威胁变得更加严峻，美国切实支持了联合国安理会的制裁措施，对塔利班实施了武器禁运和资产冻结[18]。但这些都是大棒，没有胡萝卜。制裁并不是为了把塔利班带上谈判桌，而是为了击破一个残暴的政权。

在 20 世纪 90 年代后期，联合国短暂地推动了有希望的更广泛区域对话。来自阿尔及利亚的联合国派驻阿富汗特使拉赫达尔·卜拉希米与塔利班的二把手毛拉·穆罕默德·拉巴尼（Mullah Mohammed Rabbani）保持着民事联系，对于塔利班越来越依赖"基地"组织以及与奥萨马·本·拉登的关系越来越深[19]的情况，毛拉持怀疑态度。塔利班一名官员甚至以观察

员的身份，参加了美国、俄罗斯及阿富汗六个
地区内邻国之间就和平解决阿富汗内战问题[20]，
于 1999 年在乌兹别克斯坦首都塔什干举行的会
谈。但是，这些努力很快就被美国选择在该地
区与巴基斯坦军事结盟抵消了。就在上述国家
在塔什干同意停止为阿富汗冲突各方提供武器
的几天后，巴基斯坦与塔利班联手[21]发动了针
对反对势力的重大军事攻势。

　　"9·11"恐怖袭击之后，谈判解决阿富汗
问题的机会都或者遭驳回，或者被破坏了。杜
斯塔姆将军与美国人合作包围了塔利班据点昆都
士后，有一个为期三天的谈判过程，参与者包
括杜斯塔姆以及十几名美国特种部队官员和情
报人员。和平投降的塔利班人员都获得了慷慨
的处理：除了美国人挑选出来的高情报价值目
标外，只要放下武器，他们就都可以安全返回
自己的村庄。作为交换，杜斯塔姆承诺对两位
塔利班将军——穆罕默德·法兹勒（Mohammad
Fazl）和努鲁拉·努里（Nurullah Nuri）施以大
赦，并做出了公开宣布，以作为未来更广泛和解
的信号。但这两名指挥官很快就进了关塔那摩湾

（Guantánamo Bay）。多年来，对于那些观察阿富汗陷入混乱过程的人来说，这一直都是一个令人困惑和错愕的话题。"法兹勒和努里在你这一边，你承诺给他们大赦，然后他们最终都进了关塔那摩。"我开始向杜斯塔姆提问。他哼了一声。"问简短点儿 22，我感觉不舒服。"

"美国人是否施压让你把人交给他们？"我追问道。

杜斯塔姆大笑起来。"我没有把他们交给美军。但他们也没有强行把他们带走。他们来带人，然后我告诉他们，'听着，他们是塔利班，他们是穆斯林，我也是穆斯林，你们不是穆斯林。如果我交出他们，如果我把他们交给你们，我会受到谴责：（杜斯塔姆将军是穆斯林，但是他把塔利班交给了美国人）……'这会损害我的信誉……小布什正在电视上谈论如何对待囚犯……"杜斯塔姆说，他所指的是小布什总统早期做出的关于尊重《日内瓦公约》的评论。"然后军方的人来了，说'听着，我们必须执行命令，我不在乎小布什说什么。如果我要带走他们，我就会带走他们'。"杜斯塔姆耸了耸肩，膝盖摆来摆去的，显得不安。"我说'好吧，你要什么就是什么[23]'。"在阿富汗战争的最初几个月里，同样的情势也曾反复出现，包括在坎大哈，哈米德·卡尔扎伊尝试和解的努力，被一听到与塔利班打交道就生气的唐纳德·拉姆斯菲尔德一口回绝。

在刚刚发生过恐怖袭击的情况下，美国回避与塔利班谈判，而愿意采取军事行动，这一点并不令人意外。建议以外交而非军事手段对付为"9·11"恐怖袭击肇事者提供庇护的政权，这在政治上形同在全美的公立学校系统提倡自相残杀教育。然而这种军事反击直到塔利班在战场上土崩瓦解之后很久，都依然在持续。从来没有过将军事成果纳入更大战略背景考虑的通盘努力，多年来，甚至没有承认已经是明摆着的事实的政治空间：完全打败和消灭塔利班是不可能的，有鉴于此，和平只能通过外交来实现。

相反，在恐怖分子驾驶劫持来的飞机撞入美国权力中心及国民意识之后的几周里，关于如何反应的争论几乎完全是在军方和情报界内展开的。有些人，比如当时中央情报局伊斯兰堡站的站长，希望继续完全通过美国与巴基斯坦的军事联盟工作，利用巴基斯坦人向美方多年来一直支持的塔利班政权施加压力，逼迫后者交出奥萨马·本·拉登。华盛顿中央情报局反恐中心里的其他人则提出更简单的建议：向任何可以打击塔利班的人提供美国军火。还没有任何横跨整个美国政府的连贯性政策得以制定出来之前，持后一派想法者已开始悄悄地执行自己的提案了。而"任何能够打击塔利班的人"则意味着那些属于北方联盟的军阀和强盗[24]。

曾长期力主与塔利班进行谈判的罗宾·拉斐尔对这一选择感到绝望。"我们不需要（与塔利班）作战……他们意识到我们是谁以及我们拥有的实力。他们想回家。可我们就理解不了这一点……我们是强硬派，对吗？"她翻了个白眼，"我们和北方联盟一道骑着驴子进了场……这实在是无稽之谈[25]。对不起，但确实如此"。

2001 年 12 月，联合国并非全力以赴地主导了一次建立阿富汗新政府的努力，最终的成果就是在德国的波恩举行了会谈。作为被征服的政党，以及任何可持续政治解决阿富汗问题方案中不可或缺的一部分，塔利班却缺席了会谈。

主导会议的反而是美国人在最初的军事攻势中选择依赖的北方联盟武装力量。对于推动对话的外交官来说，这是根本性的失败。"我从一开始就说过，他们"——塔利班——"应该参加波恩会谈，"拉斐尔后来对我表示，"这是我们最大的错误[26]。"作为联合国团队一员，参与组织了波恩会谈的巴内特·鲁宾经常告诉我，将塔利班排除在会谈之外产生了深远的影响。"《波恩协议》[27] 确实使阿富汗政府以及政治情势更具有包容性，但它无法克服美国已决计排斥塔利班的反恐政策，"鲁宾后来写道。他在霍尔布鲁克于国务院办公室工作期间，座位离我很近。

会谈结束后，塔利班领导人甚至立即主动联系新任阿富汗临时总统哈米德·卡尔扎伊，提出以停战换取特赦的动议。然而这一提议立即被唐纳德·拉姆斯菲尔德和美国人推翻了。向阿富汗新中央政府发誓效忠并返回自己家乡的塔利班领导人被追剿和俘获，常常是经北方联盟军之手。

这些新步兵给美国的反恐战争添加了一道令人不快的流氓景观。做过奥萨马·本·拉登导师的阿卜杜勒·萨亚夫（Abdul Sayyaf）曾帮助建立了巴基斯坦和阿富汗的训练营。这些营地成为现代伊斯兰恐怖主义的基石，并且是冷战结束后争夺阿富汗政权期间，发动对什叶派（Shiite）哈扎拉人（Hazaras）血腥屠杀的大本营。布尔汉丁·拉巴尼（Burhanuddin Rabbani）的武装力量与萨亚夫的队伍合作，被指控在围困喀布尔期间屠杀老弱妇孺[28]，甚至狗。"9·11"恐袭发生后的几个月里，穆罕默德·莫哈奇克（Mohammad Mohaqiq）及其手下的人员涉嫌谋杀、强奸和大规模抢劫。其手下民兵的标志性恶行是：绑架年轻女孩并强迫她们成婚[29]。同一时期内，阿塔·穆罕默德·努尔（Atta Mohammed Noor）手下的民兵[30]则是一波专门针对普什图人（Pushtuns）的掠夺和强奸行动的主谋。当然，还有与阿塔之间发生了无数小规模血腥冲突的竞争对手：阿卜杜勒·拉希德·杜斯塔姆。

杜斯塔姆何时以及如何开始与美国人合作的，是一个存在争议的问题。中央情报局官员汉克·克兰普顿（Hank Crumpton）作为新成立的中情局特别活动部门负责人，监督了9月11日恐袭后的最初反应。他后来告诉我，中情局在"9·11"前就开始与军阀们建立关系[31]，已经持续一段时间了，主要通过一位能讲一口流利乌兹别克语、名叫戴夫·泰森（Dave Tyson）的特工操作。杜斯塔姆坚持认为，与泰森只是在袭击发生后才取得联系的。没有争议的是中央情报局的团队来了，然后是美国陆军特种部队第五特种作战群的一个绿扁帽部队，代号"595"。这是个奇怪的联盟。"尘埃算是落定了吧，然后尘埃里出来了沙人，"军士长保罗·埃文斯（Paul Evans）回忆说，"你看到拿着AK步枪的男子穿得跟你的敌人一样，然后你必须走到他身边，基本上问候他'嘿，你咋样？'[32]而且你不知道他是会伸出手来还是会对你射击。"这些"沙人"中的一个就是杜斯塔姆将军。"杜斯塔姆将军和他先进的安全护卫部队骑着马来了，"上尉马克·努奇（Mark Nutsch）说，"他从马上跳下来，然后——"

"天啊，那马还在跑呢[33]，他就跳了下来！他就像'嘿……'"一级准尉鲍勃·彭宁顿（Bob Pennington）插进话来，做出了一个很广大的手势。

"杜斯塔姆将军同意带我的队员和我到他的前沿指挥所去，"努奇继续说，"所以我们会在执行战斗任务时第一次骑马。"

一名负责协调用洛克希德AC-130空中炮艇机（AC-130 Gunships）实施空中打击行动的美国空军空管员几天后才加入，他要求只披露自己的名字巴特（Bart），不透露姓氏。他表示感觉就像坐上了时光机。"你就像……'我在哪一年？！'你刚刚下了21世纪的直升机，那上边有着精密的航空电子设备和其他一切，然后现在我们已经回到过去了[34]。"巴特和其他美国人骑马，给养由阿富汗人绑在驴背上驮着随行。路上他们睡在一连串冰冻刺骨的山洞里，四处漆黑，远离任何城市的灯光，只有蜡烛和手电筒的一点光亮。"当你骑着马穿山越岭时，星星感觉就在你面前一样，"巴特继续说道，"你骑马走入星河，真是很不同的感觉。"最重要的是，他记住了杜斯塔姆的高度，无论是按字面理解的身材高度，还是他所拥有的威望。"呃，他是男子汉，"他告诉我，"他是真正的领袖……那些北方联盟的人会给他搭帐篷，在里边他能睡上靠垫床……他们用驴子驮着床随他走……他能躺得很舒服。我们可是躺在沟里[35]。"

美国人空投来物资，其中最主要的是数以百计的枪支，不是美国人携带的那些先进武器，而是老化了的俄罗斯卡拉什尼科夫冲锋枪。现金到了，但杜斯塔姆嗤之以鼻，因为比他需要的少。他最生气的时候，是美国人为他的马空投来了饲料，可发现袋子里边装的却是谷糠。理论上这些糠是可以喂食牲畜的，可他的马连碰都不碰。"美国是如此伟大的国家[36]，"杜斯塔姆笑着说道，"这么棒的人民，但让他们给点钱，怎么就这么难呢？"

与军阀合作还产生了更多间接的挑战。巴特和其他美国人轮流放哨，确保他们自己总能保持自我防卫。兰利这边也有些头疼事。"大卫（泰森，中央情报局特工）与杜斯塔姆在一起，但我们还有阿塔（·穆罕默德·努尔）呢，我们遇到的挑战之一就是防止这些家伙互相残杀，"汉克·克兰普顿疲惫地承认道，"这些家伙都是武夫，在这个星球上最糟糕的地方之一，他们一直在杀人。"尽管如此，大多数美国人对杜斯塔姆产生了好感。"他有种近乎孩子般的魅力，"克兰普顿谈到杜斯塔姆时说，"很有幽默感，之下掩盖着的，我知道是非常无情的能力。但老实说我很享受与他的谈话。"克兰普顿表示，大多数情况下，他自己"对与他的伙伴关系、他的领导才能以及他和阿塔以及其他人在战场上取得的战绩"[37] 心存感激。

他们在战场上取得的成绩，从近期和战术角度衡量，可谓巨大的成功。轰炸从 10 月开始，在 11 月期间，北方联盟军阀一路击溃塔利班，先是在阿富汗北部的马扎里沙里夫，然后是喀布尔，接着是东北部的昆都士 [38]。塔利班最终在昆都士被围困了 12 天之后投降。每次成功都会有更多的战俘。这些战斗人员中，有些是从巴基斯坦和海湾国家前来投奔奥萨马·本·拉登的久经沙场的战斗人员。但其他更多的是普通的阿富汗男子和男孩，他们作为步兵为之卖命的政权抱持着中世纪的价值观，但对于自己的保护对象——沙特富家子弟为之狂热的全球圣战，其实兴趣无几。11 月下旬，杜斯塔姆将军以及努奇所在的美军部队拿下了昆都士，这是有数千名武装力量镇守的塔利班最后的一个堡垒。根据美军的一项统计，多达 3500 人和平投降[39]，有传言称囚犯总数是这一数字的两倍[40]。

被俘的塔利班人员被拆成不同的组，其中一部分人，根据空军控制员巴特的说法，被带到一个秘密地点，即"另一个我不能谈论的地方[41]"；绝大多数由杜斯塔姆的部队带着向西走；有一些人从昆都士外沙漠中的投降地点，被直接送到位于杜斯塔姆驻希比尔甘总部的监狱；其他人则被送往另一座监狱，一座名为恰拉疆基（Qala-i-Jangi）的 19 世纪堡垒，在那里接受美国人的审讯。恰拉疆基堡垒高耸的土墙城垛已经俯瞰过几个世纪以来有占领军——从英国到苏联——参与的冲突，此时它又将成为美国新反恐战争中第一例美国人伤亡的产生地。

堡垒里的囚犯反抗了，发动了一场壮观的暴动，制服了审讯他们的美国人，并杀死了一名中央情报局特工 42 迈克·斯潘（Mike Spann）。随后是为期三天的血腥围城。暴动发生时人在昆都士的杜斯塔姆与马克·努奇以及595 分队的其他成员一起回到恰拉疆基堡垒，看到的是世界末日般的场景，到处是扭曲的金属和撕碎的躯体。"那些尸首……"杜斯塔姆摇着头回忆道，"他们无法辨认出谁是我的士兵，谁是"基地"组织人员，谁是塔利班战斗人员。"43美国人和北方联盟的士兵都被死了这么多人震惊了，也对塔利班囚犯产生了强烈的愤怒感。"我哭我那些马"，杜斯塔姆接着说，声音沙哑了。后来红十字会工作人员发现其中一匹马还活着，"我简直高兴得哭了……我命令我的人立刻把它送到医院接受治疗"。他给这匹马起名为"青蓝"，最终在战斗中还自己骑着它。对于美国人来说，新反恐战争出现了首例美国人伤亡，也让人"非常痛苦地意识到，我们为在当地只有很少人员的情况下快速地行动，付出了代价 44"，中央情报局官员克兰普顿说，"这一事件也同时提出了谁该对战俘负责的问题"。这个问题几乎马上就受到了考验，因为杜斯塔姆的人将恰拉疆基堡垒的幸存者装上卡车，再度运往西边，与希比尔甘的其他囚犯关押到一起。

到 2002 年 1 月，关于这些被囚者命运的问题已越过阿富汗边境，开始成为引起国际关注的新闻。珍妮弗·利宁和约翰·赫弗南于那个月到达阿富汗时，即使是红十字会，看起来也开始发出警告了。为了保持中立和对需要帮助的囚犯的探视权，红十字会通常对任何所见所闻都守口如瓶。"去北边。"一位驻喀布尔的红十字会律师敦促他们。利宁向她追问："你的意思是来自昆都士的囚犯[45]？"律师点点头。"这就是我们得到的全部信息，但这已经足够了"，赫弗南回忆道。调查人员找到了监狱，那是个低矮的堡垒，黏土砖墙上刷着已显得斑驳陆离的白漆，窗户上装着业已生锈的加固用金属条杠。到二人到来时为止，这里是从不欢迎国际访客的。根据利宁和赫弗南听到的多个说法，之前红十字会希望进入这座监狱的努力遭到两名美国军官的阻止[46]。但是利宁和赫弗南设法与一名看守建立了不错的关系[47]，后者对自己在监狱饱经风霜的大墙内所看到的一切深感不安，于是悄悄地放他们进了监狱里。

他们很快就发现，自己耳闻的传言得到了证实。通过巴基斯坦人翻译，囚犯们讲述了饥饿、过度拥挤和死亡人数不断增加的痛苦事例。他们祈求获得食物、水和医疗照顾。然而利宁和赫弗南还注意到了另外的情况：数字对不上号。"希比尔甘监狱关押的人数，并不是我们听到的在昆都士被俘的人数，"利宁告诉我，"应该有最多七八千人被俘，我们看到的大概有 3000 人在押。问题是'其余的人到哪里去了？'"[48] 正是这个问题驱使调查人员第二天前往大士特雷利（Dasht-i-Leili）沙漠，找到了或许数以千计的那些尸体。

失踪的囚犯遭遇了什么？这些男子和男孩又是怎么到了这样的地方，进了这样的坟场？还有，一个美国政府内部十多年来都没有人想要触及的问题：土被翻起、坟场被一具接一具的尸体填满的过程中，在当地执行任务的美国人知道什么，又看到了什么？我们与杜斯塔姆达成了协议，以换取他们可以为我们夺取的领土，换取他让我们共同的敌人喋血。那么代价是什么？与他握手时，我们放弃的是什么？所有关于更少足迹和伙伴力量的讨论，与从泥土中伸出来的一个股骨之间，又是怎样的关系？这都是美国国家安全敏感性联盟中所常见的道德窘惑。但是，就像沙漠中的气味一样，它们在这里变得非常难以忽略。

调查人员在沙漠中发现坟场后的几年里，与军阀的联盟重新塑造了阿富汗。由美国人武装起来的反苏圣战者成为美国人武装起来的北方联盟军事指挥官，最后变成了美国人扶持的省长和部长——或者至少是在美国人的默许和最低程度的抱怨下成为的省长或部长。阿塔·穆罕默德·努尔当上巴尔赫省的省长，向其效忠者分发土地，靠从该省的海关收入中抽成而成长为巨富。他手下的民兵涉嫌从事从谋杀到绑架及勒索的各种谋财害命的勾当[49]。伊斯梅尔·汗（Ismael Khan）成为赫拉特省（Herat）的省长，后来还做了水务及能源部长，被指控骚扰普什图族人[50]，以及扣留省政府的收入。一位名叫米尔·阿拉姆（Mir Alam）的指挥官成为巴格兰省（Baghlan）的警察局长，以腐败猖獗[51]和支持毒品走私集团而闻名。一份2006年美国大使馆的电文得出结论称，阿拉姆和另一名指挥官"继续着作为圣战组织指挥官的表现，而不像专业警官……滥用手中的职权，从事广泛的犯罪活动[52]，包括勒索、贿赂和贩毒"。楠格哈尔省（Nangahar）的省长古勒·阿迦·谢尔扎伊（Gul Agha Sherzai）也同样在当地乡里肆虐[53]——从谋杀、贩毒到使其部落受益的腐败，无所不为。

然后是杜斯塔姆将军，他先是出任了国防部副部长，最终又成为副总统。在"9·11"恐怖袭击后获任美国驻喀布尔大使的罗伯特·芬恩（Robert Finn）没少与这些军阀斗争，尤其是与杜斯塔姆和阿塔，经常发生激烈的争吵。这其实是个再明白不过的道理：两个军阀坐拥在苏联时代就已经产生了数亿美元收入的石油储备，可以轻易地利用它更好且更快地实现阿富汗重建。"我试图说服杜斯塔姆和阿塔变成富人……"芬恩回忆道，"但他们宁愿为了争夺奶牛而互相残杀[54]。"于是，重建阿富汗的机会也泡了汤。

这些人中的许多人数十年来一直都在接受美国人的资助，一些人靠着毒品交易致富，褪去褴褛的军服而换上了整洁修身的西装，但大多数人的举止仍然一如既往：军阀作风。不同的是，他们如今是借着美国支持下中央政府的首肯而统治一方的军阀，有着源源不断且利润丰厚的国际合同可以从中揩油。芬恩开始相信，军阀是阿富汗许多更广泛问题的核心所在。"各部委最初被分发给不同的军阀掌管，而他们开始将之当作自己的领地来运营，所以这是个问题。"他告诉我。

然而撼动军阀谈何容易，有些情况下是因为他们牢牢控制着地方权力机构，其他情况下是由于从来没有人认真地做过赋权给替代人选的努力。经常出现的情况是，给美国人留下的选择是要么让军阀统治，要么就是完全的混乱。例如，阿塔领导下的省份是阿富汗最稳定省份中的一个——把他赶走是美国人心目中最后的一个选择。"我认为我们应该让自己远离他们，"芬恩多年后反思道，"我理解发生了什么。我们进入之后说，'好吧，我们能找到谁来帮我们？'……但这并不意味着你永远用他们。我想我们已经与他们为伍太长时间了。一旦他们在那里，就很难被摆脱掉了 55。"

美国无法重塑其在阿富汗的关系，或者说无法与或能反制根深蒂固的军阀文化的平民政治家之间建立新纽带关系，这也反映出更深层的痼疾。美国在阿富汗的目标已经从征服转向发展，但美国的外交力量业已萎缩。全球范围内大使馆关闭及外交人员团队枯萎所带来的后果，在美国最重要的战争中已然完全显现：外交官数量不足，而现役外交官没有处理阿富汗问题所需的资源或经验。"没有经验背景，"芬恩说，"外交官们都只在那里待了很短的时间，所以他们每年都要重新学习。在那里待了很久的人"——例如杜斯塔姆和其他军阀一样——"他们知道如何利用美国人 56，确切地知道该说些什么，以及美国人希望他们说些什么。"

军阀在美国支持的权力结构中扮演支柱角色，给建立问责机制的努力造成很大困扰。杜斯塔姆辖下囚犯失踪之谜就是一个很好的例子。先后两位美国总统都事实上回避了有关此事的问题，小布什政府至少跨机构地叫停了三次调查坟场的努力。关塔那摩湾的一名联邦调查局特工开始听到其他幸存下来的塔利班囚犯谈及大规模屠杀一事，但被告知别插手此事，而是留给军方处理。结果五角大楼只进行了一次简短的"非正式调查"，向595部队成员询问他们是否看到了什么，然后发布声明做出了全面否认。五角大楼一位高级官员后来回忆说："国防部内有些部门对这件事情兴趣不大[57]。"在国务院，科林·鲍威尔将此调查任务分配给了负责战争罪事务的无任所大使皮埃尔·普罗斯佩尔（Pierre Prosper），而普罗斯佩尔很快就面临来自阿富汗和美国官员的反对。"他们会说'我们有数十年之众的战争犯罪，你从哪里开始'？[58]"他回忆说。他的办公室后来放弃了调查。

奥巴马总统上任时，人们又有了新希望。奥巴马2009年接受美国有线电视新闻网（CNN）采访时，他脱离事先准备好的讲话大纲，承诺要进行调查。"看来很明显，小布什政府抗拒了寻求调查一位阿富汗军阀的努力，这位军阀名为杜斯塔姆将军，在中央情报局的薪水册上有名。现在被揭露出来的是，他管辖下的数百名塔利班囚犯被杀……"安德森·库珀（Anderson Cooper）勇敢地开始提问。"对，"奥巴马总统说。库珀提到了无名坟场之谜，问奥巴马是否会要求对可能的战争罪进行调查。

"是啊，"总统说，"我刚刚看到报告，显示此事有未经过适当调查的迹象。所以我已经要求我的国家安全团队为我搜集已知的事实。一旦我们搜集了所有的事实，就可能会就如何进行处理做出决定。"

"但你不会断然拒绝展开调查吧？"库珀强调道。

"我认为，你知道的，所有国家，即使处在战争中，都肩负责任 59。如果我们的行为看起来在某种程度上支持了违反战争法的行为，那么我认为，我们必须对之有所了解。"

但奥巴马的白宫里没有人愿意触及这个问题。作为负责与非政府组织沟通的国务院官员，我接听了医生促进人权协会等组织的一些电话。我一次又一次地敦促白宫工作人员透露一些情况，任何情况；敦促他们允许我就坟场问题召集一次会议，如果不说话的话，至少倾听一下。回答总是一样的：不予置评，不召开会议。"我花了一整天的时间与国家安全委员会人员进行电话沟通，结果他们告诉我搁置我们已经与一众人权组织预约好的会议，因为他们害怕有关大士特雷利大屠杀的问题，而且不愿意承认我们已完全放弃了美国总统给出的调查承诺，"我在2010年3月发给霍尔布鲁克手下传播事务主管阿什利·博默尔（Ashley Bommer）的信中写道。在同一个月内准备的简报文件中，关于我与人权组织进行接触的事项下列着一个要点：大士特雷利与医生促进人权协会（与国家安全委员会合作制定更明确的立场）。在我10个月后提交的另一份备忘录中，这一句话原封不动地包含其中。

各人权组织对行政部门的阻挠倍感沮丧，试图转向国会寻求支持。2010年初，另一名医生促进人权协会的调查员纳撒尼尔·雷蒙德（Nathaniel Raymond）收到了曾给驻扎昆都士和恰拉疆基堡垒的美军担当翻译，后来到美国寻求庇护的一位男子的证词。这位证人声称自己目睹了囚犯们的遭遇以及美国人是否在场。

雷蒙德把这些信息呈交给了参议院外交关系委员会，以及时任该委员会首席调查员的前中央情报局特工约翰·基里亚库（John Kiriakou）。后来基里亚库被判入狱 30 个月[60]，罪名是披露了另一位中情局特工的身份（基里亚库坚持认为，自己对政府在全球反恐战争中使用酷刑的做法进行举报，是原则性举措）。他认为关于无名坟场的故事具有爆炸性。根据基里亚库的说法，包括委员会主席约翰·克里在内，他的上级的反应也是爆炸性的，并且不是他所期待的。"当时的幕僚主任弗兰克（洛文斯坦）听到传言，把我叫进他的办公室说'立即停止，并且彻底放手'。"基里亚库很震惊，声称他直接将此事报告给了克里。"克里随后来到办公室说：'我听到的阿富汗这事是什么意思？'"基里亚库说。"我告诉了他……然后他说：'你跟弗兰克谈过了吗？'我说，'是的，弗兰克把我叫去说毙了它。'他说，'好吧。'我站起来说，'那我该怎么办？'他说，'你毙了它[61]。'我说，'好吧，我会毙了它。'这事就这么了结了。"

基里亚库认为从克里和洛文斯坦的角度看，

这是务实的做法。"弗兰克全身心投入地保护约翰·克里，而约翰·克里在这世界上的唯一所求就是想当国务卿。所以，我们不能冒任何出现混乱的风险，即使它是历史性的，也不能有任何争议性事件，所以他毙了它。真是太遗憾了，我非常失望[62]。"克里说，"我从来没有听说过任何有关此事的消息——从来没有"，并坚称他在委员会任职期间"从未对阿富汗人权问题采取过措施[63]"。弗兰克·洛文斯坦（Frank Lowenstein）起初同样否认对与基里亚库的谈话有任何记忆，后来又暗示"（基里亚库）可能引申了……或者他可能结束谈话时，产生了我不是特别有兴趣调查此事的印象[64]，但我肯定不会告诉他要毙掉此事"。

在 2009 年的那次采访中，奥巴马总统已承诺对大屠杀展开新的调查[65]。四年后，在断断续续地拒绝回答记者提问后，白宫悄悄承认已经完成了一项调查，但结果会持续封存。一位发言人提到了一项调查发现，即没有美方人员牵涉其中。但除此之外白宫拒绝做出更多解释。"这是怯懦的表现，"雷蒙德对我说，"作为调查的一部分，我接受了国家安全委员会的问话。可结果不了了之，因为那不是他们想听到的。"

靠着纯粹的坚韧，医生促进人权协会最终落实了与高级官员的一些会议。该组织还跨部门地向政府官员发送了十几封信。两种方法都没能带来清晰的信息，然而后果却是真实而具体的：最初的一系列法医勘探之后，在其他团队得以返回当地进行全面挖掘之前，坟场就消失了。2008年，一个联合国小组在坟场所在地发现了一系列大坑[66]——而没有任何一具之前曾记录在案的尸体。这正是人权倡导者们一直竭力防止出现的后果。"从一开始，"医生促进人权协会的苏珊娜·西尔金（Susannah Sirkin）说，"我们就意识到，如果有任何消息走漏，坟场很可能就会遭到毁灭。"消息确实走漏了，世界大国没有采取任何措施来保护证据。"现在是第二层的涂炭，"西尔金对我说，"（美国政府）名副其实地阻碍了调查[67]，且压制了信息。"我本人无法挣脱这种漠不关心的事实始终如巨石压在我心头。多年后，当我出发前往喀布尔时，我决心要找到答案。

在近 15 年的时间里，杜斯塔姆将军从未就失踪的囚犯和乱坟场问题接受过详细采访。但经过几个月的对话，他开始对接受我采访的想法表现出兴趣。我经过了漫长的等待，才锁定了对杜斯塔姆将军的采访。与其顾问们的对话就进行了一年，这些人代表杜斯塔姆前来纽约和华盛顿进行接触，他们都是忠诚的乌兹别克斯坦族阿富汗人，其中一些是来自杜斯塔姆在希比尔甘的据点、浸润在杜斯塔姆的英雄主义传说中长大的年轻人。我还被介绍给了杜斯塔姆的两个小儿子——被培养从政的巴图尔（Batur）以及在阿富汗空军服役的巴布尔（Babur）。然后我突然接到一个电话，问我是否可以第二天飞到喀布尔，杜斯塔姆将军将见我。我同意了，然后赶紧给一位亲密朋友写了封邮件，告诉他我不得不错过他第二天晚上就要举行的婚礼了，中南亚地区外交正在进行中。

我在指定的日子抵达了喀布尔，但杜斯塔姆将军没有见我。杜斯塔姆将军累了。一位顾问很严肃地通知我，杜斯塔姆将军感冒了。我只好等待，像盖伊·特立斯（Gay Talese）[①] 进了夜总会。我在喀布尔尘土飞扬的街道上漫步；开车穿过安全检查哨卡，进入看似碉堡的美国大使馆，与美国官员会面；我顶着 8 月下旬的闷热暑气，与杜斯塔姆的顾问们一起在喀布尔塞雷纳（Serena）酒店的花园里喝咖啡。最后，他们问我是否愿意参加杜斯塔姆将军与阿富汗各地女权活动人士之间的会面。这对于杜斯塔姆希望与我以及更广泛的西方世界所进行的沟通而言至关重要。与冷战时期的遗老遗少不同，他对女性的看法更为进步。"我可能是阿富汗极少数坚定致力于推进妇女权利[68]、保护妇女的人之一"，杜斯塔姆后来对我说。

这种信念似乎是真诚的，在几天的采访过程中，他也经常重复这一信念。但杜斯塔姆将军并未出席与女性活动人士的会面，而是由一位顾问把我推介给了与会者。这次会议有十

[①] 盖伊·特立斯（1932 年 2 月 7 日~），美国作家、记者，"新新闻主义"代表人物，曾任职《纽约时报》十年，长期为《纽约客》《时尚先生》等杂志撰稿，是美国非虚构类写作的代表人物，将文学技巧引入纪实书写，并对美国社会做切片般的精准分析，被全球众多特稿记者视为新闻书写的典范。——译者注

几位令人敬畏的女性参加，举行地点是一间宽阔的政府会议厅，与会者头顶上方是一幅刻有《古兰经》经文的壁画："真主永远不会改变人的状况，直到他们自己将其改变。"与会的每位女性都带来了自身的诉求，从祈求增加薪资的教师，到呼吁提高女性政府官员比例的律师等。副总统将缺席的消息刚一提及时，整个房间里还是掠过了一阵惊讶和失望的耳语。一位从洛加尔省（Logar）赶了几个小时路才来到会场的医生走的时候流下了眼泪。

当我终于接到告知杜斯塔姆将军已经准备好了的电话时，已是晚上很晚的时间了。等我穿过层层路障和全副武装的警卫，最终来到了副总统府的金色大门前时，又在那奇怪的以草坪做地毯的客厅里等了一个小时。杜斯塔姆将军进入房间时，已是晚上 10 点。

这位让人生畏的勇士这时已经 60 多岁，头发稀了也白了，肚子鼓得老大。但他依旧威风：魁梧的身材，像台冰箱，外热内冷。他的装束——飘逸的乌兹别克长袍外罩着西装外套，凸显了他身材硕大。他略显笨重地慢步走进房间，重重地跌坐在高背上嵌有木雕、金色面料图案中撒满香根鸢尾花的华丽宝座上。杜斯塔姆的眼睛细长，有着亚洲人特有的厚厚的内眦褶，即眼角内侧上眼睑内向皱襞，反映了他的血统。杜斯塔姆声称自己的血统可以追溯到成吉思汗，反正蒙古大汗到过的地方也够多。

杜斯塔姆揉了揉眼睛，打了个哈欠。他那已经被讨论了不少时间的感冒很可能是真的，但包括美国驻阿富汗前大使在内的其他人也认为，这位将军总是晚到恐怕是出于其他原因。"他持续性地脾气极端暴躁，酗酒，无法行使任何职能，"大使说，"他需要离开这个国家，比在这里更有效地去醒醒酒。"[69] 在我们几次见面的过程中，杜斯塔姆都不时地从一只有着香奈儿品牌标志的杯子中喝一口不知是什么的饮料。那名牌杯子的设计甚是招摇，香奈儿标志上都盖满了镶金和水钻，以至于我都怀疑杜斯塔姆是不是之前刚会见过卡戴珊（Kardashian）①之类

---

① 金·卡戴珊 (Kim Kardashian) 于 1980 年生于美国加利福利亚州洛杉矶的名流家庭，自己是演员和服装设计师，更因举动出位而成为当今美国娱乐界的话题人物。——译者注

的时尚人物。

"我不知道为什么有时媒体不表达现实"，杜斯塔姆抱怨道。我在手机上触摸了"录音"键，一位顾问立即要求我停止。接下来我坚持要继续录音时，还发生了点小小的麻烦。杜斯塔姆不高兴地瞥了一眼我的电话，"不幸的是，现如今，有时记者们，《纽约时报》，他们写了那么多东西，"他皱起眉头，脸上掠过同样的受伤表情，"'他屠杀过，人权，他杀了塔利班囚犯，他做了这个或那个。'我在中央情报局的美国朋友和其他人到我家来，他们说：'听着，他们在美国把你描绘成这样，但我们知道你是另外一个样子。'[70]"

杜斯塔姆将军对于他在西方媒体描述中的形象认知并没有错。人权组织在拿出翔实记录的情况下，指控杜斯塔姆在 20 世纪 90 年代从事了大规模暴行[71]和谋杀活动。新闻报道指责他对政治对手连同家人——甚至有时是忠诚度降低的盟友——实施暴力报复[72]。在我对杜斯塔姆展开访谈的前几天，人权观察组织指控其麾下的阿富汗全国伊斯兰运动（Junbish）民兵[73]

以反塔利班行动为幌子谋杀和袭击平民。连希望利用杜斯塔姆在阿富汗境内乌兹别克族人中长盛不衰的声望及"票仓"地位，而选择杜斯塔姆为竞选伙伴的阿富汗总统阿什拉夫·加尼（Ashraf Ghani），也曾经一度称杜斯塔姆为"知名杀手"[74]。美国国务院呼应了加尼的说法，称杜斯塔姆是"典型的军阀"，然后还更进一步拒绝签发杜斯塔姆来美国的签证[75]。

杜斯塔姆坚称这些批评根源上是政治纷争。他说："我们的反对者……他们编造了很多对我们不利的东西，以给美国公众一个错误的印象。"他说。他还补充说，那些指责他攻击政治对手的说法是"非常不公平的指控，是有政治动机的。原因是，第一，我是从一个非常贫困的族群中崛起的。第二，我来自一个贫穷家庭。第三，我对阿富汗是有愿景的。我想推行正义、去中央集权化的体制、联邦制度，以及让包括我的人民在内的所有阿富汗人民都享有同等权利。所以他们因此开始不公平地责怪我"。他表示，关于其部队野蛮狂暴的说法也出于同样的原因。"我去了阿富汗北部，我们与阿富汗安全部队并肩作战，为各省提供安全保障。人们非常高兴，我们为人民做了很多好事！"他又皱起了眉头。"但他们非但没有表示赞赏和说声谢谢……反而再次开始这些政治指控……我相信，即使是人权观察组织及其他的人权组织，也不单纯是纯粹的人权组织，它们也是政治性的……它们编造其想要的 [76]、对你不利的东西。"

签证被拒似乎在个人层面给杜斯塔姆造成了刺痛，他仍然把那些将他武装起来反塔利班的美国人视为血缘兄弟。"我相信我遭到了美国朋友的背叛……我们曾并肩战斗，经过了这么多事情之后，这是背叛。尽管如此，美国还没有另一个像杜斯塔姆一样强大的朋友，他们没有。"杜斯塔姆觉得美国人利用了他，"像用手纸一样"。他愤愤不平地一口气数出一连串仍然与他站在一起的朋友的名字，包括不同的军方官员、一位纽约市警察局局长、阿诺德·施瓦辛格以及希拉里·克林顿，他声称自己与希拉里·克林顿因妇女权益问题而结缘。"克林顿女士，那时她还是参议员，访问了喀布尔，他们邀请了我……我讲了那位美国女士在昆都士协调空军行动的故事，然后她笑了，说你应该来美国，你应该与那里的女飞行员们分享这个故事，"他停顿下来，再次看着我，"所以她也邀请了我去美国访问。"他又重复了一遍，以防我没有记下那部分内容。（希拉里·克林顿到喀布尔出席哈米德·卡尔扎伊的就职典礼时，理查德·霍尔布鲁克为了防止她与杜斯塔姆握手，几乎是猛地扑将了上去[77]。）无论如何，一位遇害的中央情报局特工的父亲赠给杜斯塔姆一把亚拉巴马州温菲尔德（Winfield）市的荣誉钥匙。"我不需要任何签证，"杜斯塔姆轻蔑地说，"我有钥匙[78]，我想去的时候，随时都可以去！"

尽管如此，杜斯塔姆似乎意识到他的形象需要"装修"了。"这是我们的错，我们无法告诉美国公众，我们对美国来说是怎样的好朋友。"他叹了口气。对杜斯塔姆来说，真实的故事一直很简单。"你有个像'基地'组织一样强大、邪恶的敌人，他们正在恐吓你的人民，而你也有个像杜斯塔姆这样强大而善良的朋友，他准备好与你的敌人作战，为你那些在美国被无辜杀害的人民以血还血地复仇。"杜斯塔姆就像阿富汗版的鲍勃·多尔（Bob Dole），经常以第三人称自居。"我们是合作伙伴[79]，"他继续说道，"我们与同一个敌人作战，为了一个良好的目标。"

这是杜斯塔姆将军心目中自己的形象，或者至少是他希望像我这样的记者所看到的形象：一个被误解了的人民卫士。他是能为麋鹿受伤而哭泣的动物爱好者，一个有着金子般心灵的军阀，人民的军阀！他曾经短暂地甚至是位健身大师，倡导了"全民健身"运动——与米歇尔·奥巴马（Michelle Obama）的"动起来！"相对等的喀布尔版健康动议。"他需要打仗时，他就那样做了，但是现在我们需要和平，他就这样做了，"副总统府的一位保安人员在该健康计划推行时对记者说，"当年轻人看到副总统每天早上都在锻炼时，它会鼓励年轻人开始运动。"在他身后，一身休闲运动装的杜斯塔姆将军做着开合跳[80]。在杜斯塔姆的脸书网页上，附着达里语（Dari）口号、显示他本人气喘吁吁做着有氧运动的照片获得了成千上万名忠实追随者"点赞"。"锻炼：今天的毅力，明天的活力！"图说之一写道。"运动装是美之装束！"

另一则补充道。

"你对军阀这个词感到愤慨吗？"我问杜斯塔姆。

"战争是强加给我的"，他说。"如果有敌人来到你家，你该怎么办？你必须自卫。"他想了一下。

"不是军阀，"他得出结论，"我说是和平领主[81]。"

说到这里，忠实于杜斯塔姆将军的翻译挑起了眉毛。

我问他有关大士特雷利乱坟场的问题时，杜斯塔姆最初给出了美国人提供了数年的相同答案。"有太多坟墓了，"他摇了摇头说，"那么多尸首。"他发誓说，这些都是其他时期的事——他在土耳其流亡期间，"9·11"之前，而且他的二把手背叛了他。杜斯塔姆表示，那时的指挥官马利克才应该对大多数沙漠中的遗体负责。"但是确切地说，"我追问道，"是那些恰拉疆基堡垒起义之后，来自昆都士的囚犯[82]。"

杜斯塔姆疲惫地哼了一声。他一直在等待

这个。"事实是，他们把昆都士的囚犯装上敞篷卡车，送去了希比尔甘。"杜斯塔姆说他亲眼看着囚犯被装上了卡车，过程丑陋。"他们当中一些人想跑，有些人想躲"，他承认道。但是他在那里的时候，这些人是在敞篷卡车里的。仅就旅程中那特定的一段而言，杜斯塔姆说的很可能是真的。

但根据多名目击者的说法，从昆都士出发的车队没有直接去希比尔甘。相反，车队和恰拉疆基堡垒起义中幸存下来的囚犯停在了一个名为恰拉泽尼（Qala-i-Zeini）的堡垒。一位司机 2002 年接受媒体采访时表示，他被雇去驾驶当时在现场的一辆封闭式集装箱卡车——那种用于货运的可密封金属外壳卡车，一般尺寸大致是 40 英尺长、8 英尺宽。根据这位司机、其他司机以及幸存囚犯的说法，杜斯塔姆的人把尖叫着的囚犯赶进了集装箱。有些囚犯被他们像捆猪一样地捆了，然后扔进集装箱。幸存下来并辗转到了关塔那摩美军基地的 10 名囚犯对一位联邦调查局官员表示，他们像被"搭积木一样摞在一起[83]"，数百人一卡车，直到车厢门被用力撞上、锁死。一位村民告诉记者，那些行动不够快的人遭到毒打。他认为这次行动的"唯一目的"就是杀死这些囚犯。幸存者们讲述的恐怖经历是那些年里杜斯塔姆始终无法摆脱的最有力指控。他们的讲述中，有的人尖叫和敲打墙壁，有的人靠舔汗水和尿液来避免脱水致死，甚至还有的人因为饥饿和神志崩溃而相互啃咬肢体。

这是阿富汗沙漠中经常使用的一种处决方法——把囚犯们锁在闷罐车里，让他们活活烧死或是闷死，具体取决于季节的不同。那年11月，冷空气决定了杀戮方法是窒息和脱水。杜斯塔姆的人据称执行了整个操作。每辆车都会有最少一名士兵与司机一起坐在驾驶室里，司机们称，只要他们为了给车里透气而试图在密封车厢上打孔，或是悄悄给车里传水瓶，就会遭到杜斯塔姆的士兵暴打。幸存者声称，有几次这些士兵甚至直接向卡车开枪，迫使尖叫声停止。在此议题上开口说话的司机表示车队连续行进了好几天[84]。美国国务院情报研究局发送的一条绝密电报[85]得出结论："我们认为，塔利班人员在被运往希比尔甘监狱途中的死亡数量[86]可能多于广泛报道中的 1000 人。"遵照美国《信息自由法》要求公开的电文版本节录中，某家缩写为三个字母的美国情报机关称"（死亡）数字至少有 1500 人，而实际数字可能接近2000 人[87]"。

听到我提及这些指控时，杜斯塔姆叹了口气。他的一位发言人以前给出的说法是只有之前受伤者意外死亡的情况，杜斯塔姆又给了我一个不同的说法。"道路，"他解释说，"已经关闭了。奇姆塔尔（Chimtal）的路，还有巴尔赫（Balkh）的路，都关闭了，因为塔利班在那里作乱。"他坚持说，大多数囚犯都待在敞开的车里。"但或许有一辆密封车[88]里有塔利班人员。"

"一个集装箱？"我问。与最保守的目击者给出的估计密封车数量相比，这大概相当于1/6。

"在一个集装箱里。"杜斯塔姆的翻译自信地说。翻译说话时，杜斯塔姆开始来回歪头，伸出下唇，重新考虑。

"也许是两三个吧。"他承认道。

"谁把他们放进密封车的？"我问道。

　　"那个指挥官，本该负责转移他们的当地指挥官，也许他们因为恰拉疆基的暴动而害怕了。奇姆塔尔和巴尔赫的路被封锁了，他们认为他们可能还会逃脱，而且他们会攻击他们，于是将他们放进了两三个集装箱。"

　　我请他提供一个名字。杜斯塔姆不耐烦地再次摇晃膝盖。"那个指挥官，他的名字叫卡迈勒·汗（Kamal Khan），他是其中之一，是的。"杜斯塔姆一只手自上而下地抹了下自己的侧脸。"还有一名指挥官，他的名字叫哈扎拉特·春塔（Hazarat Chunta）[89]，他可能开过枪。"杜斯塔姆及其助手们并未暗示任何一名上述指挥官因此事件而面临负面影响，他们都表示说，并不确定这二人这么多年后会在哪里。

　　杜斯塔姆回避了关于发生的这一切当中有多大成分是来自他的命令这一问题。他表示有囚犯死亡的事实令人意外。根据他提供的事件经过版本，助手来告诉他消息时，他正在昆都士吃午餐。"'有塔利班囚犯死在集装箱车里了，'当时助手告诉他"，"我问他们，'你们有没有让红十字会给他们看看？'他们说'没有'。

然后（我）对他非常生气：你为什么不让红十字会来看？！你这是在破坏我的信誉，我的敌人会利用它来攻击我。我努力在这场战争中做到公平……你必须展示给红十字会。"但根据医生促进人权协会调查员的说法，红十字会直到几周后才开始接触此事，那时杀戮已经完成，秘密也已经掩埋了。我很难想象杜斯塔姆曾经真的告诉过任何人去打电话给红十字会。

无论杜斯塔姆对囚犯死亡一事了解多少，现有证据都表明他参与了事后的掩盖。解密的国务院情报研究局电文指出，需要采取更多措施来保护正在消失的证人。杜斯塔姆及其手下指挥官之一曾"被暗示参与了虐待大士特雷利无名坟场相关事件中数位证人的行动。一名据称在坟场所在地驾驶过推土机掩埋尸体的目击者已经遇害，尸体在沙漠中被发现。至少有三名参加了坟场问题相关工作的阿富汗人遭到毒打或失踪"。联合国的结论是，还有另一名证人被杜斯塔姆的部队监禁，并遭受酷刑。

我不得不两次就失踪的证人向杜斯塔姆提问。最后，我把一份电文内容的副本递给他，他不动声色地看了一遍，然后将它递给了助手。"证人后来被杀害和遭恐吓的这些指控，"我问道，"有没有可能属实？"

他耸了耸肩。[90] "我不知道。我不记得了。"

更棘手的是美国人看到了多少的问题。纳撒尼尔·雷蒙德呈交给约翰·克里和参议院外交关系委员会的证词来自一位曾在昆都士和恰拉疆基堡垒为美军做翻译的证人，他声称自己在把囚犯移到集装箱的过程中一直在场，并且在现场看到了两位美国人，穿着蓝色牛仔裤，操着英语，看着现场的活动。"2001 年 11 月 30 日和 12 月 1 日在大士特雷利、说英语并穿蓝色牛仔裤的，是谁？"[91] 雷蒙德说。

"我离开恰拉疆基堡垒时……所有时间里，美国同事都陪着我。"杜斯塔姆对我说。他对这一点极为坚持。在他捍卫与那个曾经利用他取得了胜利、现在又似乎有意背弃他的国家之间摇摇欲坠的关系之时，这一点对他来说关乎自尊。杜斯塔姆表示，特种部队 595 分队的队长马克·努奇几乎一直都站在他身边，努奇也表示这句话基本上是准确的："是啊……"他回忆说，"我们几乎每天都（和杜斯塔姆）很密切地合作 92"。

"是否有任何美国人被分配到恰拉泽尼（囚犯们被装进密封集装箱车的地方）？"我问杜斯塔姆。

"他们所有人都和我在一起"，他回答说，不耐烦地用脚在地上踢了踢。"他们指控错了，"他补充说，指的是人权组织们关于美国人可能参与了屠杀的暗示，"他们说'哦，杜斯塔姆杀人了，美国人开的枪。'这不属实。"杜斯塔姆以替美国人开脱之词，来证明他对美国的忠诚。但他确认了美国人在事件发生时就站在他身边的说法，又提出了另一套难题，即美国特种部队和中央情报局人员是否见证了杜斯塔姆与其指挥官之间在杀害囚犯问题上的任何沟通，以及这些美国人未能阻止或事后检举杜斯塔姆等问题。

努奇告诉我，他不知晓虐囚行为。"我的团队在这个问题上已接受了多次调查，"他说，"我们没有目击 93，也没有观察到任何事情。"就像杜斯塔姆认为美国特种部队是血缘兄弟一样，这种情谊在努奇这边也表现得很明显。"我认为他是一位有魅力的领导者，身先士卒，照顾下属。"努奇补充道。一部名为《12 勇士》(*12 Strong*)的好莱坞电影歌颂式地再现了 595 分队与杜斯塔姆之间的合作，影片中努奇一角由电影《雷神》(*Thor*)中超级英雄的扮演者克里斯·海姆斯沃斯（Chris Hemsworth）饰演，并在肌肉偾张和怒火中烧等细节上有所夸张。我针对此事中更复杂的现实部分提出一系列问题时，努奇开始有些恼怒。"对杜斯塔姆提出这些指控的人是他的敌人"，他说。当我告诉他杜斯塔姆已承认可能发生过有人被杀的情况，并且暗示自己手下的两名指挥官可能参与其中时，努奇停顿下来，然后回答说："我对此没有回应。"

我再催问杜斯塔姆美国人知道多少或应该知道多少时，他变得焦躁不安。他提醒我，他感冒了。他一度在问题当中打断了我。"听着，每个学校上课一小时后都休息一下"，他瓮声瓮气地嘟囔，并改变了话题。"你应该有一些（关于）女人、孩子（的问题）"，一名助手急忙补台。当我再次转向美国人的问题时，杜斯塔姆眯起眼睛看着我。"你问了这么多问题……我很好奇，你提出问题的方式，不是为了写书，不是为了设计电影镜头脚本……为什么这么详细，问这个问题？"副总统府内友善的氛围沉重了起来，杜斯塔姆似乎已经达到了极限。"我总是非常诚实，忠诚于我的朋友，我从未背叛过谁，"他一度说道，他的目光投向了手握 M4 步枪、以立正姿势站在一旁的儿子巴布尔，"但我希望你不会对我这样做。"我心里在为如何回应这个问题斗争着，然后杜斯塔姆朗声大笑起来。"你要求只增加 30 分钟的！"他解释道。我笑了，松了一口气。"我超时了！[94] 我背叛了你的日程表！"杜斯塔姆将军深谙如何开好军阀的玩笑。

我们最后一晚的采访结束时，人们开始往副总统府的大厅里摆放体操软垫，为稍后进行的乌兹别克传统搏斗武术——克拉术（kurash）比赛做准备。过了一会儿，大约 50 名穿着蓝白色相间阿迪达斯柔道服的男孩和男子走了进来，一对一地错步周旋、连戳带打，直到一个人摔倒在地。杜斯塔姆自豪地说，这完全是部落间的比赛：乌兹别克人对阵普什图人，哈扎拉人对阵塔吉克人。这些人来自九个省份，每局格斗结束后，对阵的双方都会相互亲吻。但很难说这看起来到底是更像和解，还是更像战争：四肢扭曲发出的啪啪声，深夜里响彻整个大厅，有些男孩是龇牙咧嘴、一瘸一拐地离开的。格斗马上就要开始时，传统突厥乐器冬不拉的弹奏声响起，所有在场的观众一同用乌兹别克语唱响了这首歌曲：

让我们坚强

让我们活得像男人一样

像杜斯塔姆一样，

让我们为国家效力

让我们尊重此与彼

像杜斯塔姆一样

生得像男人一样

活得像男人一样

诚实，忠诚

绝不背叛对方

让我们为友

像杜斯塔姆一样

蚊子在炎热的空气中横冲直撞。杜斯塔姆穿着蓝色真丝亮缎制成的传统乌兹别克长袍，坐在他的宝座上，手里握着香奈儿茶杯。看着表演，眼泪又涌入他的眼眶。

我离开杜斯塔姆的宫殿几个月后，他站在希比尔甘的暴风雪中听了另一首歌。他当时在观看一场抢羊比赛，山羊被屠杀之前，当地音乐家用歌声向与塔利班战争中阵亡的勇士们致敬。这些歌词引起了杜斯塔姆的共鸣：一个月前，塔利班伏击了他的车队[95]，打伤了他和他手下数位阿富汗全国伊斯兰运动的民兵。比赛录像中可以看到场边的杜斯塔姆闭着眼睛，嘴唇颤抖，默默地抽泣[96]。大朵的雪花旋转飘落着，他拿出白色手帕擦拭着双眼。

比赛开始，15 匹马蜂拥进入混战，抢羊比赛从成吉思汗时代传承下来的得分规则错综复杂，观众如果不专心致志地观看的话，就很难看明白。而随着比赛开始，看台上也爆发了另一场争斗。杜斯塔姆朝自己的政治宿敌艾哈迈德·伊希（Ahmad Ischi）抡起了拳头，然后情势急转直下：副总统摔倒了伊希，并在超过1000名与会者的围观下，一脚踏在伊希的脖子上用力碾压。"我可以现在就杀了你，还没有人会过问。"伊希后来声称杜斯塔姆对他说了这些话。目击者说，他们看到杜斯塔姆的人把满身是血的伊希拖进一辆卡车带走了。伊希后来声称杜斯塔姆及其手下囚禁了他五天，无情地毒打他，并用 AK-47 步枪强暴他。提供给新闻界的法医鉴定报告显示[97]伊希遭受了严重的内伤，似乎支持了伊希的说法。杜斯塔姆将军认为这些指控是阴谋，目的是夺他的权。其另一政敌 8 年前对他提出类似的指控时，杜斯塔姆也是以同样的方式做出回应的。那一次指控中提到的身体虐待[98]与这一次相似到了诡异的程度。

杜斯塔姆掌控的权力有所松动，这种情况已经持续了一段时间。几个月前，他向我抱怨说，"医生们"——总统阿什拉夫·加尼和首席执行官① 阿卜杜拉·阿卜杜拉（Abdullah

---

① 在阿富汗政治组织机构中，首席执行官可以视作政府首脑，相当于总理或首相级别的行政事务最高负责官员，但权力又略低于总理或首相。——译者注

Abdullah）——忽视他。之前一年，他在阿富汗国家安全委员会的会议上泪流满面。"没有人回复我的电话！"[99]他哀号道。新的指控使他陷入政治危机。"对于阿富汗政府来说，没有人凌驾于法律之上。法治和问责始于政府本身，我们承诺要实现这一目标，"政府发言人在宣布展开一项刑事调查[100]时表示。

随后开始了为期6个月的对峙，再次揭示了扶植军阀担任高级政府职务的危险。士兵和警察一度包围了副总统府，试图逮捕杜斯塔姆及其助手。但杜斯塔姆指挥他自己的独立民兵进行对抗，结果警察因为担心副总统府所在喀布尔市内街区会变成战场，于是空手而归。后来，加尼总统离开阿富汗前去欧洲参加一项安全会议时，杜斯塔姆和一众武装警卫抵达了总统府，单方面宣布加尼不在国内时，杜斯塔姆将代行总统之职，引起了国际社会的恐慌。加尼在杜斯塔姆得以行使总统职权之前赶了回来[101]。

"9·11"后建立起来的阿富汗政府是美国斡旋的产物，原本就根基不稳。到了2017年，这一政府对抗军阀的努力已在全境内力不从心，失控的情况时有发生。在塔哈尔（Takhar）省，与某著名伊斯兰政党有关联的军阀巴希尔·卡内特（Bashir Qanet）司令创建了自己的警察国家，向中央政府的支持者开了枪。在马扎里沙里夫，一位名叫阿西夫·莫赫曼德（Asif Mohmand）的省议员与阿塔·穆罕默德·努尔在社交媒体上展开了口水战，在脸书的一则贴文中威胁要"把30发子弹打进你的头，然后自裁"。阿塔派部队去逮捕莫赫曼德时，发现莫赫曼德有自己的民兵保护左右。随后的交火造成2人死亡、17人受伤，使马扎里沙里夫国际机场陷入血腥混乱之中。塔利班势力也在复苏，且其力量正开始与另外一股更令美国人不安的处于崛起中的威胁会合，即一个伊拉克和黎凡特伊斯兰国的附属机构，名为"伊拉克和黎凡特伊斯兰国，呼罗珊省"（Islamic State of Iraq and the Levant, Khorasan Province）。该组织规模小于"基地"组织[102]，但到2017年时，已在阿富汗山区残酷的损耗战中表现出类似的抗打击能力。

回到美国，唐纳德·特朗普作为候选人时

宣扬的是必须撤军。"我们应该立即离开阿富汗。"他说。这场战争是"浪费我们的钱财[103]","一场彻头彻尾的灾难"。然而上任后，唐纳德·特朗普及其由军事将领主导的国家安全委员会则要求对阿富汗军事升级。理查德·霍尔布鲁克在其生命的最后岁月里，已经对军事将领在奥巴马政府对阿富汗战略审查中占据统治地位的情况感到震惊，但特朗普将这一现象扩大到了几乎恶搞的程度。马蒂斯将军担任国防部长，H.R.麦克马斯特将军担任国家安全顾问，退休将军约翰·F.凯利则成为特朗普政府对阿富汗政策审查的灵魂人物。在弗吉尼亚州阿灵顿的迈尔堡（Fort Myer）军事基地，以美军各分支机构的旌旗为背景，特朗普面向一屋子的美国现役军人宣布，美国将对阿富汗投入双倍的军事力量。一个月后，马蒂斯将军下令[104]第一批数千名新增美军进驻阿富汗。这是一个早已形成的定局：特朗普上任前一年，军方已经开始悄悄地测试公众信息，告知公众美国将在阿富汗军事存在数十年，而不是数年。公开宣布做出之后，同样的语言再次出现，这次是由特朗普的代理人将美国对阿富汗的军事承诺，与美国在韩国、德国和日本的驻军承诺 105 相提并论，而不是将与其他的反恐行动混为一谈。"我们在这场战斗中与你同在，"美军驻阿富汗高级将领小约翰·尼科尔森（John Nicholson, Jr）对一群阿富汗人发表讲话时说，"我们会与你们在一起 106。"

在某些领域里，奥巴马还提议"加强民事"，并且至少做出姿态，表示美国在该地区扩大外交努力依然重要；而特朗普却干脆确认由五角大楼制定政策。他提到了谈判，但更多像是在谈海市蜃楼，而不是现实。"有一天，经过有效的军事努力，也许有可能在阿富汗确定包括塔利班分子在内的政治解决方案，"他在迈尔堡对美军官员们表示，"但没人知道那种情况是否或何时会发生 107。"鉴于阿富汗和巴基斯坦事务特别代表办公室在国务院内已然关闭，且仍然没有一位负责南亚和中亚事务的常任助理国务卿 108，特朗普所做的概括似乎算是公平。

与此同时，美国历时最长的战争仍持续不断，甚至也看不到结束的希望。我想起了杜斯塔姆将军在那个铺满草坪的大厅里、闪烁的圣诞灯下以及满是鲨鱼的鱼缸前告诉我的一件事。

他说自己小时候极其吵闹，最终让他母亲不得不用绳子捆住他的手。"不要离开"，她警告他。杜斯塔姆却马上就滑脱绳子跑开了。

"你依然很难控制吗？"我问道。

"当然，"他说，"童年就是童年[109]，但是谈到现实时……如果事情是对的，我会支持。如果它是正确的，且符合逻辑……但如果它是不公正的，没有逻辑，如果它不是真的，没有人可以控制我。"

他双腿分开，向前伸出下巴。"最后，"他带着顽皮的微笑说道，就像我们都在开玩笑一样，"你应该给这本书取名'杜斯塔姆：他讲真话并劝阻所有谎言'。"在某种程度上，他是对的。阿卜杜勒·拉希德·杜斯塔姆及其传奇确实揭示了一些残酷的真相：关于美国，以及美国如何在地球之角卷入无休止的战争。

19　白野兽

　　所有的男子都留着胡子，有的染成了红色，有的是白色或黑色的。他们坐在午后的阳光下，头上包着各种图案的头巾和祈祷帽，在喝茶。这里是位于非洲之角地区的小国厄立特里亚（Eritrea）首都阿斯马拉（Asmara），我看到这些人时，他们正在恩巴索伊拉（Embasoira）酒店附近一个带围墙的花园里，围坐在一只金属咖啡桌旁。时间是 2008 年的第一天，非洲之角正深陷于混乱中，阿斯马拉却平静如海市蜃楼。宽阔的林荫大道被低垂的棕榈树及金合欢织成的树荫遮蔽着，两旁成排矗立着保存完好的各种风格精美建筑——罗马式、装饰风、巴洛克式、立体派等，都是数十年意大利殖民统治时期留下的建筑。即便阿斯马拉这个名字都给人造成美丽的错觉——在提格利尼亚语中，意思是"他们使其团结起来"，对于一个充满了战争元素和从附近索马里内战中放逐出来的异见分子的城市来说，这个名字的含义显得名不副实。这些在恩巴索伊拉酒店喝茶的男子就在被放逐之列。我的翻译倾身凑到我耳边低语："他们就在那里！"

"谁？"我问。

他摇了摇头，然后回答说："伊斯兰法院联盟（Islamic Courts Union，ICU）的人。"按我力所能及的理解，翻译摇头意味着有麻烦。伊斯兰法院联盟是由一些奉行沙利亚法规（Shari'a Rules）的伊斯兰法院组成的松散联盟，在局势动荡已为常态的索马里，该联盟一度成为唯一的替代政权机构。索马里原政府在1991年被推翻后，当地政局陷入无休止的军阀混战、背叛和欺骗当中。这些法院虽然在意识形态上有些开倒车，但总的来说没有暴力野心。尽管如此，美国出于对索马里可能成为下一个阿富汗的担心，还是为一系列当地的战斗力量提供了支持，意欲驱逐伊斯兰法院联盟。中央情报局做出武装杜斯塔姆及其他阿富汗军阀的决定后不久，又开始与索马里的军阀建立类似的联盟。后来，这些联盟引起剧烈反弹，反而激起民众对伊斯兰法院联盟的支持时，五角大楼又转向埃塞俄比亚军队，支持后者入侵索马里，结果将伊斯兰法院的领导人驱散到阿斯马拉等城市，把激进分子留在了索马里本土，加速了恐怖组织青年党（Al-Shabaab）的崛起。过了一年多以后，我在恩巴索伊拉酒店外边看到那些流亡伊斯兰法院联盟官员的那个下午，这种形势转变已然在进行当中。美国人选择了一个地方性的麻烦，然后将其变成了对国际安全构成挑战的恐怖主义新威胁。

在"9·11"后政策形成的年月里，一场争夺美国外交政策控制权的斗争也同样在非洲之角展开，如同在阿富汗一样。在这二者当中，军事和情报解决方案双双胜出。同样在这二者当中，美国都主动地破坏了外交机会。依然是在这二者当中，政策失衡效应双双波及了全球所有地区及国家。

很难想到比伍本格林（Wooburn Green）距离索马里更远的地方了，这是位于英国伦敦郊区白金汉郡（Buckinghamshire）的工薪阶层聚居区。也很难想到比萨莉·埃文斯（Sally Evans）更不可能受到非洲之角乱局影响的人了，我第一次见到她，是 2016 年在伍本格林一栋矮砖房的狭小厨房里。埃文斯当时有 58 岁，一头花白的头发剪成干练的中长波波头发型，脚蹬一双软底舒适鞋。她在厨房里移动着，递给我一杯速溶咖啡。"我们只是普通人 1，"她说，望了眼窗外绿树成荫的街道，"我从没想过会发生这种事，没有。"然而萨莉·埃文斯却有着一个秘密，一个她所在的伍本格林街道中所有其他母亲们都无法理解的秘密。

埃文斯的两个儿子托马斯（Thomas）和迈克尔（Michael）从小一起长大。在家庭录像中，两人让人分不清谁是谁：一样的无忧无虑和瘦削，在一起笑着闹着，有着完全一样蓬乱的棕色头发。"我们差不多任何事情都一块儿做，"迈克尔告诉我，"从小到大我们有的也是同一群朋友。"托马斯19岁时，这一切开始改变。萨莉表示，托马斯皈依伊斯兰教时，她认为是件好事，表明他开始寻求生命中更多的道德存在。但那是在托马斯搬去一座强硬保守派清真寺之前。而在那之后，萨莉回忆说，"小事情开始发生变化，比如他的外表，他留起了胡须，不再听音乐，不再吃我的东西了，我烧的饭不再适合他了，因为那不是清真食品。他根本把自己与我们隔离了"。有些事情的发展带着荒谬色彩，节日期间，只要家里客厅中摆了圣诞树，托马斯就不会待在客厅。

他开始关着门，花越来越多的时间在电脑上。"他总是在楼上卧室里"，萨莉回忆说。"我无法相信他就那么长时间地坐在那儿，浏览脸书或其他什么"，迈克尔补充道。"他就那么待在那儿，尤其专门在看——"他停顿了一下，"看他被告知要看的东西。"

然后托马斯开始试图离开这个国家。2011年2月，他在登上飞往肯尼亚的航班之前，在伦敦希思罗机场被反恐警察拦下。几个月后，他成功地登上了飞往埃及的航班。最初，他告诉母亲他去那里学习阿拉伯语[2]。但他一消失就是好几个月，再次出现时已经是 2012 年 1 月，他打电话给萨莉，说自己在索马里。他已经加入了青年党。"他告诉我们了，是不是？"她转向迈克尔说。"上了网，查找他们，看他们都是谁，这时候我才意识到他变成了什么人。"萨莉恳求儿子回家，她告诉他，他所做的"是不对的"。托马斯只是不停地祷告安拉。"我说'不，不，不'，"萨莉告诉我，"'没有上帝会指引你做这个[3]'。"

在随后的一年里，母亲和儿子陷入了一种奇怪的节奏。托马斯把名字改成了阿卜杜勒·哈基姆（Abdul Hakim），并获得了"白野兽"的称号。他每隔几周就会打电话回家。关于"白野兽"生活的新消息变得越来越陌生，萨莉感觉这头"白野兽"已经不是自己养育的儿子了。一次通话中，托马斯告诉萨莉，他娶了一个十三四岁不会说英语的女孩。其他通话中，他避而不谈自己新生活中的暴力。萨莉·埃文斯在日记中，对部分母子对话做了记录。"托马斯来电话了[4]，"她在 2012 年的一则日记中写道,"我问他是否伤害过任何人,他没有回答。"

托马斯离家后一年,我在内罗毕的一条小巷里弯腰捡起了一个空弹壳。在我身后,西门购物中心(Westgate Shopping mall)的石膏外墙立面上仍然残留着最近枪击案中扫射上去的弹孔。我和一个电视新闻制作小组在那里报道当时刚发生不久的袭击事件,这次袭击也为萨莉·埃文斯提出的问题提供了明确答案:如果她的儿子没伤害任何人的话,那么他的同伴绝对伤害了。

好几位在几周前那次武装袭击中幸存的人在这条两侧建筑上布满弹孔的小巷里与我会合,讲述了至今仍然血腥和痛苦的记忆——这次袭击可谓青年党截至当时策划的最为精心的行动。普蕾亚姆·塞西米(Preeyam Sehmi)是位艺术家,她那天吻别了未婚夫不久,去办了点小事之后,来到距离她家不远的这座高档购物中心,与一位朋友碰面喝咖啡。塞西米和这位朋友聊了一个来小时自己作为本地艺术家的工作,然后在 12 点半左右起身付账。她正在等待找零的当口，震耳欲聋的爆炸声撼动了整个建筑。她不知道发生了什么，"我只是看到人们飞下了椅子，飞过了桌子"，她回忆说。然后"每个人都到了地上"，有些人爬着寻找安全地带，其他人那时已经一动不动，没有了生命迹象。这些场景慢动作一样在她脑海里回放，"就像在电影中一样"。塞西米就近躲进了一家服装店，等待着，捂着耳朵，不敢去听一波又一波的枪声和尖叫声[5]。

端着机枪的年轻人大多数穿着便衣，其中一部分人戴着头巾，他们冲进购物中心，投掷手榴弹，朝男女老幼疯狂地扫射。那些在最初袭击中幸存下来的人被劫持为人质，并遭受了可怕的酷刑和残害[6]。尽管肯尼亚当局想尽办法干预，但袭击者仍然占据了购物中心整整三天。塞西米是得以逃脱的幸运者之一，经过 6 个小时紧张的躲藏后，被警察悄悄解救了出来。降服袭击者的突袭结束时，共有 72 人被杀，其中61 人是平民[7]。

青年党很快就声称对此负责，宣称是为了

反对外国干涉索马里[8]的行为。该组织之前曾成功地在索马里境外发动袭击，其中包括 2010 年在乌干达制造的爆炸事件，造成 76 人死亡[9]。内罗毕购物中心枪击案让全世界鲜明地看到了该组织的国际抱负，美国将此事件视为"直接威胁"[10]，并派遣联邦调查局特工前往事发现场寻找线索。

托马斯·埃文斯对其家人声称自己没有直接参与袭击购物中心，但他从远方对袭击的发生拍手称快。他表示，这正是自己加入青年党的原因。"2013 年 11 月 14 日与托马斯通了话，不是一次好的谈话，"萨莉·埃文斯事发后不久在一则日记中写道，"我们为肯尼亚购物中心遭挟持一事争吵。他没有参与，我自私地松了口气[11]，但也对他非常生气，因为他认为谋杀外出购物的无辜男女老幼是可以的。"

萨莉·埃文斯家庭解体，托马斯·埃文斯所在组织及全球各地其他年轻人所制造的暴力事件在那一时期蜂拥出现，均与美国外交政策的一个长周期运作机制相连。事实证明，美国在阿富汗和索马里建立的相似联盟均可追溯到数十年前。多年来，苏联和美国均试图用钱换取索马里强势独裁者西亚德·巴雷（Siad Barre）的忠诚，希望得以控制这个具有战略地理位置的国家。巴雷政权被推翻后，索马里陷入混乱，美国以及包括穆阿迈尔·卡扎菲（Muammar Gaddafi）和邻国埃塞俄比亚在内的其他外国支持者所提供的枪支起到了推波助澜的作用。国际施以人道主义保护的努力以惨败告终。对于大多数美国人来说，"索马里"这个词马上激起的联想是"黑鹰坠落"的短语，这是马克·鲍登（Mark Bowden）所著的一本非虚构类畅销书的书名，也是一部好莱坞大片的片名，两部作品均记录了1993年10月的摩加迪沙战役夺走十多位美军士兵生命的过程。西方国家军队最终撤出了索马里，该国陷入了军阀统治状态。

在随后的十年中，军阀统治之外只出现了一种替代权威：伊斯兰法院，它在21世纪初积蓄了实力，并变得越来越正式化。在埃塞俄比亚的地区性对手厄立特里亚资助和武装下，这些法院开始联手，最终12家法院于2004年集结到一起，打出了共同的旗号——伊斯兰法院联盟。

1998年美国驻肯尼亚和坦桑尼亚大使馆遭遇爆炸袭击后，而且尤其明显的是"9·11"恐怖袭击事件之后，伊斯兰法院联盟成为几任美国领导人始终揪住不放的关注点。但有一个问题是：熟知该地区复杂动态的非洲专家们认为，在美国新开始的反恐战争中，几乎不存在将索马里当作焦点的基础。"'9·11'之后这里有种感觉，就是索马里可能会成为下一个阿富汗，成为一个恐怖主义训练场和支持全球恐怖主义的新源头，"在非洲两次出任大使且担任过奥巴马总统派驻苏丹特使的普林斯顿·莱曼（Princeton Lyman）对我表示，"真的，索马里并没有具备这些条件[12]。"曾在美国国务院和联合国担任反恐顾问的分析师肯·门克豪斯（Ken Menkhaus）在2002年时曾估计，与"基地"组织有"重要联系"的索马里人不超过十个。"没有必要[13]急着突进到索马里。"已退休的美国外交官大卫·希恩（David Shinn）对这一估算表示赞同。

伊斯兰法院联盟甚至看起来具有稳定作用，这些法院可能非常保守 [14]，可以判小偷截肢，判通奸者被乱石砸死，甚至宣布体育是违法的恶魔行为。但是除了在索马里境内维持伊斯兰法律之外，其没有表现出其他极端主义野心，具有更广泛圣战愿望的神职人员只是少数，没有多少影响力。总共 97 个法院 [15] 中，只有 9 个受青年党控制。根据伊斯兰法院联盟的裁决，港口和机场多年来首次开放 [16]。甚至当时的美国外交系统电报都承认，在伊斯兰法院联盟的统治下，对索马里的人道主义运作也已经取得了进展 [17]。

但是美国军事和情报界一心想要推翻伊斯兰法院联盟。在黑鹰事件的阴影下，直接干预在政治上是行不通的。因此，另一场秘密代理战争成形了。到 2004 年，美国中央情报局已开始悄悄地接近被其视为倾向世俗的军阀 [18]，提议以结盟为条件，换取反恐合作。在接下来的两年里，中情局向索马里各地的部族领导人和军阀提供了财务援助。由中央情报局内罗毕站负责运作的这次行动就是一场小规模的代理战争。军阀们的口袋里揣进了美元，作为交换，他们负责与伊斯兰法院联盟以及疑似的武装分子作战——无论这些打击目标是否真的与"基地"组织有关联。这一行动不断扩大，直到"最终大约十个民兵组织的领导人在美国支持下集结到了一起"，马修·布莱登（Matthew Bryden）回忆说。他曾领导一个联合国小组，专门负责监测该地区的武器流动[19]情况。美国支持的军阀甚至被赋予了一个宣传上叫得好听的头衔：恢复和平与反对恐怖主义联盟（The Alliance for the Restoration of Peace and Counter-Terrorism），首字母缩写为 ARPCT，其不便记忆程度也足以让任何政府官僚机构引以为自豪了。中情局在索马里的战略与其拥抱阿富汗北方联盟军阀的策略如出一辙：表面上看，这些军阀如果不是好人的话，也是相对更好的人；如果他们不是真的世俗人，也至少比另外那些人更世俗。

说索马里军阀带来难题，都是轻描淡写了。具有讽刺意味的是，他们当中的许多人在

1993 年时曾在摩加迪沙街头与美军作战[20]。有些人，例如优素福·穆罕默德·西亚德（Yusuf Mohammed Siad）多年来一直与"基地"组织紧密结盟。西亚德在战场上的绰号是"白眼"，或者，对于记得此人 20 世纪 90 年代在占据索马里大片区域后施行血腥统治的人来说，他还有个绰号叫"屠夫"。臭名昭著的恐怖分子法祖尔·阿卜杜拉·穆罕默德（Fazul Abdullah Mohammed）是 1998 年坦桑尼亚和肯尼亚两起恐怖袭击美国大使馆事件的幕后主使之一，他向中央情报局寻求庇护时，是"白眼"为他提供了安全避风港。"9·11"之后，"白眼"成了一大能言善辩的反美情绪制造者。然而，他在媒体采访中却声称，中央情报局在同一时期主动来找他。"他们提出给我资金[21]，他们提议为我控制的地区提供资金。"他 2011 年时说。当时，他拒绝了。

不过其他进展是成功的。中央情报局人员 2002 年底接洽了穆罕默德·阿夫拉·甘亚雷（Mohamed Afrah Qanyare），希望能得益于后者位于摩加迪沙附近的私人机场及手下的 1500

多名民兵。美国军方和情报官员在 2003 年完成了这笔交易，开始了一系列定期会议和建立了昂贵友谊——按照甘亚雷的估算，美方使用机场并表面上给予他手下人效忠的费用，每个月为 10 万 ~15 万美元。或者是按照中央情报局官员的要求，或者是出于他们自己心照不宣的理解，甘亚雷以及另外几位军阀开始对所谓的伊斯兰恐怖分子[22]展开捕杀行动[23]。有时，军阀追杀的目标被直接处决；其他时候，他们被交给美方拘留，例如苏莱曼·艾赫迈德·哈米德·萨利姆（Suleiman Ahmed Hemed Salim），他从索马里被转移到阿富汗的一连串监狱里关押。

中央情报局与军阀的关系破坏了索马里的稳定。到了 21 世纪头十年中期，军阀统治在全国范围内变得非常不受欢迎。因为经常把与国际恐怖主义问题没有明显瓜葛的领拜师和教长作为目标，捕杀行动激怒了伊斯兰主义情绪。"这是一颗定时炸弹，"摩加迪沙市长谈到美国对军阀的支持时说，"他们在等待[24]，他们要削弱政府，他们在等待政府垮台的时候，以便每个人都能占领一个地区。"为了对抗军阀，索马里于 2004 年成立了新一届脆弱的过渡政府，其总统阿卜杜拉希·优素福·艾哈迈德（Abdullahi Yusuf Ahmed）在与美国大使的一次会晤中"大声地质疑为什么美国要在摩加迪沙公然地展开战争 25"。

在此后的几年里，军阀联盟成了信天翁。乔治·W.布什第二总统任期内负责非洲事务的助理国务卿杰延达伊·弗雷泽（Jendayi Frazer）告诉我，国务院只是继承了中央情报局的政策，几乎没有参与讨论的机会。她说："中情局 2002~2005 年在索马里的行动是在非公开渠道展开的，没有经过机构间的讨论或辩论。"经由理查德·A.克拉克（Richard A. Clark）的白宫反恐安全小组参与，与索马里军阀的联盟关系终于得以在中情局以外的对话中浮现，但它"对于除了中情局以外的每一个机构间人士来说，都是很大的惊讶"。弗雷泽觉得中央情报局当初是想给通知美国外交官这一选项打个钩的，但实际上并没这样做。"只是对你直言不讳 26，"她告诉我，"我认为他们确实将事实提交给了国家安全委员会，只不过是以一种确保没人能知道他们在谈论什么的方式。所以他们可以说我们已经知道了。"

尽管如此，弗雷泽及外交系统中上上下下的人员一旦知晓了美国与军阀之间的联盟，就得开始为这些关系辩护。2006 年的外交电报描述了在索马里使用"非传统联络伙伴（如民兵领袖）"以"追踪和消除高价值目标[27]"的政策。反对使用军阀的外交官很快便被撤换。美国驻内罗毕大使馆的政务官员迈克尔·佐里克（Michael Zorick）就此问题提交了一份表达异议的电报，然后马上就被调任去了乍得[28]，此调任被广泛认为是对他提出太多问题的惩罚。

一个外交解决方案成形了，但被视为一种不便，是需要扼杀在萌芽状态里的东西。2004 年，索马里的邻国聚集在一起，展开了一场密集外交活动，以寻求创建可替代军阀或伊斯兰法院的执政机构。索马里新的过渡政府给人们带来一线希望。但它连摩加迪沙之外几个街区的事情都控制不了，也没有能力抵抗由美

国支持的强人们。因此，政府间发展管理局
（IGAD）成员国于 2004 年 10 月举行会议，一
致呼吁非洲国家部队进驻索马里，以确保刚刚
起步的政府保持完整。政府间发展管理局是非
洲的一个区域贸易集团，成员国包括埃塞俄比
亚、吉布提、厄立特里亚、苏丹、肯尼亚和乌
干达。两个月后，过渡政府、联合国、非洲联
盟、欧盟和阿拉伯国家的代表在肯尼亚开会，
讨论为政府间发展管理局提议的任务制订计划。
到 2005 年的最初几个月，对于非洲联盟加入政
府间发展管理局的动议，国家元首们通过了一
项欢迎"和平支援行动"的决议。联合国安理
会在年底前正式对该决议表示支持。

　　参与谈判的资深埃塞俄比亚外交官泰克
达·阿勒穆（Tekeda Alemu）认为，组建区域
维和部队可以避免灾难。"我是埃塞俄比亚代表
团团长，"他告诉我，"我们一致接受了这一提
议。"他有些吃惊地注意到，连埃塞俄比亚最充
满敌意的区域内竞争对手厄立特里亚都表示了
合作态度（埃塞俄比亚和厄立特里亚共同签署
维和动议，好比以色列与哈马斯协议合作，是

非同寻常的进展）。阿勒穆形象不凡，灰白的头发被修剪成短短的平头发型，戴着教授风格的眼镜，还有不多的显示非洲新贵身份的"亮闪闪"：一枚沉甸甸的金戒指，一只镶着施华洛世奇水晶边的超大腕表。我跟他说话时，他正坐在纽约曼哈顿中城埃塞俄比亚代表处旧兮兮的办公室里，与非洲之角有一个世界之隔。我们坐在那种在平价家具零售商雷蒙弗拉尼根（Raymour & Flanigan）店里就能买到的宽大绒面革沙发上，一只塑料垂叶榕在他身后低垂着头。"那个时候，美国一方还没有问题[29]，"他叹了口气告诉我，"问题是后来才出现的。"

"问题"是到了非洲国家开始努力保护过渡政府免受军阀侵害时，美国已经把赌注压在了另一方。美国中央情报局和五角大楼都把眼睛盯在摧毁无论是感觉中还是实际上的伊斯兰威胁这个单一目标上。该地区出现的更广泛外交动议是让人厌烦的麻烦事，或者说更糟糕的是，这些动议可能带来反对美国合作势力的结果。名义上，弗雷泽之类国务院官员所阐述的美国政策不置可否，但关起门来，美国开始发动外交攻势，破坏对维和人员的部署。

2005年初，经过数月的激烈谈判，国际维和部队基本上已准备就绪。美国悄悄地抗拒——往往是通过国务院官员进行的，但所执行的政策根本上是由情报界所设计的。2005年2月，代表国务院人口、难民与移民事务局（Bureau of Population Refugees and Migration）在美国驻布鲁塞尔大使馆工作的外交官马克·梅兹纳尔（Marc Meznar）会见了欧盟官员马克·布塞（Mark Boucey），明确表达了美国对维和行动的反对。当时，一个欧盟小组正在内罗毕进行支持该项倡议的事实调查，并计划前往摩加迪沙，以协助国际部队几天后进驻该市。梅兹纳尔与布塞会晤后不久，欧盟团队取消了摩加迪沙之行。五角大楼也动用了自己的关系：美国负责非洲事务的副助理国防部长特雷莎·惠兰（Theresa Whelan）会见了一位名叫马修·里斯（Matthew Reece）的欧盟官员，后者随后将欧盟曾经支持过的维和动议宣称为"不靠谱计划"。几周后，欧盟各成员国开始向维和人员提供支持时，正在美国驻罗马大使馆担任公使衔政务参赞的康特里曼被派去与意大利官员会面 30，以警告后者不要这样做。

最后，当国际社会对维和行动的支持基本合拢时，唯一剩下的一个条件就是解除 1992 年开始实施的对索马里的武器禁运，以便维持和平部队能够训练士兵。而到了最后一刻，美国又在议事程序上抛出绊马索，就承诺出兵一事，向所涉及的非洲国家部长理事会（Council of Ministers）发送了一份简短声明。"我们不打算资助在索马里部署政府间发展管理局部队的行动，并且不准备支持联合国安理会有关部署政府间发展管理局部队 31 的命令，"声明写道。后来，美国公开威胁会否决任何让维和人员进驻索马里的倡议。国际努力最后以失败告终。

当时武官里克·奥思（Rick Orth）上校对美国的反对意见做出了清楚的解释："我们不想让这一第三方次要行动 32 分散了我们的注意力。"鉴于至少有一些伊斯兰法院联盟的领导人过去与"基地"组织有联系，"中情局正采取行动有选择地追剿一些人 33 ……这样做不是为了获得更广泛的解决方案，我们只是在追剿更有针对性的目标"。

埃塞俄比亚外交官泰克达·阿勒穆表示，美国对该计划的反对从一开始就显而易见。"这很清楚，"他回忆说，"他们甚至不想看看我们的计划是否有效，好还是不好。这一计划连机会都没得到。"一名助手在他面前放了一杯埃塞俄比亚黑咖啡，他端起来，皱起眉头，然后又把杯子放下，继续对那一失败的外交努力反思着。"显然他们有某种计划，"他这样谈论美国人，"（用）跟他们合作的军阀在摩加迪沙捕获一些人，所以他们不希望任何人破坏这个计划……他们有自己认同的行动计划，并且不想以任何方式受到不利影响。"他再次端起咖啡。"这是超级大国做事的方式[34]"，阿勒穆喝了口咖啡，笑了笑。

美国官员认为他们的反对是有正当理由的，包括参与派遣维和部队的非洲国家缺乏能力以及费用等。最重要的是，他们认为派遣所谓"前线国家"——索马里的直接邻国，如埃塞俄比亚——将引发地区紧张局势。这种说法并不属实：该计划已经要求从非邻国中出兵。但是美国人认为，即使是埃塞俄比亚的间接支持，在索马里内部也会被视为更强大的国家在攫取权力[35]，而使暴力进一步加剧。这一立场很快就令人难以忘怀地被证明是虚伪的。

在没有维和部队来反对军阀的情况下，起到平衡作用的就只有伊斯兰法院联盟了。不出所料，法院越来越受欢迎，不断壮大，在2004~2006年控制索马里境内的大部分领土。最后，经过数月的残酷战斗[36]，它从美国支持的民兵手中夺取了对摩加迪沙的控制权。"人们——摩加迪沙人民——开始钦佩这个伊斯兰法院，"泰克达解释道，"他们能够击败一群受到大国支持的人，那些军阀。伊斯兰法院开始受到追捧，这也是他们开始变得自我膨胀，直至完全无法控制[37]的原因。"

中央情报局支持的军阀失败后不久，五角大楼开始制订另一项驱赶伊斯兰法院联盟的计划。美国人依然忌讳直接干预，于是转向依靠自己的长期盟友——索马里在地区内的对手埃塞俄比亚。美国是埃塞俄比亚最大的金主[38]，而埃塞俄比亚军队在很大程度上也是靠着美国的支持，成为该地区最强大的军事存在[39]。

在 2006 年发布的声明中，美国还谨慎地与埃塞俄比亚保持着距离，也刻意地避免给人留下自己在主导战争的印象——人们已越来越多地认识到这是一场美国的代理人战争。"情况并不是说我们举行了重大的国家安全委员会会议，会上说'嘿，我们为什么不找埃塞俄比亚人来——'不是的，我们没有那么做。是埃塞俄比亚人自己的所为。"我问到美国在入侵索马里行动中所扮演的角色时，当时担任中央情报局局长的海登将军有些踌躇地说。他耸了耸肩："他们有理由这样做。"但他也不得不承认，埃塞俄比亚人的这一举动与美国的目标完全契合。"鉴于当时索马里所处的混乱局面[40]，"他说，"这种现成的缓和疗法当然很受欢迎。"

对于埃塞俄比亚入侵索马里只是正中五角大楼和中央情报局下怀的说法，许多人都提出过质疑。肯尼亚前军方官员、反恐专家西米乌·瓦伦加（Simiyu Werunga）认为："如果没有美国政府的支持和援助，伊斯兰法院联盟散

架 [41] 的事情是不会发生的。这是地区内的普遍感受。"两国之间秘密合作的背景也为这种说法提供了支持:"9·11"后,中央情报局和联邦调查局在埃塞俄比亚的秘密监狱里审讯了来自 19 个国家的恐怖分子嫌疑人 [42];这些监狱因充斥虐待、酷刑以及囚犯无故死亡而臭名昭彰。

美国在该行动中所扮演角色的证据在 2006 年中不断显现。美国开始公开强调伊斯兰法院联盟侵犯人权 [43],并捍卫埃塞俄比亚出兵干预的想法。这一时期的国务院保密备忘录显示支持入侵的决定已然做出,其中一份文件指出,美国有意"与埃塞俄比亚联手,如果'圣战者'完全掌控政权的话"。这份备忘录还进一步澄清:"埃塞俄比亚人在索马里的任何行动 [44] 都将得到华盛顿的祝福。"

在埃塞俄比亚 2006 年 12 月当真发动进攻,驱兵数千人入侵索马里时,它所得到的已不仅仅是美国的祝福。美国特种部队还秘密地以顾问和培训人员的身份 [45],为埃塞俄比亚军队保驾护航。美国海军也集结在沿海地区,提供额外支援,而美军的空袭更是为埃塞俄比亚的空中攻势[46] 提供了补充。"美国的立场是'从埃塞俄比亚人那里了解他们想要什么，然后我们就提供[47]'，"一位因为该行动保密而不愿透露姓名的国防部高级官员说，"很多都是情报和特殊行动支持……我被告知他们不仅仅是提供咨询，他们基本上是在与埃塞俄比亚特种部队合作。"

从战术角度看，这项行动是成功的。在新年到来之际，埃塞俄比亚军队加上美国支持所产生的联合力量，已将伊斯兰法院联盟打得分崩离析，纷纷逃离摩加迪沙。在 2007 年 1 月的一次晚宴上，阿布扎比王储谢赫·穆罕默德·本·扎耶德·阿勒纳哈扬（Sheikh Mohammed bin Zayed al Nahyan）不经意地对美国中央司令部老板约翰·阿比扎伊德（John Abizaid）表达了称赞："索马里的活儿干得漂亮[48]。"

但是，埃塞俄比亚入侵索马里、成功荡平伊斯兰法院联盟正式建制的同时，也成功地给予了伊斯兰主义者新生的契机。抗议埃塞俄比亚部队入侵的活动[49] 几乎立即开始，入侵行动本身轻易地激发了索马里人对埃塞俄比亚的历来仇恨，而极端主义分子也立刻开始对这种情绪加以利用。"（埃塞俄比亚军队）入侵使青年党的诉求合法化，为他们在索马里境内和海外侨民中都赢得了广泛支持，因为他们能够合法地宣布圣战 [50]"来对抗占领军，布莱登解释说。连弗雷泽都承认，"从宣传的角度来看，入侵（对青年党来说）是非常有帮助的 [51]，确实"。

对于青年党有利的另外一点是，埃塞俄比亚入侵导致伊斯兰法院联盟中许多温和多数派领袖逃离索马里，留下来的往往是愿意留守并战斗的强硬派 [52]，包括青年党的领导层。入侵后的一年中，青年党从一个影响有限的边缘团体转变为有战术影响力的组织，其野心超越了索马里的国界——它开始在世界各地招募人员，其血腥的信息也传递到了伦敦郊区，触动了一位心理充满挣扎和愤怒的年轻人，并在他心中激起了其家人永远不得其解的玉石俱焚的冲动。

青年党也很巧妙地利用这种反美情绪，在一份声明中声称，美国的"犹太人"已经指使埃塞俄比亚来"玷污"索马里 [53]。"基地"组织意识到这种措辞的力量，加强了对索马里极端主义组织的支持[54]。招募人数飙升[55]。入侵之后的 2007~2009 年是"青年党成长最快的时期[56]",布莱登回忆称,"因为他们是在造反"。

2008 年,美国将青年党界定为恐怖组织[57]。几年后,青年党宣布与"基地"组织正式建立联系,完成了将其诉求从索马里政治到全球圣战[58] 的转移。

具有讽刺意味的是,为了将索马里从青年党的铁钳中解脱出来,美国被迫转而使用了在 2004 年避开使用的维和解决方案。从 2007 年开始,一支国际力量——非洲联盟驻索马里代表处(AMISOM)——成为治疗混乱的唯一潜在解药。弗雷泽回忆说[59],随着维和行动越来越活跃,它"创造了空间[60]……让埃塞俄比亚人可以扮演能见度更低的角色",并最终"说他们将要离开,而这将实质性地否定青年党做出的反占领宣传"。

美国在随后的几年里又对新的力量给予支持。2012 年 2 月,美国派遣海军陆战队[61] 前往乌干达,训练这时已经配备了从地雷探测器到防弹衣等美军装备的 AMISOM 作战工程师。美国国防部供应商名单上的私营承包商[62]也派人提供培训，更加大了支持力度。对这一想法抵制了这么多年之后，美国接受了地区外交所产生的多国维和部队方案，多年来第一次给该地区带来了稳定的初步迹象。在青年党和政府军之间的战斗中遇害或致残的儿童数量[63]下降，选举重新展开。

然而，正如在阿富汗一样，美国探险失利所留下的伤痕仍然存在，军阀实力也被证明已根深蒂固。如"白眼"之类的部分军阀继续占据着政府部长级高官职务。而即使支持国际维和部队的最佳努力有时也事与愿违：根据一份联合国报告，美国提供给非洲联盟驻索马里部队的武器中，最多可有一半最终落入了青年党手中[64]。

青年党的威胁被证明难以击退。在某些方面，它有所削弱和平息。但联合国前监察员布莱登认为，该组织更多是变化了，而不是被削弱了。为了应对在索马里的地盘日益减少的趋势，青年党正在"放弃游击战术，而回归其作为秘密恐怖主义组织的本性"，专注于暗杀和简易爆炸装置袭击。"它的能力和战术变得更加复杂[65]",布莱登解释道。在我看到流亡的伊斯兰法院领导人在阿斯马拉边喝茶边策划他们下一步行动之后的 10 年里,青年党造成死亡的名单每年都会增加。2017 年 9 月,一次对港口城镇基斯马尤(Kismayo)附近索马里军事基地的袭击造成了 20 多名[66]索马里军事人员死亡。美国与这个在一定程度上是它自己制造出来的集团保持着持续不断的冲突,在那一年的最后几个月里发动了一连串新的空袭[67]。

在青年党的国际影响力问题上各方看法不一。前联邦调查局特工安德斯·福尔克(Anders Folk)曾在一个专注于青年党的工作小组里任职,他认为该组织在美国境内成功发动袭击的前景是"可能的"。他补充说:"他们是否有意愿[68]对美国境内的无辜者发动暴力恐怖袭击呢?他们的言论告诉我们绝对有。"

在部分人看来,青年党具有国际影响力已经是多年来明摆着的事实。2015 年 6 月 14 日晚,萨莉·埃文斯独自一人在起居室里,接到了她此生中最糟糕的电话。"那是周日晚上 9 点 35 分，"她回忆道，"是名记者，问我对儿子死亡的感受。"她告诉记者儿子并没有死。"我能听见他在试图收回自己的说法，"她说，"他大概在想'我告诉了她一些她还不知道的事'。"一个小时后，她的另一个儿子迈克尔回到家里。"我从前门进了家。我进到这儿来的时候，我妈妈正坐在客厅的桌子旁。我立刻就感觉到不对头了。"迈克尔登录了推特。起初，他想要查找托马斯·埃文斯，然后他输入了托马斯的新名字，一个他们从未觉得自己真正了解的人的名字——阿卜杜勒·哈基姆。"然后第一个跳出来的信息就是，一张来自肯尼亚军队的照片，里边所有的尸体都摊在街上，铺在泥土里，而且明摆着那就是他。"明摆着，但是，对于萨莉来说，很难相信那与她养大的儿子是同一个人。"看到我的儿子那样躺在地上，我整个人都垮了。而他就那样躺在地上，"她停顿下来，控制着自己的情绪，"他看起来那么瘦 69，一点都不像我的托马斯。"

一段由托马斯拍摄、在他死后由青年党发布

出来做宣传的视频，展示了这位来自伦敦郊区的圣战者生命的最后片段。那个月的早些时候，在夜幕的掩护下，他与其他恐怖分子一道发动了对肯尼亚北部军事基地的袭击。视频显示，枪声和红色、粉色和蓝色的火花打破了夜晚的平静。最后，埃文斯被击中，相机翻滚到了地上。"我必须承认，是的，我已经看过那段视频了，"萨莉·埃文斯说，"做母亲的不该看到它。那真的太糟糕了，它不是——只是听到——听到最后的时刻，作为一个妈妈，我无能为力。"

托马斯的死对他的家人来说充满了情感矛盾。"我希望上帝能宽恕我，"萨莉·埃文斯说，"但哈基姆走了，又让我感到宽慰，因为他不能再那样做了，不能再给任何人施加痛苦了。"她家里依然到处摆着他的照片。她跟迈克尔一起翻着相册，看着童年时两个男孩身材细长、肤色苍白、露着牙大笑的样子，自己也笑了。"他们99%夺走了他，但还有1%，他还是我儿子，"她说，"我不能放手。"即使他成了阿卜杜勒·哈基姆，"他总是说'我爱你，妈妈'[70]"。

萨莉·埃文斯最终不得不赶公共汽车去上

班，她陪我走到门口，让我出门走到伍本格林的街道上。我感谢她花时间接受我的采访，并对她失去儿子表示同情。努力了一下，她笑了。

"它永远不会消失的[71]，"她说，"对吗？"

20 最短的春天

保安急速倒车往回撤，抗议者紧追不舍，蜂拥包围了装甲悍马。在灰尘和瓦砾横飞的爆炸中，悍马一头撞到开罗"10月6日大桥"边的栏杆上，将一柱路灯连根拔起，连灯带柱翻过桥栏，跌落到50英尺以下的水泥地上，摔了个粉碎。悍马摇晃了几下，然后向桥下扎去，车顶朝下狠狠地砸到地上。血染红了地面。桥下的人群迅速将汽车残骸团团围住，边扔石头边呐喊。时间是2013年8月14日，"10月6日大桥"上聚集了反对埃及军政府的抗议者。对于他们来说，桥栏被豁开的那个洞是希望的象征：给军队及其不断升级的镇压行动造成的一击。

意大利摄影师泰奥·布图里尼（Teo Butturini）那天一大早被另一位记者打电话叫醒，提醒他警方正在开罗的拉比亚阿达维亚广场（Rabaa al-Adawiya Square）镇压大规模的抗议活动。六个星期前，军方推翻了该国民主选举产生、身为穆斯林兄弟会成员的总统穆罕默德·穆尔西（Mohamed Morsi），引发民众聚集到开罗的拉比亚广场和吉萨市（Giza）的纳赫达广场（al-Nahda Square）抗议示威。这些示威活动逐渐演变为半永久性地在广场安营扎寨，惹得军事政权更加愤怒，招致镇压已在预料之中。政府后来强调，抗议者已事先得到了警告[1]。

布图里尼随着成千上万的人到达桥上时，警察已经包围了这个区域。他听到悍马砸到桥下地面发出的轰隆声，看到抗议者涌动。这时，埃及治安部队向人群开火了。"军队开始朝我们开枪，"他回忆道，"人们开始在我身旁倒下。"布图里尼躲到桥下，以一座塔门为掩护，直到部队开始投掷催泪瓦斯，他才觉得必须赶紧跑，奔向附近的建筑物去找屏障。他没能跑多远。"我听到五颗子弹擦着我身边飞过去，并打中了我身体的左侧"，他回忆说。布图里尼流着血，挣扎着穿过街巷，向过往的车辆挥手求救。最后，一辆车停下来，把他送到了医院。

急诊室的医生摘除了布图里尼一大部分被子弹打碎的肾，保住了他的性命。剩下的就是昏迷。他最强烈的记忆是尸体：数以十计地堆在军用卡车的车斗里，还有更多，让医院不堪负荷。"我试图尖叫²，"他说，"但我不确定是否有任何声音传出来。"布图里尼是位一丝不苟的摄影记者，在以往暴力危机中他都是不断地按动快门拍摄照片，但这次他没留下几张那天的照片。他的储存卡在他被送到医院时是藏在靴子里的³，但埃及安全人员搜查医院、逮捕幸存的抗议示威者⁴之后，就不见了。

报道称，仅在拉比亚阿达维亚广场就有817人被杀。大多数统计显示，当天在埃及各地的镇压行动中，可能有超过1000人被杀。经过长达一年的详尽调查，人权观察组织得出结论，埃及的"警察和武装部队系统性且故意地使用了过多的致命武力⁵……导致埃及史无前例规模的抗议者被杀害"。房顶上布置了狙击手向抗议者射击，而人们拼命逃跑时，地面执行任务的军人又封锁了出口[6]。

美国知道镇压即将来临。"政府将调重兵介入那里，这不是秘密"，我曾在巴基斯坦遇到的安妮·帕特森说。她后来担任美国驻埃及大使，任期到 2013 年 8 月。"在之前的几周，那一直是我们的关注点[7]。"在那几周里，美国方面也急着寻求外交解决方案，从包括帕特森在内的国务院官员到国会领袖，都忙着想办法。国务卿约翰·克里派他的副手比尔·伯恩斯制定了一项限制穆斯林兄弟会抗议活动范围和规模的协议。国会派出了两位头号外交政策鹰派人物——参议员约翰·麦凯恩（John McCain）和林赛·格雷厄姆（Lindsey Graham），在镇压前一周前去施压，要求恢复平静和进行文职控制。埃及内阁坐下来就干预问题展开辩论之前，两位参议员向埃及高级将领阿卜杜勒·法塔赫·塞西（Abdel Fattah el-Sisi）、临时副总统穆罕默德·巴拉迪（Mohamed El Baradei）、临时总理哈齐姆·贝卜拉维（Hazem el-Beblawi）

及其他人提出请求。

格雷厄姆后来对媒体表示，这种努力完全没能激发乐观情绪。他说："你可以感觉到人们已经按捺不住想打一场了，那位总理自己就是一场灾难。"格雷厄姆是这样描述贝卜拉维对于抗议者不断增多情况的态度的："他一直在向我布道：'你不能和这些人谈判。他们必须走下街头，尊重法治。'""那时我们无休止地与军方对话[8]，"帕特森大使解释说，"他们接到来自华盛顿的电话，来自我的电话，那时看起来也做不了别的。我之前的一天刚和塞西通过电话，他们说会克制。"

甚至五角大楼的领导层最终也介入斡旋，当时的国防部长查克·哈格尔（Chuck Hagel）一次次地打电话给塞西将军，有时甚至每隔一天就打一次，持续数周。多位官员告诉我，长期以来对美埃关系起到稳固作用的双方军对军关系，是化解这次危机的最有力渠道。约翰·克里就是其中之一。他说："美国几十年来在建立埃及军队方面的投资……在 [开罗解放广场（Tahrir Square）刚出现爆发点] 穆巴拉克考虑向抗议者开火时，发挥了作用 9。"在那种情况下，"通过非公开渠道进行的军对军对话，我敢保证是促成埃及军方做出决定的因素之一。军方告诉穆巴拉克，如果他想让他们杀死广场上的上万个孩子，他们不会听从他的命令"。但是数年后，在塞西政府治下的拉比亚广场事件中，来自美国军方领导人的同样请求则遭到充耳不闻的对待。开罗一点都没听进去。

"镇压开始后，你是否出于愤怒打过电话？"我问帕特森。

"我想没有，"她说，"因为我认为到那时我们已经说了该说的一切 10。"

镇压发生的前几天，埃及内阁聚在解放广场旁的一座政府大楼内，讨论如何对抗议者采取措施。美国人的努力对这里的谈话几乎没产生任何影响。"我见了麦凯恩和格雷厄姆，但我觉得他们无法理解……确保他们能够保护人民的安全……（这）对过渡政府来说有多么重要。"临时总理贝卜拉维说。"如果你觉得有人在首都中央强行圈占领土，"他继续道，"人民的安全就是无法接受和确信的。"贝卜拉维告诉我，他接到了帕特森大使的电话并倾听了她的意见，但是，最终"我没有感受到任何压力[11]"。

在华盛顿，贝卜拉维在他的国际货币基金组织办公室里，懒洋洋地坐在仿佛吞没了他瘦小身躯的绿色椅子上，一层头皮屑撒在肩头。拉比亚事件已经过去了3年，"我没有遗憾[12]，"他说，"对这件事的发生，我感到非常抱歉。我不知道它为何以这种方式结束，但我认为如果情况发生逆转的话，结果可能会更糟。"他的花白眉毛皱了起来。"代价很高，没有人料到它会这么高。此外还有很多夸大，很多数字是从外面带来的。"他怀疑地说道。贝卜拉维的回应与大多数主使镇压行动的官员的说法一样，让人如鲠在喉。失去生命是令人遗憾的，但也没有那么糟糕。这个决定是正确的，但也超出了他们的控制。他后来尖锐地告诉我，警察和军队"任何时候都无法控制"。无论如何，他觉得是抗议者挑起了一切。"当然，他们在挑战当局，用武力挑战，实际上在拉比亚和纳赫达广场，第一颗子弹是穆斯林兄弟会射出的。这是肯定的，使用武器是由他们先开始的。"我向贝卜拉维指出，大多数国际人权组织的评估都对这一说法产生质疑。他耸了耸肩："他们自找的。"我问他美国人的影响是否起到任何作用时，他简单地说："没有。"

临时副总统巴拉迪一直领导与穆斯林兄弟会示威者的谈判，并且是与格雷厄姆和麦凯恩沟通的主要联络人之一。据当时在场的数位消息人士透露，巴拉迪反对武装干预，认为与示威者达成协议是可能的。据报道，时任临时外交部长的法赫米（Fahmy）与巴拉迪立场一致，尽管他拒绝向我证实他在此事上采取的立场。"在拉比亚采取行动是内阁的决定[13]"，法赫米说，他拒绝详细说明最后关键时刻决策阁员们之间的观点细节。事后，法赫米和贝卜拉维一样，也采取了防御姿态，将责任归咎到示威者头上。"他们阻塞了所有街道，"他摇摇头告诉我，"这个区域，顺便说一句，是一个人口密度极高的地区。"他暗示基本手无寸铁的示威者对公共安全构成了威胁。美国每年向埃及提供的一揽子军事援助达到 13 亿美元，而这种最强有力的外交干预所买来的影响是：在镇压发生前，在关起门来的场景下，能多说上几句话。

在此之前的一年半，2012年2月一个炎热的星期六，我看着希拉里·克林顿走入突尼斯一座俯瞰地中海的宫殿，发表关于该地区民主未来的演讲。理查德·霍尔布鲁克去世后，我组建了一个由外交官组成的小团队，集中关注阿富汗、北非及中东地区青年骚乱给全球带来的影响——这些骚乱我之前曾在阿富汗活生生地目睹过，随后它们又在北非和中东地区陆续展开。这年2月在突尼斯，希拉里·克林顿准备宣布我在一项专注于青年外联和公共外交倡议中的角色。

讲台上有一张标语牌，上面印有以中东为中心色彩发光渐变的世界地图，本意是显示民主启蒙浪潮的传播，但看起来更像是一个爆炸半径图。希拉里·克林顿演讲的这座蓝白色相间宫殿就像地中海岸上的一颗宝石，名为 Nejma Ezzohara（阿拉伯语意为"启明之星"），由法国一位银行业继承人鲁道夫·德朗热（Rodolphe d'Erlanger）男爵于20世纪20年代建造。讲台就设在宫殿中心的拱形厅内，希拉里站在讲台后显得很矮小。

台下一大片仰起的面孔，凝神倾听着希拉里·克林顿宣扬民主的美德——美国大使馆召集来拍照的都是那种乐观、受过良好教育且总的来说不具代表性的年轻人。"你们在革命的前沿无所畏惧，经受住了催泪瓦斯和殴打的考验。成为新民主国家的守护者，需要不同的勇气。"她对年轻人说。"过渡可能会脱轨[14]，并改道成为新的独裁国家，"她继续说，"革命的胜利者可以成为他们的受害者。抵制煽动者的呼声、建立联盟、保持对制度的信任，这些使命要靠你们来完成，即便你们支持的候选人在民意调查中失利……这意味着不只是谈论宽容和多元化——这还意味着要兑现它。"

在离开的路上，梳着芭蕾盘发、身上黑蓝两色外套下摆随风飘曳的希拉里·克林顿在"启明之星"一处壮观的露台上停下脚步，眯起眼看着太阳的方向，向蔚蓝的地中海伸出手臂，"世道在改变"，她沉思道。

但事实是，这些变化让美国束手无策，也在希拉里·克林顿演讲的主题上剥夺了美国的可信度。数十年来，美国历任政府都选择与中东的专制强人们并肩作战。当那些独裁者的政权土崩瓦解，使得既往与其形成的结盟成为负担时，美国又慢于顺应。像在中亚一样，美国军事交易超越外交的局面在中东已经持续了太久，我们几乎都不知道如何做其他事情。埃及就是第一个集中展示——权且成为展览 A 吧。

在整个冷战期间，美埃关系的核心议题是苏联对埃及军方的赞助[15]以及埃及与以色列之间的持续冲突[16]。包括收回西奈半岛的努力—— 10月 6 日大桥就因此而得名——在内，为争夺领土而爆发的血腥冲突[17]一直持续到 20 世纪 70 年代。[18]但埃及当时的领导人安瓦尔·萨达特（Anwar Sadat）顽固地坚持围绕两个激进的新目标来重新定位埃及战略：与以色列达成和平协议[19]，与美国建立更紧密的联系。最重要的是，他希望西奈半岛回到埃及手中[20]，并认为和平是实现这一目标的方法[21]。

在美国，新当选的总统吉米·卡特[22]抓住了这一机会，将埃及和以色列聚集到戴维营[23]，进行了为期13天的标志性谈判。成果之一是6个月后签署的和平条约，它奠定了以色列、埃及和美国之间的现代关系。以色列同意退出西奈半岛并将其归还给埃及。作为交换，两国之间恢复外交关系，以色列获得自由通行苏伊士运河的保证。这一外交成就是靠军事资金来确保的，这种安排在几十年后也成为破坏关系的隐患。根据条约，美国承诺[24]为埃及提供资金[25]。

自1987年起，援助稳定在每年13亿美元[26]的水平。拉比亚事件期间穿透抗议示威者身体的子弹几乎肯定是用美国援助购买的。美国的军事援助[27]支付了埃及80%的军火开支[28]。到2011年，五角大楼的军事合同数据库中，"埃及"一词已出现了1.35万次[29]。

这种安排反映了外交政策中最古老的假设之一：可以花钱购买安全。埃及对于一代人而言，似乎证明了这种思想成立。该国施行压制性统治的领导人——这些年中大部分时间都是穆巴拉克政权——帮助确保了美国在该地区的权益。但是，从2011年的叛乱到2013年的拉比亚事件，当变革滚滚而来时，这种传统美国智慧的致命缺陷就开始暴露无遗。购买安全已然不够了，多年忽视外交的结果是华盛顿在冲突爆发时缺乏其他必要的说服工具。

裂痕在2011年1月已开始显现。革命开始蔓延[30]，从邻国突尼斯到亚历山大港，再到开罗。那个月，成千上万的示威者在解放广场聚集，对穆巴拉克及其政权治下的一系列问题表达不满和抗议：从大规模失业[31]到腐败，再到严酷执法，不一而足。

席卷阿拉伯世界的示威者对美国依赖埃及压制性军事政权为代理人的做法表示质疑。但是美国的领悟速度缓慢：暴力事件都开始爆发了，时任国务卿希拉里·克林顿还宣称埃及政权"稳定"[32]。她安排在那里的是弗兰克·威斯纳，他是理查德·霍尔布鲁克的老朋友，长期以来对穆巴拉克抱有好感的资深外交官。他对公众表态说"总统必须留任"[33]，结果国务院不得不否定自己派出的特使的言论。国务院最终呼吁穆巴拉克下台 [34]，但时机已太迟，且收效甚微 [35]。短短的 17 天里，民间反叛结束了 59 年的军事统治。穆巴拉克被迫下台，美国与埃及的关系也就此解散。

之后，在埃及筹备历史上第一次自由选举 [36] 的过程中，由军事将领组成的最高军事委员会（SCAF）临时政府介入进来，并迅速采取了一系列镇压措施。在 2011 年 12 月的一次事件中，来自 10 个非政府组织的雇员被禁止出境，其中包括时任美国交通部长雷·拉胡德（Ray LaHood）的儿子山姆·拉胡德（Sam LaHood）[37]。军事领导层对美国表达了蔑视。

新任美国驻埃及大使安妮·帕特森在最高军事委员会刚开始执政的头几个月才刚刚到任，她称这个时期为"非常、非常具有破坏性 [38]……有些美国人困在大使馆里；我们花了好几个星期，也许更长的时间，才把他们送出境。我们基本上只能付钱保释，然后他们弃保潜逃——这是当时的交易。这给这段重新开始的关系打下了一个非常糟糕的基础"。

选举开始后，穆斯林兄弟会在议会大获全胜，其领导人穆罕默德·穆尔西获得总统职位[39]。这是又一次美国未曾防备的重心转移。很快证明穆斯林兄弟会比最高军事委员会更有问题，其中最糟糕的是，从美国外交政策制定的角度来看，穆尔西怀疑美埃联盟的核心原则：支持以色列。多年前，这位政治家将犹太复国主义者描述为"吸血鬼"[40]和"战争贩子"，并抱怨"徒劳无功的谈判（以色列与巴勒斯坦的谈判）浪费时间和机会"。在埃及国内，兄弟会在诸如妇女权利和酒类消费等问题上所采取的严厉社会政策[41]，也使他们与这个以世俗人口为主的国家中大部分人格格不入。匆忙搭建且以欺诈性手段通过的新宪法包含了对穆斯林兄弟会有利的条款，进一步激怒了埃及人民。执政刚满一年后，穆尔西就面临了规模不亚于推翻穆巴拉克时的街头抗议示威活动[42]。

随着抗议活动变得更加激烈，埃及军方在时任国防部长阿卜杜勒·法塔赫·塞西的带领下，罢黜了穆尔西，并将他推上了审判台。塞西在某种程度上恢复了之前的局面，他是一个在以色列问题上坚持既往路线的强人统治者。

"我非常了解塞西，我知道情况不会很好，不要误会我的意思，"帕特森说，"但坦率地说，事实证明他比我预想的要强硬得多[43]。"人们对民主选举产生的穆斯林兄弟会政府遭到罢黜感到愤怒，于是再次走上街头抗议示威。塞西的安全部队与抗议者发生了冲突。随着静坐和示威活动增加，紧张局势也不断加剧，最终导致 2013 年 8 月在拉比亚广场及其他地方爆发了流血事件，而镇压行动在随后的几年里也持续不减。

一名囚犯回忆他被关在与世隔绝的阿祖力（Azouli）军人监狱的经历时所言："没有文书表明你在那里。如果你死在阿祖力，没有人会知道。"2014 年 4 月，529 名穆斯林兄弟会成员被判处死刑，成为世界上有史以来规模最大的死刑判决之一。被告律师不被准许接触"证据"，对此抗议者还受到了威胁[44]。

次年，同一法院就穆尔西在 2011 年暴乱中所扮演的角色对他进行了判决。这位前总统被判

处绞刑公开执行，与他一起被判死刑的还有100
多人。穆尔西的共谋者中有一人自20世纪90年
代以来一直在狱中，另有两人已经死亡[45]。

　　"我会说这是我在交战地区以外[46]所见到过
的最糟糕的地方"，长期给约翰·克里担任顾问
的弗兰克·洛文斯坦说。当时的副国家安全顾
问托尼·布林肯预测："假以时日，而且不可避
免地，如果继续压制本国人口中那些显著的少
数群体……自由派、世俗主义者、温和派、记
者，你能想到的吧，都不再能发声，且他们当
中的许多人被投入了监狱，并投入了与真正的
激进分子混杂在一起的监狱，那就是让更多人
都走向激进的秘诀[47]。我们不能忘记，'基地'
组织就诞生在埃及的一所监狱里。"

　　人们对塞西政权及其使用美国武器问题的
关注程度日渐提升，至少引发了到底谁该负责
的争论。穆尔西被罢黜之后，有关是否应该遵
守美国拨款法中所谓"政变条款"[48]的问题就
浮出了台面——该条款要求停止对"任何正式
选举产生的政府首脑被军事政变所罢免的国家"

提供直接援助，直到民主得到恢复。穆尔西总统虽然造成了美埃不和，但无论从哪个角度看，都是"正式当选的"[49]。其遭罢黜被广泛认为是政变的结果，因为不然的话还能称之为什么呢？塞西的军政府没有摆出任何民主的伪装。

但由于涉及一年13亿美元的军事援助，奥巴马政府拒绝使用这个词。奥巴马政府首先采用了美联社所谓的"费力的拐弯抹角"[50]来避免这一术语。然后，终于派遣美国国务院高级官员比尔·伯恩斯去向国会通报政府的正式决定：这次政变不会被称为政变[51]。美国外交政策中最军事化的角落也是最受限制的所在，其程度之甚，到了近代历史上最明显的政变之一都绝不能得到如实称谓的地步。这些限制也因为缺乏替代方案而变本加厉：美国都不具备能够按照法律规则来正视此次政权更迭的外交战略。

国会在拨款中增加了一项要求，即国务卿需证明埃及政府正在实行民主改革、举行选举、捍卫妇女权利和维护言论自由。但这些条件并不具备约束力：新的要求中留出了国家安全豁免敞口，口子之大，足以容纳个把甚至数架阿帕奇直升机。美国政府以西奈半岛的极端主义活动为理由，很快就恢复了对这种直升机的交付[52]，即使在镇压行动不断升级的情况下也是如此。

2013 年拉比亚事件后不久，奥巴马政府悄悄地暂时冻结了几个系列的武器转让行动，计划交付的直升机、F-16 战斗机、M1A1 坦克和鱼叉导弹被暂时搁置了起来[53]。这都是规模较大的武器装备，而不是在埃及政府镇压城市中抗议示威活动时使用的催泪瓦斯和小型武器。而其他军事支持，例如训练工作以及提供诸多其他种类的武器备件等，则依然延续。2015 年 3 月，奥巴马总统宣布全面恢复对埃及的军事援助。"到那时，"安妮·帕特森回忆道，"西奈半岛的动荡已经爆发[54]……我们的判断是'是的，他们需要直升机'。"

美国国会的态度正是如此。事实上，已几乎没有余地改变这种关系。"我们所面临的问题是……援助是已经承诺[55]了的，"人权观察组织的萨拉·利亚·惠特森（Sarah Leah Whitson）

说，"一切都已经预售了。"这是一台无法关停的机器。奥巴马政府悄悄尝试进行更温和的改革，签署了停止"现金流贷款"[56]——这是美国给予埃及和以色列的一种优惠支付方式，允许他们赊账购买自己选中的军事装备，然后从美国对两国承担的军事援助拨款中划账支付，可以数年才结清。这一变化使"他们失去了一个非常重要的条件，"帕特森说，"他们将被迫花钱购买我们认为对他们来说有用的东西。"这一建立问责机制的努力效果并不显著——它并没有对武器装备的实际使用设置任何控制。美国政府问责局（Government Accountability Office）于 2016 年进行的一场严格审计[57]得出结论，在埃及如何使用美国军火问题上，国务院和五角大楼都没有任何有效的监控体系。

最后，改革的努力走向停顿，毫不留情地提示人们，对重要军事联盟进行变革阻力重重如巴基斯坦一样，埃及在该国自己眼里，也在美国政策制定者眼中，都实在重要到不能倒下。

一系列新威胁，包括伊拉克和黎凡特伊斯兰国在西奈半岛的崛起，增强了埃及的这种影响力。竞争也在使这种关系变得更加稳固。沙特阿拉伯、科威特和阿拉伯联合酋长国承诺向埃及提供数十亿美元[58]的经济支持，额度有时超过美国所提供的援助，附带的条件还少。特别是沙特阿拉伯[59]，还与塞西建立了友好关系。俄罗斯也参与了竞争，除了普京与塞西进行会晤之外，还不断增加对埃及的援助[60]。

"我们当然有影响力[61]，"克里反思道，"但我们施加影响力的过程并不像某些人所假设的那样简单。我们远非唯一的演员……杠杆作用是双向的——我们在包括伊拉克和黎凡特伊斯兰国和以色列在内的一系列问题上，需要埃及的帮助。"也因为如此，弗兰克·洛文斯坦认为："他们对此的态度是'你们能真他妈怎么办？你们经不起让我们失败'。这就是塞西的终极影响力[62]：就是他会失败。而这是一种非常强大的杠杆作用。"

与此同时，多年来依赖军事援助，也使双方都相信武器及装备销售是唯一能够购买影响力的硬通货，外交动议基本上是装饰性的。因此，美国与埃及的关系自拉比亚大屠杀以来几乎没有改变。安全不仅仅是第一要务，还通常是唯一要务。为了加强地区安全，同时也部分由于他们达成了一些有意义的替代方案，华盛顿政策制定者也恢复了传统的武器和军事融资工具。

在美国给予塞西认可和支持的同时，埃及人遭受了一系列恶果。"他一直……'无情'已经算是好词了[63]。死刑，大规模逮捕记者，关闭非政府组织。"前中央情报局局长海登将军说。他的话反映了美国官员对塞西的共同思考。但当我问海登，是否应该有个只要越过便该触发减少军事援助的节点时，他神色暗淡了起来。"我没准备这么说"，他说。他两手五指相对，在胸前拱成塔尖形，越过无框眼镜的上沿盯着我。"我们做出了妥协，"他沉思道，"我们可能给未来埋下了一笔债。"

萨曼莎·鲍尔在拉比亚事件期间担任美国常驻联合国代表，她对于美国面对这场危机及其后形势发展的反应持批评态度。"考虑到塞西是什么样的人，我们应该完全改变这一关系，把它变为纯粹的交易"，她恼怒地解释说。相反，在短暂的停顿之后，美国不可避免地恢复了援助，美埃关系"看起来与拉比亚事件之前基本相同"[64]。

鲍尔明白，从政治或战略的角度看，切断向埃及提供的13亿美元一揽子援助计划并不切合实际。但包括她在内，确有不少官员认为这些援助资金可以更加谨慎地加以分配。"戴维营时代的基础理论现在已不复存在，因为（以色列的）毕比（·内塔尼亚胡）和塞西已经拥有了他们需要的关系"，因而向埃及人提供他们想要的任何设备的逻辑也基本不存在了。鲍尔说："我主张将这笔钱分一大部分给突尼斯[65]，我们应该奖励那些努力朝着我们希望的方向前进的国家。"

地缘政治中此类伦理道德上的左右为难并不鲜见，但华盛顿与开罗之间的特殊亲密关系使妥协变得更加轻而易举。唐纳德·特朗普上任后，所有让他着迷的独裁者中，塞西似乎得到了最多的关注和奉承。特朗普还逆转了之前奥巴马政府暂不邀请塞西及其高级官员访问白宫的决定，在白宫接待了塞西。曾目睹奥巴马时代美埃关系的部分埃及人士对这种转变态度乐观。"有了特朗普，"埃及前临时外交部长纳比尔·法赫米说，"你终于看到两位总统交谈了。"[66]

但无论好坏，即使是过去有过的零星建立问责机制尝试，如今也都从后视镜中消失了。"塞西仍旧得到美国的支持，"意大利摄影师泰奥·布图里尼摇着头说道，"与此同时，他实际上参与了拉比亚广场事件。他是……制定反抗议示威法律的人，是监禁了很多记者的人。"布图里尼从那个悲惨日子和极度混乱中保留下来的少数几张照片中发现，有一张拍的是一个催泪瓦斯罐。麻木的幸存者从沾满血迹的混凝土地上捡到众多的催泪瓦斯罐，其中有几个看起来是美国制造的。布图里尼照片上的那一个上印有"CTS– 综合战术系统"（CTS-Combined Tactical Systems）标志，这是一家总部位于宾夕法尼亚州詹姆斯敦（Jamestown）的军火制造商。照片中的催泪瓦斯罐上甚至还有一个客服联络电话，其中有宾夕法尼亚州的区号——可以想见，埃及人想投诉，恐怕要在美国东部工作时间内拨打电话才行。布图里尼永远不会忘记他周围的抗议者挥舞着空催泪瓦斯罐时的叫喊声："他们向我们射击[67]，扔催泪瓦斯，催泪瓦斯是美国的。"

21 午夜牧场

一辆白色雪佛兰卡车在哥伦比亚中部的沼泽地穿行，弗雷迪·托雷斯（Freddy Torres）在车厢里醒来，开始怀疑自己头天晚上出了大问题。秋季温和的空气换成了冷风；森林覆盖的高地变成了低矮灌木丛生的荒野。旷野上零星地点缀着民居，黎明时分四周一片寂静。最令人担忧的是那些粗麻布袋子，撞着他伸出去的腿和空了的白兰地酒瓶：袋子里装满了步枪。托雷斯20多岁，在昆迪纳马卡省（Cundinamarca）的卡夫雷拉村（Cabrera）出生并长大，那里位于首都波哥大（Bogota）以南大约一个下午车程的距离。他没打算落到这步田地——宿醉、迷茫、离家几个小时之遥。

卡车之旅是连续 12 个小时狂欢畅饮烈酒的最后一站。现在，三个有着奇怪名字的陌生人把他带到了感觉中的世界尽头——这三个人一个叫派萨（Paisa），麦德林地区人的常用名；一个叫科斯特诺（Costeño），意思是"海岸"；另一个难以置信地也叫弗雷迪。

那是 2006 年 9 月 17 日的凌晨，托雷斯即将亲眼看到美国为其在拉丁美洲最昂贵的军事联盟付出隐性代价。在该地区本身也像嗑了药一样癫狂的反毒品战争中，美国联盟再度陷入曾在阿富汗、索马里和埃及等地出现的尴尬互动模式。哥伦比亚是这个地区让美国付出最大代价的盟国，名为"哥伦比亚计划"（Plan Colombia）的军事和发展一揽子援助耗资数十亿美元，执行过程中也暴露了美国与外国军事力量之间签署的浮士德式协议中一些最严重的缺陷。多年来，与哥伦比亚的联盟一直是主要的发人深省案例，显示美国军事干预拉丁美洲且坚持重视枪支而非谈判的立场，衍生出了侵犯人权、腐败猖獗及毒品泛滥等诸多问题。但哥伦比亚近年来也被美国官员描述为成功故事，一个由双方军事将领对话主导、事关国家安全的敏感关系中，将民事援助放在更受瞩目位置的范例。

对于弗雷迪·托雷斯来说，2006 年 9 月的那个晚上开始得毫无预兆。他经常跟着运输卡车出车到哥伦比亚的各个角落，一走就是好几天。这一天他结束了工作正往家走，在一个村子里的酒馆——又卖酒、又卖杂货和简单吃食的社区小店——碰到了他的堂兄埃尔维尔（Elvir）。埃尔维尔善于交际，喜欢热闹，从来不缺朋友。这一天，他又与一个熟人在一起，名字也叫弗雷迪。于是三个人一起，一轮接一轮地喝起了啤酒。他们开着玩笑，漫不经心地看着附近公园里孩子们踢球，平静地消磨着时间。

夜幕降临时，三个年轻人开始变得有些焦躁不安。又喝了几轮酒之后，他们的新朋友弗雷迪提议，一起到几个小时车程之外稍大点的城市富萨（Fusa），去那里的一家酒吧。在新朋友表示愿意承担这次旅行的费用之后，弗雷迪堂兄弟闹着玩儿地同意了。这位新朋友离开商店去打电话——托雷斯听到了一句:"我带两个人来。"过了一刻钟,另外那位弗雷迪回来了,告诉埃尔维尔去租一辆车。

三人挤进了一辆20世纪80年代早期造的雷诺车,开始往富萨开,途中还接上了另外两人——派萨和科斯特诺。一段通常只需要两三个小时的车程,他们走了一整夜,一个小镇接一个小镇、一个酒吧接一个酒吧地停下来喝酒,酒吧的名字都不记得了。路上他们还换了几次车,不过醉得越来越厉害的托雷斯几乎没留意这个细节。午夜时分,在一个检查站耽搁了一会儿之后,醉醺醺的几个人终于到了富萨。他们又在"曲线"(La Curva)脱衣舞酒吧喝了几个小时,吃了一顿街头小吃——烤牛肉馅饼、玉米饼卷烤肉之后,弗雷迪、派萨和科斯特诺建议托雷斯兄弟俩跟他们一起到附近的一个牧场去睡会儿,然后等酒醒了再回家。这三个人说牧场是一个朋友的,已经弃置了很久。这时已是凌晨接近破晓,托雷斯兄弟想都没想就答应了。一爬进雪佛兰的车厢——他们当晚乘坐的第四辆车——托雷斯和埃尔维尔就很快睡着了。

直到醒来，托雷斯才注意到了那些枪。

又经过好长一段令人紧张的行程之后，几个人终于停了车，并且递给托雷斯和他堂兄一人一件黑色运动衫，让他们换上。托雷斯越来越觉得这几个新朋友绝非朋友。他们把兄弟俩带到一座看起来已废弃的孤零零的两居室低矮平房里，告诉他们在卧室里等着，其他人去寻找给养。

托雷斯从房子里溜出来撒尿，这时，他注意到周围泥土地上的新鲜脚印——对于已经说是废弃了的房子来说，这有些奇怪。从到了这里开始，他就一直感到不安，现在这些脚印确认了他的恐惧：他们被骗了，设局的人可能不止跟他们一起喝酒的那几个。托雷斯决定不等着发现自己的直觉是否正确了，他急忙回到屋里，告诉堂哥他们该走了。两人眼看就出门了，这时他们的酒友开了枪。托雷斯躲过致命的扫射，跳出后窗，朝附近的森林跑去。他在那里躲了将近 10 个小时，其间那些差点杀了他的人搜遍了整座山想找到他。太阳落山时，他走到最近的城镇，打电话报了警，并联系了家人。

托雷斯活了下来。埃尔维尔遇害了。

这只是弗雷迪·托雷斯不寻常经历的开始。令他惊讶的是，军方错误地把埃尔维尔宣布成一名内战中的游击战士，将他的死亡定性为战斗中阵亡。托雷斯发起运动，欲洗刷他堂兄的名誉，却招来了死亡威胁。最终，2007 年 2 月的某天，他在波哥大自家住宅附近，坐在汽车里的当口，一个隐形枪手朝他射击，子弹打穿了挡风玻璃。他逃过一劫，也没有受伤。但遭遇这次暗杀企图之后，托雷斯举家搬走，过起了居无定所的流动生活，每隔几个月就更换一次手机号码和住所。他表示，当局对他的保护请求没有回应。（"他们不帮助任何人[1]，"他告诉我，"因为他们不想跟国家作对。"）托雷斯确信，埃尔维尔遇害，以及随后的恐吓活动，只可能是哥伦比亚军方内部的权力机构所为。他的怀疑最终得到了证实[2]，埃尔维尔遇害一案最终受到起诉的是一名鼓励士兵杀害平民的陆军上校，那几个顶着"弗雷迪""派萨""科斯特诺"名字的家伙再也没能找到，更不用说被逮捕了。

与托雷斯经历相似的故事在哥伦比亚还有成千上万，都来自该国"胜利的"反恐战争中的旁观者。埃尔维尔是"谎报战绩"现象的牺牲品，即死于哥伦比亚军方从未承认过的长期法外杀戮行为。军方人员迫于上级的压力，需要拿出显示反游击战成功的业绩，于是就诱杀毫无戒备的平民，然后将他们的尸体装扮成哥伦比亚革命武装力量（FARC）的叛乱分子。这些人的死被军方用来夸大军事行动的成功率，而那些谎报战绩者还会获得休假的待遇、晋升的机会和奖章。受害者包括农民、儿童、无家可归者、吸毒者、智障人士和小偷之类的罪犯，他们当中即使有的话，也很少是带着胸标的革命武装力量游击队员。

2008 年之前，大多数哥伦比亚的政策制定者还可以假装这些虚假战绩只是谣言，但那年 9 月的所谓"索阿查（Soacha）丑闻"则掀开了遮羞布。检察官得知了波哥大贫民窟中 22 名贫困年轻男子的遭遇，这些年轻人被许以高薪工作，被运出城市，然后被杀害，并被装扮成哥伦比亚革命武装力量成员。哥伦比亚政府军马里奥·蒙托亚（Mario Montoya）将军于 2008 年 11 月 4 日辞职。检察官又继续调查了超过 3000 起 [3]2000 年以来民兵人员涉嫌谎报战绩的案件。联合国难民署（UNHCR）于 2015 年发布的报告称，谎报战绩的受害者总数可能高达 5000 人。

处决平民在哥伦比亚并不陌生，但到了 21 世纪的头几年，该国历时数十年的内战进入最后阶段，这种做法飙升。政府军再度猛烈地与哥伦比亚革命武装力量的反叛分子对决，急于向心灰意冷的本国公众及美国金主展示进步。国防部长卡米洛·奥斯皮纳（Camilo Ospina）于 2005 年发布了所谓的第 29 号命令 [4]，实际上认可了谎报战绩的做法——该指令授权"奖励捕获或剿杀非法武装团体头目者"，奖金额度定为每杀一人可获得 1500 美元，差一点就达到哥伦比亚人均年收入的一半。第二年，遭处决的平民人数增加了一倍。丑闻规模到底大到什么程度尚不得而知，但这种做法在哥伦比亚实属常见，并不局限于某个单位或地区。联合国特别报告员菲利普·奥尔斯顿（Philip Alston）对这种做法进行调查后发现，"没有证据表明[5]这些杀人事件是作为政府官方政策实施的，或者是由总统或历届国防部长下令或在他们知情的情况下进行的"。

对于华盛顿来说，谎报战绩的杀戮或许只是其他国家历史上一段小小的悲剧，但有一个事实例外：许多最凶恶的犯罪者受过美国的培训和资助。研究人员发现[6]，获得美国援助越多的哥伦比亚政府军纵队，与其相关的处死平民案件数量也明显越多。华盛顿忙着支持哥伦比亚合作伙伴，以便后者能承担确保该国免受所谓恐怖分子袭击的使命，但在这一过程中，美国军方官员和其他政策制定者往往没能仔细审视一下他们训练和资助的战斗者。在位于本宁堡（Fort Benning）的西半球安全合作研究所（Western Hemisphere Institute for Security Cooperation）[7]接受培训的哥伦比亚指挥官中，近一半被指控犯有严重罪行，或指挥了成员犯有法外杀戮罪的部队。杰米·拉斯普里拉（Jaime Lasprilla）将军[8]曾在本宁堡担任过教官，他在哥伦比亚领军时批准或鼓励过数百起杀戮案件。像他这样的指挥官，在哥伦比亚政府军中可谓司空见惯。

甚至在索阿查丑闻爆发之前，美国情报、军队和外交部门中已开始对哥伦比亚法外杀戮的报告私下有所议论。美国驻波哥大大使1994年发回的一份电报就已提醒关注"数人头心态"，并解释说："无法通过可追踪记录来展示自己的反游击队行动（大多数政府军侵犯人权行为发生的领域）前线官兵[9]，会在晋升时处于劣势。"中央情报局同年内的一份报告则表述得更为明确，指出哥伦比亚安全部队"在其反叛乱战役中采用了暗杀团战术"，并且"有一连串在游击区内暗杀左翼民众、与参与贩毒的准军事组织合作袭击疑似游击队的同情者的历史，以及杀害被俘战斗人员的历史[10]"。五角大楼在1997年的一份报告中得出了类似的结论，指出哥伦比亚政府军表现出"数人头综合征"，即"往往助长试图满足配额并取悦上级的善意士兵去侵犯人权"的氛围，以及"在允许准军事组织充当代理人时，采用随便或至少是被动放任的态度……为 COLAR（哥伦比亚政府军）增加歼灭游击队的数量[11]"。然而哥伦比亚——说的更广一些，还包括美国——正在进行一场战争。通常情况下，军方没有时间，或者没有兴趣去监管他们的士兵。

1998 年 10 月 28 日，在白宫玫瑰园，哥伦比亚新任总统安德烈斯·帕斯特拉纳·阿朗戈（Andres Pastrana Arango）站在克林顿总统旁边，参与了或许是有史以来最奇怪的政治新闻发布会。这次活动的目标是讨论两国之间日益深化的关系，以及最终具有分水岭意义的新援助方案。"那是哥伦比亚计划的第一阶段[12]，"帕斯特拉纳告诉我，在这么高的层级上，"这是我们第一次真正地谈到了哥伦比亚"。

出席发布会的记者还有其他问题要提问。"发布会上提出的第一个问题，"帕斯特拉纳回忆说，"是'你怎么向切尔西解释丑闻?！'"事实上，这个问题是发布会提问已经到三四轮时才提出来的，但除此之外，他的记忆是正确的。新闻发布会的文字记录看起来像是千层糕——克林顿英勇卓绝地一次次试图将主题拉回到外交政策上来，而记者团一而再、再而三地围绕他与白宫实习生的性丑闻狂轰滥炸般地提问。这一丑闻使克林顿的总统生涯蒙上阴影。

帕斯特拉纳回忆说，克林顿那时压力很大。"他给了我一个健怡可乐。你能看出他很有人情味，第一次看到他人性的一面。"超现实的双主题并进新闻发布会继续着，间隙中，帕斯特拉纳要求在椭圆形办公室单独与克林顿会谈10分钟。在帕斯特拉纳的回忆中，克林顿走到自己的办公桌前，拿出一张哥伦比亚地图，两人看了帕斯特拉纳扌算变为非军事化的地区。然后，帕斯特拉纳说，"他问我对他就第一个问题的回答怎么看"，他指的是莫妮卡·莱温斯基（Monica Lewinsky）。帕斯特拉纳告诉克林顿他做得很好。这段记忆让帕斯特拉纳笑了起来。"挺奇怪的"，他说。这两个国家元首相处得不错，"不错的化学反应"。他们的对话得以持续，并在接下来的一年里，演变成了界定克林顿拉丁美洲政策遗产的哥伦比亚计划。"我提出了我称之为哥伦比亚版马歇尔计划的动议"，帕斯特拉纳说。最终结果是美国向哥伦比亚提供总值100亿美元的救济、开发和军事援助。

为了推销这项昂贵的计划，克林顿也向被毒品时刻困扰着的美国公众发出呼吁。2001年的盖洛普民意调查显示，绝大多数美国公民对吸毒问题表现出"大量"关注[13]。由于当时美国90%的可卡因来自哥伦比亚，那么大量的社会关注被导向到这个拉丁美洲国家也是有意义的。克林顿很容易就在这项计划上获得了支持。"哥伦比亚的贩毒者直接威胁到了美国的安全[14]，"他对美国公众表示。哥伦比亚计划"将使哥伦比亚自身的反毒计划得以落实，对游击队或准军事集团控制的地区内迅速扩张的毒品生产造成严重打击"。安妮·帕特森在霍尔布鲁克担任阿富汗和巴基斯坦事务特别代表时期是美国驻巴基斯坦大使，之后担任美国驻埃及大使，到了援助哥伦比亚新计划执行的头三年里，她刚好又在担任美国驻哥伦比亚大使。"当时的战略是向哥伦比亚政府提供打击恐怖主义和毒品走私的工具，这两项斗争那时已融为一体 [15]，"帕特森对我表示，"为了打击贩毒集团和恐怖主义，有必要同时攻击链条上的所有环节。"

克林顿总统决定豁免对外资助法规中的人权条款 [16]，认为国家安全是第一位的。总统为此项豁免做合理性辩护时解释说："我们的一揽子援助对于维持我们打击毒品犯罪的努力，以及对于帮助哥伦比亚政府和人民维护哥伦比亚的民主而言，是至关重要的。"

最初，哥伦比亚想按民生占 70%、军方占 30% 的比例分配美国的援助；美国却希望反过来。最终的计划在很大程度上出自一位哥伦比亚人之手，他就是杰米·鲁伊斯（Jaime Ruiz）。按照帕斯特拉纳和鲁伊斯两人共同的说法，鲁伊斯是帕斯特拉纳最亲密的助手之一。这一最终计划明显表现出了美国所希望的优先顺序。该计划规定了在 10 年内每年拨款 13 亿美元 [17]，用于打击"毒品恐怖主义"。第一年，超过 70% 的资金被用于援助军队和警察，包括从"黑鹰"到通信设备、培训师、化学战技术等在内所有项目所需的资金。正如美国前大使罗伯特·怀特（Robert White）所说的那样：
"（哥伦比亚）来了，索要面包，你给了他们石头[18]。"但美国剩余的资金确实被用于经济发展、司法改革和对流离失所者的援助。只有在军事和民生援助之间达到对等平衡，且美国和哥伦比亚的官员都开始认识到重建该国长期遭受践踏的法制有价值时，这项协议才可能取得最大的成功。

造成美国在哥伦比亚陷入纠葛的动因，正是推动美国卷入从越南到阿富汗等地区争端的同一种反共热情，对毒品的担忧是之后才出现的。外交贬值且重要性排名下降，同时军事将领在政策制定中崛起，这些趋势在特朗普就任总统以来出现爆发性的增长，但种子是在更早的冷战时期军事冒险中埋下的。成千上万名无辜者成为这些干预战略的牺牲品。

对哥伦比亚的干预始于 1962 年美国陆军特种战争中心（US Army Special Warfare Center）对波哥大的一次访问。该中心指挥官威廉·亚伯勒（William Yarborough）中将是当时的领队，在他的提议下，才有了那个年代的一大经典代理人战争，即利用当地人"发挥反间谍和反宣传功能 19，并在必要时，针对已知的推行共产主义者执行准军事、破坏和 / 或恐怖活动"。

根据他的研究结果，美国帮助哥伦比亚政府制订了"拉索计划"（Plan Lazo），一项以越南"凤凰计划"（Phoenix Program）① 为蓝本的反叛乱战略。这项计划于 1962 年 7 月 1 日正式被哥伦比亚军方所采用，并被当作"心灵与智慧"20 战略灌输给哥伦比亚民众。事实上，这是美国人希望在民间告密者的帮助下消灭共产党的阴谋。哥伦比亚总统颁布的第 3398 号总统令更加强化了拉索计划，命令指出"所有哥伦比亚人，男人和女人……将被政府用在有助于重建秩序的活动和工作中"——这实际上等于允许哥伦比亚当局将普通公民组织成民兵团体 21。与美国支持的拉索计划一道，第 3398 号总统令创建了按指示和授权杀害武装或非武装农民的

———————————————

① 美国在越战期间实施的一种通过渗透和暗杀越共成员的方式，以暴力手段给对手造成实际和心理打击的战术计划，行动初期甚至有规定的猎杀数额，因此有平民被杀害并拿来凑数。——译者注

民间"自卫队"[22]和"猎杀队"。

美国陆军和中央情报局开始使用越南时期用过的相同技术指导哥伦比亚军队。作为中央情报局计划的一部分，美国国际开发署在中情局位于洛斯弗雷斯诺斯（Los Fresnos）的"炸弹学校"为哥伦比亚警方提供了培训，课程包括[23]"恐怖分子装置"、"燃烧弹"和"暗杀武器"等。

美国不仅教授哥伦比亚军队与共产党作战，还承销那场战争。从20世纪60年代开始，哥伦比亚部队就使用美国提供的车辆、通信设备和武器，来摧毁全国各地的反叛社区。1964年5月18日，歼灭共产主义农民——大多数都是农民——的反叛乱战役开始了，哥伦比亚政府军派出了整整1/3的兵力，去摧毁一个只有几十个战士守卫的左翼村庄马克塔利亚（Marquetalia）。该行动是应美国的要求、在美国的协助下进行的。美国军事顾问在筹划和执行过程中全程在场。第一次袭击之后，哥伦比亚政府还开始了对其他自治左翼农村社区的袭击。

哥伦比亚政府的举措充斥着腐败和管理不善，以及他们鼓励了更多流血事件的出现，这些在美国国务院中都不是秘密。国务卿迪恩·腊斯克和美国常驻联合国代表阿德莱·史蒂文森（Adlai Stevenson）承认这在道德上自相矛盾[24]，并在电文中写下了美国资助和鼓励农村暴力以及经济混乱的观点。而美国国务院也很难自圆其说地向外界宣称，左翼分子与美国支持的哥伦比亚政府军之间所进行的长期战争在很大程度上改变了大多数哥伦比亚人的命运：因为引发冲突的潜在阶级斗争持续存在，没有土地的人仍被剥夺权利，而城市精英则在混乱中变得富裕起来。在此期间，美国的投资和贷款大幅增加，使得哥伦比亚总统阿尔韦托·耶拉斯·卡马戈（Alberto Lleras Camargo）都忍不住冷冷地说："流血与资本积累携手并行。"[25]

哥伦比亚革命武装力量迅速崛起，直接回应了美国支持的攻击哥伦比亚左翼人士行动。马克塔利亚消失之后，少数来自该地区的左翼分子逃到了山区，在那里他们与其他反叛团体

419

/ 247 午夜牧场

结盟，共同承诺为农村人口争取更好的条件，并保护他们的追随者免受政府军攻击。

他们的组织迅速壮大。哥伦比亚革命武装力量不仅是一支为获得更多土地而斗争的游击队，而且已经成长为一场推动该国进行社会主义重组的政治运动。乡村的农民、土著人口、非洲裔哥伦比亚人、无地劳工、工会会员、教师、知识分子——"这片土地"之子——都加入了战斗。哥伦比亚革命武装力量开始组建学校、医疗中心和社会项目，基本上运行了一个平行的国家。

但该组织骨子里仍然是一支战斗力量。组织建立后不久，哥伦比亚革命武装力量领导人就开始在农村地区训练民兵，发动袭击。该组织依靠恐怖主义运动，不仅轰炸警察局和军事基地，还袭击医院、教堂和学校。绑架勒索赎金为哥伦比亚革命武装力量提供了收入，直到20世纪70年代末。然而从那时起，该组织开始贩运可卡因。

在里根第一个总统任期内[26]，进入美国的可卡因和大麻中，几乎80%来自哥伦比亚。哥伦比亚革命武装力量新挖掘的毒品财富，使它能够吸引该国早已不满于大部分地区极度贫困状态的民众支持。到 1980 年，哥伦比亚革命武装力量的人数[27]增加了 6 倍，在全国范围内拥有 3000 名左右的战士。收入也一路飙升，最终达到数十亿美元。然而暴力事件更加频发，哥伦比亚革命武装力量将恐怖统治的矛头对准了神职人员、政治家、军官，甚至著名的右翼民间人士，目的往往只是煽动恐惧。

反过来，社会精英阶层的土地所有者也雇用很多右翼武装力量，而这些组织如果追根溯源的话，很多都源自拉索计划下美国支持的团体。这些右翼武装力量也激进地以任何敌视其雇主者为针对目标。准军事组织到处都是：巅峰时期达到 3 万人之众，活动范围占全国的 2/3。[28]这些组织中有些是由政府武装起来的，法律上得到了认可。它们也是残酷的[29]：名为哥伦比亚联合自卫军（AUC）的一个组织在其头两年的行动中就杀死了超过 1.9 万人。

随着时间的推移，准军事性的敢死队得到了政府、军方、贩毒者，甚至美国的支持。白宫拒绝支持政府与左派之间的任何和平对话，并谴责左派武装力量为"贩毒游击队"[30]。在某些情况下，里根政府甚至直接支持给美国充当告密者[31]或刺客的右翼准军事组织。

在 20 世纪 80 年代，美国跨国打击毒品战争中出现了一批命运多舛的伙伴关系，其中包括哥伦比亚军队与 20 个较大的可卡因贩运者联手，建立了由美国情报部门支持的国家反恐训练学校。这一团体也被称为"绑架者死"（MAC），其使命看起来很简单：挫败哥伦比亚革命武装力量，绑架政客和富人。毒贩被要求先支付 3.5 万美元的初始费用。政府军聘请以色列和英国的雇佣兵前来提供培训，中央情报局和美国情报人员也有所参与。

该集团从致命的角度讲是成功的；最终，它成长为政府军的又一个准军事且从事犯罪行为的延伸组织，在与哥伦比亚革命武装力量的战争中替政府干脏活，几乎没有或者很少专注于阻止绑架。20 世纪 80 年代，"绑架者死"杀害的以爱国联盟（Unión Patriótica）成员身份参与政治进程的哥伦比亚革命武装力量成员超过 700 名，进一步阻止了由总统贝坦库尔（Betancur）领导的和平进程。具有讽刺意味的是，这些准军事组织中的许多人也进入了毒品行业，而援助给哥伦比亚用于打击毒品战争的美元也陆续流入了毒贩的口袋。

结果是各种派系和暴力密集涌现。1999 年，哥伦比亚经历了数千起恐怖袭击和绑架事件，杀人案发率[32]高达每 10 万人中有 60 人被杀。近 2 万名哥伦比亚革命武装力量的战斗人员隐藏在全国各地，绑架勒索的赎金数以百万计[33]。哥伦比亚整整一半的领土缺乏安全保障；哥伦比亚革命武装力量基本上统治了整个南方，政府不敢进入[34]。1995 年到 2000 年，超过 70 万名哥伦比亚人[35]离开了这个国家。暴力事件也变得更加可怕：哥伦比亚联合自卫军屠杀起平民来动辄数以十计，并以方法残忍得令人毛骨悚然而闻名，比如用砍下的人头当球踢，以及用电锯将受害者大卸八块等[36]。

克林顿的缉毒沙皇巴里·麦卡弗里（Barry McCaffrey）将军对当时的暴力仍保留着鲜活的记忆。"你在那个国家的任何地方开车都可能会被绑架。那有点像随机抓阄：哥伦比亚革命武装力量的检查站会搜索你的名字，找出你的身家财产价值，然后你最终要么被绑架，要么就死在热带丛林里。"这是一种"邪恶可耻的情况"。[37]

到 20 世纪末，哥伦比亚人已经决定是该实现永久和平的时候了。1999 年 10 月，这个拥有4000 万人口的国家里，有 1300 万人参加了全国范围内题为"够了"的抗议示威活动[38]。那个月晚些时候，有 1000 万人在一场象征性的公投中投票支持和平，给哥伦比亚政客们敲了一记警钟。该国没有任何正式的政治选举出现过如此高的投票率。

当时担任总统的安德烈斯·帕斯特拉纳自己就曾经被麦德林贩毒集团（Medellín Cartel）绑架过，他说自己立刻明白了这次投票的后果。"没有任何总统候选人获得过那么多的选票，"他说。因此，在当选总统之后，他"决定我应该做的第一件事就是努力实现和平"。[39] 帕斯特拉纳尝试使用了从未见过的战术。他与哥伦比亚革命武装力量的高层领导人会面，甚至到山区去，亲自与叛军指挥官对话。为了表达善意，他专门给哥伦比亚革命武装力量划拨了一个非军事区，并在他上任后的头六个月开始了正式的和谈。当然，他与克林顿在白宫玫瑰园那场奇特的记者会之后，还斡旋达成了哥伦比亚计划。

近20年后，哥伦比亚计划被当作一个成功的故事，足以说明当时的形势有多么糟糕。无论是从财务还是人力的角度衡量，这笔交易的代价都是个天文数字。美国花了100亿美元支撑哥伦比亚的安全部队、经济和政治机构，额度仅次于对以色列和埃及的援助。据报道，2005~2014年，针对左翼分子有记载的政治暗杀活动[40]超过17万起，谎报业绩类丑闻夺去了数千人的生命。夹杂在美国援助当中的侵犯人权行为也经常发生：21世纪头10年的中期，美国制造的智能炸弹[41]经常被用来消灭境外的哥伦比亚革命武装力量领导人，然而同时也往往导致平民死亡。

"秘密的国家恐怖主义"[42]事件很常见，最著名的是2002年2月摧毁圣维森特德尔卡古安

（San Vicente del Caguán）镇的行动——这次袭击与美国和哥伦比亚 40 年前联手端掉马克塔利亚村的行动如出一辙，在美国的压力下，哥伦比亚政府军袭击了南部卡克塔省（Caquetá）的圣维森特镇。繁荣且大部分自治的南部地区由于是哥伦比亚革命武装力量集中活动的主要区域，也经常被当地人称为"哥伦比亚革命武装力量的地盘"。圣维森特是个成功的社区，拥有自己的警察部队、新的高速公路和桥梁、广泛的供电、优质的学校和医疗保健系统。但在一轮和平谈判突然中断之后，帕斯特拉纳命令军队入侵该地。美国提供的 A-37 和 A-47 飞机投下炸弹，1.3 万名受过美国训练的士兵包围了村庄。政府宣布取得了胜利，告诉媒体他们已经消灭了该地区应该是哥伦比亚革命武装力量营地的存在。政府军确实做到了这一点——当然也一并消灭了一些平民，其中包括老幼妇孺。

战争的受害者很少见到正义。武装分子在农场和别墅中被"监禁"[43]，之后他们可以复出，财富和人脉网络丝毫不受影响，且免于被进一步起诉或引渡。美国引渡的准军事组织领导人通常受到较轻的刑罚——只有七年，仅略微超过贩卖一盎司以下可卡因的街头毒贩所获刑期的一半。

哥伦比亚计划启动近 20 年后，或者说美国开始对哥伦比亚进行干预的近 70 年后，问题仍然存在：华盛顿坚持实现其军事和安全目标的人道代价是否太高了？而增强文职部门在决策环节的影响力是否可以防止像埃尔维尔这样的人死亡？当我向克林顿政府的缉毒沙皇麦卡弗里将军提出美国是否对哥伦比亚内战中的平民死亡负有任何责任这一问题时，他非常地不屑一顾。把美国看作同谋的想法是"最恶劣且完全不合逻辑的胡说八道，纯粹胡说八道"。

"为什么会是那样？"他问道，指的是显示美国的支持与哥伦比亚部队施虐行为之间存在关联的数据。"美国外交官和军官们所做的监督怎么会……助长法外杀戮和混乱？这完全是胡说八道。更有可能的是，这些单位只是更多地参与了反叛乱……有些人可能参与了更多或许有侵犯人权内容的行动。但是（指责美国）实

在太胡说八道了 [44]，完全没有可信性。"

"那是场血腥的战争，发生了一些血腥的事情，"他承认道，"但基本上（哥伦比亚政府军）是哥伦比亚社会中最值得信赖的机构。"确实，政府军往往是为美国进行代理人战争的国家中最受到信赖的机构。美国官员很少正视但令人不安的问题是，美国的支持在多大程度上促使这些军队成为其各自国土上唯一持久的政权结构。

无论成本如何，哥伦比亚计划最终将重心转向了民事援助，并为和平奠定了基础。这一点与后续诸如巴基斯坦之类的其他同类努力有很大不同。在该计划实施的第一个 10 年内，国家级警察力量扩大到全国所有大城市，有效帮助减少了绑架案件，从每年 3000 起降到了 200 多起；杀戮事件的数量和哥伦比亚革命武装力量的部队规模缩减了一半 [45]。到 2006 年，哥伦比亚实现了 3 万多名战斗人员自愿复员，结束了大部分准军事暴力，并启动了与联合自卫军指挥者之间的和平谈判 [46]，获得了其中许多人同意进入审判程序以换取较轻监禁的意向。

与许多其他类似的联盟比较起来，与哥伦比亚的关系中显著不同的一点在于，有一个围绕武器和人权豁免的整体发展计划。该计划的非军事组成部分和军事组成部分之间互相作用，彼此加强。"我们试图让国会同意与哥伦比亚达成自由贸易协定[47]，我们支持（哥伦比亚总统）乌里韦（Uribe）为在哥伦比亚重建体制所做的民主安全方面的努力，"康多莉扎·赖斯回忆说，"但我们必须打败哥伦比亚革命武装力量，现在能进行合理的和平谈判的原因，就是哥伦比亚革命武装力量不能再像绑架人质一样据守卡塔赫纳（Cartagena）和波哥大。"外交和安全战略更加平衡地相互融合，是给陷入困境的国家最终带来和平的核心原因。麦卡弗里表示，到头来"我们看到的是第二次世界大战以来美国最成功的政策干预"。[48]

美国在世界各地的军事联盟记录中满是悲剧和混乱，但也有经验教训。"如果看一下哥伦比亚计划，"赖斯说，"是由外交主导的。"在接下来的几年里，特朗普政府恐怕很难将促使美国在哥伦比亚取得非典型性成功的经验，应用到其他地区。由于全面削减预算，当年哥伦比亚计划赖以成功的全面综合性发展援助变得更加稀缺，加之新一轮武器交易和强人政治倾向看起来使美国外交政策更加与人权问题脱钩，现在几乎看不到这些经验教训已经引起注意的任何迹象。

第三部　毁灭进行时

华盛顿哥伦比亚特区，2017 年

朝鲜，2007 年

与暴徒之间没有停战，没有谈判

试着对话，但其置若罔闻

——图派克,《抢麦克风》

22　国务卿现状

雷克斯·蒂勒森的团队又打起来了。"好吧，谁和他一起进去？"蒂勒森的幕僚长玛格丽特·彼得林说着，带着好像在房间里发现了害虫般的表情，上上下下地打量我。我们站在"红木走廊"尽头通往国务卿办公室的宽阔双开门前。负责公共外交事务的副国务卿史蒂文·戈德斯坦（Steven Goldstein）两手抱在胸前，怒目而视地盯着彼得林。"怎么说呢，我想我不会"，戈德斯坦告诉彼得林。"希瑟可以走了"，他向蒂勒森的发言人、前福克斯新闻（Fox News）主播希瑟·诺尔特（Heather Nauert）点了下头。彼得林眯起眼睛看着戈德斯坦。"你确定吗？"她戏剧性的语调表达着不满。戈德斯坦没有回答。蒂勒森大步走到门口，打破了紧绷的氛围。

据争斗不休的蒂勒森内圈中多名成员透露，这种就在一层窗户纸背后燃烧的不和谐，在蒂勒森 2018 年 3 月被毫不客气地解雇之前，已然酝酿了几个月。争执通常始于彼得林，她是位难对付的律师和前国会助理，参与起草了"9·11"恐怖袭击事件后出台的《美国爱国者法案》，并指导蒂勒森顺利通过了其国务卿提名的确认程序。她收到说我当天要来的通知后，转手给蒂勒森团队的其他成员发出最后通牒：公关人员里，只有戈德斯坦获准出席采访。戈德斯坦指出，身为发言人的诺尔特需要负责回答随后的公开问题。而彼得林则坚持说地方太小，根本容纳不了那么多人。两位工作人员表示还有另一个动机：彼得林一直在游说，想炒掉诺尔特。这场对峙到我已经进门见蒂勒森时都没平息；实际上到我离开时也没平息，反而第二轮的尴尬已经开始，而这时争执的是谁留下来待在国务卿身边（戈德斯坦再次坚持让诺尔特留下来，显然让彼得林不高兴）。

这种争吵几乎都还达不到戏剧化的程度，但在记者面前如此公开展示，还是不寻常的行为，也与蒂勒森之前大多数国务卿所珍视的那种组织严密、口径一致风格大相径庭。它为人们透视国务院似乎陷入各层级全部混乱的局面提供了一个窗口。随着特朗普政府将政策权力下放给五角大楼和白宫内越来越多的军事将领，这是唯一的平衡：一个衰弱的国务院，由似乎是根据充当外交刽子手意愿选拔出来的国务卿领导——而在蒂勒森的案例中，还因为选拔时他们对候选人意愿的评估错误，而很快被解雇了。

我们在 2018 年 1 月见面时，蒂勒森穿着一件炭灰色西装和一条上有马蹄铁组合图案的明黄色领带，跷着二郎腿，放松地坐在国务卿办公室内一把蓝金两色相间的布面椅子上，距离理查德·霍尔布鲁克 7 年前心血管爆裂时所在的位置仅有几英尺之遥。办公室看起来与那天大致一样，除了摆放的艺术品：蒂勒森一开始布置办公室时，把过世外交官的肖像换成了展现美国西部风光的画作 1。蒂勒森经常被比作牛仔，而从办公室的装饰画和领带上的马蹄铁当中，似乎也看出他确实有牛仔的倾向。他的名字也透露出同样的倾向：雷克斯·韦恩·蒂勒森，把两位好莱坞电影史上不可磨灭且器宇轩昂的牛仔形象扮演者的名字都囊括了——雷克斯·艾伦（Rex Allen）和约翰·韦恩（John Wayne）2。

蒂勒森出生于得克萨斯州威奇托福尔斯（Wichita Falls）的一个中等收入家庭，在威奇托福尔斯和隔壁的俄克拉荷马州长大。他的父亲"开着卡车向杂货店出售面包 3"，他的母亲在家抚养孩子。蒂勒森的父母是通过童子军相识的 4，当时他母亲去蒂勒森父亲工作的那个营地探望自己的兄弟。蒂勒森也很支持这一传统，在职业生涯的大部分时间里都积极参与童子军的领导工作。他的简历中有很多超级成就：他是一名鹰级童军 ①（Eagle Scout），后来还成为他所在高中的乐队成员，演奏定音鼓和爵士鼓，

---

① 鹰级童军是美国童军的晋级计划中所能拿到的最高成就或阶层。——译者注

并获得了得克萨斯大学奥斯汀分校（University of Texas at Austin）的军乐队奖学金。他在埃克森美孚公司（Exxon Mobil）工作了40多年，其中担任首席执行官超过10年，积累个人财富[5]超过3亿美元——不包括他离开公司转任政府公职时拿到的1.8亿美元退休金。加入特朗普政府的决定打乱了他的退休计划——原本他应该携妻子伦达（Renda），回归得克萨斯州拥有两匹马和一座牧场的生活。"我并没有想得到这份工作[6]，"蒂勒森说，"我妻子告诉我应该接受它……我本来是要回归牧场，与我的孙子孙女们在一起的。"当我问到他一年以后是否还会认为接受了这份工作是正确决定时，他笑了。彼得林警告地看了他一眼。"是的，"他说，"迄今为止"——他皱起眉头，似乎在找词——"有趣。"[7]

特朗普提名蒂勒森出任国务卿一职时，蒂勒森执掌全球最大跨国企业之一的经历激起了职业外交官们的乐观情绪。几位官员表示，也许蒂勒森能强有力地捍卫国务院的地位，也许他能带来私营部门的管理技巧，促使国务院的机构成长——或者至少是明智而有目标的精简。面对站满了国务院大厦大堂的全体员工，蒂勒森站在楼梯上发表的约 10 分钟首次讲话受到了好评。"我就是那个新人 [8]"，他慷慨地对人群表示。他提到了大厅两端的大理石墙壁，那上边刻有数百名在执行任务中丧生的外交官员的名字。"舆论还是不错的 [9]"，外交官艾琳·克兰西在蒂勒森的国务卿提名被确认之后不久回忆说。克兰西在国务院大清洗中侥幸躲过了被炒鱿鱼的厄运。"那时情势还是春风和煦，他的从商履历让人看到希望"，一位与特朗普任下白宫关系密切的消息人士表达了同样的情绪。"这是一个多么不同的选择 [10]，"此人回忆说，这是他首次被征求对蒂勒森意见时的想法，"多么酷的家伙。"

问题快速地累积。到任国务院之后，蒂勒森失踪了，他几乎没有接受任何采访，限制媒体靠近，达到前所未有的程度。他上任后首次对亚洲进行访问时，只带了一位来自一个保守派网站的写手，为此惹恼了新闻界。支持蒂勒森提名的前国务卿康多莉扎·赖斯就是众多对此表示沮丧的人之一。"你必须带着新闻界上飞机随访[11]，"几位接近她的人回忆她当时这样说道，"这就叫作民主，是我们做国务卿的乘坐政府资助的飞机旅行时，所需要倡导的。他为什么不带上媒体同机随行？"当我询问赖斯她对蒂勒森的看法时，她的话更具有政治色彩。"我无法评估内部发生了什么[12]，"她说，"我听到了新闻报道，我知道他们不愿意公布一个版本的想法。我只知道雷克斯·蒂勒森是个非常强的人，一个很好的经理人，我认为他是一个很好的领导者，但我不能谈论他如何运作这个部门的具体细节。"

蒂勒森和他的助手爽快地承认了资讯传播方面存在问题。"我不掺和部门以外的事[13]，那不是我做的事情"，蒂勒森说。"这可能是我在私营部门工作了 41 年半的习惯。我就是被这么训练出来的，这就是我做事的方式，很多人都很沮丧，我明白了，"他笑了，"但我不会改变！"蒂勒森的沉默还是让他付出了代价。接近白宫、最初表达了对蒂勒森乐观态度的那位消息人士直截了当地说："他们疏远了新闻界。"八卦内容开始在华盛顿流传，将蒂勒森描绘成冷漠之人、在国务院内被孤立绝缘。有些内容被夸大了，例如《华盛顿邮报》报道 14 说玛格丽特·彼得林告诉职业外交官不要与国务卿进行目光接触。包括一位蒂勒森保安团队成员在内的部分消息人士，对彼得林会实施这样一条规则的说法 15 提出了异议。但是彼得林确实在守卫蒂勒森时作风非常凶悍，以至于许多国务院官员认同公开报道中称她是"瓶颈" 16 的说法。即使是像康多莉扎·赖斯这样同等地位的高阶人士，据称不先通过彼得林的话，也无法联系到蒂勒森本人。"我打不通，"据一位与赖斯亲近的人回忆，这位前国务卿曾如此沮丧地说，"玛格丽特筛选了我的电话。"

后果更严重的是国务院内部人员也很难接近蒂勒森。上任第一天发表讲话之后，一直到 5 月第一次全体员工大会之间，蒂勒森居然没有再对员工讲过话——对于任何一届政府的国务卿而言，5 月才召集首次员工大会已经很晚了。讲话中，蒂勒森向国务院的全体人员做了一个全球冲突的基础概述。过程中，其肢体语言内敛克制——微小、自信的手势，胳膊肘以上没有动作。有些人认为他的讲话居高临下。"那就是一次'我会看地图'[17]的练习"，一位在现场聆听了蒂勒森讲话的外交官回忆道。当蒂勒森讲到自己参加模拟联合国会议的故事，说到他给一个12岁的参会者讲述外交给了他多少启发时，一位中年外交官开始有些激动地嘟囔："你不了解我们！"这话说出来的分贝水平足以让大礼堂中坐在此人三排以内[18]的人听得真切。"事实上，蒂勒森先生并没有做到对国务院内部正在进行的所有事务都有充分的了解[19]，而如果他只是依靠他周围的政治小圈子的话，那么他也不可能做到悉数了解，"科林·鲍威尔说，"他们似乎把时间都花在确保他不会从国务院了解到任何东西上了。"

几位工作人员表示，就连外国同行也觉得不容易接近蒂勒森。"他不会主动找人谈话或交际"，国务院运营中心的一位官员告诉我，他为蒂勒森当过几个月的接线员。"我在那里时，帮国务卿接通的绝大部分电话都是与政府内部人员的……感觉似乎有很多内部的纸上谈兵[20]。"国务院运营中心在多位国务卿任内都工作过的数名官员表示，这些内部通话的存在并无异常，但内部和对外谈话的比例有些不同寻常。譬如说，在新任国务卿宣誓就职后，他们通常会接到世界各地外交部长和国家元首打来的大量礼节性电话。运营中心接到了超过 60 通打给蒂勒森的这类电话，但他每天只接听三个，其余的一律拒绝接听[21]。

后来，到美国发动对叙利亚的袭击时，政府就完全跳过了通知北约盟国的传统步骤。蒂勒森接到了大量的电话。"当新闻曝光出来时，惊恐的盟友，包括捷克人——他们是我们在叙利亚的保护力量——都打来电话，说'我希望与蒂勒森国务卿通话'。"那位运营中心官员告诉我。那是星期天下午还算早的时间，蒂勒森人在华盛顿，并没有日程安排。"我们被告知国务卿在周末已经工作了很长时间，所以他要回家和妻子共进晚餐，然后就休息了。"不接电话。这位国务院职业外交官忍不住感叹，国务卿真是致力于工作与生活的平衡。然而蒂勒森的决定还是让一些人感到困惑。"我们刚刚在没有告知盟友的情况下轰炸了叙利亚[22]，"这位运营中心官员恼怒地说道，"你恐怕必须得打几个电话，哪怕是从家里打呢。真让我哑口无言。"

蒂勒森似乎不愿意依靠国务院内部的其他人，来填补人们感觉到的领导力真空。相反，有关职业外交专家及其意见靠边站的谣言则越来越多。在助理们的描述中，蒂勒森喜欢做深入研究，会为参加会议做很多准备。但他的无情效率也令人震惊。"我真的会逐一阅读发给我的所有备忘录……"蒂勒森在第一个期待已久的全体员工大会上说过，"我很感谢那些能把内容浓缩到一页纸上的人，因为我的阅读速度不快。"他不是在开玩笑，在蒂勒森任内，正式的备忘录写作指南中有一行红色粗体字警告："内容限制在两页内[23]。"几位官员表示，非正式场合中强制执行的内容限制是一页。每一位国务卿都对简报长度有自己的要求，且执行了各不相同的指导方针。从理论上讲，防止文书无谓的冗长是理性的目标。但数位高级官员表示，在蒂勒森的要求上，他们觉得无法在要求的篇幅内，将细微差别准确全面地向一位不了解错综复杂关系的背景、要监督管理这些关系的国务卿解释清楚。即使是那些获准送达国务卿办公室的简要文件，也经常被扣押很长一段时间，百般无奈地等待彼得林的审查。据两名官员表示，国务卿办公室的特别助理不得不将一些备忘录的日期向后更改，以降低文件积压带来公共丑闻的风险。

一方面是无与伦比的私营部门管理纪录，另一方面是对国务院的管理方法，这二者之间如何对得上号，对此与蒂勒森一起工作的许多人感觉挣扎，接近白宫的那位消息人士就是其中的一位。"在埃克森美孚的 40 年里，从'上帝的小屋'（God Pod）24 中指挥人们跟着油价的涨势上蹿下跳"，这位消息人士说，他还使用了人们称呼蒂勒森在埃克森美孚办公室的外号。"我不是想贬低他，但是你知道，管理那家公司是有套路的。"但是总统以外没人是上帝的政府则是另一回事。"起初我只是想'呃，这是成长的痛苦；一位私营企业家，正在意识到华盛顿有多难搞'，"接近白宫的这位消息人士继续说道，"只是，我开始看到的是一个人周复一周、月复一月地，不但没有悟出要领，而且还不进行自我反省。"

关于蒂勒森将让位的谣言[25]一直在流传，直到他最终在2018年3月被宣布停职。取而代之的前中央情报局局长迈克·蓬佩奥（Mike Pompeo）被广泛认为是热门的继任人选，特朗普派驻联合国的代表尼基·黑利（Nikki Haley）是另一人选，其竞争力来自驾驭及推进特朗普麾下白宫激进战略意图的能力。大众眼里蒂勒森与黑利的竞争似乎是造成蒂勒森及其团队特别烦恼的一大根源。我前来与国务卿会面的那一天，他们仍在为黑利发表的一份声明感到震惊。黑利就联合国负责巴勒斯坦难民事务的近东巴勒斯坦难民救济和工程处（UNRWA）预扣资金一事发表声明前，并没有与蒂勒森商量过。在一系列气氛紧张的电子邮件中，黑利的新闻发言人办公室人员对蒂勒森的工作人员表示，他们没有经过国务卿，而是直接与白宫进行了核实。几周之后，蒂勒森就叙利亚问题发表了反响不错的强硬讲话，几乎就在同时[26]，黑利也就同一主题发表了自己的声明，招致蒂勒森团队的抱怨，称黑利公开削弱国务卿的权威[27]。国务卿和美国常驻联合国代表之间的紧张关系并不鲜见，但蒂勒森和黑利的关系中敌意似乎更深。"我靠，"那位接近白宫的消息人士说，"我从来没见过他对待她的方式[28]……实在令人震惊。"多个白宫消息人士也表达了相似的看法，其中一人表示，蒂勒森对黑利的"愤怒"甚至让总统都产生了不悦。蒂勒森团队对这些说法提出了异议。负责公共外交的副国务卿史蒂文·戈德斯坦称蒂勒森"是一个非常体贴、体面、有原则的人"[29]，并认为白宫消息人士所说的那些负面看法都出自心怀不满的竞争对手。"每当你做出外交政策决定时，总会有相互竞争的利益，而且有时候人们对做出的决定也不满意，"他说，"但他们所说的是最不属实的。"

蒂勒森自己表示，他的关注点在其他地方。"我唯一需要担心的是美国总统[30]，"他告诉我，"只要他对我做的事情感到满意，并希望我继续这样做，那就是我要做的。"但也有指称蒂勒森和特朗普之间有过口角的报道。2017 年 10 月，一些出版物兴高采烈地报道说，蒂勒森在一次会议中甚至将总统称为"白痴"。接近白宫的消息人士称，蒂勒森身上那种得克萨斯牛仔的大摇大摆做派让特朗普感觉很恼火。消息人士说："在特朗普面前，你就不能总是端着一副傲慢的大男子主义做派[31]，你必须得采取马蒂斯的做法，就是'总统先生，你是总统，你比我更聪明，你赢了，你的直觉总是正确的，但是请允许我给您提供另外一种看法，长官'，然后你再说你的想法。"他提到蒂勒森的做法是"'你看，我觉得因为我在石油行业工作了这么多年，我还是有发言权的。你对这个地区了解不多，所以让我先从这里说起'。老实说，我的意思是他居高临下"。蒂勒森的助理们说，他们的老板与总统在一起的时间比大多数内阁成员都多，而蒂勒森也坚持认为，关于他和总统关系不和的说法被夸大了。"他和我之间的关系并不像许多国务卿与他们辅佐的总统之间的关系一样，"他解释说，"因为我们之前彼此根本不了解[32]，所以他和我之间的一些互动都是在彼此了解对方是谁。我们彼此不了解，而我的管理风格又与他非常不同，有时这些差异在其他人看来也很明显。但这并不意味着我们不能一起共事。"碰巧的是，总统的看法不同。

当我提到白宫在蒂勒森让位的谣言中所扮演的角色时，这位前国务卿并没有假装吃惊。"嗯"，他点点头说。他一直在等待这个问题。"你是如何面对的呢？"我问道。"我无视它"，他冷冷地说，挑起了一边的眉毛。"你说白宫时，指的是谁？"这是个反问句。"我不是要你透露消息来源，但是你明白我的问题，白宫由多少人组成？"蒂勒森的政策规划主任布莱恩·胡克（Brian Hook）插话进来，表示答案可能是数以千计。蒂勒森挥手制止了他。"但是相关的人，那些可能在我的去留问题上有相关利益的人，应该大约有 160 人吧……"蒂勒森向前倾了倾身子，我知道被他解雇的感觉一定不会愉悦。"我不会透露我的消息来源，因为我知道那是谁。我知道那是谁，而他们也知道我知道。"

据听到过蒂勒森关起门来直接谈到此事的三个人说，被提到过的人是后来变成顾问的特朗普女婿贾里德·库什纳（Jared Kushner）。根据这些消息人士的说法，蒂勒森确信库什纳与另一位白宫高级官员合作，想通过运作让黑利坐上国务卿的位子，进而为他自己升任国务卿一职扫清道路。蒂勒森离开以后，接近他的消息人士继续认为，库什纳在蒂勒森遭替换一事中扮演了重要角色。两人之间的紧张关系经常浮上台面，通常是以公关代理战的形式出现。在黑利寻求停止继续资助巴勒斯坦难民问题上，在蒂勒森取得胜利，恢复了美国对联合国近东巴勒斯坦难民救济和工程处的部分人道援助资金[33]后，讨论这一进展可能给库什纳主导的中东和平努力带来负面影响的媒体报道就立刻开始出现。蒂勒森的助理们指责是库什纳授意了这些报道。接近白宫的那位消息人士透露，库什纳试图与蒂勒森合作，但遇到了后者的抵制。"我所看到的是：一位总统选战结束后对（库什纳）说'你就负责中东和平进程吧'，当场让（库什纳）大吃一惊。此人试图每周都向雷克斯做一次简报，但从来没得到过回复或开会的机会……而且不仅仅是贾里德[34]，整个政府里的很多人，包括内阁成员，都有此抱怨。"对于将库什纳描述成谦谦君子意外受命的说法，蒂勒森的一名助手极其愤慨，称蒂勒森被迫与库什纳"进行过尖锐的对话"[35]，提醒后者注意谁是国务卿。

然而，当我问蒂勒森是否因为本该由国务卿领导的核心任务被交给了库什纳而感到沮丧时，他表现出了令人意外的被动态度。"呃，没有，"他说，"这不是令人沮丧的事情[36]，因为我认为，在大多数领域里，一开始就很清晰。很明显，总统一开始就希望他负责中东和平进程，所以我们就照此量身定做。"我又问："库什纳是否拒绝过呢？""没有，"蒂勒森说，"这就是总统想要做的事情。"蒂勒森仍然参与其中，库什纳会定期"过来"汇报更新信息。"所以至少在这个议题，以及我们与同一些国家和同一些领导人一道管理的所有其他问题上，我们之间是有着全面联系的。我们会给他们一些意见和建议：'可能需要考虑这个'，'那个恐怕行不通……'"蒂勒森似乎很热衷于否定他被赶下台的故事。对于让出推进中东和平业务，蒂勒森的反应是耸了耸肩。政策规划主任胡克做出了进一步的解释。"对于该地区的相关方面来说，了解我们中东和平团队拥有总统的全力支持是非常重要的……"他说，"我知道过去的政府在中东和平进程方面采取的分工有所不同，但我们的模式是围绕新视角建立的[37]，而且与总统的距离更近。"他认为，拥有总统女婿这块招牌是件好事。

但是，蒂勒森和库什纳之间的混乱分工已经对美国政策产生了切实影响。卡塔尔在反恐战线上是美国的重要盟友，在 2017 年的一波激烈争端中，该国遭到沙特阿拉伯以及其他数个海湾国家与其断交。蒂勒森开始在这场争端中展开调解时，特朗普脱离以往美国处理中东问题的轨迹，大声疾呼地表达了支持反对卡塔尔的立场。相对于蒂勒森一天前刚在周日采访中所强调的政策陈述，这简直是 180 度大转弯。据白宫消息人士透露，库什纳站在沙特人一边[38]，因为他与沙特王储穆罕默德·本·萨勒曼（Mohammed bin Salman）关系密切，库什纳认为王储是个很有前途的改革者。中东政策同时被交给了蒂勒森和库什纳两人，但看起来，具有房地产开发背景且身为总统女婿的库什纳赢得了拔河比赛。

科林·鲍威尔回忆中也有与当时的副总统迪克·切尼之间发生的类似抢地盘大战[39]，感觉很不舒服。"我也面临过类似情况，就是突然发现我们已经创建了军事委员会。等一下——这是法律问题，而且是由国务院主导的法律问题。"我问鲍威尔对蒂勒森有何建议？"我无法判断，他也许很喜欢这种局面呢[40]，"鲍威尔耸了耸肩说道，"我无法判断他是不是反感。"然后，鲍威尔苦笑着说："或许如果我们在那里有大使的话，他们就会接手这项工作——这本就是他们的工作。"鲍威尔点到的正是特朗普政府对国务院态度的更广泛后果：一座人越来越少、规模越缩越小的建筑物。

2018 年 3 月，蒂勒森自己成为最新收到解雇通知单的外交官。"中央情报局局长迈克·蓬佩奥将成为我们的新国务卿[41]，"特朗普发布推文称，"他会工作得非常出色！感谢雷克斯·蒂勒森为国效力！"一如越来越明显的常态，国务院是最后一个知道消息的。"国务卿有一切意愿留下来……"蒂勒森发言人戈德斯坦的一份声明称，"国务卿还没有与总统通话[42]，也不清楚原因。"

蓬佩奥是来自堪萨斯州的前共和党籍众议员，几乎没有外交经验，是比蒂勒森更加保守的强硬鹰派。他以发表自身立场同样强硬的声明和推文方式，支持特朗普在退出伊朗核协议问题上的张牙舞爪的立场。而且在如何应对特朗普的自负问题上，他似乎已经充分消化和吸收了白宫官员所提到的一些教训。蓬佩奥在担任中央情报局局长期间说过，总统"总是提出非常好而且刁钻的问题[43]，责成我们去确认自己是在以正确的方式完成工作"。同样，特朗普也说他和蓬佩奥"总是能想到一块儿[44]，彼此关系一直很好，而这正是我需要国务卿做到的"。

在被解雇前的几周里，蒂勒森赞扬了外交系统的价值，试图通过这种沟通，在国务院系统内赢得更多支持。断头刀最终还是落了下来，说明这一沟通并未受到欢迎。美国外交活动的规模将缩小，随之不同意见也会减少。蓬佩奥入主的国务院已执行式微自我的任务多时。

23　蚊子与利剑

蒂勒森在大学里学的是工程学，这一事实他提到了不止一次，似乎昭告了他的管理风格何以精明务实。当我问及他认为自己在国务卿任内留下了怎样的政治遗产时，他在说政策之前，首先谈到了机构改革。"我是一个非常崇尚系统和流程的人 [1]"，他说。也正因为如此，2017 年 4 月，他以一项全面的调查开启了国务院的机构改革，雇用了一家私营管理咨询公司来诊断美国外交机构的健康状况。

在几个月的时间里，咨询顾问对超过 3.5 万名的国务院和美国国际开发署员工进行了问卷调查，为此国务院总计开支略超 100 万美元。最开始时，这被认为是个好主意；然后，到了交付调查结果时，已经变得令人沮丧。"它简直让人抓狂，"国务院国际毒品和执法事务局（INL）的一位外交服务人员回忆说，"我开始回答那些问题之前，都不得不离开电脑一小时[2]。"

"什么是国务院应该停止做的？"问卷直截了当地提出问题。什么是可用六个字概括的外交官使命（以便本公司可以列入关键字云存储）？"这太荒谬了[3]……从一个公司才会使用的文字中复制和粘贴，即使是那样，几乎对任何公司而言，这都不够量身定制吧，"国际毒品和执法事务局的这位外交官对我说，"搞什么啊？"我采访的那位运营中心人员表达了同样的情绪。"我可以给你的云存储提供一些词[4]，但它们都四个字母。"新闻聚合网站BuzzFeed称这项调查"完全是电影《上班一条虫》中的情节[5]"，并迅速地将其改编成了一篇清单体报道。

但结果是说明问题的。一些官员的投诉是天天发生的。"技术设备很糟糕。"调查得出结论，指出国务院总部位于华盛顿，却出于某种原因，使用设在迈阿密的服务器。调查报告还引用了一位无奈到发狂的员工的哀叹："对于某些电脑，你必须将它们倒置着，不然它们就会烧坏[6]。"我向蒂勒森提问了解他的改革目标时，他的回答都集中在这些实用性问题上。"我们需要对自己进行更新和现代化，"他说，"我确信我们使用的，与你在这里时就在使用的，是同一个IT系统。"好比外交界的日本收纳女王近藤麻理惠（Marie Kondo），蒂勒森希望消除"人们工作方式中的混乱"。

但调查也反映出更多的存在性担忧。"人们对于未来的看法不乐观[7]，"咨询公司总结道，"对未来缺乏清晰的规划，给担心未来可能发生什么的猜测和谣言提供了空间，例如美国国际开发署进一步融入（国务院）的问题，或是外交政策军事化的担忧。"一位接受采访的官员表示："我担心预算急剧缩减，加上最高级别人员短缺的现象进一步加剧，不仅会导致我们队伍中一批最优秀人才的流失，而且会削弱我们在未来几十年内履行使命的影响力。"Insigniam的报告得出结论，针对特朗普政府和雷克斯·蒂勒森的国务院团队，"人们质疑这两支队伍是否了解国务院在推动美国全球利益方面所起到的作用"。许多人"感受到，缺乏来自政府、国会、新（国务院）领导层和美国人民的支持[8]"。

凑巧的是，雷克斯·蒂勒森寻求消除杂乱的努力，无益于消除这些担忧。

这届政府向国会提交的第一份预算案[9]中，提议将国务院的资金削减27%，即从国务院的527.8亿美元预算中砍掉约100亿美元。白宫希望取消对美国和平研究所（United States Institute of Peace）的所有拨款[10]，以及该机构的使命——指导和平谈判并向政府提供建议；培训警察和宗教领袖；支持反对极端主义的社区团体。白宫还打算削减对艾滋病、疟疾和脊髓灰质炎等相关健康项目[11]的资助，并将美国贡献给联合国维和行动的资金减半。这届政府希望关闭负责制定战争罪政策的国务院下属全球刑事司法办公室（Office of Global Criminal Justice）。更为根本的是，护照盖章和人质解救[12]等或许是国务院最易识别的核心职能，但这届政府试图把负责这些业务的难民事务局和领事事务局完全剥离出国务院，而将其并入国土安全部（Department of Homeland Security）。甚至美国国务院的使命宣言都做了调整，为部门裁撤留出了空间。本届政府提议将"公正"和"民主"字眼，从美国在全球范围内寻求鼓励的品质清单中删除。这是美国有史以来的第一次[13]。

很少有人认为削减目标中的这些项目不需要改革，但对于裁撤范围之广以及性质之随意草率，人们也确实感到越来越愤怒。抵触情绪终于在 2018 年初公开爆发了，从属于国务院的美国国际开发署做出了史无前例的举动，宣布它不会遵循蒂勒森改装国务院及国际开发署两厢办公大楼的意向。"依照决策部门的指示，我们暂停美国国际开发署所有的业务参与[14]……"一位官员在给高级员工的电子邮件中说，"你们不应参与任何共同的重新设计活动。"这就是哗变。

在此之前的几个月里，两党都在反对蒂勒森的计划。在德克森（Dirksen）参议院办公大楼一个木板包墙且很有装饰性的听证室里，蒂勒森展示的特朗普政府首份预算案让两党议员们都觉得不可思议，他们不是挑起了眉毛，就是忍不住揶揄讥讽。审视该提案"大约五分钟后"，共和党籍参议院预算委员会主席鲍勃·科克（Bob Corker）据报道回忆说，"我说'这完全是浪费时间[15]，我不想再这样继续了'。之所以是浪费时间，我想你知道，是因为提交上来的预算案不会是我们要处理的预算案。"

"我们会编写自己的预算，但我确实认为这会对国务院产生制冷影响，那里的职业人士都在努力执行他们的任务，"民主党籍委员会副主席本·卡丹（Ben Cardin）补充道，"七十年前的这个月，你的一位前任乔治·马歇尔发表了一次讲话，帮助奠定了他成为战后国际自由秩序主要设计师的地位。他'现身于创造中'。我今天关注的是，坦率地说，你们这届政府将载入历史的，是'现身于破坏'[16] 我们那么努力支持的国际秩序——这一秩序是如此让我们的安全、繁荣和理想受益。"

德克森大厦是 20 世纪 50 年代加建出来的国会办公大厦，其中的听证室是照顾到电视转播需求的首批国会功能厅，在格局上避开了圆桌形式，而采用了可以供人观看的主席台设计。C-SPAN① 摄像机拍到蒂勒森几乎不知不觉地点头，眉头紧蹙的表情一闪而过。但他在议员们几个小时的拷问中，还是不屈不挠地为大幅削减国务院预算进行了辩护。在接下来的一年里，国会基本上都在试图给国务院拨款，可都被蒂勒森拒绝了。他拒绝接受让国务院用来反击俄罗斯宣传攻势的 8000 万美元国会拨款 [17]，令许多官员困惑不解。几乎从未听说过内阁成员拒绝划拨给自己机构款项之事，而且在情报和国防机构确认了俄罗斯一直在利用宣传干预美国总统选举之后，蒂勒森的做法尤其让人百思不解。一位助手表示，蒂勒森担心这项拨款可能会激怒俄罗斯。蒂勒森与国会的关系有了很大破损 [18]。根据一位白宫消息人士和另一位国会消息人士的透露，一位显赫的共和党籍参议员

① C-SPAN 是美国有线电视频道，全名为"有线－卫星公共事务网络"（Cable-Satellite Public Affairs Network），创办于 1979 年，总部设于美国首都华盛顿，主要探讨政府及公共事务议题，也会转播国会主要议程，以及国情咨文和美国两党全国代表大会等主要政治议程实况。——译者注

打电话给白宫，威胁说如果蒂勒森不合作的话，就会给他发传票。

民主党和共和党的几位前任国务卿对蒂勒森拒绝国会给国务院的拨款震惊不已。"信任国务院的参议员想要恢复部分拨款，或者不同意大幅削减，"玛德琳·奥尔布赖特回忆说，"蒂勒森不想要这些钱[19]。对我来说，我从来没有听说过这样的事情"。

我在他为预算案所做的辩护上进一步追问时，蒂勒森表现得比较矛盾。他第一次承认，自己在闭门程序中已经对该预算案表示了反对。"事实上，我周围有人说'你知道吗，你应该让外界知道你的回信，让人知道你的上诉信内容'。我说'不，那不是我做事的风格[20]'。"蒂勒森表示，他看了白宫管理和预算办公室（Office of Management and Budget，OMB）提议的数字，认为他可以指望"加10%、20%，因为我认为国会会给我们一些东西"。所有还在世的国务卿中，没有第二个人表示自己以这种方式争取过国会对国务院预算的支持，即要求减少预算，而留待国会去替国务院争取。蒂勒森承认他可能只是缺乏经验。"我在这里刚待了一个月，除了与OMB合作，以了解他们的目标是什么之外，我没有额外再做多少事的真正基础。我得诚实地告诉你：我更多的是努力理解这些数字，而没有同等地把自己搅入数字本身。'我们在这里想要达到的是什么？'"最终，无论发生了什么，特朗普取代蒂勒森的理由，是抱怨他需要与自己的国务卿在同一个"波段"上看问题。这样说来，即使是关起门来的反对，也显然太过分了。

具有讽刺意味的是，最支持给国务院拨款的有时候反而是军方：自身机构中有着充足资金的将军们寻求分摊财富。"如果你不给国务院提供充分的资金，那么我最终就需要购买更多军火，"特朗普政府的国防部长詹姆斯·马蒂斯在2013年担任中央司令部指挥官时，对国会做出这样的表示，"我认为这是一个成本效益比问题[21]，我们对国务院外交工作的投入越多，我们对军事预算的投入就有望越少。"但是到了2017年，即使马蒂斯本人似乎也翻转了这一逻辑，而为增加国防开支的新时代极力辩护："我们的军队必须确保总统和我们的外交官始终从优势地位进行谈判[22]。"他几乎不用担心,同一项让美国民事外交政策机构元气大伤[23]的政府预算案提议增加国防开支 520 亿美元。

与预算攻势中的计划内伤亡相比,国务院领导层大换血早已不值一提。超过 1300 名外交官收到了解雇通知单[24],新人招聘计划也被冻结。最初,通告称将不再招收新外交官员——这是指所谓的"A100"新生,他们在成为正式外交官之前,要先到弗吉尼亚州乡间一个外交官培训学校去接受训练。而来自人数偏少社区的兰格尔和皮克林奖学金(Rangel, Pickering & Payne Fellowship)获得者们,原本已经得到进入外交官培训学校接受训练的承诺,这下突然间就失去了未来。愤怒来得如此迅速和果断[25],以至于一些新招学员的机会又再度恢复。国务院还突然停止了对总统管理研究员项目(Presidential Management Fellows)的参与[26]——这是一个久负盛名的培训项目,长期以来吸引人才前来投身外交职业。所有这些措施的效果是显著的:参加外交服务人员入职考试的新招培训生数量比前一年下降了 26%，反映了近 10 年来最低的兴趣水平 27。在最好的情况下，国务院在招募优秀人才方面面临来自私营部门的激烈竞争。"看看当下，特朗普不重视国务院的不祥之兆已经出现 28，"约翰·克里说，"想象一下这对最优秀的人才会起什么作用？"

填补未受波及的核心领导岗位的兴趣看起来也同样微乎其微。数以百计的高级职位持续虚位以待。整座大楼几乎全部由提升到"代理"助理国务卿地位的副手们运营，其中许多人的经验与那些被毫不客气地免了职的前任们比较起来，能少几十年。当我问蒂勒森，这些空着的职位会不会也是一大焦虑来源时，他喘了口粗气，假笑了一下。"我没有焦虑"，他说。然而，这个特殊问题"是个关注点……这些职位空着时间太长了，这不是我觉得开心的事"。

蒂勒森表示，他每隔一周就会与负责人事的官员们开一次会，研究如何解决这个问题。"他们不太容易说服 29，"他谈到与白宫就填补空缺职位谈话时说道，"那边的过程并不是最有效的，他们更换了人员，试图加以改善，我的意思是，很多很多次……过程非常慢，非常麻烦，有时令人沮丧，因为你搞不明白'问题是什么'。似乎有人坐在那里闲着……"蒂勒森叹了口气。"我会告诉他们：'干脆给我一个不，至少有了这个不，我回去再换个其他名字来。'"有报道称，蒂勒森曾对白宫人事主管约翰尼·德斯特凡诺（Johnny DeStefano）大发雷霆，因为后者干预了他的人事决定，包括拒绝了他最初让艾略特·艾布拉姆斯（Elliott Abrams）充当其副手的选择。艾布拉姆斯被认为在总统大选期间对特朗普采取了过于批评的态度。那个职位空置[30]了近5个月。这是贯穿整个国务院的问题。在早期的一次谈话中，蒂勒森的一位助手就国务卿无法回答有关削减预算的详细问题一事，给了我一个特定的理由："我们的员工人数太少了[31]，我没有时间准备这个问题。"

即便是最热心支持国务院的人士也常常同意，这个官僚机构绝不是高效的典范。理查德·霍尔布鲁克20世纪70年代在《外交政策》杂志发表的题为《失败的机器》一文中，对该系统"全然超出想象的规模"[32]及其僵化的程序和协议发出了谴责。乔治·H.W.布什总统的国务卿詹姆斯·贝克也持类似的观点，他抱怨"太多的官僚层级[33]，有时可能导致硬化的决策"。

特朗普政府官员调用了类似的逻辑。他们其中的一位告诉我，目标是削减流动使节和小型项目，恢复地区分局的权力。

"如果总部大楼里都没有地区分局长，你又如何恢复地区分局的权力呢？"我问道，真的感到好奇。

"我不知道你在外交服务部门的经历是什么——"

"比较杂吧。"我承认道。

"确实很杂。有些局里，我可以把东西交给某人，然后百分之百地相信我不必再过问此事。有些局里，我必须从1码线进场，然后向前推进99码[34]。"

像任何大型组织一样，尤其像所有绩效和薪酬之间没有关系的政府组织一样，外交服务部门中也有做和尚撞钟者，以及闷闷不乐地混了一辈子的人。但这里也有很多优秀、敬业的公务员：那些有能力在别处挣更多钱，但为了保护美国人民的生命而做出诸多牺牲的男男女女们。说到底，支持这位助理的怀疑论观点的，是自我应验的疑虑。美国领导人不再重视外交官，这导致进一步削减外交官价值的裁撤。周而复始。

几位前国务卿同意大范围削减的大前提，但几乎跨越了几代的所有人都对特朗普政府主张的削减范围和执行方式提出了异议。对显著缩减规模采取最为支持态度的贝克表示，他总的来说相信限制政府支出的紧迫性，并"长期以来认为国务院的预算可以从审查中受益……当然，"他很快补充道，"我不能就国务院最近的裁员规模做出回应，因为我没有获得这方面的情况介绍。"

曾在尼克松和里根内阁任职的乔治·舒尔茨说："我认为这是大幅骤然削减[35]。毫无疑问，有些东西可以缩减，譬如说特使。但从根本上说……你必须有地区分局，你必须有大使，你必须有懂得布局的人。"舒尔茨和蒂勒森都曾在私营部门工作多年，舒尔茨曾担任美国建筑及土木工程公司贝克特尔集团（Bechtel）总裁。他表示，从一家大公司过渡到一家政府机构，"你不能在自己还不知道一切都是怎么回事之前，就抱着要削减一切的想法开始工作"。蒂勒森迅速展开了削减规模行动，这一点"令人震惊。他是不是被总统告知必须这样做，这会不会是他接受这份工作的一个条件，我不知道。另外，如果总统坚持这样做的话，我认为这是不可接受的。你可以不接受某份工作"。

曾一度担任斯坦福大学预算主管的康多莉扎·赖斯信奉效率。"我不是说30%，"她对我说，"但我也不能说在国务院没有做些紧缩的空间……一些辅助职位，让局面发展成像大象托普西（Topsy）那样难以控制，没有人会精简它们。"赖斯说话时断断续续的语音节奏，保留了一丝阿拉巴马的乡音痕迹。但是，她表示，特朗普政府做出的其他缩减，例如从美国的外交使命声明中抹去了民主字样，"将是一个非常糟糕的主意 36"。即便是她，也对整个国务院中那么多职位空缺一事提出了质疑："我不明白什么改革会不需要有欧洲、拉丁美洲和亚洲的助理国务卿。"

其他前任国务卿则对国务院的现状更加焦虑。"我相信已经造成的损害是无法估量的[37]。"玛德琳·奥尔布赖特说。"在我看来,预算提出的那一刻就已经非常明显的是,被削减的事实上不仅是脂肪,而是已经削减到了系统。"希拉里·克林顿把"去除说阿拉伯语、韩语、汉语的人,缩减希望成为外交服务人员的年轻人数量,裁减具有其他语言经验者的数量,或者是愿意花 2~3 年时间来掌握困难语言的人的数量"描述为"愚蠢的行为"[38]。

科林·鲍威尔提出了类似的直率评估。新政府正在"对国务院开膛挖心。更糟糕的是,他们并没有填补那些他们计划保留的职位"。对于一位在培育团队领域倾情投入的国务卿来说,招聘计划冻结尤其令人感到刺痛。"任何停止引进新鲜血液的组织,都会在现在和未来伤害自身。这是个错误。当你停止吸收人员进来,或者当你把它变成一个人们不想加入的机构时,你就抵押了你的未来。"他咧嘴笑了。鲍威尔还有一些更为精辟的观察，他要求不用于公开发表。而这一则评论，他说："你可以用[39]。"

"这是代价极其高昂的[40]"，约翰·克里说。他说的也是国务院大楼中许多人对国务院系统及外交职业受到无情打击这一现实的看法。"看吧，几年后，无论来自哪个政党，也许我们能有一个重视外交的总统，让你能设置预算，再次投资国务院，但消除如今的一切所带来的影响，需要几年的时间，因为获得和培养专业知识和能力是需要许多年时间的。"

对于在基层岗位上工作的人来说，履行自己职责的同时，眼看着自己的职业遭到废弃，这对于士气的影响可谓立竿见影。"没有纪律，也不是基于效率"，职业官员克里斯·拉文（Chris LaVine）说。大削减的消息传来时，这位职业外交官正在国务院里忙着叙利亚政策制定工作。"这好比挥舞宝剑战蚊子。"[41]

24 崩溃

随着国务院的雇员越走越多，美国在全球冲突中的外交立足点也开始松动。2017 年 7 月，雷克斯·蒂勒森和特朗普总统在白宫为伊朗问题发生了激烈的争吵。遏制伊朗核发展协议是由蒂勒森的前任约翰·克里达成的，协议要求美国政府每隔 90 天就对国会认证一次伊朗遵守协议的情况。蒂勒森和特朗普二人正是在当时要做最新一次认证之前开的会。"我为什么要证明？"[1] 据知情人士透露，特朗普当时不停地问。特朗普的两名强硬派顾问史蒂夫·班农（Steve Bannon）和塞巴斯蒂安·戈尔卡（Sebastian Gorka）支持总统，坚称这项协议损害了美国的国家安全利益。

　　在外交领域，虽说蒂勒森看似对执行预算削减热情很高，但在一些政策问题上，他看起来又像是躺在地上用身体阻挡特朗普政府这架推土机一般。对于特朗普持续不断的质疑，蒂勒森的回应是，所有证据都表明，伊朗已经遵守并通过了国际调查人员的检查。这可激怒了总统。知情的消息人士透露，到会议结束时，特朗普已然大发雷霆。蒂勒森的一位发言人后来表示两人之间摊牌的说法被夸大了，总统对蒂勒森的意见表示"感谢"。但是即便如此，他也字斟句酌地承认，"不是房间里的每个人都同意国务卿所表达的内容"。之后引述白宫消息来源的公开报道对会议做出了更简单的描述："崩溃。"特朗普责令他的白宫顾问团队去找出替代理由，以便废除伊朗核协议。如果国务院不给他想要的东西，他就干脆绕过国务院[2]去解决问题。

　　自参加总统竞选以来，伊朗核协议始终让特朗普感到棘手。竞选过程中，他说过自己的"头号重点"就是"解除与伊朗的灾难性交易"。[3]在一次巡回拉票演说中，他对形成伊朗核协议的多边谈判给出了自己的解读:"你能想象吗?"他问道,夸张地朝麦克风方向点着头,宝蓝色的领带吊在脖子上晃着,像往常一样,比人们习惯的长度长出 4 英寸。他把手放到耳边,做了个哑剧打电话的手势。"你打电话给他们:'我们听说你们正在制造核武器。''哦,好吧,让我们检查一下。'他们打来电话说:'不,我们没在那里制造核武器,你个婊子养的笨蛋[4]。'"到了最后几个字,特朗普摆出口型但没有发声,就像课堂上坐在后排的孩子。迈克·蓬佩奥在获得中央情报局局长的提名后不久,发表了推文:"我期待着取消这项与全球最大恐怖主义赞助国之间的灾难性协议[5]。"蓬佩奥先是被任命为中情局局长,之后又接替蒂勒森出任了国务卿。特朗普自己也通过推特对伊朗做出谴责。"伊朗已经正式警告说要发射弹道导弹[6],"他在一则推文中说,"应该感谢美国与他们达成的可怕协议!"然后他说:"伊朗正在玩火[7]——他们毫不感念奥巴马总统对他们有多么'仁慈'。我可不会!"

　　伊朗人宣称,他们发展弹道导弹是为了自

卫，与核协议无关。但是，西方列强对该国正在扩大的常规武库——以及以色列之类的近距离目标——也倍加关注[8]。伊朗的人权记录同样没有改善，就在特朗普和蒂勒森2017年7月就伊朗核协议认证一事激烈交锋之时，至少有三名美国公民因捏造的罪名遭到伊朗关押[9]。

尽管如此，伊朗还是在字面意义上遵守了这一协议。负责执行协议中严格核查条款的小组一再报告伊朗没有作弊。除美国之外，支持该协议的许多国家立场是一致的：没有理由开倒车。甚至其他国家当选的与特朗普同类的强硬派领导人也采取这种立场。"与伊朗的核协议存在争议[10]，但它在过去十多年里，也确实中和了伊朗获取核武器的可能性。"英国首相特雷莎·梅（Theresa May）坚持这样认为。她在此议题上的其他言论都比较强硬。

最初，特朗普继续认证伊朗是合规的。但每一次，特朗普政府都更清楚地表明他们很不高兴这样做。伊朗试射弹道导弹之后[11]，美国政府实施了一轮新的制裁，促使伊朗人声称是美国而非伊朗违反了协议的条款。2017年9

月，美国常驻联合国代表尼基·黑利被派到保守派智库美国企业研究所（American Enterprise Institute）宣讲美国退出伊朗核协议的理由。几周后，特朗普开始公开威胁退出协议。"我们不会忍受他们对我国的所作所为，"他说，"他们违反了太多的条款，而且他们更违背了这一协议的精神[12]。"甚至雷克斯·蒂勒森也做到了步调一致，"在我们看来，"他小心地斟酌着词句说，"伊朗显然没有实现这些预期[13]。"

其他一些过往外交成就也得到了同样的待遇。特朗普退出了关于气候变化的《巴黎气候变化协定》，使得美国成为在叙利亚和尼加拉瓜之后第三个回避该协定的国家；然而叙利亚和尼加拉瓜后来改变方向，重新加入了这一协定。"无论谁认为世界问题可以通过孤立主义和保护主义来解决，"安格拉·默克尔（Angela Merkel）谈到特朗普的决定时说，"都是在犯下巨大的错误[14]。""这完全是美国领导层令人难以置信地向后倒退了一步，而且无论我走到哪里，我都会听到它，"约翰·克里后来对我说，"外交部长们想知道总统是否曾费心阅读或理解过让我们最初做出承诺的《巴黎气候变化协定》。我们为什么要放弃谈判桌上的席位——尤其是为什么一个商人会这样做？反正超出了我的理解力。这样一来，其他国家就处在领先地位[15]，他们的行业将获得优势，因此赚取大量财富。这是弄巧成拙的，中国尤其会从我们的退出中受益。"

在美国驻北京的大使馆，知会中方美国将退出《巴黎气候变化协定》消息的任务落在了第二把手、职业外交官阮大卫（David H. Rank）身上。他反而辞职了[16]，结束了27年的外交服务生涯。他在《华盛顿邮报》上发表的"表白"实则是对美国当代外交的哀叹。"那些为美国人民效力的人，经常出于政治动机，被刻画成某种隔绝又可疑的神秘精英，对此我感到担忧；"他写道，"在复杂的世界比以往任何时候都更需要专业技能时，专业技能却遭到贬值，对此我感到担忧。"最后，他写道："在世界需要美国领导力这一点上，两党共识已受到侵蚀，对此我感到担忧……如果领导力不来自我们，就将来自其他国家[17]。"

特朗普在迈阿密小哈瓦那社区对古巴裔美国民众发表的一次讲话中，又宣布了另一项外交政策"大掉头"：取消上届政府与古巴签署的完全一边倒协议。这一决定在某种程度上只是象征性的：美国驻哈瓦那大使馆将依旧保持开放。但也有之前取得的进展面临逆转倒退的。美国人前往古巴旅行将再次面临更严格的限制，也被禁止一份新清单上与古巴政府有关联的酒店和其他企业做生意。此举旨在严厉打击古巴政府[18]，但批评人士们认为，受伤最严重的其实是住宿加早餐酒店（bed-and-breakfasts）之类的小企业。一如此类政策掉头时的典型情况，国务院是最后一个知道的。"可怜的 WHA，"一位职业外交官说。他所说的 WHA 是国务院内表面上负责古巴政策的西半球事务局（Bureau of Western Hemisphere Affairs）。该部门本应由一位常设助理国务卿来主管，但该职位一直空缺，无人获得提名；而代理助理国务卿"直到当天才被告知古巴的政策变化[19]"。新政府似乎热衷于废除前任总统们留下的本已不多的外交成就。

其他案例则显示，特朗普时代由于混乱和失误，浪费了美国的外交领导力。这些案例所带来的影响已超越了国务卿个人以及国务院遭边缘化所产生的效应。这是由美国政治中一个独特的时代以及一位草莽推特狂总统的独特个性所带来的。但它也凸显了拥有强壮外交体系的重要性，以及缺乏这样一个体系所蕴含的危险。

总统的随性言论一再威胁到外交政策的微妙领域。"我们给了委内瑞拉很多选择，顺便说一下，我不会排除军事选择[20]。"特朗普2017年中表示。当时委内瑞拉正被政治动荡拖入困境。说话时，特朗普正站在新泽西州他自家经营的露天高尔夫球场中，两侧是蒂勒森（紧张地咬着嘴唇）和黑利（皱眉的次数似乎要打破世界纪录）。特朗普的言论引发了外交争议：委内瑞拉国防部长称其为"疯狂的行为"和"超级极端主义"，而白宫则拒绝了委内瑞拉总统尼古拉斯·马杜罗的电话。这种强硬做法也可能是对委内瑞拉强势外交策略的一部分，但国务院拉丁美洲局的官员们表示，他们缺乏内幕信息或能力，无法在总统冲向外交对峙的时候适当缓和总统的态度。

特朗普在对与欧洲盟友的关系中也表现出类似的模式。特朗普上任后首次访问欧洲时，包括蒂勒森、国家安全顾问麦克马斯特和国防部长詹姆斯·马蒂斯在内的一群官员加班加点地工作，以确保总统对北约领导人发表讲话时提到美国对集体防御的承诺。这项承诺是被杜鲁门以来的历任美国总统都视为没有任何商量余地的，然而经过助手们数月的仔细筹划，总算把这个概念妥善地安插到准备好的演讲稿当中后，特朗普讲话时一个临时起意[21]，脱稿发言，就把这句话漏掉了。他花了好几周的时间来纠正错误，那段时间对国务院的官员们来说无比紧张，要不断地检伤分类，忙不迭安抚受到惊吓的盟友们。

特朗普在朝鲜试射导弹问题上表现出的谨慎程度还要更低。2017 年 8 月下旬，日本北部数百万人被手机上收到的一条警报信息叫醒，被告知朝鲜刚刚跨越日本上空试射了导弹。在这之后，特朗普发出了令人震惊的最后通牒：

"朝鲜最好不要再向美国发出更多的威胁。"他再次从自己位于新泽西的高尔夫球场发出警告说，"他们将见识战火与怒火，以及坦率地说，世界上从未有过的实力[22]"。研究总统史的历史学家们表示，这是杜鲁门警告日本迄今，任何美国三军总司令所发出过的最具攻击性的言论。杜鲁门在使用原子弹轰炸日本广岛和长崎之前，曾警告日本"一场实际上从未有过的毁灭之雨将从天而降"。[23]当然没人能够弄清这一言论是不是特朗普故意发出的。这也恰恰是国务院区域事务专家们能够很好地帮助驾驭的领域，因为他们太熟悉复杂的美朝关系中都有哪些敏感引爆点了。但是如世人所见，没有任何专家参与提出过建议。"特朗普总统的评论是未经计划和自发的。"[24]一位高级官员这样评论这次风波。平壤立即威胁要进行报复，扬言要打击美国领土关岛。总统又在推特上加倍回击。"军事解决方案现已完全到位，目标锁定且弹药上膛[25]，如果朝鲜采取不明智行动的话，"特朗普写道，"希望金正恩能找到另一条道路！"

　　一个月后，特朗普第一次以美国总统的身

份出现在联合国大会的绿色大理石讲台上，对朝鲜政权及其领导人做出激烈抨击。在观众中，白宫办公厅主任约翰·凯利（John Kelly）将军捂着脸[26]，揉着太阳穴，仿佛正经历生存危机。"美国有伟大的力量和耐心，"特朗普继续说道，"但如果它迫不得已，必须保卫自己或盟友，那我们别无选择，只能彻底摧毁朝鲜[27]。"

金正恩反唇相讥，称特朗普的演讲是"史无前例且粗鲁的无稽之谈"。并警告说："我当然也绝对会用炮火来驯服这个精神错乱的美国老糊涂（Dotard）。"英语里 Dotard 一词特指年龄和神志健全程度，是个追溯到 14 世纪的古英语词语，金正恩用出来之后，马上就以病毒速度传播，引起轰动。（在朝鲜语里这个词译为"疯老头[28]"。）由于朝鲜继续采取公开言辞攻势，特朗普又发布推文反驳："刚听到朝鲜外交部长在联合国发言，如果他附和金正恩[29]的想法，那他们存在的时间不会太长了！"

雷克斯·蒂勒森表达的论调却截然不同，他宣称美国政府已在与朝鲜政权直接接触。"我们问'你们想不想谈？'"蒂勒森说，"我们与平壤有沟通渠道。"蒂勒森坚称他和总统在朝鲜问题上步调"完全一致"[30]。"总统对朝鲜的政策是在朝鲜半岛实现完全、可核查和不可逆转的无核化,而总统希望通过外交努力实现这一目标。"蒂勒森告诉我。然而蒂勒森这一说法很难与特朗普的推文基调一致。特朗普在蒂勒森刚刚宣布完对平壤的外交提议后,又发布推文:"我跟我们出色的国务卿[31]雷克斯·蒂勒森说过,他试图与金正恩谈判是浪费时间。"总统写道:"留着你的能量雷克斯,我们要做必须做的事!"

朝鲜紧张局势升级也使美国的盟友产生分裂。在德国方面,疲惫不堪的总理安格拉·默克尔[32]拒绝就德国是否会在与朝鲜的军事对抗中支持美国做出表态,而是一再呼吁谈判。"我反对这种威胁[33],"她在联合国演讲后庄严地说道,"我代表自己和政府必须说,我们认为任何类型的军事解决方案都是绝对不合适的,我们要依靠外交努力,这必须得到大力实施。在我看来,制裁和执行这些制裁是正确的答案。但我认为在朝鲜问题上任何其他事情都是错误的,这也是我们明显不同意美国总统立场的原因。"

日本首相安倍晋三在朝鲜越过日本上空试射导弹之后发出警告，观点与特朗普更加接近，并摆出了对朝鲜外交努力连串失败的历史为证。"一次又一次通过对话解决问题的尝试都徒劳无功，"他说，"我们现在第三次重复同样的失败做法[34]，成功的希望在哪里？"

两种立场都对。一种外交在朝鲜失败了，但是，在那些最熟悉安倍晋三所指的几十年与朝鲜接触历史的人眼中，另一种外交也是摆脱世界上最危险对峙的唯一出路。

克林顿和小布什政府都在对朝鲜关系领域取得了相当大的外交进展。1994 年，美国实际上成功地促成了一项无核化协议，其中平壤同意冻结和取消整个核项目。朝鲜后来购买了[35]高浓缩铀开发设备，但一些朝鲜外交方面的资深人士认为，是美国未能履行自己的承诺，才注定了无核化协议的厄运。在克林顿政府和共和党国会之间的政治斗争中，美国在建造轻水反应堆及向平壤提供燃料这两项承诺上都自食其言。小布什上任后干脆放弃，最终彻底终止了这项协议[36]。小布什的第一任期内，美国政府采取了一种更为好战的立场，将朝鲜政权列为可能必须诉诸核武器打击[37]的对象之一，并恢复了恫吓加谴责以对的局面[38]。

然而，在乔治·W.布什的第二任期内，康多莉扎·赖斯做出了新的尝试。她派出名叫克里斯托弗·希尔的职业外交官，去领导朝鲜无核化六方会谈。希尔曾作为团队一员，参与了理查德·霍尔布鲁克领导下的促成巴尔干地区和平谈判工作。"这届政府已经打了两场战争，"赖斯疲惫地告诉希尔，"所以现在我们得找些外交官[39]。"希尔和一群不知疲倦的外交服务人员投入了应对一场持续多年的挑战，其中就包括10年后在国务院大裁员中退役的副国务卿幕僚长尤丽·金。他们承受了连续数周离家、长时间环球飞行以及马拉松式地谈判12~13个小时的考验。朝鲜人是世界上最棘手的对手。即使在巴尔干半岛，也有过靠个人话题破冰的时候——孩子、孙辈、运动和业余等。可据希尔描述，虽然与朝鲜人[40]一起度过很多个紧张的夜晚，但他还是觉得自己几乎不认识他们。

起起伏伏中，希尔尝试着继承和发扬既往外交官们总结出的经验和教训，包括他在巴尔干地区时的老板所传授的。后来，在谈判进行到谷底时，霍尔布鲁克本人也到场[41]给希尔的团队打气。就像他后来在阿富汗告诉我的一样，霍尔布鲁克告诉希尔及其团队：他们正在书写历史，应该享受这历史的一刻。"你可能永远都不会再有一次这样的经历[42]。"

经过几年走钢丝般的外交努力，克里斯·希尔终于在 2007 年的秋天，身穿连帽白色防护长袍，来到平壤以北大约两小时车程的一座已经老化的钚工厂，进行核查。厂内的粗管线已被锯成碎片[43]；美国和国际"拆卸人员"已在场监督；7 个月后，朝鲜还将炸毁该厂内的冷却塔。这是历史性的时刻：自 2001 年以来，朝鲜首次停用了反应堆。

到最后，这还不够。平壤对其核活动进行了明显不完整的核算，然后对敦促他们采取更多行动的要求报以冷淡。但谈判留下了未来还有发展空间的可观遗产。与韩国关系中出现的裂痕也获得了弥合；与中国之间的合作得以建立，且达到了之前一度认为不可能实现的程度—— 中国是迄今为止在解决任何朝鲜危机过程中唯一最重要的参与者。

因此，当奥巴马政府重复小布什政府第一任期内犯下的错误，并完全放弃这些年取得的外交进展时，许多职业外交官都感到吃惊不已。"坦率地说，我认为真正发生的是，奥巴马政府看到了所有人在尝试解决朝鲜问题上的投入，无论是克林顿政府还是小布什政府，"希尔分析说，"奥巴马政府于是决定，'我们还有其他优先事项，这件事情会在藤上枯死，是落实不下去的'。他们从来没有认真对待过[44]。"我问希拉里·克林顿是否后悔放弃朝鲜问题。"没有，我们——"她有些结巴，"我们在任上时，克里斯·希尔依旧继续着他的谈判。"我告诉她希尔感觉自己的努力被边缘化了的时候，她说，"我无法对此发表意见[45]，我不知道那回事，我对他的观点不会表示同意或者不同意"。我从未听过她的声音显得这么累。"也许他没感觉到白宫或五角大楼有（支持），"她继续说，"但我们在国务院肯定是尽可能地努力把事情推进下去。"

希尔和主持这项努力的其他外交官在一点上看法是一致的：外交仍然是前进的唯一途径。"如果我们走出了朝鲜局势[46]，那可能就是因为外交。"康多莉扎·赖斯说。在希尔看来，这并不一定意味着与朝鲜进行更多的会谈——至少马上不会——但它必须意味着与中国展开密集会谈。"如果你在直接与朝鲜人合作问题上认真不起来，我完全理解，"希尔在唐纳德·特朗普于联合国大会讲话期间恳切地说，"至少对中国认真起来……那就是我认为我们需要有更多严肃外交的地方——我这样说的意思是我们不能只是半夜通过推特发送信息，我们需要真正坐下来，严肃地讨论我们的共同利益。"中方赞同这一观点。到 2017 年，他们已开始公开呼吁举行六方会谈。中国一直希望与朝鲜保持良好的关系，而六方会谈是中国在不承诺切断与朝鲜关系的前提下，看起来负责任的一种做法[47]——这也是让技术娴熟的美国外交官团队可以进一步采取行动的立场。

这些努力能否成功仍然是个问号：特朗普在它们开花结果之前就强迫蒂勒森出局。相反，特朗普在与韩国代表团的会晤中，当场同意亲自与朝鲜领导人金正恩会面 48，也震惊了盟友。这一消息在会议结束后被韩国方面几乎随意地宣布了出来。而蒂勒森就在几个小时之前还在表示，美国"距离谈判还有很长的路要走 49"，他在特朗普同意会晤的消息公布后对媒体表示，总统事先没有和他说过此事。蒂勒森的话没有让任何人感到惊讶。但据人们所知，特朗普也没有告诉任何其他官员。

白宫和国务院的工作人员忙不迭地调整路线。总统这一同意好比一记弧线球，打得大家措手不及。有人希望这能解冻关系，但外交政策机构中的许多人担心 50，这一在没有更广泛外交背景支持下做出的突如其来的动作，可能被朝鲜看作对其核大国地位的承认。官员们担心，一开始就善变的特朗普可能不会听任他背后的外交团队指导任何谈判，而美国在该地区的外交职能除了规模缩小之外，已几乎看不到其他作为。在国务院，10 年前由尤丽·金领导的那支规模可观的朝鲜事务团队如今已不复存在。特朗普就职一年后，甚至连一位负责东亚事务的常任助理国务卿都没任命。

美国放弃在外交和发展领域中领导地位的同时，世界其他国家并没有袖手旁观。全球外交力量的平衡正在发生变化。蒂勒森以国务卿身份首次访华期间，与习近平主席进行了会晤，二人坐在一模一样的灰褐色皮沙发上，背景是描绘中国优美田园风光的壁画：仙鹤在生机盎然的山谷和森林上空翱翔。他们都穿戴着相配的红色领带和深色西装外套，并且使用了相仿的语言，不免让密切关注美中关系的人士哑然称奇。习主席敦促美国[51]"扩大合作领域，实现双赢"。蒂勒森表示赞同："美方愿意在不冲突、不对抗、相互尊重以及双赢合作[52]的原则下，发展与中国的关系。"

非专业的观察人士可能会忽略和错过这些措辞，但国务院及其他部门的亚洲事务专家立刻看到了不同寻常之处。蒂勒森几乎是复制粘贴了习近平先前的声明——就在几个月前，习近平曾表示希望特朗普总统坚持"不冲突、不对抗、相互尊重、合作共赢"的原则。这是习近平及其他中方官员在公开场合描述全球力量新平衡格局的诸多例子中最新的一个。中方按上述顺序界定的全球力量新平衡主张建立中美新型大国关系，即中国与美国处于平等地位，在台湾地区及南海领土争端等争议问题上，美方应顺从中方的意愿来解决。中国国内的媒体立即捕捉到了信号。"蒂勒森表达了美方对中美'不冲突、不对抗、相互尊重、合作共赢'原则的信守，而这正是北京主张的中美新型大国关系的核心内容"，《环球时报》在社评中写道，蒂勒森的语言会给美国在亚太地区的盟友留下承认中国与美国平等的印象。

美国国务院的几位官员告诉我，东亚和太平洋事务局（Bureau of East Asian and Pacific Affairs）中聚集了不少熟悉这些语言区别及含义的中国事务专家，但他们没有在蒂勒森表态前被征求过意见。相反，这次的陈述内容是由白宫起草的——根据数个白宫消息人士透露，是由贾里德·库什纳办公室起草的。国务院政策规划主任布莱恩·胡克对起草方信息的说法没有提出异议，只是表示亚洲局的一位代理官员也在蒂勒森访华的随行人员当中。我问：代理官员参与起草了这些陈述吗？

"我不记得了，"胡克说，"你也参加过这类随行，你懂的，它们没那么明晰。"

"蒂勒森是不是想照搬他们的语言？"我问道。

"他没打算照搬他们的语言。"

"但他知道他做了什么吗？"

"他——他会签发自己发表的每个声明。他相信双赢[53]，他相信中美可以合作。"胡克将蒂勒森对中国的态度描述为"以结果为基础"，并有意愿"反击中国任何伤害我们利益的行为"。但在一些职业外交官看来，由于顽固拒绝利用系统内的专业知识，这些目标已然受到破坏。亚洲局的一位官员表示，看着这次访问逐步展开，而且眼看着蒂勒森与大本营里通常在这些讲话上被咨询到的专家之间不做任何联系，就好像被锁在门外，眼看着狗狗热烈地撕毁家里的座椅面料[54]。

在美国外交官们面临预算削减的同时，中国的国库则逐年丰盈。北京将大量资金投入开发项目中，其中斥资 1.4 万亿美元在全球范围内建设基础设施的动议，即使考虑到通货膨胀因素，也足以让马歇尔计划相形见绌。中国在对外援助方面的支出目前仍然只是美国的一小部分，但成长趋势足以引人注目 [55]。

在国际组织中，美国撤退的身后，中国的地位愈加突出。在美国提出削减其对联合国支出的同时，中国已成为联合国维和行动的第二大资助国。如今，中国派遣到世界各冲突地区中的维和人员，已超出其他四个安理会常任理事国派遣维和人员的总和。此乃务实之举：中国获得了更大的国际影响力 [56]，以及在联合国理事机构中得到了更多更好的任命。

"这是一个完全自残出来的伤口 [57]，"约翰·克里说，"相比多数时间里占据公众讨论时间的许多其他议题来说，这让我担心得远远更多……"中国不是国际英雄，但其发展轨迹是有意义的。对于今天在哈萨克斯坦出生的孩子来说，一个世界大国的领导力是显而易见的，而另一个则不再明显。现实是，从苏丹到巴基斯坦，与我交谈过的年轻人已经是在贴着明显中国商标的基础设施中长大的。如果中国能像其成长为经济大国一样，迅速成长为成熟的外交大国，那么美国就已然放弃了大国得以塑造世界的一种重要方式。

结语　首选工具

维也纳，2015 年

你有两种类型的军事争端[1]，一种是通过谈判解决，另一种是以武力解决。由于第一种是人类的特征，而第二种是野兽的特征，我们必须只在不能使用第一种时，才求助于第二种。

——西塞罗，《论责任》

　　国务院逐渐"溶解"的趋势在特朗普政府任内依旧持续，这看起来似乎是多年外交政策失衡的合理结果，但不是不可避免的。2001年9月11日以来，外交官被边缘化以及士兵和间谍地位提升的趋势并未呈线性发展。在小布什政府任过职的外交官就列举了外交回升的实例，比如克里斯托弗·希尔在解决朝鲜去核化问题上的外交努力，以及总统防治艾滋病紧急救援计划（President's Emergency Plan For Aids Relief）下的项目向发展中国家输送了数十亿美元，用于挽救生命的医疗活动等。

　　此外，伊朗核协议和《巴黎气候变化协定》也共同体现了外交的后发功效。经过奥巴马政府第一任期内对外交官相对轻视且缺乏大规模外交运作的情况后，这两项成果所代表的对比效果也更加明显。奥巴马的副国家安全顾问本·罗德斯（Ben Rhodes）认为造成这些突破很晚才实现的一部分原因是外交本身所具有的"慢烧"属性，另外一部分则归因于路线修正。"我们第二任期外交政策的核心项目比第一任期内更具外交性，同时你也看到一种尝试……"他停顿了一下，似乎在反思霍尔布鲁克时代的失败，"那种超级明星军事将领的动能，彼得雷乌斯、麦克里斯特尔的动能，在第二任期内没有出现。不是说那些将军不是明星，只是他们不是那种能在世界特定地区吸收氧分的巨人型公众人物。我认为有个缓慢、明显但持续的重新确立外交优先地位[2]的过程"。

两项协议结果也存在争议：对于某些人来说，这是足以证明外交威力的证据；而在其他人看来却是愚蠢的证明。即使特朗普执意让美国退出《巴黎气候变化协定》，尽管对伊朗核协议及其利弊的激烈争论仍在持续，但是都不能否认这些协议本身是严肃外交政策举措的事实，它们植根于艰苦卓绝的老派外交努力。这些倡议中最具争议性的伊朗核协议将从始至终都充满争吵，这一点也不足为奇。

又一轮对吼开始时，已经是夜里了。争吵声在镏金白色镶板装饰的墙壁、洛可可风格的座椅和雕刻着小天使的华丽大理石壁炉之间回荡。叫喊声一半来自伊朗外交部长，在该国同意接受限制核计划的年限上开始反悔；另一半来自美国国务卿和能源部长，用不太多的话告诉伊朗人，见鬼去吧。"我已经听够了，"约翰·克里喊道，"你不可能做你威胁要做的事情。"如果伊朗想重新谈判基本条款，美国会毫不犹豫地扭头走开。

此时是 2015 年 7 月，伊朗、美国、英国、法国、中国、俄罗斯、德国和欧盟的谈判代表已经聚集在维也纳，进行最后也最煎熬阶段的外交努力。谈判地点选在了超豪华的科堡宫殿酒店（Palais Coburg），这里在历史上是萨克森 - 科堡 - 哥达王朝（Saxe-Coburgand Gotha Dynasty）的一座重要宫殿和居所，见证了这一王朝家族的阴谋、乱伦和香薰沐浴等奢靡享受，直到直系家族的最后一位公主 20 世纪 90

年代过世；这座酒店中金碧辉煌的宴会厅还是约翰·施特劳斯（Johann Strauss）曾指挥过演奏的地方。之所以选择这个酒店为谈判地点，部分是因为这里只有 34 套客房，容纳不了多少其他客人，以防止他们无意中听到争吵激烈的谈判。尽管如此，那些有能力住在科堡宫殿酒店的客人——间谍和外交官、银行家和贵族们——耳朵也足够灵敏。更何况那时已有 600来名记者蜂拥到了维也纳，挖的就是这种八卦。

在隔壁餐厅里的美国人紧张起来。"克里有点失态啊，发脾气了。"约恩·芬纳（Jon Finer）回忆当时的情形说。芬纳是克里的幕僚长，后来出任了国务院政策规划主任。"当时我们很多人聚集在用餐区，就在这次会议地点的外边，人们隔着墙都能听到他们的叫喊声 3。"长期给克里担任警卫的贾森·迈宁格（Jason Meininger）最终开门打断了他们。他语气柔和地告知房间里的美国人和伊朗人，随便哪位客人都能听到全球最敏感外交事件的私密细节。事实证明这种说法是属实的。第二天吃早餐时，德国外交部长——也是后来的总统——

弗兰克－瓦尔特·施泰因迈尔（Frank-Walter Steinmeier）黑幽默般地为他认为应该是富有成效的谈判向克里表示祝贺，这表明整个酒店都听到了他们的争吵[4]。

最终，全球最有权势的外交官们在金碧辉煌的酒店里整整困了18天，日复一日地谈判到凌晨。熬红了眼的美国谈判团队整整消耗了10磅多滋乐（Twizzlers）草莓味扭扭糖、20磅芝士条、30磅混合坚果和干果以及数百计的"西式米花糕"（Rice Krispies）[5]和浓缩咖啡胶囊。

咆哮比赛式谈判的第二天晚上，更大范围的"五常加一"部长级会议上再次出现对峙局面——五常加一是指联合国安理会常任理事国加上德国。伊朗外交部长贾瓦德·扎里夫（Javad Zarif）坚持要获得更宽松的时间表，欧盟的费德里卡·莫格里尼（Federica Mogherini）则表示，她宁愿早点回家而不是考虑这一要求。"永远不要威胁伊朗人！"扎里夫吼道[6]。"或俄罗斯人。"俄罗斯外交部长谢尔盖·拉夫罗夫（Sergei Lavrov）狡黠地接了个茬，打破了紧张氛围。但事实上，俄罗斯已经与美国和欧盟站在了同一战线，拉夫罗夫反复地帮助美国打破僵局——这在乌克兰危机恶化、美俄关系陷入深层冻结的前提下，是非常值得注意的事。不寻常的外交努力总是有诸多不寻常的特征，而这就是其中的一个：统一战线。甚至中国也加入进来，愿意在帮助改造伊朗核反应堆工作中扮演重要角色。

这个过程也是外交勇气的展示，即便如今已不是重视外交的时代。对于比尔·伯恩斯来说，这是他数十年外交职业生涯的最后一次任务，之前他一路从驻俄罗斯和约旦大使，做到伊朗核谈判时的国务院二把手。伯恩斯就是那种一说起职业外交官，你脑子里马上就想到的样子。他身材颀长，留着花白的胡须，说话声音柔和，给人以异乎寻常的耐心和平和感。《华盛顿邮报》在报道他退休的新闻标题中，称他是"外交官中的外交官[7]"。当约翰·克里对我谈到鼓励年轻外交官是个挑战时，他表示，重要的是要"找到下一代有才华的外交服务人员，这么说吧，要找到下一代的比尔·伯恩斯[8]"。

外交官员仍然可以发挥不可替代的作用，伯恩斯就是鲜活的证明。他参与美国对伊朗外交已 30 年，最初要追溯到"伊朗门"事件过后，他刚刚成为白宫国家安全委员会的一名工作人员。"作为一名相对年轻的外交官，"他说，"对伊朗外交的危险已经一清二楚，因为那一切结果是那么糟糕。"但伊朗如地球引力一样吸引着他。多年以后，他在科林·鲍威尔麾下的国务院担任中东局局长，开始为外交空间不断缩小以及五角大楼制定的政策日益受到重视而感到焦虑。"我目睹了外交和使用武力之间的次序倒挂，这在伊拉克战争爆发前已经非常典型。"他继续说道。伯恩斯认为，这种倒挂正是美国在早期伊朗核计划还处在起步阶段时，避开与伊朗沟通商谈的原因。直到小布什政府的最后一年，伯恩斯在康多莉扎·赖斯麾下担任负责政治事务的副国务卿时，美国政府才开始对采取外交途径感兴趣。也就是在那个夏天，伯恩斯在日内瓦举行的一次全球大国会议上，第一次坐在了伊朗人的对面。"那确实在某种意义上开辟了一个新阶段 9，"伯恩斯说，"对此，你知道，奥巴马更加雄心勃勃地予以推进。"

2009 年夏天，美国在距离圣城库姆（Qom）不远的地方发现了一处秘密的铀浓缩设施，作为回应，实施了一系列挤压伊朗经济各个方面[10]的新制裁措施。这要求配以谨慎的外交运作。国务院和财政部官员向一个又一个的国家发出呼吁，要求切断与伊朗的关系，形成了统一的经济战前线。影响是毁灭性的。"他们的石油出口下降了50%，"伯恩斯回忆道，"他们的货币贬值了50%。"

这种压力为谈判奠定了基础。2013 年 3 月，在一位军官位于阿曼[11]的海滨别墅中，伯恩斯及四名同事与伊朗人进行了第一次秘密会谈。阿曼之前的调解促成了伊朗释放几名监禁中的美国徒步旅行者，显示了在伊朗问题上的影响力。在三天的时间里，伯恩斯与伊朗代表团团长一起散步，一起在光线充足、可以看到阿拉伯海宽阔海景的会议室里长时间地商讨。"我认为我们离开时，已经感觉到这件事上可能实现突破了[12]。"伯恩斯说。伊朗代表团仍然必须严格执行来自德黑兰的旨意，但他们是基层的外交官，不是以往出现在国际会谈场合的国家安全部门里的强硬派。这种区别对于双方而言都很重要。

随后，伊朗在总统大选中推举哈桑·鲁哈尼（Hassan Rouhani）上台，给世界带来惊讶。与此同时，与伊朗的核谈判也开始加速。鲁哈尼是候选人中的温和派，主张以务实的政策解冻伊朗经济。他任命了受过西方教育的、《查理·罗斯访谈录》①节目常客贾瓦德·扎里夫担任外交部长。接下来的一年里，伯恩斯在世界各地的首都城市主导了9次或10次的秘密谈判。有一次，"我们在马斯喀特（Muscat）进行了一系列的谈判[13]，然后飞往北京，然后又飞回阿曼，然后再回到北京"，约恩·芬纳回忆道；他出席了后来的许多会谈。随着时间的推移，谈判代表们开始建立起个人友谊。美方外交官温迪·谢尔曼（Wendy Sherman）和伊朗谈判团队的外交官马吉德·塔赫特－拉万奇（Majid

---

① 查理·罗斯（1942年1月5日~）是美国脱口秀主持人与新闻记者。1991年，他开始主持访谈节目《查理·罗斯访谈录》，其于1993年起通过美国公共电视网（PBS）在全美播出。——译者注

Takht-Ravanchi）在 2013 年秋季分别成为祖母和祖父，当时他们还分享了照片。克里和扎里夫举行的会议之多之长，以至于《纽约》（*New York*）杂志后来用 Photoshop 给两人的照片之间做出一团爱心符号，来搭配一篇题为《伊朗核协议谈判最浪漫时刻》[14] 的清单体报道。2013 年底，临时协议签署。2015 年 4 月，框架协议达成。之后的 3 个月里，把前几年里做出的承诺转化为最终协议的斗争在维也纳展开。

伴随秘密谈判的推进，美国在某些方面的立场也逐渐缓和。"奥巴马做出了非常关键的政策决定……就是如果伊朗同意接受非常严格的监督和核查，美国可能会考虑允许一个非常有限的铀浓缩计划 [15]。"谢尔曼回忆道。这背后的想法是，无论我们同意与否，伊朗拥有核项目这一前景都会变成现实。谢尔曼、伯恩斯及其他美国谈判团队的成员都开始相信，制裁只能放缓伊朗的速度，谈判为确保监督伊朗的活动提供了唯一的希望。允许一个民用核计划的让步则是一个转折点，是为随后在一系列关键点上达成协议提供可能性的重要因素之一。不过这一让步也是反对者迄今为止诟病伊朗核协议的主要纷争点。

谢尔曼把这项协议的谈判比作魔方[16]，每扭动一次，都会搞乱谈判的另一个方面。（后来，一位美国能源部官员给包括芬纳和谢尔曼在内的40名美国谈判代表每人送了一个魔方，当作插科打诨的礼物，也宽泛地暗示了"堵嘴"的意思[17]。）会谈确实让团队的几个成员受了伤。温迪·谢尔曼冲向安全专线给克里做简报的途中撞到门上，撞断了鼻梁骨，还在一次赶往团队向参议院做通报、针对政治攻击为谈判进行辩护的途中，失足滚下楼梯，摔断了小手指。她不管三七二十一，把小手指包上冰，照样做完了简报。（"我相当地专注[18]，那场简报也进行得不错。"她说。回答完最后一个问题后，她的眼泪就流下来了。）2015年在日内瓦进行的一次激烈谈判中，约翰·克里拍桌子的动作太重了，把一支笔拍得飞了起来，打中了一名伊朗谈判代表。克里慌乱得第二天都没缓过神来，于是跑去法国一侧的阿尔卑斯山骑自行车醒脑——如果你是约翰·克里，又离海岸太远，不能乘风帆冲浪的话，你恐怕也得这么做了。问题是克里被一辆路过的摩托车分散了注意力，骑着车一头撞到了路障上，人飞了出去，摔断了股骨。

从马斯喀特到纽约，从日内瓦到维也纳，他们坚持不懈，并恳求盟友也这样做。2015 年 7 月，经过最后一次持续到早上 3 点的努力，部长们在联合国位于维也纳的办公地点，在排成一排的各自国旗前一字站立，闪光灯频繁闪烁时，他们看起来一脸疲惫。他们一起宣布了限制伊朗核野心至少 10 年的协议，傲视了外部世界持续外交努力 30 年的伊朗终于同意接受严格、侵入性的检查和核查了。

约翰·克里知道，那些反对谈判的人，以及认为美国被诓骗了的人，会在多年内充满愤怒。于是他借此机会为这项协议进行辩护。"我想与你们分享一段非常个人的经历，多年前我大学毕业时，就去参战了。"他向在场的媒体表示，指的是他参加越南战争的经历。"我在战争中学习了外交失败所付出的代价。于是我做出了一个决定，如果我有幸能够有所作为，我会尝试这样做，"他的声音嘶哑而疲惫，动情之处还有破音，"我知道战争是外交的失败 [19]，也是领导人未能做出替代决定的失败。"

这项协议是吸引批评的避雷针。想到达终点，就需要做出部分人认为不可接受的妥协。早在 2009 年，奥巴马已下令美国中央情报局和国务院不要在伊朗绿色革命中支持反政府抗议者，担心伊朗政权更迭会造成秘密外交谈判破裂 [20]。一些批评人士认为，奥巴马政府对伊朗核协议的过度追求也助长了美国在叙利亚的不作为，因为伊朗威胁过，如果美国对叙利亚政权进行干预，那么身为叙利亚盟友的伊朗就会退出限核谈判 [21]。另外，协议本身为伊朗提供了不足以生产武器的低水平核浓缩权利，并且有一些限制条件在 10 年后过期。这在批评人士看来，不是干净利索的胜利。

其他人认为这是与魔鬼做交易。从对强奸受害者施以石刑，到监禁包括美国人在内的记者，伊朗在行动上并没有洗心革面。特朗普政府开始游说反对伊朗核协议时，其很多论点正是以这些说法为前提——特朗普政府关于伊朗欺骗的说法[22] 并没有获得多少支持。美国常驻联合国代表尼基·黑利详细讲述了伊朗自1979年以来的历史，敦促世界将伊朗视为包含核问题之外更多内容的"拼图游戏"[23]。

参与这项协议谈判的代表会第一个承认它并不完美。但他们认为，这就是外交胜利固有的表象。协议重点严格聚焦在伊朗的核野心这个单一、紧迫的挑战上，而它没有在任何地方寻求应对伊朗对叙利亚反美分子的支持，抑或是其非核武器试验。该协议的支持者认为，除了削弱美国解决任何其他问题的能力之外，很难想象取消限核谈判还能给美国带来其他什么好处。"我们承认伊朗的许多其他行为会威胁到我们的利益和朋友的利益，"比尔·伯恩斯对我表示，"但是，能够一枪不放地以一种符合我们利益的方式解决核问题[24]，已经是相当重大的一步了。"

同时其他的选择也不多。克里辩解说，如果没有达成协议，"你就会有近期的军事行动，就这么简单。爆发时间已经降到了几个月，所以，不是在我们任内，就是在（特朗普）总统任职初期，没有（协议）你就会面临冲突[25]"。奥巴马政府已经审核了军事选项，它们看起来相当惨淡。他们可以暂时废除特定场址，但谁也无法阻止伊朗人重建。"你会进入一锤子买卖的状态，然后外交努力变得完全不可能，因为你曾经轰炸了人家，"芬纳回忆奥巴马政府对战术选择的看法时说，"他们不太可能坐在桌旁与你谈判，他们会暗地里争分夺秒地开发核弹[26]，远离监视。然后在未来两年内，你也许就会处在一种你必须找到它并再次炸了它的状态，然后你就永久性地处在这个循环里了。"

"市面上有一种观念认为，应该有一个更好的协议，或是完美的协议，可生活不是那样的，"伯恩斯补充说，"你可以提出一个论点，如果 10 年前，在伊朗人刚安装 64 台离心机，而且他们的铀浓缩项目还非常原始时，我们就认真地与伊朗人接触，也许我们就可以对他们的核计划做出更严格的限制。事实是，到 2013 年初，我们认真地开始秘密会谈时，他们已经有将近 1.9 万台离心机在运转了……而且你无法通过炸弹或是希望来让它们消失。外交的挑战总会产生一些不完美的解决方案[27]。"这就是谈判解决方案总是看起来烦冗复杂的原因。20年前，理查德·霍尔布鲁克斡旋的《代顿协议》也做出了深度妥协，给所有族群都分派了政治代表权，创建了一个臃肿、笨拙的政府，以满足每个人的需求。

包括谢尔曼和芬纳在内，几位参与了伊朗核协议谈判的外交官联手在国会和媒体上为维护伊朗核协议而公开发声。他们认为，撤出伊朗核协议将削弱美国的影响力，中国和俄罗斯将抓住机会，在美国和对这一协议做了大量投入的欧洲盟国之间制造隔阂。最重要的是外交官们担心，全球最重要的与敌对国之间防止核扩散的协议一旦遭到损毁，如果再遇到一场大危机，世界各地会出现什么样的连锁反应。"如果我们放弃这一协议[28]，"芬纳说，"朝鲜人会怎么想？朝鲜人有什么动力哪怕是考虑谈判任何东西？"

无论有多少瑕疵，这只是一个协议，而且是在诸多因素上提供了经验的协议；这些因素交汇在一起，可以使外交在当今时代里依然奏效。伊朗谈判代表在自身的试验性谈判中取得了成功，部分原因是该国总统在几乎没做微观管理的情况下，提供了全方位支持。每一轮谈判开始之前，奥巴马都会与克里和谢尔曼过一遍他认为不能逾越的"红线"，然后会提醒他们，如果认为有必要，就停止谈判。持续数年的维也纳谈判之旅接近尾声时，已有数十位国务院官员参与了这一谈判。我与他们中的许多人交谈过：在他们的回忆中，都一致地提到了得到白宫充分赋权的感受，以及这一点对于他们的工作而言是多么不可或缺。

如果有适用于美国外交之未来的路线图，那么许多职业外交官都表示，它应该是这样的：接受协议中的妥协和不完美，意识到它们可以避免战争、拯救生命；对工作层级的外交官进行投入，并给他们足够的权限去完成工作；在那些特朗普政府看来倾向于废弃的大规模外交举措上，树立具有远见卓识的领导力。实质上，这些建议看起来与第二次世界大战之后重塑了国务院的一系列改革没有什么不同。

"关于伊朗、古巴和巴黎——坦白地说，我认为只有三个政策，而在这三个领域里，我们之后无论哪届政府都接手了一系列机遇，大机遇，坦率地说，也都有着既往国务卿们会很愿意身处其位去探索的外交空间。"约翰·克里说。尽管特朗普政府开始在伊朗核协议问题上开倒车，但克里表示他仍相信，协议本身的最坏情况不过是伊朗拒绝遵守协议，这样会使伊朗而不是美国陷入孤立。但他认为，如果美国单方面撕毁协议，那后果就会严重得多。"特朗普已经在开倒车了，气势汹汹地 [29]。他孤立了我们。如果（协议）死了的话，全世界都会责怪我们，而不是伊朗……"克里跟着挖苦了一句："如果这是交易艺术的话，你就能明白为什么此人申请了七次破产了。"这种评论属于另外一个时代，那时你还可以通过指出他人行事方式错误来羞辱他们；那个时代，行事清楚明了，辩论有理有据，还能带来差别。但是，在美国政治中，那个时代已然作古。

最终，逾 80 名军控专家 [30] 联署了一封公开信，为伊朗核协议进行辩护，称其对"国际核不扩散努力的影响利大于弊"，并警告称，如果"美国采取单方面行动，特别是在没有证据支持伊朗作弊的基础上采取行动，那就将使美国陷入孤立"。但这样的观点并没有渗透到特朗普政府，后者还在继续公开谴责伊朗。一些职业外交官担心，专家在外交政策中扮演重要角色的时代可能也成了历史。开始执政后没几天，新政府理所当然地解雇了机构内的防止核扩散专家。

所以就有了这个结局。2017 年 1 月，一个寒冷的星期天，康特里曼在国务院忙着清空自己的办公室。漫长的 35 年职业生涯到此为止了，但他并没有伤感。"还有太多的事情要做 [31]，"他耸耸肩说，"我不确定我是否考虑过这些。"大多数星期天里，国务院大楼都空的可怕。但这个星期天，康特里曼在这栋大楼里并不孤单。在外交服务部门服役了 44 年的副国务卿帕特里克·肯尼迪也在同时清空他的办公桌。两位已经两鬓斑白的外交官在打包文件和家人照片的忙碌中停下手来，休息片刻，忍不住回忆起职业生涯的精彩点滴。肯尼迪在伊拉克战争最激烈的时期是美英联军临时权力机构（Coalition Provisional Authority）的幕僚长，而埃及加入海湾战争时，康特里曼一直在埃及。对于这一对高风险职业者来说，结局是这样不可思议的寂静：回忆，空荡荡的办公桌，国务院大楼默然耸立。

自康特里曼在约旦执行任务期间被解雇至此，已经过去了几天，他也已尽了最大努力给他所能做到的事情收尾。在国际安全与防扩散局（Bureau of International Security and Nonproliferation）的260名下属员工中，大多数人还没来得及谈话。接下来还会发生什么，谁也不知道，因此也没什么好说的。

接下来的星期二，他有机会最后一次跟大家告别。超过百名职业外交官挤到大楼一层一个铺着带污渍灰色地毯的接待区，端着白色泡沫塑料杯，看着康特里曼走上讲台。从不到一周前被解雇开始，康特里曼就成了个小名人，一个职业陷入困境的象征。一位同事将其职业生涯的终结，比作《星球大战》（Star Wars）中被达斯·维德（Darth Vader）击倒的欧比旺·肯诺比（Obi-Wan Kenobi），这让康特里曼觉得很感动。[他还顽皮地补充说，另一个比喻是《星球大战》中莉亚公主（Princess Leia）掐死赫特人贾巴（Jabba the Hutt）的场景，"而这个我觉得有点费解"。[32]

他花了几天的时间思考一个启示、一个教训、一些值得留下的东西。他告诉一众陷入困境的外交官们，他没有感到不满。事实上，他"或许是房间里最感到满意的人"。他对在场的人讲述了外交官职业如何让他对世界和外交历史有了第一手的看法，谈到那些"传奇大使"[33]，以及那些天资聪颖、他确信依然会从外交服务团队中脱颖而出的年轻外交官们。

但他也提出了警示。"没有专业人士的外交政策[34]，"他说，"根据定义，是业余的外交政策。"

他敦促在场的外交官们：留下来——尽管他承认这一职业已经赶不上时代的脚步。"我们的工作很少被美国同胞理解，这个事实有时被用于政治目的。"他说，只有美国人民才是真正抵御对外政策日益交易化和军事化的堡垒。"我们的驻外使领馆官员是阻止邪恶分子进入美国的众多防线中的第一道。我们希望美国英雄——我们的军人——的家人们了解，他们的亲人不会仅仅因为一次采取非军事解决方案失利，就陷入危险……如果我们与其他国家的互动只是商业交易，而不是与盟友和朋友之间的伙伴关系，我们照样会输掉比赛。"

这些也是幸存于岗位上的外交官们的担忧，他们的记忆中都有一个不同的时代，一个谈话和倾听能起到作用、国务院是实现美国实力的不可或缺工具的时代。"我们基本上单方面解除了武装，"温迪·谢尔曼反思说，"如果你没有外交这个工具，你就已经单方面破坏了自己的实力。我们为什么要那样做？[35]"她叹了口气。"为什么我们会把这一工具从自己手里夺走，这一点我怎么也想不明白。而且为什么我们要采取军事第一的外交政策，我也想不明白。"

"全球范围内能感受到的美国领导力，以及

使这种领导力成为现实的建制，都受到了真实的腐蚀，"比尔·伯恩斯补充说，"你最终会创造的一种情境是，自己 15 年后醒来说'那些差一点就能做大使的外交服务人员都在哪里？'而他们不会出现。"他至今仍生动地记得自己在伊拉克战争爆发前所目睹的外交和军事力量"倒挂"情景。看着当今时代里已然珍稀的外交成就在特朗普政府任内如多米诺骨牌一样倒下，他忍不住指出这两个时代是多么相像。"外交实在应该成为国际上的首选工具[36]。无论是从经济上还是从对美国人民生活的影响上来衡量，外交有时能以比动用军力低得多的成本实现目标。"伯恩斯说。他承认，军事主导政策制定的倾向性中恐怕有一部分很难消除——但他确信，总会有回归之路可循。他仍然相信，会有高素质的美国人被吸引到外交这一看似乏味但绝对必要的工作中来。

我想起了理查德·霍尔布鲁克曾写过的一段话。那是国务院正经历克林顿执政时代的残酷预算削减时期，他写的一本关于波斯尼亚战争历史和他自己的著作，题为《结束战争》。在这本书序言里，霍尔布鲁克写道："与约翰·肯尼迪问我们能为国家做些什么的时代相比，今天的公共服务失去了其大部分光环。在它成为陈词滥调之前听到这一术语，是令人无比激动的……公共服务可以有所作为[37]。如果这本书有助于激励一些年轻的美国人进入政府或其他形式的公共服务领域，那它将兑现自己的使命之一。"霍尔布鲁克是个不可救药的吹牛大王，但他对美国——以及美国制造和平，而非仅有战争——的信念是"痛彻心扉"的认真的。我记得在他去世后，我坐在自己的办公位上，在国务院一层的灰色灯光下，盯着这段文字，心想不管他有多少缺点，他都已经因为在阿富汗工作中培养出的一批工作人员，而实现了这一目标。多年以后，我又从书架上拿起这本书，翻开到折了角的这一页，然后意识到我用铅笔在空白处写了一句话："想念你，大使。"

伯恩斯认为，只要人们继续相信民事公共服务，这些机构就能够存活下去。"外交服务部门经常被批得体无完肤"，他说，这是他第一次听起来不那么委婉。它以前存活了下来，这一次，伯恩斯和他几乎所有的同行都一致认为，它也必须存活下去。"在一个权力更加分散的世界里……其中有太多的不确定因素，这实际上使外交变得更加重要，而且比以往任何时候都更加适用，而完全不是随着信息技术一道兴起的'谁需要大使馆？'[38]之类的时髦观念。"

康特里曼就是赶不上时髦的人之一。讲话结束后，他收拾好行李，然后去度了个假。也因为如此，我才得以跟他叙旧。见到他时，他正在自家兄弟位于华盛顿州塔科马（Tacoma）的一栋单层小房子里，吸着电子烟，望着窗外宽阔蔚蓝的普吉特海湾（Puget Sound）。几个月后，我问出任特朗普时代第一任国务院政策规划主任的布莱恩·胡克，他认为特朗普政府的标志性外交使命是什么。胡克想了一会儿，仿佛第一次仔细思考这个问题。在后来的对话中，他提到了范围更广泛的一系列重点，包括对抗伊拉克和黎凡特伊斯兰国。但是在刚刚提到的第一次交流中，他最后说："围绕伊朗和朝鲜等危险国家的防止核扩散[39]。"这个时候，国务院里已经没有人主管这些问题了。接下来的一年里，康特里曼曾经担任过的职位与其他许多职位一样，依旧空缺。

向和平宣战：外交的终结和美国影响力的衰落

致谢

我为《向和平宣战：外交的终结和美国影响力的衰落》进行了二百多次采访。书能写成，在很大程度上是仰赖被采访者提供的第一手经历、文件和见解，它们才是构成每一页文字的内容源泉。你们当中有些人的名字或许我永远都无法公开。对于每一位接受我采访的人——有时甚至是冒着个人或职业风险接受的采访，我要说：谢谢。对于职业外交官，特别是托马斯·康特里曼、艾琳·克兰西、罗宾·拉斐尔、安妮·帕特森、比尔·伯恩斯、克里斯托弗·希尔、克里斯·拉文以及太多这里无法逐一罗列的人来说，我希望这本书是对你们所从事工作的一次恰如其分的考察。我也希望此书对理查德·霍尔布鲁克复杂而重要的遗产做出了恰当回顾。没有他，就不会有这本书。

我同样感谢那些慷慨同意我公开引用他们谈话内容的国务卿：亨利·基辛格、乔治·P.舒尔茨、詹姆斯·贝克、玛德琳·奥尔布赖特、科林·鲍威尔、康多莉扎·赖斯、希拉里·克林顿、约翰·克里和雷克斯·蒂勒森。他们慷慨地给予了我时间和坦诚。我还要同时感谢接受我采访的其他军事和文职领导人：大卫·彼得雷乌斯、迈克尔·海登、利昂·帕内塔、约翰·艾伦、詹姆斯·斯塔夫里迪斯（James Stavridis）、威廉·考德威尔（William Caldwell）以及其他许多人。

我不知疲倦的研究助理莎娜·曼斯巴克（Shana Mansbach）参与了数百小时的采访、校对和添加注释。她拒绝放弃这个项目，即使在其运作时间超过预期，以及她还有更好的事情可做的情况下。在她之前的助理阿里·凯珀斯（Arie Kuipers）和内森·科伦贝格（Nathan Kohlenberg）也同样出色，这里一并表示感谢。事实审核员安迪·扬（Andy Young）细致的工作给我们整个团队提供了准确性保障。出于某种原因，扬成为嘎嘎小姐（Lady Gaga）的全职旅伴，而他即便在旅行途中，也依然抽时间审阅书稿。

我的经纪人林恩·奈斯比特（Lynn Nesbit）尽了最大努力为《向和平宣战：外交的终结和美国影响力的衰落》保驾护航。她是一个作者所能拥有的最佳搭档。她代表各路文字巨匠50载，是我认识的最强悍的谈判高手，并且保持着规律的壶铃健身习惯。我们都该向林恩·奈斯比特看齐。

我还要感谢W.W.诺顿出版公司（W.W. Norton）团队，他们在1969年出版了迪安·艾奇逊（Dean Acheson）的回忆录《创世亲历记》，并从某种意义上把眼前这本书做成了它的暗黑续集。约翰·格拉斯曼（John Glusman）是一位既耐心又富有同情心的编辑，德雷克·麦克菲利（Drake McFeely）在其他人拿不定主意并放弃我时，仍坚信这个项目。他们的许多同事也付出了努力：路易斯·布洛克特（Louise Brockett）、蕾切尔·萨尔兹曼

（Rachel Salzman）、布伦丹·柯里（Brendan Curry）、史蒂文·佩斯（Steven Pace）、梅勒迪斯·麦金尼斯（Meredith McGinnis）、史蒂夫·阿塔尔多（Steve Attardo）、茱莉娅·德鲁斯金（Julia Druskin）、南希·帕姆吉斯特（Nancy Palmquist）和海伦·托梅兹（Helen Thomaides），等等。图书出版如同外交，是一个受时代变迁冲击的建制，需要大量研究做支撑的图书是需要他们这样优秀和认真的人做出巨大承诺的。

我尊重的几位外交政策专家，包括伊恩·布雷默（Ian Bremmer）、理查德·哈斯（Richard Haass）和萨曼莎·维诺格拉德（Samantha Vinograd），都看过本书的初稿，并给出了他们本没有时间给予的批注。他们为本书提供了大量珍贵意见和信息。大卫·雷姆尼克（David Remnick）、大卫·罗德（David Rohde）和我在《纽约客》的其他编辑提供了宝贵的建议，礼貌地容忍了我必须请假来完成此书。

最后，如果没有我的家人，以及因为我写

书脾气不好且一下子消失四五年而得罪的朋友们，我也不可能完成这部作品。每接到一通激动人心的电话，每实现一个突破，以及每出现一个失望，甚至整个项目都差点难以为继时，我的母亲都在身旁伴随着我。乔恩·洛维特（Jon Lovett）帮我做了无数的笔记，而他通常对此业务是收费的。珍妮弗·哈里斯（Jennifer Harris），对不起，我因为去采访一个军阀，而错过了你的婚礼。我真的排练了那首歌。

注释

前言　红木走廊大清洗

1　*The Laws of Manu*, Translated by George Bühler, Amazon Digital Services LLC, 2012, loc. 1818, Kindle.

2　Conversation with a Foreign Service Officer Who Requested Anonymity Due to the Critique of Embassy Security Implicit in the Remark, 20 February 2012.

3　Goldschmidt, Pierre, "A Realistic Approach toward a Middle East Free of WMD," *Carnegie Endowment for International Peace*, 7 July 2016, carnegieendowment.org/2016/07/07/realistic-approach-toward-middle-east-free-of-wmd-pub-64039.

4　Author Interview with Thomas Countryman, 22 June 2017.

5　Author Interview with Thomas Countryman, 22 June 2017.

6　Author Interview with Thomas Countryman, 22 June 2017.

7　"The Case of Thomas Countryman," *Seattle Politics Google Group*, 26 February 2017, https://groups.google.com/forum/#!topic/seattle.politics/hVTxKDgCdbU.

8　"Former Assistant Secretary of State Rocks Bodacious Mullet on MSNBC," *Washington Free Beacon*, 1 February 2017, freebeacon.com/national-security/former-assistant-secretary-of-state-rocks-bodacious-mullet-on-msnbc/.

9　Author Interview with Thomas Countryman, 22 June 2017.

10　Author Interview with Thomas Countryman, 22 June 2017.

11 Author Interview with Thomas Countryman, 22 June 2017.

12 Author Interview with Thomas Countryman, 22 June 2017.

13 Gharib, Malaka, "From AIDS to Zika: Trump on Global Health and Humanitarian Aid," NPR, 9 November 2016, https://www.npr.org/sections/goatsandsoda/2016/11/09/501425084/from-aids-to-zika-trump-on-global-health-and-humanitarian-aid and Clarke, Hilary et al., "Alarm Bells Ring for Charities as Trump Pledges to Slash Foreign Aid Budget," CNN, 1 March 2017, www.cnn.com/2017/02/28/politics/trump-budget-foreign-aid/index.html.

14 Author Interview with Thomas Countryman, 22 June 2017.

15 Author Interview with Thomas Countryman, 22 June 2017.

16 Author Interview with Thomas Countryman, 22 June 2017.

17 Author Interview with Thomas Countryman, 22 June 2017.

18 Author Interview with Thomas Countryman, 22 June 2017.

19 Author Interview with Thomas Countryman, 22 June 2017.

20 Author Interview with Thomas Countryman, 22 June 2017.

21 Author Interview with Erin Clancy in Los Angeles, 1 June 2017.

22 Author Interview with Erin Clancy in Los Angeles, 1 June 2017.

23 Author Interview with Erin Clancy in Los Angeles, 1 June 2017.

24 Author Interview with Erin Clancy in Los Angeles, 1 June 2017.

25 Author Interview with Erin Clancy in Los Angeles, 1 June 2017.

26 Author Interview with Erin Clancy in Los Angeles, 1 June 2017.

27 Author Interview with Rex Tillerson, 4 January 2018.

28 Gramer, Robbie, De Luce, Dan, and Lynch, Colum, "How the Trump Administration Broke the State Department," *Foreign Policy*, 31 July 2017, foreignpolicy.com/2017/07/31/how-the-trump-administration-broke-the-state-department; Chalfant, Morgan, "Trump's War on the State Department," *The Hill*, 14 July 2017, thehill.com/homenews/administration/341923-trumps-war-on-the-state-department and See, e.g., Dreyfuss, Bob, "How Rex Tillerson Turned the State Department into a Ghost Ship," *Rolling Stone*, 13 July 2017, www.rollingstone.com/politics/features/rex-tillerson-turned-the-state-department-into-a-ghost-ship-w492142.

29 Author Interview with James Baker, 22 January 2018.

30 Konyndyk, Jeremy, "Clinton and Helms Nearly Ruined State, Tillerson Wants to Finish the Job," *Politico*, 4 May 2017, www.politico.com/magazine/story/2017/05/04/tillerson-trump-state-department-budget-

cut-215101.

31 "A Foreign Affairs Budget for the Future: Fixing the Crisis in Diplomatic Readiness," Stimson Center, October 2008, https://www.stimson.org/sites/default/files/file-attachments/A_Foreign_Affairs_Budget_for_the_Future_11_08pdf_1.pdf.

32 "A Foreign Affairs Budget for the Future: Fixing the Crisis in Diplomatic Readiness," Stimson Center, October 2008, https://www.stimson.org/sites/default/files/file-attachments/A_Foreign_Affairs_Budget_for_the_Future_11_08pdf_1.pdf.

33 Lippman, Thomas, "U.S. Diplomacy's Presence Shrinking," *Washington Post*, 3 June 1996, https://www.washingtonpost.com/archive/politics/1996/06/03/us-diplomacys-presence-shrinking/4d1d817e-a748-457d-9b22-1971bb1cb934/?utm_term=.d3faf19815ad.

34 Lippman, Thomas, "U.S. Diplomacy's Presence Shrinking," *Washington Post*, 3 June 1996, https://www.washingtonpost.com/archive/politics/1996/06/03/us-diplomacys-presence-shrinking/4d1d817e-a748-457d-9b22-1971bb1cb934/?utm_term=.d3faf19815ad.

35 "The Last Time @StateDept Had a 27% Budget Cut, Congress Killed A.C.D.A. and U.S.I.A," *Diplopundit*, 31 March 2017, https://diplopundit.net/2017/03/31/the-last-time-statedept-had-a-27-budget-cut-congress-killed-acda-and-usia/.

36 Friedman, Thomas, "Foreign Affairs; the End of Something," *New York Times*, 26 July 1995, www.nytimes.com/1995/07/26/opinion/foreign-affairs-the-end-of-something.html.

37 "A Foreign Affairs Budget for the Future: Fixing the Crisis in Diplomatic Readiness," Stimson Center, October 2008, https://www.stimson.org/sites/default/files/file-attachments/A_Foreign_Affairs_Budget_for_the_Future_11_08pdf_1.pdf.

38 Author Interview with Colin Powell in Washington, D.C., 29 August 2017.

39 For Example, Economic Support Funds (ESF) Tripled from $2.3 Billion in Fiscal Year 2001 to $6.1 Billion in FY 2017, with $3.7 Billion of $3.8 Billion Increase Coming from OCO. Similarly, OCO Accounted for Nearly All of the Increase in International Disaster Assistance, Which Rose from $299 Million to $2 Billion. Same Goes for the Increase in Migration and Refugee Assistance Budget ($698 Million to $2.8 Billion). At the Same Time, Inter-American Foundation,

African Development Foundation, and Other "Soft" Budget Categories Flatlined, "Congressional Budget Justification Department of State, Foreign Operations, and Related Programs: Fiscal Year 2017," United States State Department and "Congressional Budget Justification, Foreign Operations, Fiscal Year 2002," United States State Department.

40 Author Interview with Madeleine Albright, 15 December 2017.

41 Author Interview with Colin Powell in Washington, D.C., 29 August 2017.

42 Author Interview with Henry Kissinger, 4 December 2017.

43 Author Interview with Colin Powell in Washington, D.C., 29 August 2017.

44 Konyndyk, Jeremy, "Clinton and Helms Nearly Ruined State, Tillerson Wants to Finish the Job," *Politico*, 4 May 2017, www.politico.com/magazine/story/2017/05/04/tillerson-trump-state-department-budget-cut-215101.

45 Lake, Eli, "SIGIR Audit Finds Some U.S. CERP Funds Went to Insurgents in Iraq," *Daily Beast*, 29 April 2012, www.thedailybeast.com/sigir-audit-finds-some-us-cerp-funds-went-to-insurgents-in-iraq.

46 Boumediene v. Bush, 553 US 723 (2008).

47 Konyndyk, Jeremy, "Clinton and Helms Nearly Ruined State, Tillerson Wants to Finish the Job," *Politico*, 4 May 2017, www.politico.com/magazine/story/2017/05/04/tillerson-trump-state-department-budget-cut-215101.

48 "Text: Obama's Cairo Speech," *New York Times*, 4 June 2009, http://www.nytimes.com/2009/06/04/us/politics/04obama.text.html.

49 "Donald Trump Would Have the Most Generals in the White House Since WW Ⅱ," *ABC News*, 8 December 2016, http://abcnews.go.com/Politics/donald-trump-generals-white-house-world-war-ii/story?id=44063445.

50 Weisgerber, Marcus, "Obama's Final Arms-Export Tally More than Doubles Bush's," *Defense One*, 8 November 2016, www.defenseone.com/business/2016/11/obamas-final-arms-export-tally-more-doubles-bushs/133014 and Farid, Farid, "Obama's Administration Sold More Weapons Than Any Other since World War Ⅱ," *Vice News*, 3 January 2017, https://motherboard.vice.com/en_us/article/qkjmvb/obamas-administration-sold-more-weapons-than-any-other-since-world-war-ii.

51 Author Interview with Hillary Clinton, 20 November 2017.

52 "Subject: At the Crossroads," Memo from Richard Holbrooke to Hillary Clinton, 10 September 2010, See Detailed Discussion Infra.

53 DeYoung, Karen, "How the Obama White House Runs Foreign Policy," *Washington Post*, 4 August 2015, https://www.washington post.com/world/national-security/how-the-obama-white-house-runs-foreign-policy/2015/08/04/2befb960-2fd7-11e5-8353-1215475949f4_story.html?utm_ term=.ffae45cd1509 and DeYoung, Karen, "Obama's NSC Will Get New Power," *Washington Post*, 8 February 2009, www.washingtonpost.com/wp-dyn/content/article/2009/02/07/AR2009020702076.html.

54 Buckley,Cara, "A Monster of a Slip," *New York Times*, 16 March 2008, www.nytimes.com/2008/03/16/fashion/16samantha.html.

55 Roig-Franzia, Manuel, "Samantha Power: Learning to Play the Diplomat's Game," *Washington Post*,4 April 2014, https://www.washingtonpost.com/lifestyle/magazine/samantha-power-learning-to-play-the-diplomats-game/2014/04/03/1ea34bae-99ac-11e3-b88d-f36c07223d88_story.html.

56 Sullivan, Robert, "Samantha Power Takes on the Job of a Lifetime as Ambassador to the UN," *Vogue*, 14 October 2013, www.vogue.com/article/samantha-power-americas-ambassador-to-the-un.

57 Carmon, Irin, "Enough with Samantha Power's Flowing Red Hair," *Jezebel*, 30 March 2011, www.jezebel.com/5787135/have-you-heard-about-samantha-powers-flowing-red-hair.

58 Author Interview with Samantha Power, 10 July 2017.

59 Author Interview with Anonymous Senior Official.

60 Author Interview with Susan Rice, 19 January 2018.

61 Author Interview with Susan Rice, 19 January 2018.

62 Author Interview with Samantha Power, 10 July 2017.

63 Author Interview with Susan Rice, 19 January 2018.

64 Davidson, Joe, "Gaps Persist in Midlevel Foreign Service Positions," *Washington Post*, 16 July 2012, https://www.washingtonpost.com/blogs/federal-eye/post/gaps-persist-in-midlevel-foreign-service-positions/2012/07/16/gJQAHEdwoW_blog.html?tid=a_inl&utm_ term=.7eccb98aee1d.

65 "Five Year Workforce and Leadership Succession Plan FY2016 to FY2020," Department of State, Bureau of Human Resources, September 2016, https://www.state.gov/documents/organization/262725.pdf.

66 "American Diplomacy at Risk," American Academy of Diplomacy, Reprinted

by the Association for Diplomatic Studies and Training, April 2015, http://
adst.org/american-diplomacy-at-risk.

67　Author Interview with George P. Shultz, 19 January 2018.

68　Author Interview with Henry Kissinger, 4 December 2017.

69　Author Interview with Condoleezza Rice, 3 August 2017.

70　Author Interview with Condoleezza Rice, 3 August 2017.

71　Author Interview with Henry Kissinger, 4 December 2017.

72　Author Interview with Hillary Clinton, 20 November 2017.

第一部
最后的外交官

1　美国神话

1　"Diplomatic Gains in the Early 19th Century," State Department, Office
of the Historian, https://history.state.gov/departmenthistory/short-history/
concl and "A Return to Isolationism," State Department, Office of the
Historian, https://history.state.gov/departmenthistory/short-history/return.

2　"A Foreign Policy of Inaction," State Department, Office of the
Historian, https://history.state.gov/departmenthistory/short-history/
inaction.

3　"Embarrassment Brings Change," State Department, Office of the
Historian, https://history.state.gov/departmenthistory/short-history/
embarrasment.

4　Rojansky, Matthew, "George Kennan is Still the Russia Expert
America Needs," *Foreign Policy*, 22 December 2016, foreign-policy.
com/2016/12/22/why-george-kennan-is-still-americas-most-relevant-
russia-expert-trump-putin-ussr/.

5　Author Interview with John Kerry, 21 November 2017.

6　Author Interview with Henry Kissinger, 4 December 2017.

2　塔利班夫人

1　"Pakistan: Extrajudicial Executions by Army in Swat," Human Rights
Watch, 16 July 2011, https://www.hrw.org/news/2010/07/16/pakistan-
extrajudicial-executions-army-swat.

2　"Factbox: U.S. Has Allocated $20 Billion for Pakistan," Reuters, 21

April 2011, http://www.reuters.com/article/us-pakistan-usa-aid-factbox-idUSTRE73K7F420110421.

3　Mathieu, Stephanie, "Home Grown: Native Travels Globe as Diplomat," *Daily News (WA)*, 16 November 2007, http://tdn.com/business/ local/home-grown-native-travels-globe-as-diplomat/article_c1384a98−0a14−51d0−9fde−5b03d87ab082.html.

4　Author Interview with Robin Raphel, 30 June 2016.

5　Griffin, Tom, "Rarified Air: UW Rhodes Scholars since 1960," University of Washington, March 2004, https://www.washington.edu/alumni/columns/march04/rhodes04.html.

6　Stanley, Alessandra, "Most Likely to Succeed," *New York Times*, 22 November 1992, http://www.nytimes.com/1992/11/22/magazine/most-likely-to-succeed.html?pagewanted=all.

7　"The 1992 Campaign;A Letter by Clinton on His Draft Deferment: 'A War I Opposed and Despised' ," *New York Times*, 13 February 1992, http://www.nytimes.com/1992/02/13/us/1992−campaign-letter-clinton-his-draft-deferment-war-opposed-despised.html.

8　Author Interview with Robin Raphel, 30 June 2016.

3　迪克

1　Halberstam,David, *War in a Time of Peace: Bush, Clinton, and the Generals*(New York: Scribner, 2001), p. 186.

2　Halberstam,David,*War in a Time of Peace: Bush, Clinton, and the Generals*(New York: Scribner, 2001), p. 17.

3　Holbrooke, Richard, *To End a War*(New York: Random House, 2011), loc. 179, Kindle.

4　Gordon,Meryl, "Ambassador a List," *New York*,http://nymag.com/nymetro/news/people/features/1748/index3.html.

5　Chollet,Derek and Power,Samantha,*The Unquiet American: Richard Holbrooke in the World*(New York: PublicAffairs, 2012), p. 47, Kindle.

6　Chollet, Derek and Power, Samantha,*The Unquiet American: Richard Holbrooke in the World*(New York: PublicAffairs, 2012), p. 78, Kindle.

7　Unpublished Memo, rpt. in Chollet, Derek and Power, Samantha, *The Unquiet American: Richard Holbrooke in the World*(New York: Public Affairs, 2012), p. 86, Kindle.

8　Halberstam, David, *War in a Time of Peace: Bush, Clinton, and the*

Generals(New York: Scribner, 2001), p. 181.

9   "Memorandum from Richard Holbrooke of the White House Staff to the President's Special Assistant (Komer)," Foreign Relations of the United States, 1964 - 1968, Volume IV, Vietnam, 1 December 1966, Document 321.

10 Chollet,Derek and Power,Samantha,*The Unquiet American: Richard Holbrooke in the World*(New York: Public Affairs, 2012), p. 90, Kindle.

11 Halberstam,David,*War in a Time of Peace: Bush,Clinton,and the Generals*(New York: Scribner, 2001), p. 188.

12 Packer, George, "The Last Mission," *New Yorker*, 28 September 2009, http://www.newyorker.com/magazine/2009/09/28/the-last-mission.

13 Farrell, John Aloysius, "Yes, Nixon Scuttled the Vietnam Peace Talks," *Politico Magazine*, 9 June 2014, http://www.politico.com/magazine/story/2014/06/yes-nixon-scuttled-the-vietnam-peace-talks-107623.

14 Holbrooke, Richard, *To End a War*(New York: Random House, 2011), loc. 3111, Kindle.

15 Holbrooke, Richard, *To End a War*(New York: Random House, 2011), loc. 8208-8211, Kindle.

16 Clemons, Steve, "Afghanistan War: What Richard Holbrooke Really Thought," *Huffington Post*, 17 May 2011, https://www.huffingtonpost.com/steve-clemons/afghanistan-war-what-rich_b_862868.html.

17 Author Interview with Henry Kissinger, 4 December 2017.

18 Holbrooke,Richard, "The American Experience in Southeast Asia, 1946 - 1975," Washington, D.C., 29 September 2010, Keynote Address.

4   芒果箱

1   Leiby,Richard, "Who is Robin Raphel,the State Department Veteran Caught up in Pakistan Intrigue?" *Washington Post*, 16 December 2016, https://www.washingtonpost.com/lifestyle/style/who-is-robin-raphel-the-state-department-veteran-caught-up-in-pakistan-intrigue/2014/12/16/cfa4179e- 8240-11e4-8882-03cf08410beb_story.html?utm_term=.c44eab67b086.

2   Author Interview with Robin Raphel, 30 June 2016.

3   Author Interview with Robin Raphel ,30 June2016.

4   Crile,George,*Charlie Wilson's War*(New York: Grove Press, 2007), loc.

352, Kindle.

5 "December 26, 1979: Memo to President Carter Gives Pakistan Green Light to Pursue Nuclear Weapons Program," *History Commons*, 2007, www.historycommons.org/timeline.jsp?timeline=aq_khan_nuclear_network_tmln&aq_khan_nuclear_network_tmln_us_intelligence_on_pakistani_nukes=aq_khan_nuclear_network_tmln_soviet_afghan_war_connections.

6 "Reflections on Soviet Intervention in Afghanistan," Memorandum for the President from Zbigniew Brzezinski, 26 December1979, rpt. by the Cold War International History Project.

7 Coll, Steve, *Ghost Wars*(London: Penguin, 2004), p. 65, Kindle.

8 Coll, Steve,*Ghost Wars*(London: Penguin,2004), p.55, p.58,Kindle.

9 "Your Meeting with Pakistan President . . ." Memo from Shultz to Reagan, November 29, 1982, and "Visit of Zia-ul-Haq," from Shultz, Also Dated 29 November 1982, rpt. in the Cold War International History Project, Wilson Center.

10 Author Interview with George P. Shultz, 19 January 2018.

11 Coll,Steve,*Ghost Wars*(London:Penguin,2004),p.66,Kindle.

12 Coll, Steve, *Ghost Wars*(London: Penguin, 2004), p.64, Kindle.

13 Hersh, Seymour, "On the Nuclear Edge," *New Yorker*, 29 March 1993, http://www.newyorker.com/magazine/1993/03/29/on-the-nuclear-edge.

14 Smith, Hedrick, "A Bomb Ticks in Pakistan," *New York Times Magazine*, 6 March 1988, http://www.nytimes.com/1988/03/06/magazine/a-bomb-ticks-in-pakistan.html?pagewanted=all.

15 Crile,George,*Charlie Wilson's War*(New York:Grove Press, 2007), loc. 379, Kindle.

16 Author Interview with Milton Bearden,28 April 2016.

17 Coll, Steve, *Ghost Wars*(London: Penguin, 2004), p.86, p. 153, Kindle.

18 Coll, Steve, *Ghost Wars*(London: Penguin, 2004), p.68, Kindle.

19 Entous, Adam, "The Last Diplomat," *Wall Street Journal*, 2 December 2016, https://www.wsj.com/articles/the-last-diplomat-1480695454.

20 Robert MacFarlane, "The Late Dictator," *New York Times*, 15 June 2008, p.BR12.

21 Epstein, Edward Jay, "Who Killed Zia," *Vanity Fair*, September 1989.

22 Epstein,Edward Jay, "Who Killed Zia," *Vanity Fair*, September 1989.

23 Epstein, Edward Jay, "Who Killed Zia ," *Vanity Fair*, September 1989.

注释

24　Author Interview with Robin Raphel, 30 June 2016.

25　Crile, George, *Charlie Wilson's War*(New York: Grove Press, 2007), loc. 110,Kindle.

26　Fineman, Mark, "She Hails U.S. Support for Pakistani Democracy: Bhutto Wins Ovation in Congress," *Los Angeles Times*, 8 June 1989, http://articles.latimes.com/1989-06-08/news/mn-1927_1_bhutto-pakistani-democracy-pro-democracy.

27　Author Interview with Anonymous American Lobbyist for Pakistan, 17 March 2017.

28　Windrem, Robert, "Pakistan's Nuclear History Worries Insiders," *NBC News*, 6 November 2007, www.nbcnews.com/id/21660667/ns/nbc_nightly_news_with_brian_williams/t/pakistans-nuclear-history-worries-insiders/#.WPj5OfnyuUl.

29　"U.S. Legislation on Pakistan (1990 - 2004)," PBS, 3 October 2006, http://www.pbs.org/wgbh/pages/frontline/taliban/pakistan/uspolicychart.html.

30　Author Interview with Milton Bearden, 28 April 2016.

31　Tomsen, Peter, *The Wars of Afghanistan: Messianic Terrorism, Tribal Conflicts, and the Failures of Great Powers*(New York: Public Affairs, 2001), pp. 405 - 408, Kindle.

32　Coll, Steve,*Ghost Wars*(London: Penguin, 2004), p. 263, Kindle.

33　"U.S.-Pakistan Relations (1954 - Present)," Council on Foreign Relations, 2017, http://www.cfr.org/interactives/CG_Pakistan/index.html#timeline.

34　Author Interview with Madeleine Albright, 13 December 2017.

35　Inderfurth, Karl, "Pushing for Peace in Afghanistan," US Department of State Cable to the Secretary of State, 25 March 2009, http://nsarchive.gwu.edu/NSAEBB/NSAEBB227/33.pdf.

36　Entous, Adam, "The Last Diplomat," *Wall Street Journal*, 2 December 2016, https://www.wsj.com/articles/the-last-diplomat-1480695454.

37　State Department Cable, 14 April 1996, rpt. in Coll, Steve, *Ghost Wars*(London: Penguin, 2004), p. 298, Kindle.

38　Coll, Steve, *Ghost Wars*(London: Penguin, 2004), p. 298, Kindle.

39　Author Interview with Robin Raphel, 5 January, 2018.

40　Coll, Steve, *Ghost Wars*(London: Penguin, 2004), pp. 298 - 299, Kindle.

41　Declassified Cable, "A/S Raphel Discusses Afghanistan," 22 April 1996,

Quoted in Coll, Steve,*Ghost Wars*(London: Penguin, 2004), p. 329, Kindle.

42　Transcript of Remarks in Closed-door Session at UN, Obtained by Rashid, Ahmed, rpt. in Rashid, Ahmed,*Taliban: Militant Islam, Oil and Fundamentalism in Central Asia(Second Edition)*(New Haven, CT: Yale University Press, 2010), p. 178.

43　Author Interview with Husain Haqqani, 28 May 2015.

44　Author Interview with Robin Raphel, 30 June 2016.

45　Author Interview with Robin Raphel, 30 June 2016.

46　Entous, Adam, "The Last Diplomat," *Wall Street Journal*, 2 December 2016, https://www.wsj.com/articles/the-last-diplomat-1480695454.

47　"Exhibit A to Registration Statement Pursuant to the Foreign Agents Registration Act of 1938, as amended," United States Department of Justice,Cassidy & Associates, Embassy of the Islamic Republic of Pakistan, 2005, https://www.fara.gov/docs/5643-Exhibit-AB-20071004-4.pdf.

48　Rajghattal, Chidanand, "Pakistan Lobbyist Robin Raphel under Lens for Alleged Spying," *Times of India*, 7 November 2014, http://timesofindia.indiatimes.com/world/us/Pakistan-lobbyist-Robin-Raphel-under-lens-for-alleged-spying/articleshow/45073087.cms.

49　Author Interview with Robin Raphel, 30 June 2016.

50　"Top Hardship Assignments in the Foreign Service," *Diplopundit*, 14 July 2009, https://diplopundit.net/2009/07/14/top-hardship-assignments-in-the-foreign-service.

51　Leiby, Richard, "Who Is Robin Raphel, the State Department Veteran Caught up in Pakistan Intrigue?" *Washington Post*, 16 December 2014, https://www.washingtonpost.com/lifestyle/style/who-is-robin-raphel-the-state-department-veteran-caught-up-in-pakistan-intrigue/2014/12/16/cfa4179e-8240-11e4-8882-03cf08410beb_story.html?utm_term=.59cd5ed4b662.

5　另一个哈卡尼网络

1　Public Papers of William J Clinton, 5 May 1993, Available at https://books.google.com/books?id=MSPhAwAAQBAJ&pg=PA1263&lpg=PA1263&dq=Ranasinghe+Premadasa+funeral&source=bl&ots=WvCzewwlRN&sig=Sn2i7_SLyqKJSktRdC6qDIkCUeQ&hl=en&sa=X&ved=0ahUKEwi

OkejcoIrTAhXoiFQKHR MzAjQ4ChDoAQhJMAk#v=onepage&q=raphe
l&f=false.

2   Author Phone Interview with Husain Haqqani, 29 March 2017.

3   Haqqani, Husain, *Pakistan: Between Mosque and Military*(Washington,
    D.C.: Carnegie Endowment for International Peace, 2005), loc.
    101,Kindle.

4   Haqqani, Husain, "The Day I Broke With the Revolution," *Asian
    Wall Street Journal*, 23 April 1998, p. 7. Haqqani, Husain, *Magnificent
    Delusions: Pakistan, the United States, and an Epic History of
    Misunderstanding*(New York: PublicAffairs, 2013), p. 3, Kindle.

5   Fineman, Mark, "Million Mourn at Funeral for Pakistan's Zia," *Los
    Angeles Times*, 21 August 1988, articles.latimes.com/1988-08-21/news/
    mn-1149_1_president-zia/2.

6   Author Interview with Husain Haqqani, 28 March 2015.

7   Haqqani, Husain, *Magnificent Delusions: Pakistan, the United States, and
    an Epic History of Misunderstanding*(New York: PublicAffairs, 2013), p.
    271, Kindle.

8   Landler, Mark, "Adroit Envoy States Case for Pakistan," *New
    York Times*, 8 May 2009, www.nytimes.com/2009/05/09/world/
    asia/09envoy.html.

9   "Pakistan: Country Reports on Human Rights Practices," US
    Department of State, Bureau of Democracy, Human Rights and Labor,
    23 February 2000, https://www.state.gov/j/drl/rls/hrrpt/1999/441.htm.

10 Author Interview with Husain Haqqani, 29 March 2017.

11 Haqqani,Husain,*Magnificent Delusions: Pakistan, the United States, and
    an Epic History of Misunderstanding*(New York: PublicAffairs, 2013),
    pp. 323 - 324, Kindle.

12 Haqqani, Husain, *Magnificent Delusions: Pakistan, the United States,
    and an Epic History of Misunderstanding*(New York: PublicAffairs,
    2013), p.324, Kindle.

13 "Bhutto Said She'd Blame Musharraf If Killed," CNN, 28 December
    2007, edition.cnn.com/2007/WORLD/asiapcf/12/27/bhutto.security.

14 Farwell, James, *The Pakistan Cauldron: Conspiracy, Assassination &
    Instability*(Lincoln, NE: Potomac Books, 2011), p. 135.

15 Rashid, Ahmed, *Descent into Chaos: The U.S. and the Disaster in Pakistan,
    Afghanistan, and Central Asia*(London: Penguin, 2009), loc. 7980;
    Schmidle, Nicholas, *To Live or to Perish Forever: Two Tumultuous Years*

in *Pakistan*(New York: St. Martin's Griffin, 2010), p. 207; and Coleman, Isobel, *Paradise Beneath Her Feet: How Women Are Transforming the Middle East*(New York: Random House, 2013), p. 127.

16 Walsh, Declan, "Zardari Rejects Claim of al-Qaida Link to Bhutto's Murder," *Guardian* (Manchester), 1 January 2008, https://www.theguardian.com/world/2008/jan/01/pakistan.international1.

17 Haqqani,Husain,*Magnificent Delusions: Pakistan,the United States, and an Epic History of Misunderstanding*(New York: PublicAffairs, 2013), p. 323, Kindle.

18 "Haqqani Presents Credentials to Bush, " *Dawn*,7 June 2008, https://www.dawn.com/news/306395.

19 Rashid, Ahmed, *Descent into Chaos: The U.S. and the Disaster in Pakistan, Afghanistan, and Central Asia*(London: Penguin, 2009).

20 Khan, Asad Rahim, "The Magnificent Delusions of Husain Haqqani," *Express Tribune*, 28 September 2015, https://tribune.com.pk/story/963896/the-magnificent-delusions-of-husain-haqqani/.

6 表里不一

1 "Bosnia War Dead Figure Announced," BBC,21 June 2007, http://news.bbc.co.uk/2/hi/europe/6228152.stm and Tabeau, Ewa and Bijak, Jakub, "Casualties of the 1990s War in Bosnia-Herzegovina: A Critique of Previous Estimates and the Latest Results," Demographic Unit, Office of the Prosecutor, International Criminal Tribunal of the Former Yugoslavia, 15 September 2003, http://archive.iussp.org/members/restricted/publications/Oslo03/5-con-tabeau03.pdf.

2 Chollet, Derek and Power, Samantha, *The Unquiet American: Richard Holbrooke in the World*(New York: Public Affairs, 2012), pp. 203 - 204, Kindle.

3 "Kosovo, Genocide and the Dayton Agreement," *Wall Street Journal*, 1 December 2005.

4 Chollet, Derek and Power, Samantha, *The Unquiet American: Richard Holbrooke in the World*(New York: PublicAffairs, 2012), p. 164, Kindle.

5 Chollet, Derek and Power, Samantha, *The Unquiet American: Richard Holbrooke in the World*(New York: PublicAffairs, 2012), p. 2, Kindle.

6 "Richard Holbrooke Image in TIME Magazine Calling Him Diplomatic Acrobat of the Week," *The History Project*, 1 January 1996, https://

www.thehistoryproject.com/media/view/6236.

7　Author Interview with Madeleine Albright, 15 December 2017.

8　Traub, James, "Holbrooke's Campaign," *New York Times Magazine*, 26 March 2000, www.nytimes.com/2000/03/26/magazine/holbrooke-s-campaign.html and *The Diplomat*, Dir. David Holbrooke,HBO Documentary Films, 2015, 1:04:48: "I Will Say Most People Were Justified in Believing He Was First in Line."

9　Woodward, Bob and Ricks,Thomas, "CIA Trained Pakistanis to Nab Terrorist But Military Coup Put an End to 1999 Plot," *Washington Post*, 3 October 2001, www.washingtonpost.com/wp-dyn/content/article/2007/11/18/AR2007111800629.html.

10　Rashid, Ahmed, *Descent into Chaos: The U.S. and the Disaster in Pakistan, Afghanistan, and Central Asia*(London: Penguin, 2009), pp. 25-30.

11　Iftikar, Ali, "Powell Defends U.S. Support to Pakistan," *Nation*, 9 September 2004, ref. in Rashid, Ahmed, *Descent into Chaos: The U.S. and the Disaster in Pakistan, Afghanistan, and Central Asia*(London: Penguin, 2009).

12　Rashid, Ahmed,*Descent into Chaos: The U.S. and the Disaster in Pakistan, Afghanistan, and Central Asia*(London: Penguin, 2009), p.28, Quoting Foreign Minister Abdul Sattar.

13　Filkins, Dexter and Gall, Carlotta, "Pakistanis Again Said to Evacuate Allies of Taliban," *New York Times*, 24 November 2001 and Hersh, Seymour, "The Getaway," *New Yorker*, 28 January 2002, http://www.newyorker.com/magazine/2002/01/28/the-getaway-2.

14　Haider, Masood, "No Pakistani Jets Flew into Afghanistan Says U.S.," *Dawn*, 2 December 2001 and Rashid, Ahmed, *Descent into Chaos: The U.S. and the Disaster in Pakistan, Afghanistan, and Central Asia*(London: Penguin, 2009), p. 91, Kindle.

15　Author Interview with Anonymous CIA Source, 19 July 2016.

16　Author Interview with Husain Haqqani, 29 March 2017.

17　Warrick, Joby, "CIA Places Blame for Bhutto Assassination," *Washington Post*, 18 January 2008, www.washingtonpost.com/wp-dyn/content/article/2008/01/17/AR2008011703252.html and Author Interview with General Michael Hayden, in Person at His Offices in Washington, D.C., 17 May 2017.

18　Author Interview with General Michael Hayden, in Person at His

向 和 平 宣 战 ： 外 交 的 终 结 和 美 国 影 响 力 的 衰 落

Offices in Washington, D.C., 17 May 2017.

19　"Email from Gen, Pasha to Ronan Farrow," 22 September 2016.

20　Author Interview with General Michael Hayden, in Person at His Offices in Washington, D.C., 17 May 2017.

21　Rashid, Ahmed, *Taliban: Militant Islam, Oil and Fundamentalism in Central Asia(Second Edition)*(New Haven, CT: Yale University Press, 2010), p. 227.

22　Rashid, Ahmed, *Taliban: Militant Islam, Oil and Fundamentalism in Central Asia(Second Edition)*(New Haven, CT: Yale University Press, 2010), p.234, and "Deadliest Month Yet for U.S. in Afghanistan," *CBS News*, 30 August 2011, www.cbsnews.com/news/deadliest-month-yet-for-us-in-afghanistan.

7　兄弟会

1　Holbrooke,Richard, "The American Experience in Southeast Asia, 1946 - 1975," Washington, D.C., 29 September 2010, Keynote Address.

2　Roberts, Roxanne, "Don't Gloat, Don't Pout: The Golden Rule of Elite Washington Inaugural Parties," *WashingtonPost*,17 January2017, https://www.washingtonpost.com/lifestyle/style/dont-gloat-dont-pout-the-golden-rule-of-elite-washington-inaugural-parties/2017/01/17/f0c512da-d8f5-11e6-9a36-1d296534b31e_story.html?utm_term=.15242dfb588a.

3　Roberts, Roxanne, "Don't Gloat, Don't Pout: The Golden Rule of Elite Washington Inaugural Parties," *WashingtonPost*,17 January2017, https://www.washingtonpost.com/lifestyle/style/dont-gloat-dont-pout-the-golden-rule-of-elite-washington-inaugural-parties/2017/01/17/f0c512da-d8f5-11e6-9a36-1d296534b31e_story.html?utm_term=.15242dfb588a.

4　Packer, George, "The Last Mission," *New Yorker*, 28 September 2009, http://www.newyorker.com/magazine/2009/09/28/the-last-mission.

5　"Richard Holbrooke," *Charlie Rose*, Published 8 August 2008, https://charlierose.com/videos/11639.

6　Ioffe, Julia, "Susan Rice Isn't Going Quietly," *New Republic*, 20 December 2012, https://newrepublic.com/article/111353/susan-rice-isnt-going-quietly and Milibank, Dana, "Susan Rice's Tarnished Resume," *Washington Post*, 16 November 2012, https://www.washingtonpost.com/opinions/dana-milbank-susan-rices-tarnished-resume/2012/11/16/55ec3382-3012-11e2-a30e-5ca76eeec857_story.

html?utm_term=.b42e179a05cc.

7   Woodward, Bob, *Obama's Wars*(New York: Simon & Schuster, 2011), p. 377,Kindle.

8   Allen, Jonathan and Parnes, Amie, *HRC: State Secrets and the Rebirth of Hillary Clinton*(New York: Crown/Archetype, 2014), p.73, Kindle.

9   Woodward, Bob, *Obama's Wars*(New York: Simon & Schuster, 2011), p.377, Kindle.

10 Mastromonaco, Alyssa, "To Bro or Not to Bro?" *Lenny Letter*, 22 March 2017, www.lennyletter.com/work/advice/a766/to-bro-or-not-to-bro/ and Leibovich, Mark, "Man's World at White House? No Harm, No Foul, Aides Say," *New York Times*, 24 October 2009, www.nytimes.com/2009/10/25/us/politics/25vibe.html.

11 Author Interview with Hillary Clinton, 20 November 2017.

12 Kurtz, Howard, "Media Notes: Making Nice," *Washington Post*, 18 November 2008, www.washingtonpost.com/wp-dyn/content/article/2008/11/18/AR2008111800923_2.html.

13 *The Diplomat*, Dir. David Holbrooke, HBO Documentary Films, 2015, 1:05:44.

14 Woodward, Bob, *Obama's Wars*(New York: Simon & Schuster, 2011), p.211, Kindle(Note: This Anecdote Has Passed into Legend. Woodward Places It Later, Immediately before Holbrooke Accepted His Job in the Administration, According to Gelb and Others, It Took Place during That First Meeting in Chicago) .

15 Author Interview with Henry Kissinger, 4 December 2017.

16 *The Diplomat*, Dir. David Holbrooke, HBO Documentary Films, 2015, 1:07:27.

17 Holbrooke, Richard, *To End a War*(New York: Random House, 2011), loc. 1101 - 1102, Kindle.

8   任务：不可达成

1   Kamen, Al, "Special Envoys Give Career Diplomats Special Heartburn," *Washington Post*, 15 December 2008, www.washingtonpost.com/wp-dyn/content/article/2008/12/14/AR2008121401898.html.

2   Holbrooke,Richard, "The Next President: Mastering a Daunting Agenda," *Foreign Affairs*, September/October 2008, https://www.foreignaffairs.com/articles/2008-09-01/next-president.

3　Chollet, Derek and Power, Samantha, *The Unquiet American: Richard Holbrooke in the World*(New York: Public Affairs, 2012), p.204, Kindle.

4　"President Obama Delivers Remarks to State Department Employees," *Washington Post*, 22 January 2009, www.washingtonpost.com/wp-dyn/content/article/2009/01/22/AR2009012202550.html.

5　"President Obama Delivers Remarks to State Department Employees," *Washington Post*, 22 January 2009, www.washingtonpost.com/wp-dyn/content/article/2009/01/22/AR2009012202550.html.

6　"State Department Personnel Announcement," rpt. in CSPAN, 22 January 2009, https://www.c-span.org/video/transcript/?id=981.

7　Packer, George, "The Last Mission," *New Yorker*, 28 September 2009, http://www.newyorker.com/magazine/2009/09/28/the-last-mission.

8　Holbrooke, Richard, "The Machine That Fails," *Foreign Policy*, 14 December 2010, foreignpolicy.com/2010/12/14/the-machine-that-fails/.

9　Nasr, Vali, "The Inside Story of How the White House Diplomacy Let Diplomacy Fail in Afghanistan," *Foreign Policy*, 4 March 2013, http://foreignpolicy.com/2013/03/04/the-inside-story-of-how-the-white-house-let-diplomacy-fail-in-afghanistan.

10　Packer,George, "The Last Mission," *New Yorker*,28 September 2009, http://www.newyorker.com/magazine/2009/09/28/the-last-mission.

11　Google Chat with a Then-recent Yale Law School Graduate Who Requested Anonymity Due to Concerns about His Political Career.

12　"U.S. Diplomat Holbrooke Dies after Tearing Aorta," *NBC News*, 14 December 2010, www.nbcnews.com/id/40649624/ns/politics/t/us-diplomat-holbrooke-dies-after-tearing-aorta/#.WPoYJtLyvIV.

13　Author Interview with Senior Military Official Who Requested Anonymity Due to the Sensitivity of the Statement.

14　Author Interview with Hillary Clinton, 20 November 2017.

15　Packer, George, "The Last Mission," *New Yorker*, 28 September 2009, http://www.newyorker.com/magazine/2009/09/28/the-last-mission.

16　"David Petraeus LITERALLY Runs away From Bilderberg Questions," YouTube, WeAreChange, 11 June 2016, https://www.youtube.com/watch?v=a3x0mSdGY9I.

17　"Lasting Ties Mark Gen,Petraeus' Career," NPR,6 February 2007, www.npr.org/templates/story/story.php?storyId=7193883.

18　Ackerman, Spencer, "The Petraeus Workout," *American Prospect*, 4 September 2007, prospect.org/article/petraeus-workout and McDougall,

注释

向 和 平 宣 战 ： 外 交 的 终 结 和 美 国 影 响 力 的 衰 落

Christopher, "The Petraeus Workout," *Daily Beast*, 25 June 2010, www.thedailybeast.com/articles/2010/06/25/general-petraeus-workout-routine.html.

19 Cambanis, Thanassis, "How We Fight: Fred Kaplan's 'Insurgents' , on David Petraeus," *New York Times*, 24 January 2013, www.nytimes. com/2013/01/27/books/review/fred-kaplans-insurgents-on-david-petraeus.html; Taqfeed, Mohammed, "Al-Sadr Extends Mehdi Army Cease-Fire," CNN, 22 February 2008, www.cnn.com/2008/WORLD/ meast/02/22/iraq.main/index.html.

20 Allen, Jonathan and Parnes, Amie, *HRC: State Secrets and the Rebirth of Hillary Clinton*(New York: Crown/Archetype), p. 72. Kindle.

21 Author Interview with Hillary Clinton, 20 November 2017.

22 Landler, Mark, *Alter Egos: Hillary Clinton, Barack Obama, and the Twilight Struggle over American Power*(New York: Random House, 2016), loc. 1680, Kindle.

23 Chandrasekaran, Rajiv, *Little America: The War within the War for Afghanistan*(New York: Vintage), loc. 3620, Kindle.

24 Chandrasekaran, Rajiv, *Little America: The War within the War for Afghanistan*(New York: Vintage), loc. 3620, Kindle.

25 Woodward, Bob,*Obama's Wars*(New York: Simon & Schuster, 2011), p. 80, Kindle.

26 Broadwell, Paula and Loeb, Vernon, *All in: The Education of General David Petraeus*(New York: Penguin, 2012).

27 Woodward, Bob, *Obama's Wars*(New York: Simon & Schuster, 2011), p. 97, Kindle.

28 Landler, Mark, *Alter Egos: Hillary Clinton, Barack Obama, and the Twilight Struggle over American Power*(New York: Random House, 2016), loc. 1488, Kindle.

29 *The Diplomat*, Dir. David Holbrooke, HBO Documentary Films, 2015, 1:31:25.

30 Author Interview with Hillary Clinton, 20 November 2017.

31 Rosenberg,Matthew, "Richard C. Holbrooke's Diary of Disagreement with Obama Administration," *New York Times*, 22 April 2015, https:// www.nytimes.com/2015/04/23/world/middleeast/richard-c-holbrookes-diary-of-disagreement-with-the-obama-administration.html.

32 Nasr,Vali, "The Inside Story of How the White House Diplomacy Let Diplomacy Fail in Afghanistan," *Foreign Policy*, 4 March 2013, http://

foreignpolicy.com/2013/03/04/the-inside-story-of-how-the-white-house-let-diplomacy-fail-in-afghanistan.

33 Author Interview with Hillary Clinton, 20 November 2017.

34 *The Diplomat*,Dir. David Holbrooke, HBO Documentary Films, 2015, 1:14:00.

35 Nasr, Vali, "The Inside Story of How the White House Diplomacy Let Diplomacy Fail in Afghanistan," *Foreign Policy*, 4 March 2013, http://foreignpolicy.com/2013/03/04/the-inside-story-of-how-the-white-house-let-diplomacy-fail-in-afghanistan.

36 Landler, Mark, "At U.S.–Afghan Meetings, Talk of Nuts and Bolts," *New York Times*, 13 May 2010, www.nytimes.com/2010/05/14/world/asia/14karzai.html.

37 Nasr, Vali, "The Inside Story of How the White House Diplomacy Let Diplomacy Fail in Afghanistan," *Foreign Policy*, 4 March 2013, http://foreignpolicy.com/2013/03/04/the-inside-story-of-how-the-white-house-let-diplomacy-fail-in-afghanistan.

9 走玻璃

1 Author Interview with Umar Cheema, Via Skype to His Home in Pakistan, 5 September 2016.

2 Author Interview with Umar Cheema, Via Skype to His Home in Pakistan, 5 September 2016.

3 Mazzetti, Mark, *The Way of the Knife: The CIA, a Secret Army, and a War at the Ends of the Earth*(New York: Penguin, 2014), p. 292.

4 "60 Journalists Killed in Pakistan since 1992/Motive Confirmed," Committee to Protect Journalists, https://cpj.org/killed/asia/pakistan.

5 Gall, Carlotta, *The Wrong Enemy: America in Afghanistan, 2001 – 2014*(Boston: Houghton Mifflin Harcourt, 2014), p. xx (Prologue).

6 Author Interview with Umar Cheema, Via Skype to His Home in Pakistan, 5 September 2016.

7 Author Interview with General Michael Hayden, in Person at His Offices in Washington, D.C., 17 May 2017.

8 Author Phone Interview with Leon Panetta, 6 May 2016.

9 Author Phone Interview with Leon Panetta, 6 May 2016.

10 Author Interview with Ambassador Anne Patterson, 12 May 2016.

11 AuthorInterview with Ambassador Anne Patterson,12 May 2016.

注释

12 Author Interview with Ambassador Anne Patterson, 12 May 2016.

13 Author Phone Interview with Leon Panetta,6 May 2016.

14 Text Message Sent from General Pasha to Author.

15 Author Interview with Pakistani General, at Pakistani Embassy in Washington, D.C., 6 January 2017.

16 Author Interview with Pakistani General,at Pakistani Embassy in Washington, D.C., 6 January 2017.

17 Author Interview with Pakistani General, January 2017.

18 Author Interview with General David Petraeus, in Person at His Offices in New York City, 25 May 2016.

19 Haqqani, Husain, *Magnificent Delusions: Pakistan, the United States, and an Epic History of Misunderstanding* (New York: Public Affairs, 2013), p. 342, Kindle.

20 Haqqani, Husain, *Magnificent Delusions: Pakistan, the United States, and an Epic History of Misunderstanding*(New York: Public Affairs, 2013), p. 342, Kindle.

21 Author Interview with Husain Haqqani, in Person, Hudson Institute Office, Washington, D.C., 6 January 2017.

10 农夫霍尔布鲁克

1 Chandrasekaran, Rajiv, *Little America: The War within the War for Afghanistan*(New York: Vintage, 2013), Kindle.

2 Chandrasekaran, Rajiv, *Little America: The War within the War for Afghanistan*(New York: Vintage, 2013, loc. 1525), Kindle.

3 Chandrasekaran, Rajiv, *Little America: The War within the War for Afghanistan*(New York: Vintage, 2013, loc. 1646), Kindle.

4 Landler, Mark, "At U.S.-Afghan Meetings, Talk of Nutsand Bolts," *New York Times*, 13 May 2010, www.nytimes.com/2010/05/14/world/asia/14karzai.html.

5 Tarnoff,Curt, "Afghanistan: U.S. Foreign Assistance," Congressional Research Service, 12 August 2010, https://fas.org/sgp/crs/row/R40699.pdf.

6 Tarnoff, Curt, "Afghanistan: U.S. Foreign Assistance," Congressional Research Service, 12 August 2010, https://fas.org/sgp/crs/row/R40699.pdf.

7 "Recipient Profile: International Medical Corps," https://www.

usaspending.gov/transparency/Pages/RecipientProfile.aspx?DUNSNumb
er=186375218&FiscalYear=2012.

8 Request for Application RFA 306-09-545, Community Based Stability
Grants (CBSGs) Program, USAID, 3 September 2009, p. 4.

9 Request for Application RFA 306-09-545, Community Based Stability
Grants (CBSGs) Program, USAID, 3 September2009, p. 4.

11 少点对话

1 Author Interview with Husain Haqqani, 29 March 2017.

2 Holbrooke,Richard,*To End a War*(New York: Random House, 2011),
loc. 2930-2931, Kindle.

3 Author Interview with Husain Haqqani, 29 March 2017.

4 Kessler, Glen, "Mitchell and Holbrooke to Be Named Envoys,"
Washington Post, January 2009, www.voices.washingtonpost.
com/44/2009/01/mitchell-and-holbrooke-to-be-n.html.

5 Rozen, Laura, "India's Stealth Lobbying against Holbrooke's Brief,"
Foreign Policy, 24 January 2009, foreignpolicy.com/2009/01/24/indias-
stealth-lobbying-against-holbrookes-brief.

6 Author Interview with Husain Haqqani, 29 March 2017.

7 Nasr, Vali, "The Inside Story of How the White House Diplomacy Let
Diplomacy Fail in Afghanistan," *Foreign Policy*, 4 March 2013, http://
foreignpolicy.com/2013/03/04/the-inside-story-of-how-the-white-house-
let-diplomacy-fail-in-afghanistan.

8 Author Interview with General David Petraeus, in Person at His offices
in New York City, 25 May 2016.

9 Author Interview with Alan Kronstadt, 18 August 2016.

10 "Pakistan Media Reaction: Kerry-Lugar Bill, Terrorism, India-
American-Pakistan October 20, 2009," Cable Released by Wikileaks,
09ISLAM-ABAD2543, 1 October 2009, www.scoop.co.nz/stories/
WL0910/S02256/cablegate-pakistan-media-reaction-kerry-lugar-bill-
terrorism.htm/.

11 Perlez, Jane and Khan, Ismail, "Aid Package from U.S. Jolts Army
in Pakistan," *New York Times*, 7 October 2009, www.nytimes.
com/2009/10/08/world/asia/08pstan.html.

12 Author Phone Interview with Mohsin Kamal, 14 November 2016.

13 Holbrooke, Richard, "Special Briefing on Secretary Clinton's

Recent Trip to Afghanistan and Pakistan," US Department of State, 23 November 2009, https://2009-2017.state.gov/p/sca/rls/rmks/2009/132307.htm.

14 Entous, Adam, "The Last Diplomat," *Wall Street Journal*, 2 December 2016, https://www.wsj.com/articles/the-last-diplomat-1480695454.

15 Author Interview with Robin Raphel, 30 June 2016.

16 Author Interview with Robin Raphel, 30 June 2016.

17 Author Interview with Robin Raphel, 30 June 2016.

18 Sullivan, Jake, "Baseball Cap," Email to Hillary Clinton, 15 September 2010, Released by WikiLeaks, https://wikileaks.org/clinton-emails/emailid/1751.

19 Salmon, Felix, "U.S.A.I.D.'S PR Problem," Reuters,13 October 2010, blogs.reuters.com/felix-salmon/2010/10/13/usaids-pr-problem/ and Crilly, Rob, "Pakistan Aid Workers in Row with U.S. over Stars and Stripes 'Logo' ," *Telegraph* (UK), 11 October 2010, www.telegraph.co.uk/news/worldnews/asia/pakistan/8056123/Pakistan-aid-workers-in-row-with-US-over-Stars-and-Stripes-logo.html.

20 Worthington, Samuel, "We're Aiding Pakistan, Don't Put a Target on Our Backs," *Washington Post*, 10 October 2010, http://www.washingtonpost.com/wp-dyn/content/article/2010/10/08/AR2010100802665.html.

21 Subject: Interaction Op-Edon Brandingin Pakistan, Email Exchange between Judith McHale and Hillary Clinton, 10 October 2010, Obtained Via WikiLeaks, https://wikileaks.org/clinton-emails/emailid/1476.

22 Shah, Rajiv, "From the American People," *Huffington Post*, www.huffingtonpost.com/dr-rajiv-shah/from-the-american-people_1_b_772736.html.

23 Author Interview with Alan Kronstadt, 18 August 2016.

24 "U.S., Pakistan Seek to Build Trust with Talks," NPR, 25 March 2010, www.npr.org/templates/story/story.php?storyId=125153658.

25 Landler, Mark, "Afghanistan and Pakistan Sign a Trade Deal, Representing a Thaw in Relations," *New York Times*, 18 July 2010,www.nytimes.com/2010/07/19/world/asia/19diplo.html.

26 Raman, Sunil, "Why India Wants to Enter Af-Pak Trade and Transit Agreement," *Swarajya*, 7 January 2016, https://swarajyamag.com/world/why-india-wants-to-enter-af-pak-trade-and-transit-agreement.

27 "Agriculture Secretary Vilsack Announces U.S. Members of Three

Working Groups Under the U.S.-Afghanistan-Pakistan Trilateral," USDA, No. 0529.09, 26 October 2009, webcache.googleusercontent.com/ search?q=cache:zX-i8OahGE8J:www.usda.gov/wps/portal/usda/usdamobil e%3Fcontentid%3D2009/10/0529.xml+&cd=1&hl=en&ct=clnk&gl=us.

28　Qiu, Jane, "Stressed Indus River Threatens Pakistan's Water Supplies," *Nature*, 29 June 2016, www.nature.com/news/stressed-indus-river-threatens-pakistan-s-water-supplies-1.20180.

29　Mandhana, Niharika, "Water Wars: Why India and Pakistan Are Squaring off over Their Rivers," *Time*, 16 April 2012, content.time.com/time/world/article/0,8599,2111601,00.html.

30　Woodward, Bob, *Obama's Wars*(Simon & Schuster, 2011), p. 210, Kindle.

31　Kugelman, Michael, "Why the India-Pakistan War over Water Is So Dangerous," *Foreign Policy*, 30 September 2016, http://foreign policy.com/2016/09/30/why-the-india-pakistan-war-over-water-is-so-dangerous-indus-waters-treaty.

32　Author Interview with General David Petraeus, in Person at His Offices in New York City, 25 May 2016.

12　艾-罗德

1　Ahmed, Rashid,*Pakistan on the Brink*(New York: Penguin, 2013), p. 114.

2　"Steiner Stirbt Den Bollywood-Tod," *Spiegel TV*, 25 April 2015, www.spiegel.de/video/indien-botschafter-michael-steiner-bollywood-video-video-1572700.html.

3　Reuter,Christopher,Schmitz,Gregor Peter,and Stark,Holger, "How German Diplomats Opened Channel to Taliban," *Spiegel*, 10 January 2012, www.spiegel.de/international/world/talking-to-the-enemy-how-german-diplomats-opened-channel-to-taliban-a-808068-2.html.

4　"How a Triple Agent Duped the CIA," *Daily Beast*, 20 June 2011, http://www.thedailybeast.com/articles/2011/06/20/cia-base-attack-in-afghanistan-how-a-triple-agent-duped.

5　Ahmed, Rashid ,*Pakistan on the Brink*(New York: Penguin, 2013), p. 114.

6　Clinton, Hillary, *Hard Choices*(New York: Simon & Schuster, 2014), loc 2747,Kindle.

向和平宣战：外交的终结和美国影响力的衰落

7　Clinton, Hillary, *Hard Choices*(New York: Simon & Schuster, 2014), loc.2729, Kindle.

8　Gordon, Meryl, "Ambassador A-List," *New York*, http://nymag.com/nymetro/news/people/features/1748/index3.html.

9　Nasr, Vali, "The Inside Story of How the White House Diplomacy Let Diplomacy Fail in Afghanistan," *Foreign Policy*, 4 March 2013, http://foreignpolicy.com/2013/03/04/the-inside-story-of-how-the-white-house-let-diplomacy-fail-in-afghanistan.

10　"White Paper of the Interagency Policy Group's Report on U.S. Policy toward Afghanistan and Pakistan," United States Government, Office of the White House, 2009, edocs.nps.edu/govpubs/wh/2009/Afghanistan_Pakistan_White_Paper.pdf.

11　*The Diplomat*, Dir. David Holbrooke, HBO Documentary Films, 2015, 1:19:40.

12　Chandrasekaran, Rajiv, *Little America: The War within the War for Afghanistan*(New York: Vintage), loc. 3599, Kindle.

13　Marquez, Miguel, "Holbrooke Gets Very Close Look at Afghan War," *ABC News*, 21 June 2010, http://abcnews.go.com/WN/Afghanistan/ambassador-holbrookes-plane-attacked-marja-afghanistan/story?id=10973713.

14　Hastings, Michael, "The Runaway General," *Rolling Stone*, 22 June 2010, http://www.rollingstone.com/politics/news/the-runaway-general-20100622.

15　Author Interview with General David Petraeus, in Person at His Offices in New York City, 25 May 2016.

16　Chandrasekaran, Rajiv, *Little America: The War within the War for Afghanistan*(New York: Vintage), loc. 3610, Kindle.

17　Chandrasekaran, Rajiv, *Little America: The War within the War for Afghanistan*(New York: Vintage), loc. 3554, Kindle.

18　Chandrasekaran, Rajiv, *Little America: The War within the War for Afghanistan*(New York: Vintage), loc. 3569, Kindle.

19　*The Diplomat*, Dir. David Holbrooke, HBO Documentary Films, 2015, 1:20:00.

20　Chandrasekaran, Rajiv, *Little America: The War within the War for Afghanistan*(New York: Vintage), loc. 3515, Kindle.

21　Chandrasekaran, Rajiv, *Little America: The War within the War for Afghanistan*(New York: Vintage), loc. 3515, Kindle.

22　Author Interview with Hillary Clinton, 20 November 2017.

23　*The Diplomat*,Dir. David Holbrooke, HBO Documentary Films, 2015, 1:29:00.

24　Schulman, Daniel, "State Department Launches Afghanistan Leak Probe," *Mother Jones*, 27 January 2010, http://www.motherjones.com/ politics/2010/01/state-department-launches-afghan-leak-probe.

25　Landler,Mark,*Alter Egos:Hillary Clinton, Barack Obama,and the Twilight Struggle over American Power*(New York: Random House, 2016), loc. 1746. Kindle.

26　"State Department Launches Afghan Leak Probe," *Mother Jones*, January 2010, www.motherjones.com/politics/2010/01/state-department-launches-afghan-leak-probe.

27　Packer, George, "The Last Mission," *New Yorker*, 28 September 2009, http://www.newyorker.com/magazine/2009/09/28/the-last-mission.

28　Conversation with Kati Marton, 13 April 2017.

29　Clinton, Hillary, "Packer Article," Message to Cheryl Mills, 16 September 2009, Email Released by WikiLeaks, https://wikileaks.org/ clinton-emails/emailid/15835.

30　Hirsch, Michael, "Richard Holbrooke's Decline and Fall, as Told in Clinton Emails," *Politico*, 1 July 2015, www.politico.com/ story/2015/07/richard-holbrookes-hillary-clinton-emails-119649.

13　向我保证你会结束战争

1　Hirsch, Michael, "Richard Holbrooke's Decline and Fall, as Told in Clinton Emails," *Politico*, 1 July 2015, www.politico.com/ story/2015/07/richard-holbrookes-hillary-clinton-emails-119649.

2　"Subject: Atthe Cross Roads," Memo from Richard Holbrooke to Hillary Clinton, 10 September 2010.

3　Wright, Tom, "No Pakistan on President Obama's India Trip," *Wall Street Journal*, 21 October 2010, https://blogs.wsj.com/ indiarealtime/2010/10/21/no-pakistan-on-president-obama%E2%80%99s-india-trip.

4　"Subject: At the Cross Roads," Memo from Richard Holbrooke to Hillary Clinton, 10 September 2010.

5　*The Diplomat*,Dir. David Holbrooke, HBO Documentary Films, 2015, 1:33:00.

注释

6　*The Diplomat*, Dir. David Holbrooke, HBO Documentary Films, 2015, 1:34:00.

7　Landler, Mark , *Alter Egos: Hillary Clinton, Barack Obama, and the Twilight Struggle over American Power*(New York: Random House, 2016), loc. 1768,Kindle.

8　*The Diplomat*,Dir. David Holbrooke, HBO Documentary Films, 2015, 1:35:00; Clinton, Hillary, *Hard Choices*(New York: Simon and Schuster, 2014), loc. 2779; Alter, Jonathan, "Richard Holbrooke's Lonely Mission," *Newsweek*, 16 January 2011, www.newsweek.com/ richard-holbrookes-lonely-mission-67057; and Roig-Franzia, Manuel, "Searching for Richard Holbrooke," *Washington Post*, 20 October 2015, https://www.washingtonpost.com/lifestyle/style/searching-for-richard-holbrooke/2015/10/20/84d62ee4-7747-11e5-b9c1-f03c48c96ac2_ story.html?utm_term=.da8936547d62.

9　Landler, Mark, *Alter Egos: Hillary Clinton, Barack Obama, and the Twilight Struggle over American Power*(New York: Random House, 2016), loc. 1781, Kindle.

10　Chandrasekaran, Rajiv and DeYoung, Karen, "Holbrooke's War Remark Called Banter, Not Entreaty," *Washington Post*, 15 December 2010, www.washingtonpost.com/wp-dyn/content/article/2010/12/14/ AR2010121407701.html.

11　"Holiday Reception," US Department of State, 13 December 2010, https://video.state.gov/detail/videos/category/video/709543962001/?a utoStart=true.

12　Mills, Cheryl, "FW: Harper's Bazaar: 'Hillary Clinton: Myth and Reality," Message to Hillary Clinton, 17 February 2017, Email Released by WikiLeaks, No. C05777693, 7 January 2016, https://wikileaks.org/ clinton-emails/Clinton_Email_January_7_Release/C05777693.pdf.

13　Author Interview with Hillary Clinton, 20 November 2017.

14　车轮子掉了

1　McKelvey, Tara, "The CIA's Last-Minute Osama Bin Laden Drama," *Daily Beast*, 9 May 2011, www.thedailybeast.com/articles/2011/05/10/ raymond-davis-the-cias-last-minute-osama-bin-laden-drama.html.

2　Conrad, Jim, "The Walls Come down at Powell Valley High," WCYB, 21 May 2014, www.wcyb.com/news/virginia/the-walls-come-down-at-powell-valleyhigh_20160524074842261/14089434.

3　Walsh,Declan, "AC.I.A.Spy,a Hail of Bullets,Three Killed, and a U.S.-Pakistan Diplomatic Row," *Guardian* (Manchester), 20 February 2011, https://www.theguardian.com/world/2011/feb/20/cia-agent-lahore-civilian-deaths and Mazzetti, Mark, *The Way of the Knife: The CIA, a Secret Army, and a War at the Ends of the Earth*(New York: Penguin, 2014), p. 2.

4　Yasif, Rana, "Raymond Davis Case: The Forgotten Victim," *Express Tribune*, 18 March 2011, https://tribune.com.pk/story/134313/the-forgotten-victim.

5　Tapper, Jake and Ferran, Lee, "President Barack Obama: Pakistan Should Honor Immunity for 'Our Diplomat' ," *ABC News*, 15 February 2011, abcnews.go.com/Blotter/raymond-davis-case-president-barack-obama-urges-pakistan/story?id=12922282.

6　Mazzetti, Mark,*The Way of the Knife: The CIA, a Secret Army, and a War at the Ends of the Earth*(New York: Penguin, 2014), p. 264.

7　Author Phone Interview with Leon Panetta, 6 May 2016.

8　Author Phone Interview with Mohsin Kamal, 14 November 2016.

9　Author Phone Interview with Mohsin Kamal, 14 November 2016.

10　Author Phone Interview with Mohsin Kamal, 14 November 2016.

11　Mazzetti, Mark, *The Way of the Knife: The CIA, a Secret Army, and a War at the Ends of the Earth*(New York: Penguin, 2014), p. 276.

12　Author Interview with General David Petraeus, in Person at His Offices in New York City, 25 May 2016.

13　DeYoung, Karen and Brulliard, Karin, "U.S.-Pakistan Relations Strained Further With Case of Jailed Diplomat," *Washington Post*, 8 February 2011, www.washingtonpost.com/wp-dyn/content/article/2011/02/07/AR2011020705790.html.

14　Schmidle, Nicholas, "Getting Bin Laden," *New Yorker*, 8 August 2011, www.newyorker.com/magazine/2011/08/08/getting-bin-laden and Meyers, Steven Lee and Bumiller, Elisabeth, "Obama Calls World 'Safer' after Pakistan Raid," *New York Times*, 2 May 2011, http://www.nytimes.com/2011/05/03/world/asia/osama-bin-laden-dead.html.

15　"U.S.-Pakistani Relations after the Bin Laden Raid," Stratfor, 2 May 2011, https://www.stratfor.com/analysis/us-pakistani-relations-after-bin-laden-raid.

16　Brulliard, Karin and DeYoung, Karen, "Pakistani Military, Government

注释

Warn U.S. against Future Raids," *Washington Post*, 6 May 2011, https://www.washingtonpost.com/world/pakistan-questions-legality-of-us-operation-that-killed-bin-laden/2011/05/05/AFM2l0wF_story.html?tid=a_inl&utm_term=.9dce5bb83301.

17 Brulliard, Karin and Hussain, Shaiq, "Pakistani Spy Chief Offers to Resign," *Washington Post*, 13 May 2011, https://www.washingtonpost.com/world/2011/05/12/AFdoRh1G_story.html?utm_term=.e556f2485d1a.

18 Author Interview with General David Petraeus, in Person at His Offices in New York City, 25 May 2016.

19 Author Phone Interview with Leon Panetta, 6 May 2016.

20 Brulliard, Karin and DeYoung, Karen, "Pakistani Military, Government Warn U.S. against Future Raids," *Washington Post*, 6 May 2011, https://www.washingtonpost.com/world/pakistan-questions-legality-of-us-operation-that-killed-bin-laden/2011/05/05/AFM2l0wF_story.html?tid=a_inl&utm_term=.9dce5bb83301.

21 Author Interview with General Michael Hayden, in Person at His Offices in Washington, D.C., 17 May 2017.

22 Crilly, Rob, "Pakistan Accused of Tipping off al-Qaeda Fighters ahead of Raids," *Telegraph* (UK), 12 June 2011, www.telegraph.co.uk/news/worldnews/al-qaeda/8571134/Pakistan-accused-of-tipping-off-al-Qaeda-fighters-ahead-of-raids.html.

23 Author Phone Interview with Leon Panetta, 6 May 2016.

24 Barnes, Julian, Rosenberg, Matthew, and Entous, Adam, "U.S. Accuses Pakistan of Militant Ties," *Wall Street Journal*, 23 September 2011, https://www.wsj.com/articles/SB100014240531119045639045765867600263338104.

25 DeYoung, Karin and Partlow, Joshua, "Afghans Saw Commando Unit Was Attacked before Airstrike Was Called on Pakistan," *Washington Post*, 28 November 2011, https://www.washingtonpost.com/world/afghans-say-unit-was-attacked-before-airstrike/2011/11/28/gIQAX6ZY5N_story.html?hpid=z1&utm_term=.f70a1c3d2b3a.

26 Coleman, Jasmine, "Pakistan Halts NATO Supplies after Attack Leaves Soldiers Dead," *Guardian* (Manchester), 26 November 2011, https://www.theguardian.com/world/2011/nov/26/pakistan-halts-nato-supplies-attack.

27 Phone Interview with General John Allen, 2 September 2016.

28　Martinez,Luis, "Afghanistan War: Closed Pakistan Routes Costing U.S. $100 Million a Month," *ABC News*, 13 June 2012, abcnews.go.com/blogs/politics/2012/06/afghanistan-war-closed-pakistan-routes-costing-u-s-100-million-a-month.

29　Sherman, Wendy, "THANK YOU," Email to Hillary Clinton, 2 July 2012, Released by WikiLeaks, https://wikileaks.org/clinton-emails/emailid/20254 and Clinton, Hillary, "Re; Thanks," Email to Bill Burns, 3 July 2012, Released by WikiLeaks, https://wikileaks.org/clinton-emails/emailid/7553.

30　Author Phone Interview with General John Allen, 2 September 2016.

31　Author Interview with Alan Kronstadt, 18 August 2016.

32　Clinton, Hillary, *Hard Choices*(New York: Simon & Schuster, 2014), loc. 3457-3458, Kindle.

33　Yusufzai, Mushtaq, Williams, Abigail, Burton, Brinley, "Taliban Begins Secret Peace Talks with U.S., Afghan Officials: Sources," *NBC News*, 18 October 2016, www.nbcnews.com/news/world/taliban-begins-secret-peace-talks-u-s-afghan-officials-sources-n668131.

15　备忘录

1　Author Interview with Husain Haqqani, Hudson Institute Office, Washington, D.C., 6 January 2017.

2　Iiaz, Mansoor, "Time to Take on Pakistan's Jihadi Spies," *Financial Times*, 10 October 2011, https://www.ft.com/content/5ea9b804-f351-11e0-b11b-00144feab49a and "Confidential Memorandum: Briefing for Adm, Mike Mullen, Chairman, Joint Chiefs of Staff," 9 May 2011, *Washington Post*, www.washingtonpost.com/wp-srv/world/documents/secret-pakistan-memo-to-adm-mike-mullen.html.

3　"Gilani Granted Controversial Visa-Issuing Powers to Haqqani, Letter Reveals," *GeoTV News*, 24 March 2017, https://www.geo.tv/latest/135334-Gilani-granted-controversial-visa-issuing-powers-to-Haqqani-letter-reveals.

4　"Hussain Haqqani Renewed Visas to 36 C.I.A. Agents in Pakistan Despite Foreign Office Warning," *Times* (Islamabad), 25 March 2017, https://timesofislamabad.com/hussain-haqqani-renewed-visas-to-36-cia-agents-in-pakistan-despite-foreign-office-warning/2017/03/25.

5　Author Interview with Husain Haqqani, Hudson Institute Office, Washington, D.C., 6 January 2017.

向 和 平 宣 战 : 外 交 的 终 结 和 美 国 影 响 力 的 衰 落

6　Author Interview with Husain Haqqani, Hudson Institute Office, Washington, D.C., 6 January 2017.

7　Ignatius, David, "Mansoor Ijaz, Instigator behind Pakistan's 'Memogate'," *Washington Post*, 22 January 2012, https://www. washingtonpost.com/blogs/post-partisan/post/mansoor-ijaz-instigator-behind-pakistans-memogate/2012/01/22/gIQAcRdjJQ_blog.html?utm_term=.a2243babdf37.

8　Ignatius, David, "Mansoor Ijaz, Instigator behind Pakistan's 'Memogate'," *Washington Post*, 22 January 2012, https://www. washingtonpost.com/blogs/post-partisan/post/mansoor-ijaz-instigator-behind-pakistans-memogate/2012/01/22/gIQAcRdjJQ_blog.html?utm_term=.a2243babdf37 and Bergen, Peter, "What's behind the Furor in Pakistan?" CNN, 25 November 2011, www.cnn.com/2011/11/24/opinion/bergen-memogate-pakistan.

9　Nelson, Dean, "Imran Khan Blame by Pakistan U.S. Envoy for Links to Army Plot," *Telegraph* (UK), 21 November 2011, www.telegraph. co.uk/news/worldnews/asia/pakistan/8904605/Imran-Khan-blamed-by-Pakistan-US-envoy-for-links-to-army-plot.html.

10　Kiessling, Hein, *Faith, Unity, Discipline: The Inter-Service-Intelligence (ISI) of Pakistan*(London: Hurst, 2016), loc. 4277, Kindle.

11　Author Interview with Husain Haqqani, Hudson Institute Office, Washington, D.C., 6 January 2017.

12　Author Interview with Husain Haqqani, Hudson Institute Office, Washington, D.C., 6 January 2017.

13　Author Interview with Husain Haqqani, Hudson Institute Office, Washington, D.C., 6 January 2017.

14　"Email from Mansoor Ijaz to Ronan Farrow," 11 March 2018.

15　Haqqani, Husain, "Yes, the Russian Ambassador Met Trump's Team, So? That's What We Diplomats Do," *Washington Post*, 10 March 2017, https://www.washingtonpost.com/posteverything/wp/2017/03/10/yes-the-russian-ambassador-met-trumps-team-so-thats-what-we-diplomats-do/.

16　"Pakistan Army Reacts to Hussain Haqqani's Article," *The News* (Pakistan), 29 March 2017, https://www.thenews.com.pk/latest/195267-Pakistan-Army-reacts-to-Hussain-Haqqanis-article.

17　Iqbal, Anwar, "Haqqani Claims His 'Connections' Led U.S. to Kill Osama," *Dawn*, 13 March 2017, https://www.dawn.com/news/1320175.

18 Author Interview with Husain Haqqani, Hudson Institute Office, Washington, D.C., 6 January 2017.

16 实实在在的事

1 Author Interview with Robin Raphel, 6 January 2017, Garden Cafe in Washington, D.C.

2 Author Interview with Robin Raphel, 6 January 2017, Garden Cafe in Washington, D..C.

3 Author Interview with Robin Raphel,6 January 2017,Garden Cafe in Washington, DC.

4 Mazzetti, Mark and Apuzzo, Matt, "F.B.I. Is Investigating Retired U.S. Diplomat, a Pakistan Expert, Officials Say," *New York Times*, 7 November 2014, https://www.nytimes.com/2014/11/08/us/robin-raphel-fbi-state-department-search.html?_r=0.

5 Author Interview with Ambassador Richard Olson, 28 September 2017.

6 Entous, Adam, "The Last Diplomat," *Wall Street Journal*, 2 December 2016, https://www.wsj.com/articles/the-last-diplomat-1480695454.

7 Author Interview with Robin Raphel, 6 January 2017, Garden Cafe in Washington, D.C.

8 Entous, Adam, "The Last Diplomat," *Wall Street Journal*, 2 December 2016, https://www.wsj.com/articles/the-last-diplomat-1480695454.

9 Author Interview with Robin Raphel, 16 May 2016, at US Institutes of Peace.

10 Author Phone Interview with Robin Raphel, 30 June 2016.

11 Author Interview with Robin Raphel, 6 January 2017, Garden Cafe in Washington, D.C.

12 Author Interview with Robin Raphel, 6 January 2017, Garden Cafe in Washington, D.C.

13 Author Interview with Robin Raphel, 6 January 2017, Garden Cafe in Washington, D.C.

14 Author Interview with Anonymous Senior US Official, 28 September 2016.

第二部
先开枪，别提问

1 The Holy Bible, English Standard Version.

1 Author Interview with Rex Tillerson, 4 January 2018.

2 Diamond, Jeremy, "How Trump Is Empowering the Military—and Raising Some Eyebrows," *CNN Politics*, 26 June 2017, www.cnn.com/2017/06/24/politics/trump-pentagon-shift-war-power-military/index.html.

3 Jaffe,GregandRyan,Missy, "Up to 1,000 More U.S. Troops Could Be Headed to Afghanistan This Spring," *Washington Post*, 21 January 2018, https://www.washingtonpost.com/world/national-security/up-to-1000-more-us-troops-could-be-headed-to-afghanistan-this-spring/2018/01/21/153930b6-fd1b-11e7-a46b-a3614530bd87_story.html.

4 Ryan, Missy and Jaffe, Greg, "Military's Clout at White House Could Shift U.S. Foreign Policy," *Washington Post*, 28 May 2017, https://www.washingtonpost.com/world/national-security/military-officers-seed-the-ranks-across-trumps-national-security-council/2017/05/28/5f10c8ca-421d-11e7-8c25-44d09ff5a4a8_story.html?utm_term=.e50c3e38d779.

5 Wadhams, Nick, "Tillerson Tightens Limits on Filling State Department Jobs," *Bloomberg Politics*, 28 June 2017, https://www.bloomberg.com/news/articles/2017-06-28/tillerson-puts-tighter-limits-on-filling-state-department-jobs; author interviews with Foreign Service officers, 1 June 2017 and 30 July 2017.

6 Mehta, Aaron, "U.S. on Track for Record Foreign Weapon Sales," *Defense News*, 26 December 2016, www.defensenews.com/pentagon/2016/12/26/us-on-track-for-record-foreign-weapon-sales/.

7 Browne, Ryan, "Amid Diplomatic Crisis Pentagon Agrees $12 Billion Jet Deal with Qatar," *CNN Politics*, 14 June 2017, www.cnn.com/2017/06/14/politics/qatar-f35-trump-pentagon/index.html.

8 Morello, Carol, "State Department Drops Human Rights as Condition for Fighter Jet Sale to Bahrain," *Washington Post*, 27 March 2017, https://www.washingtonpost.com/world/national-security/state-department-drops-human-rights-as-condition-for-fighter-jet-sale-to-bahrain/2017/03/29/6762d422-1abf-406e-aaff-fbc5a6a2e0ac_story.html?utm_term=.ba9bb8036665.

9 Lusher, Adam, "Senior U.S. Official Reduced to Very Awkward

向和平宣战：外交的终结和美国影响力的衰落

Silence When Asked about Saudi Arabia's Attitude to Democracy," *Inde- pendent* (UK), 31 May 2017, www.independent.co.uk/news/world/americas/us-politics/stuart-jones-state-department-saudi-arabia-democracy-iran-awkward-embarrassing-agonising-pause-most-a7764961.html.

10　Conway, Madeline, "Trump: 'We Are Very Much behind' Egypt's el-Sisi," *Politico*, 4 April 2017, https://www.politico.com/story/2017/04/trump-praises-egypt-abdel-fattah-el-sisi-236829.

11　Carter, Brandon, "Trump Praised Philippines' Duterte for 'Unbelievable Job' on Drugs: Reports," *The Hill*, 23 May 2017, thehill.com/policy/international/334858-trump-praised-philippines-duterte-for-unbelievable-job-on-drugs-report.

12　Author Interview with James Baker, 22 January 2018.

13　Author Interview with John Kerry, 21 November 2017.

14　Scahill, Jeremy, Emmons, Alex and Grim, Ryan, "Trump Called Rodrigo Duterte to Congratulate Him on His Murderous Drug War: 'You Are Doing an Amazing Job'," *Intercept*, 23 May 2017, https://theintercept.com/2017/05/23/trump-called-rodrigo-duterte-to-congratulate-him-on-his-murderous-drug-war-you-are-doing-an-amazing-job/.

15　Author Interview with Chris LaVine, 25 June 2017.

16　Author Interview with Chris LaVine, 25 June 2017.

17　"U.S.-Trained Syrian Rebels Gave Equipment to Nusra: U.S. Military," Reuters, 26 September 2015, www.reuters.com/article/us-mideast-crisis-usa-equipment-idUSKCN0RP2HO20150926.

18　Author Interview with Anonymous Career Officer,25 June 2017.

19　Author Interview with Chris LaVine, 25 June 2017.

20　Author Interview with Abdullah Al-Mousa,12 September 2016.

21　Gilbert, Benjamin, "Three U.S. Allies Are Now Fighting Each Other in Northern Syria," *Vice News*, 29 August 2016, https://news.vice.com/article/three-us-allies-are-now-fighting-each-other-in-northern-syria and Bulos, Nabih, Hennigan, W. J. and Bennett, Brian, "In Syria, Militias Armed by the Pentagon Fight Those Armed by the CIA," *Los Angeles Times*, 27 March 2016, www.latimes.com/world/middleeast/la-fg-cia-pentagon-isis-20160327-story.html.

22　Author Interview with Abdullah Al-Mousa, 12 September 2016.

23　Author Interview with Osama Abu Zaid, 12 September 2016.

注释

24 "Trump to Send Arms to Kurdish YPG in Syria," Al Jazeera, 10 May
    2017, www.aljazeera.com/news/2017/05/trump-send-arms-kurdish-
    ypg-syria-170509190404689.html and Jaffe, Greg and Entous, Adam,
    "Trump Ends Covert C.I.A. Program to Arm Anti-Assad Rebels in
    Syria, a Move Sought by Moscow," *Washington Post*, 19 July 2017,
    https://www.washingtonpost.com/world/national-security/trump-ends-
    covert-cia-program-to-arm-anti-assad-rebels-in-syria-a-move-sought-
    by-moscow/2017/07/19/b6821a62-6beb-11e7-96ab-5f38140b38cc_
    story.html?utm_term=.ade66898dd5e.
25 Author Interview with Chris LaVine, 25 June 2017.
26 Author Interview with Hillary Clinton, 20 November 2017.
27 Author Interview with Hillary Clinton, 20 November 2017.
28 Author Interview with Chris LaVine, 25 June 2017.
29 "Full Transcript of President Obama's Commencement Address at West
    Point," *Washington Post*, 28 May 2014, https://www.washingtonpost.
    com/politics/full-text-of-president-obamas-commencement-address-at-
    west-point/2014/05/28/cfbcdcaa-e670-11e3-afc6-a1dd9407abcf_story.
    html.

18 杜斯塔姆：他说真话并劝阻一切谎言

1 Author Interview with Jennifer Leaning, 6 September 2016.
2 Author Interview with John Heffernan, 25 May 2015.
3 Rashid, Ahmed, *Taliban: Militant Islam, Oil and Fundamentalism in
    Central Asia(Second Edition)*(New Haven, CT: Yale University Press,
    2010), p. 56, Kindle.
4 Rashid, Ahmed, *Taliban: Militant Islam, Oil and Fundamentalism in
    Central Asia(Second Edition)*(New Haven, CT: Yale University Press,
    2010), p. 56,Kindle.
5 Author Interview with General Dostum, in Person at the Vice
    Presidential Palace in Kabul, Afghanistan, 29 - 30 August 2016.
6 Williams, Brian Glyn, *The Last Warlord: The Life and Legend of Dostum,
    the Afghan Warrior Who Led U.S. Special Forces to Topple the Taliban
    Regime*(Chicago: Chicago Review Press, 2013), p. 80.
7 Author Interview with General Dostum, in Person at the Vice
    Presidential Palace in Kabul, Afghanistan, 29 - 30 August 2016.
8 Filkins, Dexter, "Taking a Break from War with a Game Anything

but Gentle," *New York Times*, 2 January 2009, www.nytimes.com/2009/01/03/world/asia/03afghan.html.

9　Author Interview with General Dostum, in Person at the Vice Presidential Palace in Kabul, Afghanistan, 29 – 30 August 2016.

10　Crile,George,*Charlie Wilson's War*(New York:Grove Press,2007), loc. 1288–1289, Kindle.

11　Coll, Steve, *Ghost Wars*(London: Penguin, 2004), p. 101, Kindle.

12　Author Interview with Milton Bearden, 28 April 2016.

13　"Socialite Joanne Herring Wins 'War' ," *New York Daily News*, 11 December 2007, http://www.nydailynews.com/entertainment/gossip/socialite-joanne-herring-wins-war-article-1.276411.

14　Williams, Brian Glyn,*The Last Warlord: The Life and Legend of Dostum, the Afghan Warrior Who Led U.S. Special Forces to Topple the Taliban Regime*(Chicago: Chicago Review Press, 2013), p. 80.

15　Williams, Brian Glyn,*The Last Warlord: The Life and Legend of Dostum, the Afghan Warrior Who Led U.S. Special Forces to Topple the Taliban Regime*(Chicago: Chicago Review Press, 2013), p. 146.

16　Coll, Steve, *Ghost Wars*(London: Penguin, 2004), p. 262, Kindle.

17　Rubin, Michael, "Taking Tea with the Taliban," *Commentary*, 1 February 2010, https://www.commentarymagazine.com/articles/taking-tea-with-the-taliban.

18　Rashid,Ahmed, *Taliban: Militant Islam, Oil and Fundamentalism in Central Asia(Second Edition)*(New Haven, CT: Yale University Press, 2010), p. 217.

19　Rashid,Ahmed, *Descent into Chaos:The U.S. and the Disaster in Pakistan, Afghanistan, and Central Asia*(London: Penguin, 2009), p. 73.

20　"The Situation in Afghanistan and Its Implications for International Peace and Security," United Nations General Assembly Security Council, 21 September 1999, https://unama.unmissions.org/sites/default/files/21%20September%201999.pdf.

21　Rashid, Ahmed, *Descent into Chaos: The U.S. and the Disaster in Pakistan, Afghanistan, and Central Asia*(London: Penguin, 2009), p. 53.

22　Author Interview with General Dostum, in Person at the Vice Presidential Palace in Kabul, Afghanistan, 29 – 30 August 2016.

23　Author Interview with General Dostum, in Person at the Vice Presidential Palace in Kabul, Afghanistan, 29 – 30 August 2016.

24　Mazzetti, Mark, *The Way of the Knife: The CIA, a Secret Army, and a*

注释

War at the Ends of the Earth(New York: Penguin), p. 32, Kindle.

25 Author Interview with Robin Raphel at US Institutes of Peace, 16 May 2016.

26 Author Interview with Robin Raphelat USInstitutes of Peace, 16 May 2016.

27 Rubin, Barnett, "What I Saw in Afghanistan," *New Yorker*, 1 July 2015, https://www.newyorker.com/news/news-desk/what-have-we-been-doing-in-afghanistan.

28 Coll, Steve, *Ghost Wars*(London: Penguin, 2004), p. 263, Kindle.

29 "RICQuery—Afghanistan," United States Citizenship and Immigration Services, BCIS Resource Information Center, 27 May 2003, https://www.uscis.gov/tools/asylum-resources/ric-query-afghanistan-27-may-2003; "UN Opposes Afghanistan Bill Giving Immunity to War Criminals," Revolutionary Association of the Women of Afghanistan, 2 February 2007, http://www.rawa.org/temp/runews/2007/02/02/un-opposes-afghanistan-bill-giving-immunity-to-war-criminals.html.

30 Raghavan, Sudarsan, "Afghanistan's Defining Fight: Technocrats vs. Strongmen," *Washington Post*, 12 April 2015, https://www.washingtonpost.com/world/asia_pacific/former-warlords-test-the-rise-of-a-new-afghanistan/2015/04/12/73e052ae-b091-11e4-bf39-5560f3918d4b_story.html?tid=a_inl&utm_term=.6d12c65413a4.

31 Author Interview with Hank Crumpton, 19 July 2016.

32 *Legion of Brothers*, Dir. Greg Barker, CNN Films 2017, 9:30.

33 *Legion of Brothers*, Dir. Greg Barker, CNN Films 2017, 9:30.

34 Author Interview with Bart, 5 September 2016.

35 *Legion of Brothers*, Dir. Greg Barker, CNN Films 2017, 9:30.

36 Author Interview with General Dostum, in Person at the Vice Presidential Palace in Kabul, Afghanistan, 29 - 30 August 2016.

37 Author Interview with Hank Crumpton, by Phone, 19 July 2016.

38 Anderson, Jon Lee, "The Surrender," *New Yorker*, 10 December 2001, http://www.newyorker.com/magazine/2001/12/10/the-surrender.

39 Stewart, Richard W., "The United States Army in Afghanistan, October 2001 - March 2002: Operation Enduring Freedom," United States Army, http://www.history.army.mil/html/books/070/70-83/cmhPub_70-83.pdf.

40 Contemporaneous Claims from US Forces, Northern Alliance Leaders, and Independent Journalists All Vary Significantly,See, e.g., "Thousands

of Taliban Fighters Surrender in Kunduz," *Haaretz*, 24 November 2001, http://www.haaretz.com/news/thousands-of-taliban-fighters-surrender-in-kunduz-1.75571.

41 Author Interview with Bart, 5 September 2016.

42 Sennott,Charles M., "The First Battle of the 21st Century: Returning to the Site of America's Earliest Casualty in Afghanistan," *Atlantic*, 5 May 2015.

43 Author Interview with General Dostum, in Person at the Vice Presidential Palace in Kabul, Afghanistan, 29 - 30 August 2016.

44 Author Interview with Hank Crumpton, 19 July 2016.

45 Author Interview with Jennifer Leaning, 22 May 2015.

46 James Risen of the *New York Times* Also Reported that US Military Officials Blocked Initial Red Cross Inquiries, http://www.nytimes.com/2009/07/11/world/asia/11afghan.html.

47 Author Interview with Jennifer Leaning,6 September 2016.

48 Author Interview with John Heffernan, 25 May 2015.

49 Raghavan, Sudarsan, "Afghanistan's Defining Fight: Technocrats vs. Strongmen," *Washington Post*, 12 April 2015, https://www.washingtonpost.com/world/asia_pacific/former-warlords-test-the-rise-of-a-new-afghanistan/2015/04/12/73e052ae-b091-11e4-bf39-5560f3918d4b_story.html?tid=a_inl&utm_term=.fe112937980d.

50 Center for American Progress, "Profiles of Afghan Power Brokers," 26 October 2009, https://www.americanprogress.org/issues/security/news/2009/10/26/6734/profiles-of-afghan-power-brokers/.

51 Human Rights Watch, *"Today We Shall All Die,"* Afghanistan's Strongmen and the Legacy of Impunity,2015, https://www.hrw.org/sites/default/files/report_pdf/afghanistan0315_4up.pdf.

52 "Cable: 06KABUL2962_a," Released by WikiLeaks,https://wikileaks.org/plusd/cables/06KABUL2862_a.html.

53 Peceny, Mark and Bosin, Yury, "Winning with Warlords in Afghanistan," *Small Wars & Insurgencies*, 22:4, 603 - 618, www.unm.edu/~ybosin/documents/winning_with_warlords_2011.pdf.

54 Partlow, Joshua, "Dostum, a Former Warlord Who Was Once America's Man in Afghanistan, May Be back," *Washington Post*, 23 April 2014, https://www.washingtonpost.com/world/dostum-a-former-warlord-who-was-once-americas-man-in-afghanistan-may-be-back/2014/04/23/9d1a7670-c63d-11e3-8b9a-8e0977a24aeb_story.

注 释

html?utm_term=.61ff3c408558.

55 Author Interview with Robert Finn, 2 June 2016.

56 Author Interview with Robert Finn, 2 June 2016.

57 Risen, James, "U.S. Inaction Seen after Taliban P.O.W.'s Died," *New York Times*, 10 July 2009, www.nytimes.com/2009/07/11/world/asia/11afghan.html.

58 Risen, James, "U.S. Inaction Seen after Taliban P.O.W.'s Died," *New York Times*, 10 July 2009, www.nytimes.com/2009/07/11/world/asia/11afghan.html.

59 CNN Interview Broadcast 12 July 2009, Transcript Available Via *Daily Kos* at https://www.dailykos.com/stories/2009/7/13/753057/-.

60 "Ex-CIA Officer Kiriakou 'Made Peace' with Leak Decision," *BBC News*, 28 February 2013, http://www.bbc.com/news/world-us-canada-21610806.

61 Author Interview with John Kiriakou, 3 June 2016.

62 Author Interview with John Kiriakou, 3 June 2016.

63 Author Interview with John Kerry, 21 November 2017.

64 Author Interview with Frank Lowenstein, 5 August 2016, Lowenstein Also Questions Kiriakou's Credibility, Referencing Criminal Charges Later Brought against Him for Leaking Classified Information, and Suggesting That "He's [Kiriakou's] Not—Let Me Figure out the Most Polite Way to Say This—Not the World's Most Reliable Guy".

65 Currier, Cora, "White House Closes Inquiry into Afghan Massacre—and Will Release No Details," *ProPublica*, 31 July 2013, https://www.propublica.org/article/white-house-closes-inquiry-into-afghan-massacre-and-will-release-no-details.

66 Lasseter, Tom, "As Possible Afghan War-Crimes Evidence Removed, U.S. Silent," McClatchy, 11 December 2008, www.mcclatchydc.com/news/nation-world/world/article24514951.html.

67 Author Phone Interview with Susannah Sirkin, 22 May 2015.

68 Author Interview with General Dostum, in Person at the Vice Presidential Palace in Kabul, Afghanistan, 29 - 30 August 2016.

69 Author Interview with Former United States Ambassador, Who Spoke on Condition of Anonymity Due to the Sensitivity of the Remarks, 31 August 2016.

70 Author Interview with General Dostum, in Person at the Vice Presidential Palace in Kabul, Afghanistan, 29 - 30 August 2016.

71 Nordland, Rod, "Top Afghans Tied to '90s Carnage, Researchers Say," *New York Times*, 22 July 2012, www.nytimes.com/2012/07/23/world/asia/key-afghans-tied-to-mass-killings-in-90s-civil-war.html.

72 Wafe,Abdul Waheed, "Former Warlord in Standoff with Policeat Kabul Home," *New York Times*, 4 February 2008, www.nytimes.com/2008/02/04/world/asia/04afghan.html; Gall, Carlotta, "Ethnic Uzbek Legislator Beaten, Afghans Confirm," *New York Times*, 30 June 2006, www.nytimes.com/2006/06/30/world/asia/30afghan.html.

73 "Afghanistan: Forces Linked to Vice President Terrorize Villagers," Human Rights Watch, 31 July 2016, https://www.hrw.org/news/2016/07/31/afghanistan-forces-linked-vice-president-terrorize-villagers.

74 Partlow, Joshua, "Dostum, a Former Warlord Who Was Once America's Man in Afghanistan, May Beback," *Washington Post*, 23 April 2014, https://www.washingtonpost.com/world/dostum-a-former-warlord-who-was-once-americas-man-in-afghanistan-may-be-back/2014/04/23/9d1a7670-c63d-11e3-8b9a-8e0977a24aeb_story.html?utm_term=.353f99b7d698.

75 Vasilogambros, Matt, "Afghanistan's Barred Vice President," *Atlantic*, 25 April 2016, http://www.theatlantic.com/international/archive/2016/04/afghanistan-dostum-barred/479922/.

76 Author Interview with General Dostum, in Person at the Vice Presidential Palace in Kabul, Afghanistan, 29 – 30 August 2016.

77 Nissenbaum, Dion, "When Hillary (Almost) Met the Warlord," McClatchy, 22 November 2009, blogs.mcclatchydc.com/jerusalem/2009/11/when-hillary-almost-met-the-warlord.html.

78 Author Interview with General Dostum, in Person at the Vice Presidential Palace in Kabul, Afghanistan, 29 – 30 August 2016.

79 Author Interview with General Dostum, in Person at the Vice Presidential Palace in Kabul, Afghanistan, 29 – 30 August 2016.

80 Rahim, Fazul, "Afghanistan's Warlord-Turned-VP Abdul Rashid Dostum Fights for Fitness," *NBC News*, http://www.nbcnews.com/news/world/afghanistans-warlord-turned-vp-abdul-rashid-dostum-fights-fitness-n265451.

81 Author Interview with General Dostum, in Person at the Vice Presidential Palace in Kabul, Afghanistan, 29 – 30 August 2016.

82 Author Interview with General Dostum, in Person at the Vice

注释

Presidential Palace in Kabul, Afghanistan, 29 – 30 August 2016.

83　Risen, James, "U.S. Inaction Seen after Taliban P.O.W.'s Died," *New York Times*, 10 July 2009, http://www.nytimes.com/2009/07/11/world/asia/11afghan.html/.

84　Barry, John, "The Death Convoy of Afghanistan," *Newsweek*, 25 August 2002, www.newsweek.com/death-convoy-afghanistan-144273 and Risen, James, "U.S. Inaction Seen after Taliban P.O.W.'s Died," *New York Times*, 10 July 2009, www.nytimes.com/2009/07/11/world/asia/11afghan.html.

85　US Diplomatic Cable, from Department of State Bureau of Intelligence and Research to White House, OP 260221Z, 2008, Accessed Via FOIA Request from Rubenstein, Leonard, Physicians for Human Rights, Case No. 200802926, 4 August 2008.

86　Dasht-i-Leili FOIA'd State and DOD Cables, p. 19 in State Deptpagination, p. 32 in PDF.

87　Dasht-i-Leili FOIA'd State and DOD Cables, p. 19 in State Deptpagination, p. 32 in PDF.

88　Author Interview with General Dostum, in Person at the Vice Presidential Palace in Kabul, Afghanistan, 29 – 30 August 2016.

89　Author Interview with General Dostum, in Person at the Vice Presidential Palace in Kabul, Afghanistan, 29 – 30 August 2016.

90　Author Interview with General Dostum, in Person at the Vice Presidential Palace in Kabul, Afghanistan, 29 – 30 August 2016.

91　"A Mass Grave in Afghanistan Raises Questions," NPR, 22 July 2009.

92　Author Interview with Mark Nutsch, 7 February 2018.

93　Author Interview with Mark Nutsch, 7 February 2018.

94　Author Interview with General Dostum, in Person at the Vice Presidential Palace in Kabul, Afghanistan, 29 – 30 August 2016.

95　"Afghan Vice-President Dostum Injured in Taliban Ambush," *Hindustan Times*, 17 October 2016, www.hindustantimes.com/world-news/taliban-militants-ambush-afghanistan-vice-president-s-convoy/story-UQdKiuhxtFoddiT6NUpwiK.html.

96　Facebook Video Posted by Esmat Salehoghly Azimy, ATVFootage, Uploaded 25 November 2016, https://www.facebook.com/esmat.azimy/videos/vb.100002358908259/1170150113073608/?type=2&theater.

97　Rasmussen, Sune Engel, "Vice-President Leaves Afghanistan amid

Torture and Rape Claims," *Guardian* (Manchester), 19 May 2017, https://www.theguardian.com/world/2017/may/19/vice-president-leaves-afghanistan-amid-torture-and-claims; Masha, Mujiib and Abed, Fahim, "Afghan Vice President Seen Abducting Rival," *New York Times*, 27 November 2016, https://www.nytimes.com/2016/11/27/world/asia/afghan-vice-president-is-accused-of-assaulting-rival-and-taking-him-hostage.html?_r=0; Masha, Mujib and Abed, Fahim, "Afghanistan Vice President Accused of Torturing Political Rival," *New York Times*, 13 December 2016, https://www.nytimes.com/2016/12/13/world/asia/political-rival-accuses-afghanistan-vice-president-of-torturing-him.html?rref=collection%2Ftimestopic%2FDostum%2C%20Abdul%20Rashid&action=click&contentCollection=timestopics&region=stream&module=stream_unit&version=latest&contentPlacement=8&pgtype=collection.

98 Wafa, Abdul Waheed, "Former Warlord in Standoff with Police at Kabul Home," *New York Times*, 4 February 2008, www.nytimes.com/2008/02/04/world/asia/04afghan.html.

99 Ahmed, Azam, "Afghan First Vice President, an Ex-Warlord, Fumes on the Sidelines," *New York Times*, 18 March 2015, https://www.nytimes.com/2015/03/19/world/asia/afghan-first-vice-president-an-ex-warlord-fumes-on-the-sidelines.html.

100 "Afghan Vice-President Dostum Accused of Sex Assault," BBC, 13 December 2016, www.bbc.com/news/world-asia-38311174.

101 Nordland, Rod and Sukhanyar, Jawad, "Afghanistan Police Surround Vice President's House," *New York Times*, 21 February 2017, https://www.nytimes.com/2017/02/21/world/asia/abdul-rashid-dostum-afghanistan.html.

102 Bearak, Max, "Behind the Front Lines in the Fight to 'Annihilate' ISIS in Afghanistan," *Washington Post*, 23 July 2017, https://www.washingtonpost.com/world/asia_pacific/behind-the-front-lines-in-the-fight-to-annihilate-isis-in-afghanistan/2017/07/23/0e1f88d2-6bb4-11e7-abbc-a53480672286_story.html?utm_term=.391eec1930b5.

103 Schwarz, Jon and Mackey, Robert, "All the Times Donald Trump Said the U.S. Should Get out of Afghanistan," *Intercept*, 21 August 2017, https://theintercept.com/2017/08/21/donald-trump-afghanistan-us-get-out/.

104 "Full Transcript and Video: Trump's Speech on Afghanistan," *New

注释

York Times, 21 August 2017, https://www.nytimes.com/2017/08/21/world/asia/trump-speech-afghanistan.html; and Gordon, Michael, "Mattis Orders First Group of Reinforcements to Afghanistan," *New York Times*, 31 August 2017, https://www.nytimes.com/2017/08/31/us/politics/trump-mattis-troops-afghanistan.html?rref=collection%2Ftimestopic%2FAfghanistan.

105 Rucker, Philip and Costa, Robert, "'It's a Hard Problem': Inside Trump's Decision to Send More Troops to Afghanistan," *Washington Post*, 21 August 2017, https://www.washingtonpost.com/politics/its-a-hard-problem-inside-trumps-decision-to-send-more-troops-to-afghanistan/2017/08/21/14dcb126-868b-11e7-a94f-3139abce39f5_story.html?utm_term=.3255b6d552c7.

106 Nordland, Rod, "The Empire Stopper," *New York Times*, 29 August 2017, https://www.nytimes.com/2017/08/29/world/asia/afghanistan-graveyard-empires-historical-pictures.html?rref=collection%2Ftimestopic%2FAfghanistan.

107 Landay, Jonathan, "Despite Expected U.S. Troop Hike,No End in Sight to Afghan War," Reuters, 22 August 2017, https://www.reuters.com/article/us-usa-trump-afghanistan-diplomacy/despite-expected-u-s-troop-hike-no-end-in-sight-to-afghan-war-idUSKCN1B2009.

108 Toosi, Nahal, "State's Afghanistan-Pakistan Envoy Leaves, Spurring Confusion about U.S. Diplomacy in Region," *Politico*, 23 June 2017, www.politico.com/story/2017/06/23/trump-administration-dissolves-afghanistan-pakistan-unit-239901.

109 Author Interview with General Dostum, in Person at the Vice Presidential Palace in Kabul, Afghanistan, 29 - 30 August 2016.

19 白野兽

1 Author Interview with Sally and Micheal Evans, 6 October 2016, in Person at Their Home in Wooburn Green, England.

2 "Sally Evans Slams UK Anti-Terror 'Failure'," BBC,4 February 2015, www.bbc.com/news/uk-england-beds-bucks-herts-31126913.

3 Author Interview with Sally and Micheal Evans, 6 October 2016, in Person at Their Home in Wooburn Green, England.

4 Author Interview with Sally and Micheal Evans, 6 October 2016, in Person at Their Home in Wooburn Green, England.

5 Author Interview with Preeyam K. Sehmi, at the Westgate Mall, Nairobi, 13 December 2013.

6 Strauss, Gary, "Inside Kenya Shopping Mall, a House of Horrors," *USA Today*, 27 September 2013, http://www.usatoday.com/story/news/2013/09/27/mall-victims-tortured-maimed-in-al-shabab-attacks/2882299/.

7 Soi, Nicholas and Dixon, Robyn, "Kenya Says Nairobi Mall Siege Is over, with 72 Dead," *Los Angeles Times*, 24 September 2013, http://www.latimes.com/world/la-fg-kenya-mall-20130925,0,3451298.story#ixzz2pz9qg1hN.

8 Fieldstadt, Elisha, "Somali Terror Groupal-Shabab Claims Responsibility for Kenya Mall Attack," *NBC News*. 21 September 2013, https://www.nbcnews.com/news/other/somali-terror-group-al-shabab-claims-responsibility-kenya-mall-attack-f4B11223876.

9 "Hunt for Terrorists Shifts to 'Dangerous' North Africa, Panetta Says," *NBC News*, 12 December 2011, https://archive.li/WOplo.

10 Kulish, Nicholas and Gettleman, Jeffrey, "U.S. Sees Direct Threat in Attack at Kenya Mall," *New York Times*, 25 September 2013, http://www.nytimes.com/2013/09/26/world/africa/us-sees-direct-threat-in-attack-at-kenya-mall.html?_r=0&pagewanted=all.

11 *My Son the Jihadi*, Channel 4 Documentary.

12 Author Interview with Princeton Lyman, 27 February 2017.

13 Vick, Karl, "Al Qaeda Ally in Somalia Is in Tatters," *Washington Post*, 24 February 2002, https://www.washingtonpost.com/archive/politics/2002/02/24/al-qaeda-ally-in-somalia-is-in-tatters/4a0dd409-2bbf-4e76-8131-0a5c9e78e86a/?utm_term=.e6e20c5fc959.

14 Okeowo, Alexis, "The Fight over Women's Basketball in Somalia," *New Yorker*, 11 September 2017.

15 Hansen, Stig Jarle, *Al Shabaab in Somalia: The History and Ideology of a Militant Islamist Group, 2005 2012*(Oxford: Oxford University Press, 2013), p. 36, Kindle.

16 "Mogadishu's Port Reopened," AlJazeera.com, 23 August 2006.

17 US Diplomatic Cable 06NAIROBI3441, from Economic Counselor John F. Hoover, US Embassy Nairobi, "Horn of Africa, State-U.S.A.I.D. Humanitarian Cable Update Number 8," 8 August 2006, Released by WikiLeaks, http://wikileaks.org/cable/2006/08/06NAIROBI3441.html.

注 释

向和平宣战：外交的终结和美国影响力的衰落

18　Somali Warlord Yusuf Mohammed Siad "Told Me He Was First Approached by the C.I.A. in Dubai in 2004," Scahill, Jeremy, *Dirty Wars: The World Is a Battlefield*(New York: Nation Books, 2013), p. 191, Kindle.

19　Author Interview with Matthew Bryden,Conducted by Phone from Somaliland, 11 January 2014.

20　"We Fought Some of These Warlords in 1993 and Now We Are Dealing with Some of Them Again," Ted Dagne, the Leading Africa Analyst for the Congressional Research Service, as Quoted by Wax and DeYoung, *Washington Post*, Id. at 47.

21　Scahill, Jeremy, "Blowback in Somalia," *Nation*,7 September 2011, https://www.thenation.com/article/blowback-somalia.

22　Scahill, Jeremy, "Blowback in Somalia," *Nation*, 7 September 2011, https://www.thenation.com/article/blowback-somalia.

23　Wax, Emily and DeYoung, Karen, "U.S. Secretly Backing Warlords in Somalia," *Washington Post*, 17 May 2016, www.washingtonpost.com/wp-dyn/content/article/2006/05/16/AR2006051601625.html.

24　Scahill, Jeremy, "Blow back in Somalia," *Nation*, 7 September 2011, https://www.thenation.com/article/blowback-somalia.

25　US Diplomatic Cable 06NAIROBI1484, from Ambassador William M. Bellamy, US Embassy Nairobi, "Ambassador to Yusuf: Alliance against Terror Not Directed at TFG," 4 April 2006, Released by WikiLeaks, http://wikileaks.org/cable/2006/04/06NAIROBI1484.html.

26　Author Interview with Jendayi Frazer, 12 January 2014.

27　US Diplomatic Cable 06NAIROBI2425 from Ambassador William Bellamy, US Embassy Nairobi, "Somalia: A Strategy for Engagement," 2 June 2006, Released by WikiLeaks, http://wikileaks.org/cable/2006/06/06NAIROBI2425. html.

28　Graham, Bradley and DeYoung, Karen, "Official Critical of Somalia Policy is Transferred," *Washington Post*, 31 May 2006, www.washingtonpost.com/wp-dyn/content/article/2006/05/30/AR2006053001203.html.

29　Author Interview with Tekeda Alemu, 10 March 2017.

30　Oloya, Opiyo, *Black Hawks Rising: The Story of AMISOM's Successful War against Somali Insurgents, 2007 - 2014*(London: Helion, 2016), loc. 1175, Kindle.

31　Oloya, Opiyo, *Black Hawks Rising: The Story of AMISOM's Successful*

War against Somali Insurgents, 2007 – 2014(London: Helion, 2016), loc. 1175,Kindle.

32　Author Interview with Colonel Richard Orth, 2 March 2017.

33　Author Interview with Colonel Richard Orth, 2 March 2017.

34　Author Interview with Tekeda Alemu,10March2017.

35　Panapress, "U.S. Opposes Somalia Troops Deployment, Threaens Veto," *Panapress*, 17 March 2005, http://www.panapress.com/.

36　Mazzetti, Mark, "U.S. Signals Backing for Ethiopian Incursion Into Somalia," *New York Times*, 27 December 2006.

37　Author Interview with Tekeda Alemu, 10 March 2017.

38　Staats, Sarah Jane, "What Next for U.S. Aid in Ethiopia," Center for Global Development, 27 August 2012, http://www.cgdev.org/blog/what-next-us-aid-ethiopia.

39　"Ethiopia Has the Most Powerful Military in the Region, Trained by American Advisors and Funded by American Aid," Jeffrey Gettleman, "Ethiopian Warplanes Attack Somalia," *New York Times*, 25 December 2006, www.nytimes.com/2006/12/24/world/africa/24cnd-somalia.html.

40　Author Interview with General Michael Hayden, in Person at His Offices in Washington, D.C., 17 May 2017.

41　Author Interview with Simiyu Werunga, Conducted in Nairobi, 14 December 2013.

42　Mitchell, Anthony, "U.S. Agents Visit Ethiopian Secret Jails," *Washington Post*, 3 April 2007, www.washingtonpost.com/wp-dyn/content/article/2007/04/03/AR2007040301042_pf.html.

43　Gettleman, Jeffrey, "Ethiopian Warplanes Attack Somalia," *New York Times*, 25 December 2006, www.nytimes.com/2006/12/24/world/africa/24cnd-somalia.html.

44　Memorandum from Azouz Ennifar, Deputy Special Representative for Mission in Ethiopia and Eritrea, "Meeting with U.S. Assistant Secretary of State for African Affairs," 26 June 2006, Released by WikiLeaks, http://wikileaks.org/wiki/US_encouraged_Ethiopian_invasion_of_Somalia:_UN_meeting_memo_with_Jenday_Frazer,_Secretary_of_State_for_African_Affairs,_2006.

45　Jelinek, Pauline, "U.S. Special Forces in Somalia," Associated Press, 10 January 2007, http://www.washingtonpost.com/wp-dyn/content/article/2007/01/10/AR2007011000438.html.

46　Vries, Lloyd, "U.S. Strikes in Somalia Reportedly Kill 31," CBS/AP,

8 January 2007, http://www.cbsnews.com/news/us-strikes-in-somalia-reportedly-kill-31/.

47 Author Interview with Senior Defense Official, 2 March 2017.

48 Classified Memorandum, 7 January 2007, Released by WikiLeaks, http://wikileaks.org/cable/2007/01/07ABUDHABI145.html.

49 Scahill, Jeremy,*Dirty Wars: The World Is a Battlefield*(New York: Nation Books, 2013), p. 208,Kindle.

50 Author Interview with Matthew Bryden, 11 January 2014.

51 Author Interview with Jendayi Frazer, 12 January 2014.

52 Author Interview with Matthew Bryden, 11 January 2014.

53 Remarks by Ahmed Iman Ali, Available at http://www.metacafe.com/watch/7950113/al_kataib_media_lecture_by_ahmad_iman_ali_h.

54 "Al Qaeda Saw Somalia as an Ideal Front Line for Jihad and Began Increasing Its Support for Al Shabaab," Scahill, Jeremy, *Dirty Wars: The World Is a Battlefield*(New York: Nation Books, 2013), p. 223, Kindle.

55 "Ironically, the Rise of Al-Shabaab Was Aided by the Policy Mistakes of the International Community. Perhaps the Best Known Factor Was the Ethiopian Occupation, Which Created a Fertile Environment for Recruitment," Hansen, Stig Jarle, *Al Shabaab in Somalia: The History and Ideology of a Militant Islamist Group, 2005 - 2012*(Oxford: Oxford University Press, 2013), p. 49, Kindle.

56 Author Interview with Matthew Bryden, 11 January 2014.

57 Office of the Coordinator for Counterterrorism, Designation of al-Shabaab as a Foreign Terrorist Organization, 26 February 2008, http://www.state.gov/j/ct/rls/other/des/102446.htm.

58 "Al Qaeda's Morale Boost as It Formally Joins With Somalia's Al Shabaab," *Telegraph* (UK), 10 February 2012, http://www.telegraph.co.uk/news/worldnews/al-qaeda/9074047/Al-Qaedas-morale-boost-as-it-formally-joins-with-Somalias-al-Shabaab.html.

59 Third Parties Have Also Reported that Ethiopia's Presence in AMISOM Was Excluded "in the Hope of Preventing Anti-Ethiopian Nationalistic Recruitment to Al-Shabaab," Hansen, Stig Jarle, *Al Shabaab in Somalia: The History and Ideology of a Militant Islamist Group, 2005 - 2012*(Oxford: Oxford University Press, 2013), p. 117,Kindle.

60 Author Interview with Jendayi Frazer, 12 January 2014.

61 Edwards, Jocelyn, "U.S. Steps Up Training for African Force in Somalia," *Chicago Tribune*, 1 May 2012, http://articles.

chicago tribune.com/2012-05-01/news/sns-rt-us-somalia-uganda-usabre84011e-20120501_1_shabaab-somalia-siad-barre.

62 "Several Private Military Corporations, Most Notably Bancroft, Were Involved in the Build up and Had Advisers in the Front Line," Hansen, Stig Jarle, *Al Shabaab in Somalia: The History and Ideology of a Militant Islamist Group, 2005 - 2012*(Oxford: Oxford University Press, 2013), p. 118, Kindle.

63 Nichols, Michelle, "Somalia Cases of Killing, Maiming, Abuse of Children Halved: UN," Reuters, 3 June 2013, http://www.reuters.com/article/2013/06/03/us-somalia-un-idUSBRE95216420130603.

64 Axe, David, "U.S. Weapons Now in Somali Terrorists' Hands," *Wired*, 2 August 2011, https://www.wired.com/2011/08/u-s-weapons-now-in-somali-terrorists-hands.

65 Author Interview with Matthew Bryden, Conducted by Phone from Somaliland, 11 January 2014.

66 Roggio, Bill and Weiss, Caleb, "Al-Shabaab Releases Video Showing Deadly Raid on Somali Military Base," *Business Insider*, 13 November 2017, www.businessinsider.com/al-shabaab-attack-somali-military-base-video-2017-11?IR=T.

67 "U.S. Mounts Air Strike against al Shabaab Militants in Somalia," Reuters, 15 November 2017, https://www.reuters.com/article/us-usa-somalia/u-s-mounts-air-strike-against-al-shabaab-militants-in-somalia-idUSKBN1DF1ZK.

68 Author Interview with Anders Folk,25 November 2013.

69 Author Interview with Sally and Micheal Evans,6 October 2016, in Person at Their Home in Wooburn Green, England.

70 Author Interview with Sally and Micheal Evans, 6 October 2016, in Person at Their Home in Wooburn Green, England.

71 Author Interview with Sally and Micheal Evans, 6 October 2016, in Person at Their Home in Wooburn Green, England.

20 最短的春天

1 "Egypt Police to Break up Sit-in Protests within 24 Hours," Associated Press, 11 August 2013, http://www.cbc.ca/news/world/egypt-police-to-break-up-sit-in-protests-within-24-hours-1.1372985.

2 Interview with Teo Butturini, 17 January 2014.

3　Author Interview with Teo Butturini, 18 January 2015.

4　Interview with Teo Butturini, 17 January 2014.

5　"All According to Plan: The Rab'a Massacre and Mass Killings of Protesters in Egypt," Human Rights Watch, August 2014, http://www.hrw.org/sites/default/files/reports/egypt0814web.pdf.

6　"The Weeks of Killing, State Violence, Communal Fighting, and Sectarian Attacks in the Summer of 2013," Egyptian Initiative for Personal Rights, June 2014, eipr.org/sites/default/files/reports/pdf/weeks_of_killing_en.pdf.

7　Author Interview with Ambassador Anne Patterson, 12 May 2016.

8　Author Interview with Ambassador Anne Patterson, 12 May 2016.

9　Author Interview with John Kerry, 21 November 2017.

10　Author Interview with Ambassador Anne Patterson, 12 May 2016.

11　Author Interview with Hazem Beblawi, IMF Offices, Washington, D.C., 30 June 2017.

12　Author Interview with Hazem Beblawi, IMF Offices, Washington, D.C., 30 June 2017.

13　Author Interview with Nabil Fahmy in New York City, 7 April 2017.

14　"In Tunisia, Clinton Cites Promise of Arab Spring," *CBS News*, 24 September 2012, https://www.cbsnews.com/news/in-tunisia-clinton-cites-promise-of-arab-spring/.

15　Williams, Carol, "Amid U.S.–Egypt Chill, el-Sisi Seeks Military Assistance from Russia," *Los Angeles Times*, 13 February 2014, http://articles.latimes.com/2014/feb/13/world/la-fg-wn-russia-egypt-sisi-putin–20140213.

16　Moaz, Zeev, *Defending the Holy Land: A Critical Analysis of Israel's Security & Foreign Policy* (Ann Arbor: University of Michigan Press, 2009).

17　Oren, Michael, Speech to the Washington Institute, 2 July 2002, http://www.washingtoninstitute.org/policy-analysis/view/the-six-day-war-and-its-enduring-legacy.

18　Mørk, Hulda Kjeang, "The Jarring Mission," Master's Thesis, University of Oslo, http://www.duo.uio.no/publ/IAKH/2007/58588/HuldaxMxrkxxMasteropgavexixhistorie.pdf.

19　Aloni, Shlomo, *Arab-Israeli Air Wars 1947 – 1982*(Oxford: Osprey, 2001).

20　Pace, Eric, "Anwarel-Sadat, the Daring Arab Pioneer of Peace with

向 和 平 宣 战 : 外 交 的 终 结 和 美 国 影 响 力 的 衰 落

Israel," *New York Times*, 7 October 1981, http://www.nytimes.com/learning/general/onthisday/bday/1225.html.

21 Pace, Eric, "Anwarel-Sadat, the Daring Arab Pioneer of Peace with Israel," *New York Times*, 7 October 1981, http://www.nytimes.com/learning/general/onthisday/bday/1225.html.

22 "Walter Mondale, His Vice President, Was Surprised by the Fact That on Carter's First Day in Office He Announced That Peace in the Middle East Was a Top Priority. That Seemed Wildly Naïve....Carter's Closest Advisors Told Him That He Should Wait Until His Second Term to Risk Any of His Fragile Political Capital," Wright, Lawrence, *Thirteen Days in September: Carter, Begin, and Sadat at Camp David*(New York: Knopf, 2004), p. 6.

23 President Carter Speech on 25th Anniversary of Accords, Washington, D.C., 16 September, 2003, https://www.cartercenter.org/news/documents/doc1482.html.

24 Interview with Laurence Wright, "'13 Days In September' Examines 1978 Camp David Accords," NPR, 16 September 2014, https://www.npr.org/2014/09/16/348903279/-13-days-in-september-examines-1978-camp-david-conference.

25 Sharp, Jeremy M., "Egypt: Background and U.S. Relations," Congressional Research Service, 5 June 2014, www.fas.org/sgp/crs/mideast/RL33003.pdf.

26 Sharp, Jeremy M., "Egypt: Background and U.S. Relations," Congressional Research Service, 5 June 2014, www.fas.org/sgp/crs/mideast/RL33003.pdf.

27 Sharp, Jeremy M., "Egypt: Background and U.S. Relations," Congressional Research Service, 5 June 2014, www.fas.org/sgp/crs/mideast/RL33003.pdf.

28 Plumer, Brad, "The U.S. Gives Egypt $1.5 Billion a Year in Aid,Here's What It Does," *Washington Post*, 9 July 2013, http://www.washingtonpost.com/blogs/wonkblog/wp/2013/07/09/the-u-s-gives-egypt-1-5-billion-a-year-in-aid-heres-what-it-does/.

29 Thompson, Mark, "U.S. Military Aid to Egypt: An IV Drip, with Side-Effects," *Time*, 19 August 2016, www.swampland.time.com/2013/08/19/u-s-military-aid-to-egypt-an-iv-drip-with-side-effects/.

30 "The January 25 Revolution," in *Arab Spring: A Research and Study Guide*(Cornell University Library, 2010), guides.library.cornell.edu/

注释

向和平宣战：外交的终结和美国影响力的衰落

c.php?g=31688&p=200748%20%20Id.

31 "The January 25 Revolution," in *Arab Spring: A Research and Study Guide*(Cornell University Library, 2010), guides.library.cornell.edu/c.php?g=31688&p=200748%20%20Id.

32 "Our Assessment Is That the Egyptian Government Is Stable and Is Looking for Ways to Respond to the Legitimate Needs and Interests of the Egyptian People," The Following Day She Encouraged "All Parties to Exercise Restraint and Refrain from Violence" ; "Clinton Calls for Calm, Restraint in Egypt," *CBS News*, 26 January 2011, https://www.cbsnews.com/news/clinton-calls-for-calm-restraint-in-egypt/.

33 Fahim, Kareem, Landler, Mark and Shadid, Anthony, "West Backs Gradual Egyptian Transition," *New York Times*, 5 February 2011, www.nytimes.com/2011/02/06/world/middleeast/06egypt.html?pagewanted=all&_r=0.

34 Fahim, Kareem, Landler, Mark and Shadid, Anthony, "West Backs Gradual Egyptian Transition," *New York Times*, 5 February 2011, www.nytimes.com/2011/02/06/world/middleeast/06egypt.html?pagewanted=all&_r=0.

35 "The January 25 Revolution," in *Arab Spring: A Research and Study Guide*(Cornell University Library, 2010), guides.library.cornell.edu/c.php?g=31688&p=200748%20%20Id.

36 Childress, Sarah, "The Deep State: How Egypt's Shadow State Won out," *Frontline*, 17 September 2013, http://www.pbs.org/wgbh/pages/frontline/foreign-affairs-defense/egypt-in-crisis/the-deep-state-how-egypts-shadow-state-won-out/.

37 Monteforte, Filippo, "Egypt Cracks Downon NGOs," *Newsweek*, 6 February 2012, www.newsweek.com/egypt-cracks-down-ngos-65823.

38 Interview with Ambassador Anne Patterson, 12 May 2016.

39 Carlstom Greg, "Meet the Candidates: Morsi vs Shafiq," Al-Jazeera, 24 June 2012, www.aljazeera.com/indepth/spotlight/egypt/2012/06/201261482158653237.html.

40 "Morsi Called Israelis 'Descendants of Apes and Pigs' ," *Haaretz*, 4 January 2013, https://www.haaretz.com/israel-news/morsi-called-israelis-descendants-of-apes-and-pigs-in-2010-video-1.491979.

41 Black, Ian, "Egypt's Muslim Brotherhood Poised to Prosper in Post-Mubarak New Era," *Guardian* (Manchester), https://www.theguardian.com/world/2011/may/19/muslim-brotherhood-poised-prosper-egypt.

42 Black, Ian, "Egypt's Muslim Brotherhood Poised to Prosper in Post-Mubarak New Era," *Guardian* (Manchester), https://www.theguardian.com/world/2011/may/19/muslim-brotherhood-poised-prosper-egypt.

43 Interview with Ambassador Anne Patterson, 12 May 2016.

44 Hamid, Shadi, "Rethinking the U.S.–Egypt Relationship: How Repression Is Undermining Egyptian Stability and What the United States Can Do," Brookings, 3 November 2015, https://www.brookings.edu/testimonies/ rethinking-the-u-s-egypt-relationship-how-repression-is-undermining-egyptian-stability-and-what-the-united-states-can-do/.

45 Hamid, Shadi, "Rethinking the U.S.–Egypt Relationship: How Repression Is Undermining Egyptian Stability and What the United States Can Do," Brookings, 3 November 2015, https://www.brookings.edu/testimonies/ rethinking-the-u-s-egypt-relationship-how-repression-is-undermining-egyptian-stability-and-what-the-united-states-can-do/.

46 Author Interview with Frank Lowenstein, 5 August 2016.

47 Author Phone Interview with Tony Blinken, 12 May 2016.

48 Office of Senator Patrick Leahy, Provisions Relevant to the Situation in Egypt in the FY12 State Department and Foreign Operations Appropriations Law, 3 July 2013, http://www.leahy.senate.gov/press/provisions relevant-to-the-situation-in-egypt-in-the-fy12—state-department-and-foreign-operations-appropriations-law_.

49 Hughes, Dana and Hunter, Molly, "President Morsi Ousted:First Democratically Elected Leader under House Arrest," *ABC News*, 3 July 2013, http://abcnews.go.com/International/president-morsi-ousted-democratically-elected-leader-house-arrest/story?id=19568447.

50 Hudson, John, "Obama Administration Won't Call Egypt's Coup a Coup," *Foreign Policy*, 8 July 2013, foreignpolicy.com/2013/07/08/obama-administration-wont-call-egypts-coup-a-coup.

51 Ackerman, Spencer and Black, Ian, "U.S. Trims Aid to Egypt as Part of Diplomatic 'Recalibration' ," *Guardian* (Manchester), 9 October 2013, http://www.theguardian.com/world/2013/oct/09/obama-cuts-military-aid-egypt.

52 Broder, Jonathan, "The Winter of Egypt's Dissent," *News-week*, 6 January 2015, http://www.newsweek.com/2015/01/16/winter-egypts-dissent—296918.html.

53 Gordon, Michel R, and Landler, Mark, "In Crackdown Response, U.S. Temporarily Freezes Some Military Aid to Egypt," *New York Times*,

注释

9 October 2013, available at: http://www.nytimes.com/2013/10/10/ world/middleeast/obama-military-aid-to-egypt.html?pagewanted=all&_ r=0.

54　Interview with Ambassador Anne Patterson, 12 May 2016.

55　Author Interview with Sarah Leah Whitson, 17 March 2017.

56　Interview with Ambassador Anne Patterson, 12 May 2016.

57　Asher-Schapiro, Avi, "The U.S. Isn't Making Sure Its Military Aid to Egypt Stays out of the Wrong Hands," *Vice News*, 17 May 2016, https://news.vice.com/article/the-us-isnt-making-sure-its-military-aid-to-egypt-stays-out-of-the-wrong-hands.

58　Author Interview with Congressman Adam Schiff, 20 January 2015.

59　"Egypt Signs \$350 Mln in Oil, Power Financing Deals with Saudi," Reuters, 1 November 2014, https://www.reuters.com/article/idUSL5N 0SR0H520141101.

60　"Russia, Egypt Seal Preliminary Arms Deal Worth \$3.5 Billion: Agency," Reuters, 17 September 2014, http://www.reuters.com/ article/2014/09/17/us-russia-egypt-arms-idUSKBN0HC19T20140917.

61　Author Interview with John Kerry, 21 November 2017.

62　Author Interview with Frank Lowenstein, 5 August 2016.

63　Author Interview with General Michael Hayden, in Person at His Offices in Washington, D.C., 17 May 2017.

64　Author Interview with Samantha Power, 10 July 2017.

65　Author Interview with Samantha Power, 10 July 2017.

66　Author Interview with Nabil Fahmy in New York City, 7 April 2017.

67　Author Interview with Teo Butturini, 17 January 2014.

21　午夜牧场

1　Author Interview with Freddy Torres, 4 November 2016.

2　"IIR: Cashiered Colonel Talks Freely about the Army He Left behind (Laser Strike)," Information Report, 178798311. Department of Defense to Director of Intelligence, Washington, D.C., Nsarchive 2. gwu.edu// NSAEBB/NSAEBB266/19971224.pdf.

3　"On Their Watch: Evidence of Senior Army Officers' Responsibility for False Positive Killings in Colombia," Human Rights Watch, 24 June 2015, https://www.hrw.org/report/2015/06/24/their-watch/evidence-senior-army-officers-responsibility-false-positive-killings.

4 "False Positives," *Colombia Reports*, 14 March 2017, https://colombiareports.com/false-positives/.

5 Statement by Professor Philip Alston, UN Special Rapporteur on Extrajudicial Executions Mission to Colombia 8-18 June 2009," United Nations Office of the High Commissioner on Human Rights, 18 June 2009, http://newsarchive.ohchr.org/EN/NewsEvents/Pages/DisplayNews.aspx?NewsID=9219&LangID=E.

6 "False Positives," *Colombia Reports*, 14 March 2017, https://colombiareports.com/false-positives/.

7 "The Rise and Fall of 'False Positive' Killings in Colombia: The Role of U.S. Military Assistance, 2000 - 2010," Fellowship of Reconciliation and Colombia-Europe-US Human Rights Observatory, May 2014, http://archives.forusa.org/sites/default/files/uploads/false-positives-2014-colombia-report.pdf.

8 "The Rise and Fall of 'False Positive' Killings in Colombia: The Role of U.S. Military Assistance, 2000 - 2010," Fellowship of Reconciliation and Colombia-Europe-US Human Rights Observatory, May 2014, http://archives.forusa.org/sites/default/files/uploads/false-positives-2014-colombia-report.pdf.

9 "Unclassified Cable 200202961," from American Embassy Bogota to Secretary of State, Washington, D.C., http://nsarchive2.gwu.edu//NSAEBB/NSAEBB266/19941021.pdf.

10 "Colombian Counterinsurgency: Steps in the Right Direction," Central Intelligence Agency,Directorate of Intelligence Memorandum, Office of African and Latin American Analysis, 26 January 1994, nsarchive2.gwu.edu//NSAEBB/NSAEBB266/19940126.pdf.

11 "IIR: Cashiered Colonel Talks Freely about the Army He Left behind (Laser Strike)," Information Report, 178798311,Department of Defense to Director of Intelligence, Washington, D.C., nsarchive2.gwu.edu//NSAEBB/NSAEBB266/19971224.pdf.

12 Author Interview with Andres Pastrana, 29 September 2016.

13 "In U.S., 65% Say Drug Problem 'Extremely' or 'Very Serious' ," Gallup Polls, 28 October 2016, news.gallup.com/poll/196826/say-drug-problem-extremely-serious.aspx?g_source=position1&g_medium=related&g_campaign=tiles.

14 Clinton, Bill, "Remarks at the Council of the Americas 30th Washington Conference," 2 May 2000, www.presidency.ucsb.edu/

注釈

ws/?pid=58427.

15 Author Interview with Ambassador Anne Patterson, 23 June 2016.

16 "Clinton Waives Rights Standards," *CBS News*, 22 August 2000, https://www.cbsnews.com/news/clinton-waives-rights-standards/.

17 Shifter, Michael, "Plan Colombia:A Retrospective," *Americas Quarterly*, Summer 2012, www.americasquarterly.org/node/3787.

18 Dan Gardner, "Losing the Drug War," *Ottawa Citizen*,6 September, Cited in Villar, Olivier and Cottel, Drew, *Cocaine, Death Squads,and the War on Terror: U.S. Imperialism and Class Struggle in Colombia*(New York:Monthly Review Press, 2011).

19 US Army Special Warfare School, "Subject: Visit to Colombia, February 26, 1962," Declassified Documents Reference Series (Arlington, VA: Carrollton Press, 1976), Cited in Villar, Olivier and Cottel, Drew, *Cocaine, Death Squads, and the War on Terror: U.S. Imperialism and Class Struggle in Colombia*(New York: Monthly Review Press, 2011).

20 "The History of the Military-Paramilitary Partnership," Human Rights Watch, 1996, https://www.hrw.org/reports/1996/killer2.htm.

21 Dyer, Chelsey, "50 Years of U.S. Intervention in Colombia," *Colombia Reports*, 4 October 2013, https://colombiareports.com/50-years-us-intervention-colombia/.

22 1963 Field Manual on US Army Counterinsurgency Forces (FM 31-22), 82-84, Cited in Villar, Olivier and Cottel, Drew, *Cocaine, Death Squads, and the War on Terror: U.S. Imperialism and Class Struggle in Colombia*(New York: Monthly Review Press, 2011).

23 Michael McClintock, "Instruments of Statecraft: U.S. Guerrilla Warfare, Counterinsurgency, and Counterterrorism," 1992, Cited in Villar, Olivier and Cottel, Drew, *Cocaine, Death Squads, and the War on Terror: U.S. Imperialism and Class Struggle in Colombia*(New York: Monthly Review Press, 2011).

24 Villar, Olivier and Cottel, Drew, *Cocaine, Death Squads, and the War on Terror: U.S. Imperialism and Class Struggle in Colombia*(New York: Monthly Review Press, 2011).

25 Villar, Olivier and Cottel, Drew, *Cocaine, Death Squads, and the War on Terror: U.S. Imperialism and Class Struggle in Colombia*(New York: Monthly Review Press, 2011).

26 Villar, Olivier and Cottel, Drew. *Cocaine, Death Squads, and the War on Terror: U.S. Imperialism and Class Struggle in Colombia*(New

York: Monthly Review Press, 2011).

27 Molano, Alfredo, "The Evolution of the FARC: A Guerrilla Group's Long History," NACLA, https://nacla.org/article/evolution-farc-guerrilla-groups-long-history.

28 "United Self-Defense Forces of Colombia," Stanford University, 28 August 2015, web.stanford.edu/group/mappingmilitants/cgi-bin/groups/view/85.

29 "United Self-Defense Forces of Colombia," Stanford University, 28 August 2015, web.stanford.edu/group/mappingmilitants/cgi-bin/groups/view/85.

30 Villar, Olivier and Cottel, Drew, *Cocaine, Death Squads, and the War on Terror: U.S. Imperialism and Class Struggle in Colombia*(New York: Monthly Review Press, 2011).

31 Smyth, Frank, "Still Seeing Red: The C.I.A. Fosters Death Squads in Colombia," *Progressive*, 3 June 1998, www.franksmyth.com/the-progressive/still-seeing-red-the-cia-fosters-death-squads-in-colombia/.

32 Shifter,Michael, "Plan Colombia: A Retrospective," *Americas Quarterly*, Summer 2012, www.americasquarterly.org/node/3787.

33 Marcella, Gabriel et al., "Plan Colombia: Some Differing Perspectives," June 2001, www.dtic.mil/dtic/tr/fulltext/u2/a392198.pdf.

34 Shifter, Michael, "Plan Colombia: A Retrospective," *Americas Quarterly*, Summer 2012, www.americasquarterly.org/node/3787.

35 Shifter, Michael, "Plan Colombia: A Retrospective." *Americas Quarterly*, Summer 2012, www.americasquarterly.org/node/3787.

36 Wilkinson, Daniel, "Death and Drugs in Colombia," Human Rights Watch, 2 June 2011, Published in *New York Review of Books*, https://www.hrw.org/news/2011/06/02/death-and-drugs-colombia.

37 Author Interview with General Barry McCaffrey, 22 June 2016.

38 "Revolutionary Armed Forces of Colombia—People's Army," Stanford University, 15 August 2015, web.stanford.edu/group/mappingmilitants/cgi-bin/groups/view/89.

39 Author Interview with President Andres Pastrana and Chief of Staff Jaime Ruiz, 29 September 2016.

40 Villar, Olivier and Cottel, Drew, *Cocaine, Death Squads, and the War on Terror: U.S. Imperialism and Class Struggle in Colombia*(New York: Monthly Review Press, 2011).

41 Priest, Dana, "Covert Action in Colombia," *Washington*

Post, 21 December 2013, www.washingtonpost.com/sf/investigative/2013/12/21/covert-action-in-colombia/?utm_term=.3c65ec066eb6.

42 "Colombia: San Vicente del Caguan after the Breakdown of the Peace Talks," and Villar, Olivier and Cottel, Drew,*Cocaine, Death Squads, and the War on Terror: U.S. Imperialism and Class Struggle in Colombia*(New York: Monthly Review Press, 2011).

43 Wilkinson, Daniel, "Death and Drugs in Colombia," Human Rights Watch, 2 June 2011, Published in *New York Review of Books*, https://www.hrw.org/news/2011/06/02/death-and-drugs-colombia.

44 Author Interview with General Barry McCaffrey, 22 June 2016.

45 Shifter, Michael, "Plan Colombia: A Retrospective," *Americas Quarterly*, Summer 2012, www.americasquarterly.org/node/3787.

46 "Colombia," Freedom House, 2007, https://freedomhouse.org/report/freedom-world/2007/colombia.

47 Author Interview with Condoleezza Rice, 3 August 2017.

48 Author Interview with General Barry McCaffrey, 22 June 2016.

第三部
毁灭进行时

22　国务卿现状

1 Sanger, David, Harris, Gardiner, Landler, Mark, "Where Trump Zigs, Tillerson Zags, Putting Him at Odds with White House," *New York Times*, 25 June 2017, https://www.nytimes.com/2017/06/25/world/americas/rex-tillerson-american-diplomacy.html?_r=1.

2 Filkins, Dexter, "Rex Tillerson at the Breaking Point," *New Yorker*, 16 October 2017, https://www.newyorker.com/magazine/2017/10/16/rex-tillerson-at-the-breaking-point.

3 Filkins, Dexter, "Rex Tillerson at the Breaking Point," *New Yorker*, 16 October 2017, https://www.newyorker.com/magazine/2017/10/16/rex-tillerson-at-the-breaking-point.

4 Osborne, James, "Exxon Mobil CEO Rex Tillerson Is an Eagle Scout to the Core," *Dallas Morning News*, 6 September 2014.

5 Filkins, Dexter, "Rex Tillerson at the Breaking Point," *New Yorker*, 16 October 2017, https://www.newyorker.com/magazine/2017/10/16/rex-

tillerson-at-the-breaking-point.

6   McPike, Erin, "Trump's Diplomat," *Independent Journal Review*, 21
    March 2017, https://ijr.com/2017/03/814687-trumps-diplomat/.

7   Author Interview with Rex Tillerson, 4 January 2018.

8   "Welcome Remarks to Employees," Secretary of State Rex Tillerson,
    Washington, D.C., 2 February 2017, https://www.state.gov/secretary/
    remarks/2017/02/267401.htm.

9   Author Interview with Erin Clancy in Los Angeles, 1 June 2017.

10 Author Interview with Source Close to the White House, 23 January
    2018.

11 Author Interview with Associate of Condoleezza Rice, 23 January
    2018,See Also Stelter, Brian, "Journalists Outraged by Tillerson's Plan
    to Travel without Press," *CNN*, 10 March 2017, http://money.cnn.
    com/2017/03/10/media/rex-tillerson-state-department-no-press/index.
    html.

12 Author Interview with Condoleezza Rice, 3 August 2017.

13 Author Interview with Rex Tillerson, 4 January 2018.

14 Gearan, Anne,and Morello,Carol, "Secretary of State Rex Tillerson
    Spends His First Weeks Isolated from an Anxious Bureaucracy,"
    Washington Post, 30 March 2017, https://www.washingtonpost.com/
    world/national-security/secretary-of-state-rex-tillerson-spends-his-first-
    weeks-isolated-from-an-anxious-bureaucracy/2017/03/30/bdf8ec86-
    155f-11e7-ada0-1489b735b3a3_story.html?utm_term=.0ea61ef83e7d.

15 Author Interview with Member of Secretary Tillerson's Security Detail,
    20 July 2017.

16 Johnson, Eliana and Crowley, Michael, "The Bottleneck in Rex
    Tillerson's State Department," *Politico*, 4 June 2017, www.
    politico.com/story/2017/06/04/rex-tillerson-state-department-
    bottleneck-239107.

17 Author Interview with Anonymous Foreign Service Officer, 25 June
    2017.

18 "Welcome Remarks to Employees," Secretary of State Rex Tillerson,
    Washington, D.C., 2 February 2017, https://www.state.gov/secretary/
    remarks/2017/02/267401.htm; "Remarks to U.S. Department of
    State Employees," Secretary of State Rex Tillerson, Dean Acheson
    Auditorium, Washington, D.C., 3 May 2017, https://www.state.gov/
    secretary/remarks/2017/05/270620.htm; Anecdote about Audience

注释

Reaction from Author Interview with Foreign Service Officer, 26 June 2017.

19 Author Interview with Colin Powell in Washington, D.C., 29 June 2017.

20 Author Interview with Anonymous Foreign Service Officer, 28 July 2017.

21 Author Interview with Anonymous Foreign Service Officer, 28 July 2017.

22 Author Interview with Anonymous Foreign Service Officer, 28 July 2017.

23 Author Interview with Anonymous Career Foreign Service Officer, 25 June 2017.

24 Author Interview with Source Close to the White House, 23 January 2018.

25 Parker, Ashley et al., "White House Readies Plan to Replace Tillerson with Pompeo at State, Install Cotton at CIA," *Washington Post*, 30 November 2017, https://www.washingtonpost.com/news/post-politics/wp/2017/11/30/white-house-readies-plan-to-replace-tillerson-with-pompeo-install-cotton-at-cia/?utm_term=.5f455d49d416.

26 Schwirtz, Michael, "US Accuses Syria of New Chemical Weapons Use," *New York Times*, 23 January 2018, https://www.nytimes.com/2018/01/23/world/middleeast/syria-chemical-weapons-ghouta.html.

27 Author Interview with Tillerson Aide, 24 January 2017.

28 Author Interview with Source Close to the White House, 23 January 2018.

29 Author Interview with Steven Goldstein, 24 January 2018.

30 Author Interview with Rex Tillerson, 4 January 2018.

31 Author Interview with Source Close to the White House, 23 January 2018.

32 Author Interview with Rex Tillerson, 4 January 2018.

33 Rogin, Josh, "Tillerson Prevails over Haley on Palestinian Funding," *Post and Courier*, 16 January 2018, https://www.postandcourier.com/opinion/commentary/tillerson-prevails-over-haley-on-palestinian-funding/article_2b1b2972-fafd-11e7-81e6-7f2974b7274f.html.

34 Author Interview with Source Close to the White House, 23 January 2018.

35 Author Interview with Tillerson Aide, 22 December 2017.

36 Author Interview with Rex Tillerson,4 January 2018.

37 Author Interview with Brian Hook, 13 December 2017.

38 Labott, Elise and Borger, Gloria, "Kushner's Foreign Policy Gamble Fuels Tillerson Feud," CNN, 4 December 2017, http://www.cnn.com/2017/12/04/politics/jared-kushner-rex-tillerson-middle-east/index.html.

39 Author Interview with Colin Powell in Washington, D.C., 29 June 2017.

40 Author Interview with Colin Powell in Washington, D.C., 29 June 2017.

41 Tweet by Donald J. Trump,13 March 2018, 5:44 am.

42 Parker, Ashley et al. , "Trump Ousts Tillerson, Will Replace Him as Secretary of State with CIA Chief Pompeo," *Washington Post*, 13 March 2018, https://www.washingtonpost.com/politics/trump-ousts-tillerson-will-replace-him-as-secretary-of-state-with-cia-chief-pompeo/2018/03/13/30f34eea-26ba-11e8-b79d-f3d931db7f68_story.html?utm_term=.04ffab6fcaab.

43 Erickson, Amanda, "The One Interview that Explains Mike Pompeo's Foreign Policy Approach," *Washington Post*, 13 March 2018, https://www.washingtonpost.com/news/worldviews/wp/2018/03/13/the-one-interview-that-explains-mike-pompeos-foreign-policy-approach/?utm_term=.07fe3e4ee7a4.

44 Cohen, Zachary, and Merica, Dan, "Unlike Tillerson, Trump Says Pompeo 'Always on Same Wavelength'," CNN, 13 March 2018, https://www.cnn.com/2018/03/13/politics/mike-pompeo-secretary-of-state-trump/index.html.

23 蚊子与利剑

1 Author Interview with Rex Tillerson,4 January 2018.

2 Author Interview with Anonymous Foreign Service Officer, 25 June 2017.

3 Author Interview with Anonymous Foreign Service Officer, 25 June 2017.

4 Author Interview with Anonymous Foreign Service Officer, 28 June 2017.

5　Hudson, John, "This State Department Employee Survey is Straight out of 'Office Space'," *BuzzFeed News*, 4 May 2017, https://www. buzzfeed.com/johnhudson/leaked-state-department-survey-suggests-diplomacy-work-is-a?utm_term=.wfJm3MEPYL#.gfYwg1GevR.

6　Schwartz, Felicia, "State Department Workers Vent Grievances over Trump, Tillerson, Cite Longer-Term Issues," *Wall Street Journal*, 4 July 2017, https://www.wsj.com/articles/state-department-workers-vent-grievances-over-trump-tillerson-cite-longer-term-issues-1499194852.

7　Insigniam Survey, 2017, p. 43, Leaked by an Anonymous Foreign Service Source.

8　Insigniam Survey, 2017, p. 43, Leaked by an Anonymous Foreign Service Source.

9　"America First: A Budget Blueprint to Make America Great Again," White House Office of Management and Budget, 16 March 2017, https://www.whitehouse.gov/sites/whitehouse.gov/files/omb/budget/fy2018/2018_blueprint.pdf.

10　"What We Do," United States Institute of Peace, https://www.usip. org/.

11　Konyndyk, Jeremy, "Trump's Aid Budget Is Breathtakingly Cruel—Cuts Like These Will Kill People," *Guardian* (Manchester), 31 May 2017, https://www.theguardian.com/global-development-professionals-network/2017/may/31/trumps-aid-budget-is-breathtakingly-cruel-cuts-like-these-will-kill-people.

12　Van Schaack, Beth, "Why Is Tillerson Shuttering the State Dept.'s Global Justice Bureau?" *Newsweek*, 18 July 2017, www.newsweek. com/why-tillerson-shuttering-state-depts-global-justice-bureau-638246 and Tapper, Jake, "White House Memo Suggests Moving Refugee Bureau from State Department to DHS," *CNN Politics*, 30 June 2017, www.cnn.com/2017/06/28/politics/refugee-bureau-state-department-dhs/index.html.

13　Rogin, Josh, "State Department Considers Scrubbing Democracy Promotion from Its Mission," *Washington Post*, 1 August 2017, https://www.washingtonpost.com/news/josh-rogin/wp/2017/08/01/state-department-considers-scrubbing-democracy-promotion-from-its-mission/?utm_term=.28ffdcf307e7.

14　Wadhams, Nick, "Tillerson's State Overhaul Faces Mutiny as USAID Weighs Its Role," *Bloomberg*, 24 January 2017, https://www.

bloomberg.com/news/articles/2018-01-24/tillerson-s-overhaul-at-state-in-doubt-as-usaid-suspends-role.

15　Harris, Gardiner, "Will Cuts Hurt Diplomacy? Tillerson Tries to Ease Senate's Worries ," *New York Times*, 13 June 2017, https://www.nytimes.com/2017/06/13/world/rex-tillerson-senate-state-department.html.

16　"Cardin Challenges Tillerson on Administration's State Dept., Foreign Assistance Budget Request," Senate Foreign Relations Committee, 13 June 2017, https://www.foreign.senate.gov/press/ranking/release/cardin-challenges-tillerson-on-administrations-state-dept-foreign-assistance-budget-request.

17　Toosi, Nahal, "Tillerson Spurns $80 Million to Counter ISIS, Russian Propaganda," *Politico*, 2 August 2017, www.politico.com/story/2017/08/02/tillerson-isis-russia-propaganda-241218.

18　Rubin, Jennifer, "Tillerson Unites D's and R's—They All Ridicule His Testimony," *Washington Post*, 15 June 2017, https://www.washingtonpost.com/blogs/right-turn/wp/2017/06/15/tillerson-unites-ds-and-rs-they-all-ridicule-his-testimony/.

19　Author Interview with Madeleine Albright, 15 December 2017.

20　Author Interview with Rex Tillerson,4 January 2018.

21　Lockie, Alex, "Mattis Once Said If State Department Funding Gets Cut 'Then I Need to Buy More Ammunition' ," *Business Insider*, 27 February 2017, http://www.businessinsider.com/mattis-state-department funding need-to-buy-more-ammunltlon-2017-2.

22　Read, Russ, "Mattis: A Strong Military Is Crucial to Effective Diplomacy," *Daily Caller*, 22 March 2017, http://dailycaller.com/2017/03/22/mattis-a-strong-military-is-crucial-to-effective-diplomacy.

23　"America First: A Budget Blueprint to Make America Great Again," White House Office of Management and Budget,16 March 2017, https://www.whitehouse.gov/sites/whitehouse.gov/files/omb/budget/fy2018/2018_blueprint.pdf.

24　Harris, Gardiner, "State Department to Offer Buyouts in Effort to Cut Staff," *New York Times*, 10 November 2017, https://www.nytimes.com/2017/11/10/us/politics/state-department-buyouts.html.

25　Harris, Gardiner, "State Dept. Restores Job Offers to Students after Diplomat Outcry," *New York Times*, 30 June 2017, https://www.

注释

向 和 平 宣 战 ： 外 交 的 终 结 和 美 国 影 响 力 的 衰 落

nytimes.com/2017/06/30/us/politics/state-department-students-foreign-service.html.

26 Hellman, Joel, "SFS Voices Concern for Suspension of Current Pickering, Rangel Fellows," Georgetown University, 21 June 2017, https://sfs.georgetown.edu/sfs-voices-concern-suspension-current-pickering-rangel-fellows/ and "State Department Withdraws from Top Recruitment Program, Sowing Confusion," *Foreign Policy*, 28 July 2017, http://foreignpolicy.com/2017/07/28/state-department-withdraws-from-top-recruitment-program-sowing-confusion/.

27 Lippman, Daniel and Toosi, Nahal, "Interest in U.S. Diplomatic Corps Tumbles in Early Months of Trump," *Politico*, 12 August 2017, http://www.politico.com/story/2017/08/12/trump-state-department-foreign-service-interest-plummets−241551.

28 Author Interview with John Kerry, 21 November 2017.

29 Author Interview with Rex Tillerson, 4 January 2018.

30 Dawsey, Josh, Eliana Johnson, and Alex Isenstadt, "Tillerson Blows up at Top White House Aide," *Politico*, 28 June 2017, www.politico.com/story/2017/06/28/tillerson-blows-up-at-white-house-aide−240075.

31 Author Interview with Anonymous State Department Aide, 5 July 2017.

32 Holbrooke, Richard, "The Machine That Fails," *Foreign Policy*, 14 December 2010, foreignpolicy.com/2010/12/14/the-machine-that-fails/.

33 Author Interview with James Baker, 22 January 2018.

34 Author Interview with Anonymous State Department Aide, 5 July 2017.

35 Author Interview with George P. Shultz, 19 January 2018.

36 Author Interview with Condoleezza Rice, 3 August 2017.

37 Author Interview with Madeleine Albright, 15 December 2017.

38 Author Interview with Hillary Clinton, 20 November 2017.

39 Author Interview with Colin Powell in Washington, D.C., 29 June 2017.

40 Author Interview with John Kerry, 21 November 2017.

41 Author Interview with Chris LaVine, 25 June 2017.

24 崩溃

1 Gearan, Anne, "'He threw a fit' :Trump's Anger over Iran Deal Forced Aides to Scramble for a Compromise," *Washington Post*, 11

October 2017, https://www.washingtonpost.com/politics/he-threw-a-fit-trumps-anger-over-iran-deal-forced-aides-to-scramble-for-a-compromise/2017/10/11/6218174c-ae94-11e7-9e58-e6288544af98_story.html?utm_term=.0c4e86e19d9b.

2　Winter, Jana, Gramer, Robbie and de Luce, Dan, "Trump Assigns White House Team to Target Iran Nuclear Deal, Sidelining State Department," *Foreign Policy*, 21 Jul 2017, foreignpolicy.com/2017/07/21/trump-assigns-white-house-team-to-target-iran-nuclear-deal-sidelining-state-department/.

3　"Full Speech of Donald Trump's Speech to AIPAC," *Times of Israel*, 22 March 2016, www.timesofisrael.com/donald-trumps-full-speech-to-aipac/.

4　Diamond, Jeremy, "Trump Suggests U.S. 'Dumb Son of a Bitch' on Iran Deal," *CNN Politics*, 17 December 2015, www.cnn.com/2015/12/16/politics/donald-trump-iran-deal-rally-arizona/index.html.

5　Nakamura, David, and Viebeck, Elise, "Trump Chooses SenJeff Session for Attorney General, Rep. Mike Pompeo for C.I.A. Director," *Washington Post*, 18 November 2016, https://www.washingtonpost.com/politics/trump-chooses-sen-jeff-sessions-for-attorney-general-rep-mike-pompeo-for-cia-director-transition-sources-say/2016/11/18/a0c170ae-ad8e-11e6-a31b-4b6397e625d0_story.html?utm_term=.828961f2e7c8.

6　Parker, Ashley, "Trump to Iran: Be Thankful for 'Terrible' Nuclear Deal," *Washington Post*, 2 February 2017, https://www.washingtonpost.com/news/post-politics/wp/2017/02/02/trump-to-iran-be-thankful-for-terrible-nuclear-deal/?utm_term=.8c68545f04cc.

7　Tweet from Donald J. Trump, 3 February 2017, 3:28 am.

8　Parker, Ashley, "Trump to Iran: Be Thankful for 'Terrible' Nuclear Deal," *Washington Post*, 2 February 2017, https://www.washingtonpost.com/news/post-politics/wp/2017/02/02/trump-to-iran-be-thankful-for-terrible-nuclear-deal/?utm_term=.8c68545f04cc.

9　Rogin, Josh, "The U.N. General Assembly Gives Trump a Chance to Confront Iran on American Hostages," *Washington Post*, 18 September 2017, https://www.washingtonpost.com/opinions/global-opinions/the-un-general-assembly-gives-trump-a-chance-to-confront-iran-on-american-hostages/2017/09/17/571e5884-9a52-11e7-82e4-f1076f6d6152_story.html?utm_term=.2a1ca4033041.

10 Pasha-Robinson, Lucy, "Theresa May Warns Donald Trump about 'Iran's Malign Influence' during Speech to Republicans in Philadelphia," *Independent* (UK), 26 January 2017, www.independent. co.uk/news/theresa-may-donald-trump-iran-malign-influence-philadelphia-republican-speech-a7548491.html.

11 Morello, Carol and Gearan, Anne, "Trump Administration Sanctions Iran over Missile Test," *Washington Post*, 3 February 2017, https://www.washingtonpost.com/world/national-security/trump-administration-sanctions-iran-on-missile-test/2017/02/03/dfb101ce-4107-409e-ab45-f49449e92c1f_story.html?utm_term=.dc32d5c48c32 and Cunningham, Eric, "Iran Calls New U.S. Sanctions a Violation of Nuclear Deal," *Washington Post*, 3 August 2017, https://www. washingtonpost.com/world/middle_east/iran-calls-new-us-sanctions-a-violation-of-nuclear-deal/2017/08/03/f22d9464-7218-11e7-8c17-533c52b2f014_story.html?utm_term=.234b3e17e8d3.

12 Morello, Carol, "U.S. Extends Waivers on Iran Sanctions but Warns It's an Interim Move," *Washington Post*, 14 September 2017, https://www. washingtonpost.com/world/national-security/us-extends-sanctions-against-iran-but-warns-its-an-interim-move/2017/09/14/1d4ba5ee-9953-11e7-b569-3360011663b4_story.html?utm_term=.50c1d20aaa10.

13 Wadhams, Nick, "Tillerson Says Iran 'Clearly in Default' of Nuclear Deal's Terms," Bloomberg, 14 September 2017, https://www. bloomberg.com/news/articles/2017-09-14/tillerson-says-iran-clearly-in-default-of-iran-deal-s-terms.

14 Stanley-Becker, Isaac and Kirchner, Stephanie, "Angela Merkel Predicts Showdown with U.S. over Climate at G-20," *Washington Post*, 29 June 2017, https://www.washingtonpost.com/world/angela-merkel-predicts-showdown-over-climate-at-g-20/2017/06/29/76bf6678-5a84-11e7-aa69-3964a7d55207_story.html?utm_term=.fbe49000547c.

15 Author Interview with John Kerry, 21 November 2017.

16 Morello, Carol, "Senior Diplomat in Beijing Resigns over Trump's Climate Change Decision," *Washington Post*, 5 June 2017, https:// www.washingtonpost.com/world/national-security/senior-diplomat-in-beijing-embassy-resigns-over-trumps-climate-change-decision/2017/06/05/3537ff8c-4a2e-11e7-a186-60c031eab644_story. html?utm_term=.c89251a58514.

17 Rank, David, "Why I Resigned from the Foreign Service after 27

Years," *Washington Post*, 23 June 2017, https://www.washingtonpost.
com/opinions/why-i-resigned-from-the-foreign-service-after-27-
years/2017/06/23/6abee224-55ff-11e7-ba90-f5875b7d1876_story.
html?utm_term=.b78438fb1b53.

18 Kunovic, Martina, "Five Things You Need to Know about Trump's
Cuba Policy—And Who It Will Hurt," *Washington Post*, 22 June
2017, https://www.washingtonpost.com/news/monkey-cage/
wp/2017/06/22/five-things-you-need-to-know-about-trumps-cuba-
policy-and-who-it-will-hurt/?utm_term=.af14570d57d0.

19 Author Interview with State Department Official, 1 June 2017.

20 Fabian, Jordan and Greenwood, Max, "Trump Does Not Rule out
Military Action in Venezuela, " *The Hill*, 11 August 2017, thehill.com/
homenews/administration/346265-trump-does-not-rule-out-military-
action-in-venezuela.

21 Glasser, Susan, "Trump National Security Team Blind- sided by
NATO Speech," *Politico*, 5 June 2017, www.politico.com/magazine/
story/2017/06/05/trump-nato-speech-national-security-team-215227.

22 Vitali, Ali, "Trump Vows North Korea Threat Will Be Met with 'Fire
and Fury' ," *NBC News*, 9 August 2017, http://www.nbc news.
com/politics/white-house/trump-vows-north-korea-could-be-met-fire-
fury-n790896.

23 Davos, Julie Hirschfeld, "Trump's Harsh Language on North Korea
Has Little Precedent, Experts Say," *New York Times*, 8 August 2017,
https://www.nytimes.com/2017/08/08/us/politics/trumps-harsh-
language-on-north-korea-has-little-precedent-experts-say.html.

24 Walcott, Josh, "Trump's 'Fire and Fury' North Korea Remark
Surprised Aides: Officials," *Reuters*, 9 August 2017, https://www.
reuters.com/article/us-northkorea-missiles-usa-idUSKBN1AP26D.

25 Berlinger, Joshuaetal., "Tillerson Dials back Rhetoric after Trump's
North Korea 'Fire and Fury' Threats," *CNN*, 9 August 2017, 7www.
cnn.com/2017/08/09/politics/north-korea-donald-trump/index.html.

26 Selk, Avi, "John Kelly's Face Palm at Trump's U.N. Speech:
Exasperation, Exhaustion or No Big Deal," *Washington Post*, 20
September 2017, https://www.washingtonpost.com/news/the-
fix/wp/2017/09/20/john-kellys-facepalm-at-trumps-u-n-speech-
exasperation-exhaustion-or-no-big-deal/?utm_term=.c596752186c4.

27 Trump, Donald, "Remarks by President Trump to the 72nd Session of

the United Nations General Assembly," United Nations, New York, 19 September 2017.

28 Griffiths, James, "What Is a 'Dotard'?" CNN, 22 September 2017, www.cnn.com/2017/09/22/asia/north-korea-dotard/index.html and "Full Text of Kim Jong-un's Response to President Trump." *New York Times*, 22 September 2017, https://www.nytimes.com/2017/09/22/world/asia/kim-jong-un-trump.html?_r=0.

29 Tweet by Donald J. Trump, 23 September 2017, 8:08PM.

30 Author Interview with Rex Tillerson, 4 January 2018.

31 Tweet by Donald J. Trump, 1 October 2017, 7:30AM.

32 Brechenmacher, Victor, "Merkel Takes Swipe at Trump's Fiery North Korea Comments," *Politico*, 8 August 2017, www.politico.eu/article/merkel-takes-swipe-at-trumps-fiery-north-korea-comments/.

33 Thurau, Jens, "Chancellor Angela Merkel: 'There Is a Clear Disagreement with Trump on North Korea," DW, 20 September 2017, www.dw.com/en/chancellor-angela-merkel-there-is-a-clear-disagreement-with-trump-on-north-korea/a-40608769.

34 "Full Text of Abe's Address at U.N. General Assembly," *Japan Times*, 21 September 2017, https://www.japantimes.co.jp/news/2017/09/21/national/politics-diplomacy/full-text-abes-address-u-n-general-assembly/#.Wchp18iGPIU.

35 Hill, Christopher R. ,*Outpost: A Diplomat at Work*(New York: Simon & Schuster, 2015), Kindle.

36 Lippman, Thomas, "N.Korea-U.S. Nuclear Pact Threatened," Washington Post, 6 July 1998, www.washingtonpost.com/wp-srv/inatl/longterm/korea/stories/nuke070698.htm and Ryan, Maria, "Why the US' 1994 Deal with North Korea Failed—And What Trump Can Learn from It," *The Conversation*, 19 July 2017, theconversation.com/why-the-uss-1994-deal-with-north-korea-failed-and-what-trump-can-learn-from-it-80578.

37 "Nuclear Posture Review," 8 January 2002, web. stanford.edu/class/polisci211z/2.6/NPR2001leaked.pdf.

38 Ryan, Maria, "Why the US' 1994 Deal with North Korea Failed—And What Trump Can Learn from It," *The Conversation*, 19 July 2017, theconversation.com/why-the-uss-1994-deal-with-north-korea-failed-and-what-trump-can-learn-from-it-80578.

39 Hill, Christopher R.,*Outpost: A Diplomat at Work*(New York: Simon

同和平宣战：外交的终结和美国影响力的衰落

& Schuster, 2015), p. 195, Kindle.

40 Hill, Christopher R., *Outpost: A Diplomat at Work*(NewYork:Simon & Schuster, 2015), p. 229,Kindle.

41 Hill, Christopher R.,*Outpost: A Diplomat at Work*(New York: Simon & Schuster, 2015), p. 215, p.237, p.253,Kindle.

42 Hill, Christopher R.,*Outpost: A Diplomat at Work*(New York: Simon & Schuster, 2015), p. 225, Kindle.

43 Hill, Christopher R.,*Outpost: A Diplomat at Work*(New York: Simon & Schuster, 2015), p. 229, Kindle.

44 Author Phone Interview with Christopher Hill, 12 September 2017.

45 Author Interview with Hillary Clinton,20 November 2017.

46 Author Interview with Condoleezza Rice, 3 August 2017.

47 "China Says Six-Party Talks Resumption Not Easy, But in the Right Direction," Reuters, 6 August 2017, https://www.reuters.com/article/us-asean-philippines-china-northkorea-mi/china-says-six- party-talks-resumption-not-easy-but-in-the-right-direction-idUSKBN1AM089.

48 Gaouette, Nicole et al., "US Starts to Prep for North Korea Summit Even as Pyongyang Remains Silent," CNN, 13 March 2018, https://www.cnn.com/2018/03/13/politics/trump-korea-summit-early-prep/index.html.

49 Lauter, David, "Trump's Risky, But Bold Approach to North Korea," *Los Angeles Times*, 9 March 2018, http://www.latimes.com/politics/la-pol-essential-politics-20180309-story.html.

50 Lewis, Jeffrey, "Trump Is Walking into Kim Jong Un's Trap," *Washington Post*, 13 March 2018, https://www.washingtonpost.com/news/theworldpost/wp/2018/03/13/trump-north-korea/?utm_term=.4167c5ee8b24.

51 "President Xi Meets U.S.Secretary of State," *Xinhua*, 19 March 2017, news.xinhuanet.com/english/2017-03/19/c_136140432. htm.

52 Brunnstrom, David, "Tillerson Affirms Importance of Constructive U.S.-China Ties," Reuters, 22 February 2017, https://www.reuters.com/article/us-usa-china-tillerson/tillerson-affirms-importance-of-constructive-u-s-china-ties-idUSKBN1602TL?il=0.

53 AuthorInterview with Brian Hook,13 December 2017.

54 Author Interview with Anonymous State Department Official, 1 June 2017.

55 Zhang, Junyi, "Order from Chaos: Chinese Foreign Assistance,

注释

Explained," *Order from Chaos* (Brookings Blog), 19 July 2016, https://www.brookings.edu/blog/order-from-chaos/2016/07/19/chinese-foreign-assistance-explained/.

56　Lynch, Colum, "China Eyes Ending Western Gripon Top U.N. Jobs with Greater Control over Blue Helmets," *Foreign Policy*, 2 October 2016, http://foreignpolicy.com/2016/10/02/china-eyes-ending-western-grip-on-top-u-n-jobs-with-greater-control-over-blue-helmets/.

57　Author Interview with John Kerry, 21 November 2017.

结语　首选工具

1　Cicero, *De Officiis*, Translated by P. G. Walsh(Oxford: Oxford University Press, 2000), loc. 1014, Kindle.

2　Author Phone Interview with Ben Rhodes, 18 August 2017.

3　Author Phone Interview with Jon Finer, 11 September 2017.

4　Lakshmana, Indira A. R., "If You Can't Do This Deal . . . Go back to Tehran," *Politico Magazine*, 25 September 2015, www.politico.com/magazine/story/2015/09/iran-deal-inside-story-213187?paginate=false.

5　Viser, Matt, "Twizzlers, String Cheese, and Mixed Nuts (in Larger Quantities) Fuel Iran Nuclear Negotiations," *Boston Globe*, 7 July 2015, https://www.bostonglobe.com/news/world/2015/07/07/twizzlers-string-cheese-and-mixed-nuts-large-quantities-fuel-iran-nuclear-negotiators/zun8dliHFISaCV8yzrTVNO/story.html.

6　Gay, John Allen, "Why Is Iran's Foreign Minister So Angry?" *National Interest*, 9 July 2015, nationalinterest.org/blog/the-buzz/why-irans-foreign-minister-so-angry-13303.

7　Itkowitz, Colby, "Bill Burns, a 'Diplomat's Diplomat' Retires," *Washington Post*, 11 April 2014, https://www.washingtonpost.com/blogs/in-the-loop/wp/2014/04/11/bill-burns-a-diplomats-diplomat-retires/?utm_term=.4e10e71e949a.

8　Author Interview with John Kerry, 21 November 2017.

9　Author Phone Interview with William Burns, 14 September 2017.

10　Solomon, Jay, *The Iran Wars: Spy Games, Bank Battles, and the Secret Deals That Reshaped the Middle East*(New York: Random House, 2016), loc. 2385-2386, Kindle.

11　Author Phone Interview with William Burns, 14 September 2017.

12　Author Phone Interview with William Burns, 14 September 2017.

13　Author Phone Interview with Jon Finer, 11 September 2017.

14　Fuller, Jaime, "The Most Romantic Moments of the Iran-Deal Negotiations," *New York*, 16 July 2015, nymag.com/daily/intelligencer/2015/07/most-romantic-moments-of-the-iran-deal.html.

15　Author Interview with Wendy Sherman,13 September 2017.

16˙　Author Interview with Wendy Sherman,13 September 2017.

17　Lakshmana, Indira A. R., "If You Can't Do This Deal...Go back to Tehran," *Politico Magazine*, 25 September 2015, www.politico.com/magazine/story/2015/09/iran-deal-inside-story-213187?paginate=false.

18　Author Interview with Wendy Sherman,13 September 2017.

19　Kerry, John, "Iran Accord Address and Presser," Austria Center, Vienna, Austria, 14 July 2015, www.americanrhetoric.com/speeches/johnkerryiranaccord.htm.

20　Lake, Eli, "Why Obama Let Iran's Green Revolution Fail," *Bloomberg View*, 25 August 2016, https://www.bloombergquint.com/opinion/2016/08/24/why-obama-let-iran-s-green-revolution-fail.

21　Solomon, Jay, *The Iran Wars: Spy Games, Bank Battles, and the Secret Deals That Reshaped the Middle East* (New York: Random House, 2016), loc. 219-225, Kindle.

22　Gladstone, Rick, "Arms Control Experts Urge Trump to Honor Iran Nuclear Deal," *New York Times*, 13 September 2017, https://www.nytimes.com/2017/09/13/world/middleeast/iran-nuclear-deal-trump.html.

23　Haley, Nikki, "Nikki Haley Address on Iran and the JCPOA," American Enterprise Institute, 5 September 2017.

24　Author Phone Interview with William Burns, 14 September 2017.

25　Author Interview with John Kerry, 21 November 2017.

26　Author Phone Interview with Jon Finer,11 September 2017.

27　Author Phone Interview with William Burns, 14 September 2017.

28　Author Phone Interview with Jon Finer,11 September 2017.

29　Author Interview with John Kerry, 21 November 2017.

30　Gladstone, Rick, "Arms Control Experts Urge Trump to Honor Iran Nuclear Deal," *New York Times*, 13 September 2017, https://www.nytimes.com/2017/09/13/world/middleeast/iran-nuclear-deal-trump.html.

31　Author Interview with Thomas Countryman, 22 June 2017.

32　"Tom Countryman's Farewell: A Diplomat's Love Letter to America,"

注释

Diplopundit, 2 February 2017, https://diplopundit.net/2017/02/02/tom-countrymans-farewell-a-diplomats-love-letter-to-america.

33 "Tom Countryman's Farewell: A Diplomat's Love Letter to America," *Diplopundit*, 2 February 2017, https://diplopundit.net/2017/02/02/tom-countrymans-farewell-a-diplomats-love-letter-to-america.

34 "Tom Countryman's Farewell: A Diplomat's Love Letter to America," *Diplopundit*, 2 February 2017, https://diplopundit.net/2017/02/02/tom-countrymans-farewell-a-diplomats-love-letter-to-america.

35 Author Interview with Wendy Sherman,13 September 2017.

36 Author Phone Interview with William Burns, 14 September 2017.

37 Holbrooke, Richard, *To End a War*(New York: Random House, 2011), loc. 2930-2931,Kindle.

38 Author Phone Interview with William Burns, 14 September 2017.

39 Author Interviews with Brian Hook, 5 July 2017 and 13 December 2017.

索引

素引

向 和 平 宣 战 ： 外 交 的 终 结 和 美 国 影 响 力 的 衰 落

图书在版编目（CIP）数据

向和平宣战：外交的终结和美国影响力的衰落：上
下 /（美）罗南·法罗（Ronan Farrow）著；李茸译
. -- 北京：社会科学文献出版社，2019.10（2020.10 重印）
书名原文：War on Peace: The End of Diplomacy
and the Decline of American Influence
ISBN 978-7-5201-4955-6

Ⅰ.①向… Ⅱ.①罗… ②李… Ⅲ.①美国对外政策
- 研究 Ⅳ.① D871.20

中国版本图书馆CIP数据核字（2019）第102112号

向和平宣战：外交的终结和美国影响力的衰落（上下）

著　者 /〔美〕罗南·法罗（Ronan Farrow）
译　者 / 李　茸

出 版 人 / 谢寿光
责任编辑 / 周方茹
文稿编辑 / 王春梅

出　　版 / 社会科学文献出版社·联合出版中心（010）59367151
　　　　　　地址：北京市北三环中路甲29号院华龙大厦　邮编：100029
　　　　　　网址：www.ssap.com.cn
发　　行 / 市场营销中心（010）59367081　59367083
印　　装 / 北京盛通印刷股份有限公司

规　　格 / 开　本：880mm×1230mm 1/32
　　　　　　印　张：21.25　插　页：0.5　字　数：295千字
版　　次 / 2019年10月第1版　2020年10月第2次印刷
书　　号 / ISBN 978-7-5201-4955-6
著作权合同　/ 图字01-2019-4584号
登 记 号
定　　价 / 98.00元（上下）